飯野頼治　著作集 2

【歩く道・歩く旅 1】奥武蔵風土記・東秩父村風土記

『飯野頼治 著作集』編纂室

目次

第二部　高麗・吾野・正丸編

〈コラム〉

東秩父村風土記　地図で歩く里山19コース

〈コラム〉

［読者のみなさまへ］

一　本著作集は、生涯を通して国内各地を自らの足で踏査した山岳地理研究家の飯野頼治による、さまざまな形で発表された著述や、未発表の原稿を可能な限りまとめた叢書です。

二　本著作集は、巻ごとにテーマを設け、分類・構成し編纂しました。

三　原本および原稿を尊重し、基本的に文章や図版類に手を加えることはせずに掲載する編集方針としましたが、以下の点については、著者のご遺族と編纂者の協議により、修正・訂正を施しました。

・明らかな誤字や脱字、間違いと思われる部分については修正・訂正を加えました。また、用字・用語を一部修正しました。

・敬称に不統一があり、またそれぞれのタイトルごとに、その規則が異なっていました。基本的に原文のままとしましたが、各タイトルごとの文中で齟齬や矛盾があった場合のみ、文脈に則って修正・訂正を加えました。

・地図や写真は、できるかぎり原版を探し、新たにスキャンしたデータを用いましたが、原版が見つからなかった場合は同様の図版に差し替えました。原本から転載せざるを得なかった図版の中には、発表時から粗い状態のものがありましたが、資料的な価値を尊重しそのまま掲載しました。なお、個人情報保護の観点から割愛した図版が数点あります。

四　既発・未発表ともに、文章および地図については執筆時のままなので、現況と異なる事項があります。なお、未発表原稿の地図の中には、メモ的に残されたラフなものを著者のスタイルで新たに書き起こしたものがあります。現在の地図と照合しながら、可能な限り正確なものを目指しましたが、山間を紹介するものも多く、書き落とした部分や現況と異なる部分があると思われます。本著作集を山歩きや街歩きをする際のガイドブックとして使用する場合は、くれぐれも注意して利用してください。

五　本著作集には、今日では差別的ととられかねない表現があるかもしれませんが、著者が故人であることと、取材時の時代背景を考え、原文のままとしました。

『飯野頼治 著作集』編纂室　春田高志

奥武蔵風土記

二〇〇七（平成一九）年五月から、著者急逝の一カ月前の二〇一四（平成二六）年五月にかけて、取材・執筆を続けていた未発表原稿。独自の視点で選び抜いた簡潔かつ明瞭なコースデータと、現地で聞き取った貴重な話が対になった、著者がこだわり続けた実地踏査による散策ガイドである。

残念なことに未完成のままとなっていたが、著者が情報を記録した当該地域の一万分一地図を使用した、飯野富子夫人の手書きによる地図作成と原稿精査によって、今回発表できることとなった。

第一部　飯能・原市場・名栗編

1 飯能市街周辺

①市街地から天覧山

西武池袋線・飯能駅～久下稲荷神社～観音寺～大六天～飯能市郷土館～諏訪八幡神社～能仁寺～天覧山～第一小学校～八幡神社～飯能駅

久下稲荷神社　飯能駅南口から名栗方面へ向かってすぐの信号を右に曲がると、消防署分署の手前に**久下《くげ》稲荷神社**がある。飯能市稲荷町。イチョウと神木のケヤキがそびえ、鳥居の側には庚申堂が立つ。広い境内では、祭日に子供たちの相撲大会が開かれる。久下地区の鎮守か。少し先の**秋葉神社**には天狗の絵馬が懸かる。小さいがデザインの優れた寛政元（一七八九）年の常夜灯が立つ。隣接して「三座宮」の額を掲げる稲荷神社がある。近くの珍しい**こども図書館**には、幼児を連れた婦人たちの出入りが目立つ。すぐに人道橋の**割岩橋**になる。以前は橋の付近に割岩という大きな割れた岩があり、青く渦を巻いた淵になっていた。当時は橋がなく、西武鉄道が作りかけた鉄橋の橋桁があった。橋の上から広い**飯能河原**が見渡せる。橋から戻り**入子薬師堂**と入子地蔵尊へ寄る。お堂の清掃をしていた入子

久下稲荷神社

割岩橋

薬師堂

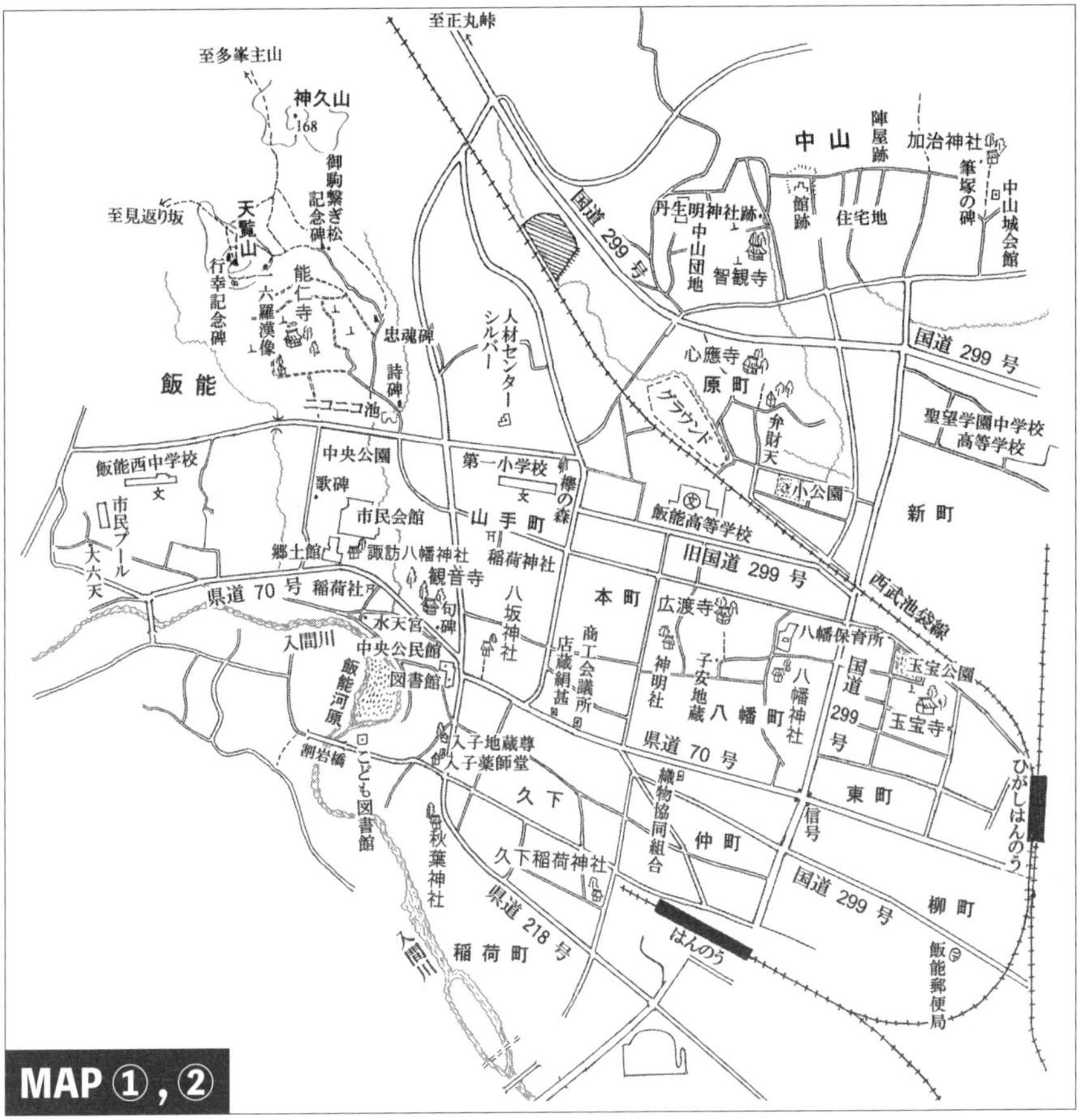

さんの話。

「付近には入子家が多いの。でも昔は入子六軒と言われていたようよ。当番で掃除をしているんですが、太い桜の木があるんで葉の落ちる頃の当番は大変よ。標識板は吉野桜なんですが、本当は山桜なんです。立てた人が間違えているんですが、恥をかかせるようで直せないでいるのよ。調べながら歩いているんですか。パチンコしてるよりずっといいわねぇ」。

観音寺　入子薬師堂から北へ進み、中央公民館前の県道七〇号に出る。左に曲がると**観音寺**になる。飯能市山手町。平安初期弘法大師の草創と伝える古刹。民衆的な寺院として重きをなしてきた。古くは境内に馬場が設

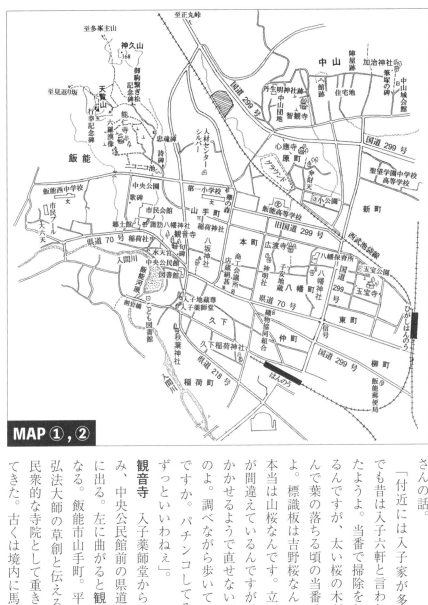

けられ、観音堂に馬を曳くようになった。筏師、商人たちの信仰も集めていた。現在も、武蔵野七福神の寿老人の寺として親しまれている。広い境内の中央に水原秋桜子の**句碑**「むさし野の空真青なる落葉かな」が立つ。

境内隅の記念碑群の中には、「枯枝に鴉のとまりけり秋の暮」の芭蕉句碑、「愛宕山」と刻まれた弘化三（一八四六）年の道標もある。古くは天覧山を愛宕山と呼んでいた。「清浄水」と彫られた飯能露天商人組合が奉納した立派な手洗い場の脇に、もう一つ筏師たちが奉納した小さなものがある。「筏衆連中・嘉永二年」と刻まれている。

道標

観音寺

寺前の県道を渡って川へ向かい安産と水の神、**水天宮**に寄る。

大六天　県道七〇号に戻り郷土館、飯能西中学校入口を過ぎて、右手の道に入ると左側に**大六天**がある。飯能西中学校の南西にあたる。飯能市飯能。白樫の大樹の根元に小さな大六天の祠と三基の**板碑**がある。大六天はインド神話の魔王。日本では仏教の守護神で祟る神ともされている。

板碑

板碑は畠山重忠の墓と伝える。北条氏の謀略で二俣川で討ち死にした重忠の遺骸を家臣が車に積んで故知の秩父へと向かう途中、「車返しの坂」で車が動かなくなってしまった。そこでやむなくこの地へ葬ったという。板碑の文字は摩滅していて読めない。

重忠伝説は秩父に多いが、奥武蔵にもいくつかある。

飯能市郷土館　県道七〇号を戻り、左の**郷土館**へ行く。郷土館に入ると、正面にある筏流しの模型の展示物は見応えがある。大モミの幹の一部や飯能戦争の資料も興味を引く。資料室があり無料で入館できるので休息するのに良い。

市民会館前の中央公園は桜の開花期には多くの花見客で賑わう。公園隅の子供遊技場には鉄腕アトム像がある。昭和五八（一九八三）年の落成式では、世界唯一のアトム像として手塚治虫氏が

牧水の歌碑

筏流しの模型

序幕した。若山牧水の**歌碑**「志らじらと流れて遠き杉山の峡の浅瀬に河鹿鳴くなり」もある。書は夫人の喜志子。牧水は大正九（一九二〇）年四月八日、名栗鉱泉に泊まり翌九日、名栗川に沿って飯能へやってきた。

諏訪八幡神社　郷土館裏手の広い境内には**諏訪八幡神社**がある。創建は戦国時代で、通称「お諏訪さま」と呼ばれて市民の信仰を集めている。創建は加治（中山）氏という。境内社に武蔵野七福神の**恵比寿神社**、境内隅に**丹生**《たんしょう》**神社**がある。

丹生神社の説明板には「往古羅漢山の頂にあり、元禄年間（一六八八～一七〇三）この地に移り、飯能戦争の火災からまぬがれた」と記す。天覧山は古くには愛宕山、次に羅漢山と名を変えた。安政六（一八五九）年の句碑は「かぎりなく萬代照るや水の月」と刻む。御神木のカシは一本の杉を抱きかかえており、夫婦円満の**丹生樹**として知られる。近くには地元の俳人吉良蘇月「稲架取れて野に幻想の獅子の笛」の句碑が立つ。

能仁寺　中央公園北の県道を横断すると**ニコニコ池**

があり、天覧山登り口には蔵原伸二郎の大きな**詩碑**「野狐の背中に雪がふると、狐は青い影になる。山から一直線に走って来る、その影。」が立つ。

碑のすぐ先から**能仁寺**境内に入る。飯能市飯能。寺は扇谷上杉氏の重臣中山家勝の開基。その子家範が父の菩提を弔うため大寺として興隆に導いた。寺裏の中山氏墓地の斜面には、中山家範の墓を中央にして上方に父家勝、下方に子照守の中山氏三代の墓が並ぶ。家督を継いだ照守の子孫である直邦は母方の黒田姓を名乗り、沼田一〇万石の大名にまで出世し、代々藩主が頻繁に寺へ参拝していた。黒田直邦の墓は多峰主山にあるが、黒田氏関係の墓は中山氏墓地の上方にある。能仁寺は中山氏と黒田氏の菩提寺として、江戸時代は五〇石の御朱印を受けていた。

能仁寺

寺には東日本名園の一つ**池泉鑑賞式蓬莱庭園**(市)がある。桃山時代の作庭といわれ、天覧山の南斜面を生かした上下二段式の庭園。築山、小島、石の橋、池に浮かぶ蓮の花などが見事に調和している。

能仁寺は飯能戦争の本陣で最後の戦場となって焼かれ、灰燼に帰した寺を再興するにはその後七〇年を要した。開山堂前には「唱義死節」と刻まれた振武軍之碑が立つ。題字は渋沢敬三(渋沢栄一の孫)、書は尾高氏。

天覧山　能仁寺入口へ戻り**天覧山**へ向かうと、左に**忠魂碑**がある。まもなくトイレのある天覧山中段の

十六羅漢像

天覧山山頂

広場に着く。**御駒繋ぎ松**と記念碑が立つ。

この先で登山道は分岐するが、どちらも山頂へ達する。左に入ると岩壁に**十六羅漢像**が置かれている。五代将軍家綱が重い病に罹った時、黒田直邦の勧めにより、生母桂昌院が能仁寺の和尚を招いて祈祷し全快した。その返礼に贈られた十六羅漢像を寺の背後の愛宕山に安置、以後は羅漢山と呼ばれるようになった。

明治一六（一八八三）年四月一八日、飯能の地で陸軍大演習が行われ、明治天皇が様子を御覧になるため羅漢山に登られた。これを記念して「天覧山」となる。

山頂からの展望

露岩を急登して**行幸記念碑**の立つ山頂へ。展望台からは飯能市街地と周辺の山々が望まれる。大正一一（一九二二）年、埼玉県初の県指定名勝地になった。

コラム・武蔵野七福神

恵比寿…飯能恵比寿神社（諏訪八幡神社内）・飯能市飯能
大黒天…長泉寺・入間市豊岡
毘沙門天…浄心寺・飯能市矢颪
弁財天…円照寺・入間市野田
寿老人…観音寺・飯能市山手町
布袋尊…金乗院・所沢市上山口
福禄寿…円泉寺・飯能市平松

コラム・飯能戦争

明治元年二月、幕府の権威を取り戻そうとの一団が彰義隊を結成した。隊長渋沢成一郎（栄一の従兄）、副長天野八郎らの隊員は上野に立て籠もった。ところが渋沢は八郎と意見が合わずまもなく二派に分れてしまう。渋沢一派は山を去り新たに振武軍を結成し拠点を求めて多摩方面に向かった。

飯能の羅漢山（天覧山）に望楼を備え能仁寺を本陣に飯能の七ケ寺に駐屯した。彰義隊を壊滅させ攻め寄せて来た官軍との間に飯能戦争が勃発した。隊長の親族である渋沢平九郎らの奮戦も空しく敗退し、各寺は一日で攻め落とされ本陣の能仁寺は火焔に包まれた。肩に深手を負った平九郎は隊長などを落ちのびさせ、自らは再挙を誓って吾野方面の山中に敗走した。

顔振峠の茶屋（現在平九郎茶屋）に太刀を預け、農民姿で越生黒山に下り壮絶な自害をして果てた。首級は越生の法恩寺山門に晒された。平九郎の姉は尾高家の出で渋沢栄一の妻であった。栄一が渡仏の時に平九郎は渋沢家の養子となった。

ナンジャモンジャの木　天覧山から下山して**飯能第一小学校**へ向かう。飯能市山手町。学校裏にはケヤキの森があり一本の珍しい**ナンジャモンジャの巨木**が枝を広げている。通りかかった弘法大師に木の名前を尋ねると、大師もわからず「ナンジャろうか、モンジャろうか」とつぶやいた。本当は「カゴノキ」だったが、これが木の名前と早とちりしてしまったという。カゴノキ（クスノキ科）は常緑高木で樹皮は鹿の子模様で雌雄異株。八～九月ごろ、黄色い小さな花が葉の付け根に群がって付く。用途は器具材や柱材。県内のカゴノキの大木は他に日高市

ナンジャモンジャの巨木

新堀、坂戸市多和目にある。

　ケヤキの森には以前聖天様が祀られており、「聖天林」と呼ばれていた。片隅の記念碑には明治六年に小学校が設立されたと刻まれている。

飯能八幡神社　旧国道二九九号を東へ進み**飯能高等学校**前を右折すると**広渡寺**《こうどじ》がある。飯能市八幡町。飯能戦争で焼失、大正五（一九一六）年に再建された。広い境内には樹齢三〇〇年の大イチョウをはじめ、手入れのされた樹木が繁る。

　大きな子安地蔵が立つ参道口から東へ進むとすぐに**飯能八幡神社**になる。八幡町名の起こりとなった当地の鎮守で、境内には摂社の稲荷神社や三峯神社が祀られている。

飯能八幡神社

② 市街地から加治神社

西武池袋線・飯能駅～加治神社～中山家範館跡～丹生明神社跡～智観寺～心應寺～玉宝寺～店蔵絹甚～飯能八坂神社～飯能駅

加治神社　飯能駅北口から国道二九九号に出て西武池袋線を渡り、突き当たった国道二九九号バイパスを横切って行く。右方向に**加治神社**への参道がある。飯能市中山。社の前には中山山車の収納庫。慶長元（一五九六）年、中山氏の老臣本橋貞潔が主君の遺命を奉じて**聖天社**を勧請したという。

　明治二（一八六九）年、聖天社を改称して加治神社とする。「上杉氏の家臣だった中山家勝が川越夜戦に敗れ、中山に戻る途中入間川の洪水に阻まれた。この時、芦毛の馬を連れた老人に救われ中山にたどり着く。『吾は吾妻天神なり』と言い残し、天神様の前で馬と共に姿を消した」という伝承の残る**天神様**は、その加治神社と合祀。明治四〇年には村内各社を合祀し、中山の総鎮守社とした。

カシの参道には寛永一九（一六四二）年の六基の石灯籠が立つ。元は智観寺北の丹生《たんしょう》明神社にあった。明治中期加治神社に合祀の際、社殿と共に移転。献納者の中山信正は信吉の嫡子で父の跡を継ぎ、水戸家の家老となった。智観寺や丹生明神社を中興し、中山宿に市を立てるなど、宿場の発展に貢献した。

番神社

末社に珍しい**番神社**（番神堂）がある。三十番神《さんじゅうばんしん》は、一カ月の三十日間を交代しながら国土を守る三十の神々。神仏習合の法華経信仰の守護神の神々と考えられている。この三十番神を祀るのが三十番神社である。多くは日蓮宗寺院の境内に祀られている。

境内には、大きな本橋渓水の**筆塚の碑**（県）と経歴碑がある。渓水は天明三（一七八三）年、中山にあった陽雲寺に生まれた。学問に秀でた渓水は一八歳で寺子屋を開き、能筆家としても知られた。子弟が七年忌に師の退筆を埋め塚とした。建碑は安政五（一八五八）年。

中山家範館跡　加治神社から西へ丘陵下の旧道に入る。左の住宅地は**陣屋跡**、続いて**中山家範の館跡**になるが、住宅地のほぼ中央に土塁の一部を留めるだけである。家範は北条氏照の重臣として仕える。北条氏が豊臣軍に攻められた時は、小田原の重要支城の八王子城を死守、壮絶な戦死を遂げた。

中山家範の館跡

中山家範の墓

コラム・八王子合戦と中山氏

中山家範は飯能中山館に生まれ北条氏照に仕えた。天正一八（一五九〇）年、氏照は小田原におり家範は横地、金子らの重臣と八王子城を預かる。八王子城は前田利家、上杉景勝、真田昌幸らの三万の大軍に囲まれる。六月二三日早朝、前田勢は元八王子の大手、上杉勢は恩方の搦手から侵入、午後には落城。家範は妻と長子と共に壮絶な最期を遂げた。落城に際し家範は、重傷の身でありながら血のしたたる辞世を残した。

八王子城の落城では城兵や女子供を含む一三〇〇人が惨殺され、戦国の世に戦の終焉を告げる最後の合戦だった。城山は「忌み山」と呼ばれ、六月二三日の落城の日は、この山にだけ霞がかかり人馬、鉄砲、女の泣き叫ぶ声などが山谷に響きわたったという。里人はこの日だけ山には入らなかった。

徳川家康は前田利家から沈着で勇猛果敢な家範の奮戦振りを聞いて深く感銘。その子息を家臣に加えるべく捜索を命じた。探し出された二子のうち、兄中山照守は二代将軍秀忠に仕え、弟信吉は家康の小姓となり、のちに初代水戸藩徳川頼房の付け家老（筆頭家老）になった。二代藩主には光圀を推挙して水戸黄門が生まれた。伊達政宗や林羅山とも親交が篤かった。

中山信吉は故郷の飯能市智観寺に眠る。智観寺は伊達政宗の書状を保管する。

丹生明神社跡　中山氏館跡を過ぎると**丹生堀**に出合う。中山丹治武信は中山の山麓に居を構え、丹生明神を高野山から勧請し**丹生明神社**を建立して子孫永住の地とした。寛永（一六二四～一六四三年）の頃は中山館の西側にあった。丹党加治氏の守護神として祀られ、二月の祭礼には甲冑姿の武士たちが中山の町を練り歩く盛大な祭りがあった。その後は武信の子孫中山氏が再興した。現在は加治神社に合祀されている。

智観寺　丹生明神社跡から丹生堀を渡り**智観寺**の墓地内へ入る。飯能市中山。水戸家老中山信吉の墓は築山の上にそびえる。直径一五メートル、高さ三メートルの築山の上に、更に三メートルの宝篋印塔が立つ。周辺には中山氏歴代の墓四七基が並ぶ。近世大名墓として貴重な遺構である。

智観寺は平安時代初期の元慶年間（八七七～八八五）、中山丹治武信の創建。のちに中山氏は水戸家の家老となり、三代将軍家光からは寺領一五石を賜り寺運隆盛をきわめた。

中山信吉の墓

智観寺

智観寺は飯能戦争の兵火で焼失したが、明治一四（一八八一）年本堂を再建した。再建前の山門には飯能戦争で受けた弾丸の跡があった。今は資料として保管され、伊達政宗書状などの寺宝類と共に、毎年一回、一〇月最後の日曜日に無料公開している。

中山の弁天様　智観寺から南の国道二九九号バイパスを横切ると**心應寺**がある。飯能市原町。鎌倉初期に萬壽達道の創建とも加治氏とも伝えるが、古記録が焼失して詳細は不明。嘉禎四（一二三八）年の飯能最古の板碑がある。心應寺は、天正九（一五八一）年に中興した能仁寺三世の材室天良を開山としている。境内社の**弁財天**を含めた一帯は小公園風になっている。弁財天は「中山の弁天様」として知られる。

弁財天

玉宝寺　弁財天から東へ進み国道二九九号に出る。飯能駅に向かって西武池袋線を渡り、少し行ってから左に入ると**玉宝寺**がある。飯能市東町。境内には石宮の宮沢湖弁財天が復元されている。西武の開発で共同山の弁財天が埋没した。すると、地域にさまざまな異変が起こるようになったので、復元して当寺に祀った。水をかけて祈願する願かけ地蔵もある。

飯能織物協同組合　国道二九九号に戻り、「東町」信号で右に曲がると県道七〇号。すぐ左側に**飯能織物協同組合**の洋館がある。飯能市仲町。飯能が絹織物で栄えていた大正一一（一九二二）年建造で、現在も使用されている。建物は洋風だが屋根が和風で、大棟の両端に見事な鯱が取り付けられている。

店蔵絹甚

店蔵絹甚　さらに県道七〇号を名栗方面に進むと、右に**店蔵絹甚**《みせぐらきぬじん》がある。飯能市本町。明治三七（一九〇四）年絹問屋（買継商）を営んだ篠原甚蔵、長三親子によって建てられた土蔵造りの店舗（市）。ほとんど改変を受けておらず、建築当初の様子を良く残している。木部が一切外部に露出せず、全て粘土と漆喰で覆われ、完全な耐火構造となっている。下屋の両脇に飯能唯一の「うだつ」がある。平成一九年に復元修理した。毎週水曜日～日曜日の午前一〇時～午後四時に公開している。

飯能八坂神社　**中央公民館**前の「大河原」信号手前から右の路地へ入る。**飯能八坂神社**は大きな社ではないが趣がある。祭には底抜け屋台が出ることで知られる。飯能市山手町。戻って飯能駅へ。

③ 天覧山から多峯主山

西武池袋線・飯能駅～能仁寺～天覧山～多峯主山～黒田直邦の墓～御嶽八幡神社～吾妻峡～西傳寺～飯能駅

多峯主山　**天覧山**直下の休息所から左へ丸太の急な階段を下り谷底に降りる。しばらく感じの良い**湿地帯**を右に見ながら進む。湿地が尽きる手前で左へ尾根に取り付いて登る。**見返り坂**と呼ばれるが、振り返っても展望は得られない。常盤御前がわが子義経の後を追ってこの坂にさしかかり、振り返り振り返り登ったという。一帯のササは牧野富太郎が新種として発見し「飯能笹」と命名された。

多峯主山

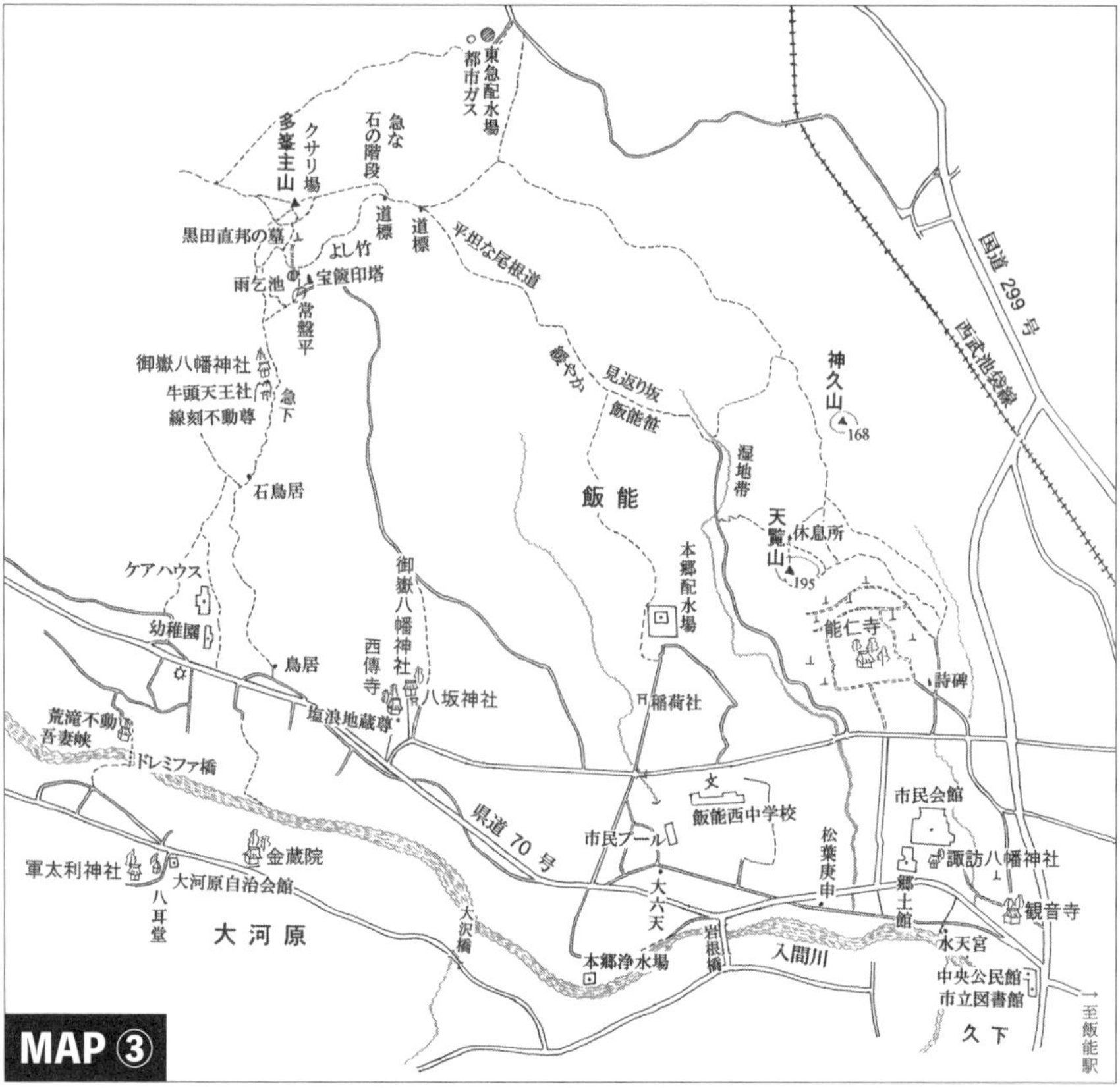

左から登って来た山道を合わせると緩やかになる。平坦な尾根道を行くと今度は右からの登山道に合う。この先ですぐまた分岐、左は**雨乞い池**を経て**多峯主山**《とおのすやま》へ。右をとって急な石の階段を登る。最後はクサリ場になり、経塚供養碑の立つ山頂へ着く。明和二（一七六五）年、経文を書いた一万二千個の河原石が埋められた。山頂付近はたくさん道が交差して複雑だが、道標がしっかりしているので迷うことはない。

黒田直邦の墓　山頂から南へ下るとすぐに分岐、左をとって立派な**黒田直邦の墓**へ。黒田氏は丹党中山氏の出で飯能を治め、多峯主山一帯も領内だった。黒田直邦は五代将軍綱吉から八代将軍吉宗まで、四代の将軍の下で五〇余年間も重責を果たした。最後は沼田城主三万石の大名になり、享保二〇（一七三五）年に七〇歳で没した。先祖ゆかりの飯能を見渡せる多峯主山に墓所を求め、領内の鎮めとした。

黒田直邦は四代中山直張の三男、母方の祖父黒田用綱《もちつな》（綱吉の館林時代の家老）に養われ黒田姓を名乗る。宝永二（一七〇五）年、能仁寺の朽ちた伽藍を再興した。

黒田直邦の墓

雨乞池　墓地から**雨乞池**（**雨乞淵**）の窪地へ降りる。昔の雨乞場で、鼻をつまみながら周囲を七廻りすると池の中に異変が起こるとされていた。春先にはカエルが産卵し、水が黒くなるほどオタマジャクシがかえる。付近には細いよし竹がまばらに生えている。常盤御前が源氏再興を願い、「杖、よし竹となれ」と差したのが根付いて増えたという。池から尾根に登った所を**常盤平**と呼びたくさんツツジが植え込まれている。尾根の先端部の常盤が丘には**宝篋印塔**が立つ。以前は常盤御前の墓があったという。

御嶽八幡神社　次の**御嶽八幡神社**は「前岩」と呼ばれる巨岩の上に建てられている。今も産土神として信仰が厚い。ここには昔から小社があったが、江戸末期には地元の信者が琴平宮を祀っていた。御嶽教が盛んになった明治からは「おんたけさん」と呼ばれ、麓の八幡宮が合祀され御嶽八幡神社になった。神社から急下して岩根に降りると**牛頭天王社**が祀られ、岩陰には慶応二（一八六六）年の**線刻不動尊**の石碑が置かれている。地元信者とその一族が積んだという急な石段を下る。石鳥居が現れると小沢の流れる谷に着く。沢沿いの快適な道を行き、右に**ケアハウス**を見ると県道七〇号に出る。

吾妻峡　ここから吾妻峡へは県道を名栗方面へ進んでから左折して行く。県道を横断して静かな細道を進んでもよい。**荒滝不動**から崖を下り**ドレミファ橋**のある**吾妻峡**へ。県道七〇号に戻り飯能駅方面へ向かう。左側の**西傳寺**の境内には大ツゲが植えられ、

塩浪地蔵尊が祀られている。飯能市飯能。隣接の**御嶽八幡神社**は、平安末期創建の八幡宮だったが、明治四〇（一九〇七）年に前岩の御嶽神社に合祀された。しかし参拝に不便なため大正一〇（一九二一）年、お仮屋を建てて当地の鎮守に復活。境内に神輿を収めた**八坂神社**がある。

ドレミファ橋

④高麗峠から宮沢湖

西武池袋線・飯能駅～高麗峠口～奥武蔵自然遊歩道入口～高麗峠～宮沢湖畔～宮沢湖堰堤～清泰寺～宝蔵寺～飯能駅

高麗峠　飯能駅北口から駅前通りに出て、「東町」の信号を名栗方面に曲がると県道七〇号になる。「仲町」の信号で右折して**高麗横丁**に入ると、右の駐車場奥に**入口稲荷**の石宮がある。この先の**小松屋**前には昭和四〇年ごろまで十王堂があった。本尊の閻魔大王は能仁寺に移されている。**飯能第一小学校**を過ぎると右の路傍に**鶴舞地蔵尊**が祀られている。

鶴舞地蔵尊前を右

高麗峠

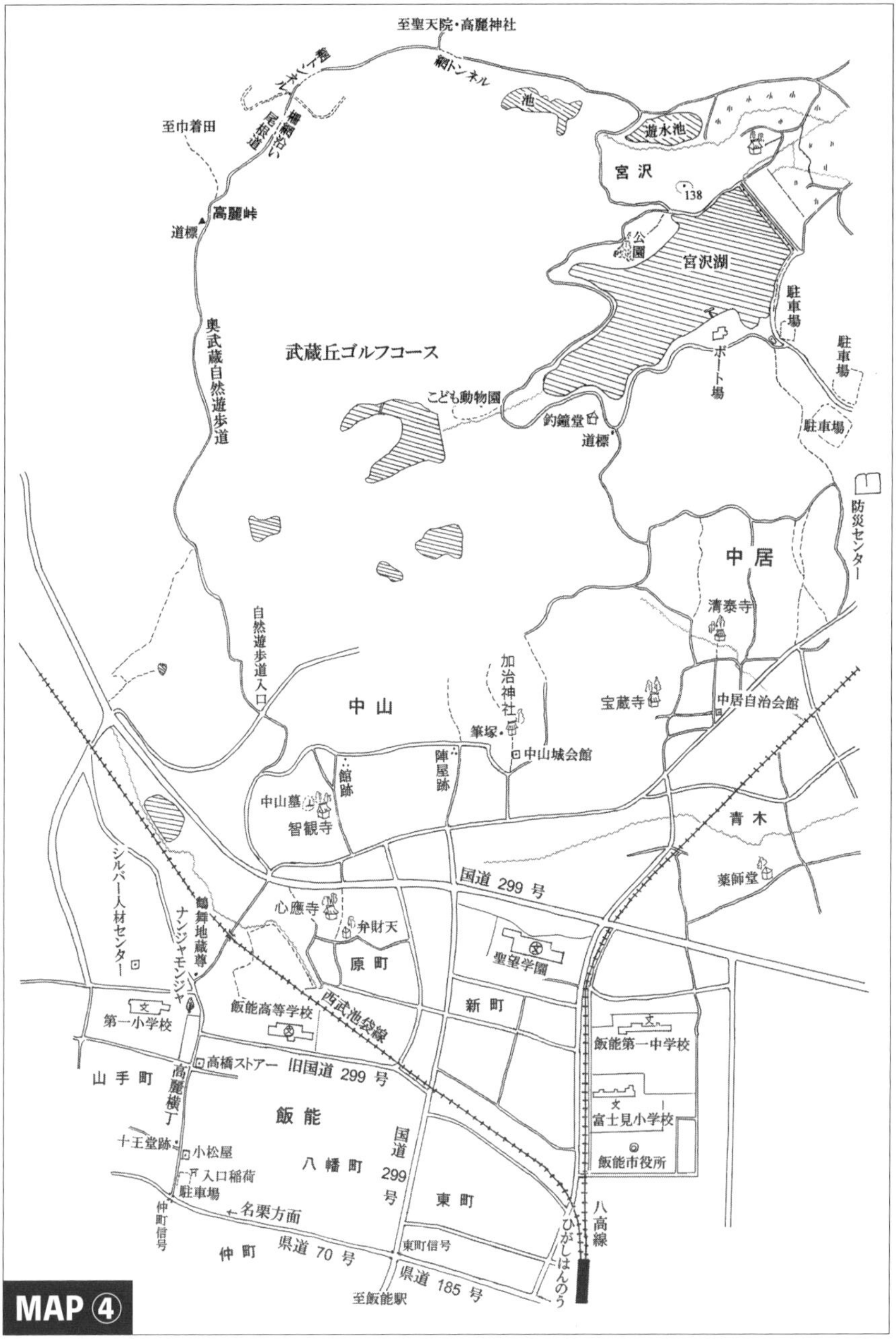
至聖天院・高麗神社
網トンネル
池
遊水池
宮沢
138
至巾着田
高麗峠
道標
公園
宮沢湖
駐車場
奥武蔵自然遊歩道
武蔵丘ゴルフコース
ボート場
駐車場
こども動物園
釣鐘堂
道標
駐車場
防災センター
中居
清泰寺
自然遊歩道入口
加治神社
宝蔵寺
中居自治会館
中山
筆塚
中山城会館
陣屋跡
館跡
中山墓
智観寺
青木
シルバー人材センター
国道 299 号
薬師堂
鶴舞地蔵尊
ナンジャモンジャ
心應寺
弁財天
原町
聖望学園
西武池袋線
飯能高等学校
新町
第一小学校
飯能第一中学校
高橋ストアー
旧国道 299 号
山手町
高麗横丁
飯能
富士見小学校
国道299号
十王堂跡
小松屋
八幡町
飯能市役所
入口稲荷
駐車場
東町
八高線
仲町信号
名栗方面
ひがしはんのう
仲町
県道 70 号
東町信号
県道 185 号
至飯能駅
MAP ④

折し西武池袋線をくぐり国道二九九号に出る。国道を渡り左の道を北に行くと、**奥武蔵自然遊歩道入口**になる。自然遊歩道を北へ進むと**高麗峠**に着く。

高麗峠には「天覧山二・六キロ、巾着田一・〇キロ、宮沢湖一・八キロ」と示す道標が立つ。峠からゴルフ場の柵網沿いに尾根道を下る。ゴルフ場道が下を横断すると網トンネルになる。左へ聖天院・高麗神社への道を分けて、再び網トンネルをくぐる。右にゴルフ場の池を見て右折、**遊水池**から尾根を越えて下ると**宮沢湖畔**に着く。

宮沢湖　右折して湖畔一周の道に入り、わずかの登りで**芝生の公園**に着く。**こども動物園**を過ぎて右に**釣鐘堂**を見る。加治神社への分岐を見送り**ボート場**が近づくと、まもなく堰堤になる。釣り人を眺めながら湖畔で休息。宮沢湖は昭和一六（一九四一）年に完成した灌漑用の人造湖で、西武が観光地として開発するまでは、周囲に草が茂り人影はほとんどなかった。良心的なカッパが住んでいて、畑のキュウリを盗むにも曲がったものや大きくなりすぎたものだけだったという。

湖畔をあとに飯能市街地へ向かう。加治神社方面への山道へ入り小沢へ降りて左折し、**清泰寺**へ向かう。小さい本堂だがとても感じが良い。奥多摩新四国八十八ヶ所の第五十五番である。鎌倉時代の木造阿弥陀如来座像（市）を安置。次の**宝蔵寺**は昭和五八年、須弥壇《しゅみだん》下の地中から「一字一石経」（市）の経石六万個が出た。

宮沢湖

コラム・飯能小唄

『歌は心でうたうもの』日本経済新聞社・二〇〇二年。作曲・船村徹／作詞・星野哲郎

船村徹は演歌の他にプライベート盤として社歌、校歌、音頭などを作曲している。駆け出しの頃は、市町村歌などを作曲して米俵などを貰って食いつないでいたという。

私は昭和三十八年、飯能地区の学校に赴任した最初の歓送迎会で「飯能小唄」を聞いた。見事に郷土の特色が詠み込まれている。曲も斬新な感じですっかり気に入ってしまった。のちにこのコンビがこれほど有名になるとは思ってもみなかった。

「おさの響きでトンカラリンと明けりゃ、山で色づく桑イチゴ、
オイチニオイチニの昔から機を織ります高麗の郷、
アアアーア、スーイスーイシャッシャッ。
わたしゃ飯能西川育ち、きめの細かい杉娘、
あっちゃこっちゃでくどかれて木遣り音頭で嫁に行く……」

⑤ 美杉台から矢颪

西武池袋線・飯能駅～割岩橋～美杉台～滝沢神社～浄心寺～大蓮寺～征矢神社～矢久橋～飯能駅

美杉台　飯能駅から名栗方面に進んで**割岩橋**まで行く。**飯能河原**を見ながら割岩橋を渡り、県道に出て右折すると左に**三吉稲荷**へ登る急な石段がある。飯能市大河原。昭和九年、東京で米穀商を営む小山氏が創建した。小山氏は久下稲荷様などを信仰していたが商売が伸びなかった。そこで商売繁盛を願い、京都から稲荷様を勧請して飯能町に祀った。白狐や千羽鶴が奉納されている。

県道から**美杉台**への**ハイキングコース**に入って登る。途中には「丈六堂」の御札を納める**小堂**、続いて「白伸堂」の額を掲げる**お堂**がある。美杉台団地が近づくと、小高い山頂に祈願の絵馬を吊す**摩利支天**が祀られていた。

滝沢神社　美杉台団地に降りて左に曲がり**朝日山平**

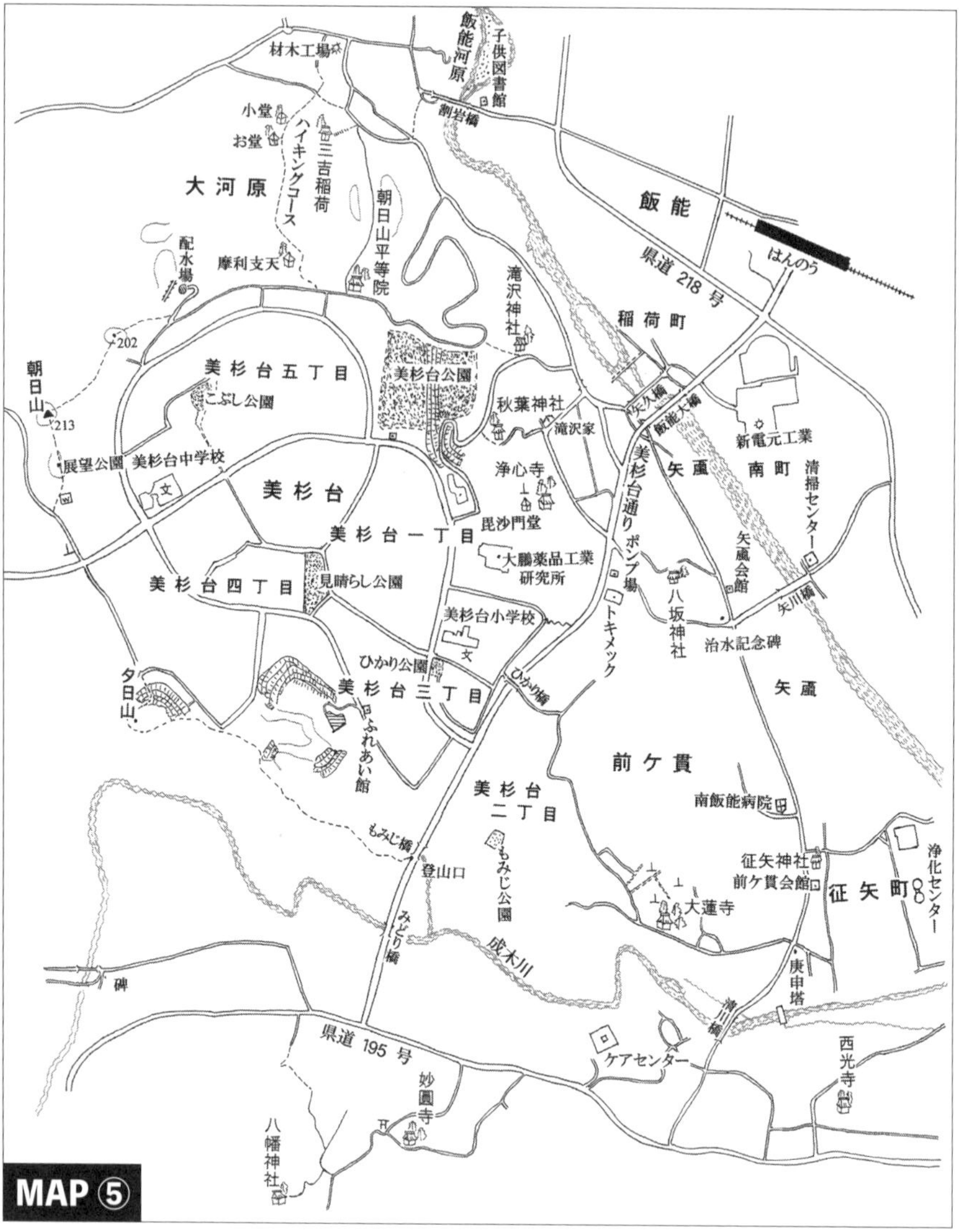
MAP ⑤
飯能河原
子供図書館
材木工場
割岩橋
小堂
お堂
三吉稲荷
ハイキングコース
大河原
朝日山平等院
飯能
はんのう
県道 218 号
配水場
摩利支天
滝沢神社
稲荷町
202
朝日山
213
美杉台五丁目
美杉台公園
こぶし公園
秋葉神社
矢久橋
飯能大橋
滝沢家
新電元工業
展望公園
美杉台中学校
美杉台
浄心寺
美杉台通り
矢颪
南町
清掃センター
毘沙門堂
美杉台一丁目
大鵬薬品工業
研究所
矢颪会館
美杉台四丁目
見晴らし公園
ポンプ場
八坂神社
矢川橋
美杉台小学校
トキメック
治水記念碑
ひかり公園
ひかり橋
夕日山
美杉台三丁目
矢颪
ふれあい館
前ケ貫
美杉台二丁目
南飯能病院
もみじ橋
もみじ公園
登山口
征矢神社
前ケ貫会館
征矢町
浄化センター
大蓮寺
みどり橋
成木川
碑
庚申塔
清川橋
県道 195 号
ケアセンター
西光寺
妙圓寺
八幡神社

等院を過ぎ、**美杉台公園**をかすめ**滝沢神社**へ下る。滝沢神社前の大岩に小さな**不動尊像**が安置されている。「滝不動遷座の記」によると、元は下方の滝沢に六メートルの滝があり、享和三（一八〇三）年、小能荘八により不動尊が奉献された。代々地元の滝沢家で守り管理していたが、宅地造成に伴い滝場は消滅。昭和六〇年に当地へ遷座した。

不動尊像

滝沢家の屋敷内には立派な拝殿のお堂があり、寺子屋を兼ねていた時もあった。使用した筆を埋めた所には筆塚の碑が立っている。滝沢家の近くには精進小屋があり、今も地域の集会所になっている。

浄心寺　**秋葉神社**に寄り、**浄心寺**へ向かう。境内に薬師堂、本堂裏に観音堂と**毘沙門堂**がある。飯能市矢颪。観音堂は武蔵野三十三観音の二十三番寺になっている。毘沙門堂は天明三(一七八三)年の創建。高さ二尺八寸の毘沙門天像は室町期の特徴を備えた傑作という。もとは旧家の堤氏が屋敷内に祀り一族と共に崇拝していた。一月七日の毘沙門天の例大祭では福達磨、福熊手の市が名物になっている。近年奥之院として稲荷、天神、三峯の三社権現宮が祀られた。

一度美杉台通りに出てから**美杉台小学校**前に上がり、人道橋の**ひかり橋**を渡る。住宅地を越えて下ると左手に広い霊園墓地が現れ**大蓮寺**に着く。寺前の車道を東へ行くと、十字路に墓石型の**庚申塔**がある。天保五年、飢饉の頃に建てられた。

左折した右にある**征矢《そや》神社**は、日本武尊が千束の征矢を飾り戦勝祈願をした場所。将門追討で下向した源経基が故地に日本武尊を祀り創建。以前は秋祭りに奉納相撲があった。大杉は樹齢三〇〇年。飯能市征矢町。左の**八坂神社**に寄り道をしてから**矢久橋**を渡り飯能駅へ戻る。

ひかり橋

⑥ 美杉台から朝日山

あさひ山展望公園　飯能駅南口前の美杉台通りを進む。左手のサビア（編注・現パチンコ店）を過ぎると**飯能大橋**。大橋のすぐ上流には**矢久橋**が架かる。坂道を進んでいくと、右に**大鵬薬品工業研究所**が見える。人道橋の**ひかり橋**をくぐり、**もみじ橋**そばの登山口から西の山道に入る。**夕日山**から団地内の道を北に進むと、**あさひ山展望公園**に入る。二七〇度にわたる展望が開ける公園。**朝日山**から少し進んで**配水場**近くから団地内の道に入る。

MAP ⑥，⑦

⑦ 川寺から落合・岩淵

西武池袋線・飯能駅〜神明神社〜大光寺・虚空蔵尊〜加治橋〜赤城神社〜薬師堂〜白鬚神社〜西光寺〜歓喜寺〜みどり橋〜飯能駅

神明神社　飯能駅南口から県道二一八号に出て左折、**新電元工業**前を過ぎ**石屋**の角を再び左折して行くと**神明神社**がある。元は現在地より一〇〇メートル北にあって荒廃していた。松本家の先祖が宅地内の大欅の根元に祀りなおし、明治九年に当地区の鎮守とした。大欅（県）は高さ二八メートル、目通り六・五メートル、樹齢八〇〇年という。社殿は平成一五年に不審火で焼失、平成一九年に再建された。

大光寺　神明神社の近くに**大光寺**がある。奥多摩新四国八十八ヶ所の六〇番。境内に金比羅社があ

神明神社の大欅

る。飯能市川寺。境内仏堂の**虚空蔵尊**縁日の四月一三日、一〇月一三日には双盤念仏（市）が行われる。鉦と太鼓で特殊な節をつけて念仏を唱える。県内では三カ所だけの珍しい行事である。県道二一八号に戻って進むと右の道端に丸彫りの**庚申様**が二体ある。元はこの先の一本松に放置されていたのを、地域の人たちがここに移して祀った。当初の信仰は廃れ、今は近くの新井寿江さん（平成一九年で九〇歳）が毎月一日と一五日に花を供えて清掃している。

新井さんの写真を撮り送ってあげると、ご主人に「良く撮れている」と褒められた旨と、丁寧にも住まい付近を描いた地図を添えて、今度来たら是非立ち寄って欲しいとの手紙をいただいた。

続いて右に**願成寺**があり、境内に熊坂稲荷社を祀る。墓地には七基の大型板石塔婆（市）が立つ。笠縫の**正願寺**山門前には重さ一〇〇キロの力石が置かれている。昭和三〇

庚申様

（一九五五）年ごろまで、担いで寺を一周する若者もいた。

赤城神社　さらに県道二一八号を行き、**加治橋**を渡り阿須の**赤城神社**に向かう。阿須の深井から文化二（一八〇五）年、現在地に遷座した。境内には樹木が多い。少し戻って**長澤寺**へ。寺から阿須丘陵の先端を越えると、車人形創案者の**山岸柳吉**（初代西川古柳）**誕生碑**がある。県道一九五号に出て西へ進むと、左の茶畑の中に**金子坂柚子之木古墳**が見える。小さな塚で柚子の古木の根元に青石塔婆が置かれている。

　続いて西光寺仏堂の**薬師堂**への参道になる。薬師如来は早雲以来北条一族の守り本尊だった。小田原落城の際、落武者が背負って来て当地に祀った。春秋の縁日には、復活した双盤念仏が行われる。三代氏康が八

西川古柳誕生碑

青石塔婆

王子城に移し、落城の際に中山氏の残士が火中から持ち出したともいう。

白鬚神社　県道を挟んだ**白鬚神社**境内に**秋葉神社**があり、御神木の大杉は見応えがある。戦前までは神楽の奉納や藁工品、竹細工などの展示会があった。西の**西光寺**は慶長年間（一五九六～一六一五）の建立で、高麗三十三ヶ所霊場の一九番になっている。県道に戻ると、**ケアセンター**入口の路傍に地蔵尊と古い自然石の道標がある。

　岩渕自治会館の先で左折して**妙圓寺**へ。徳川家光から一三石の御朱印を賜っている。山門脇には宝暦一三（一七六三）年、箱訴事件の犠牲者の墓碑がある。小さく貞七、六右衛門の名前が読み取れる。

歓喜寺　山中の**八幡神社**には大鈴がある。口碑では源頼義が士気高揚のため、八色の旗を立て巡らし盛典を行ったという。県道一九五号に戻り、右の美杉台への道に入る。奥多摩新四国八十八ヶ所の三十二番**歓喜寺**には大モミがそびえる。カヤの大木は樹齢五〇〇年という。成木川に架かる**みどり橋**を渡り、美杉台を越えて飯能駅へ戻り一周を終える。

2 原市場方面

① 岩井堂から赤根ケ峠

西武池袋線・飯能駅～みどり橋～岩井堂～心王院～畑不動尊～安楽寺～長光寺～峠口～赤根ケ峠～「下畑」バス停～畑トンネル・畑峠～大河原～飯能駅

岩井堂　飯能駅南口から美杉台通りを進み、**みどり橋**を渡る。県道一九五号を右折して行くと、左の斜面にカタクリ・イカリソウ群落地がある。成木川に張り出した岩峰の表に稲荷社、裏側に浅草観音発祥地とされている**岩井堂**がある。推古帝の頃、流された岩井堂の観音様が浅草で漁師の網にかかって発見された。地元ではその返還を求めたが聞き入れられず、改めて尊像を刻んで祀った。近くに**「岩井堂観音略縁起」**碑が立つ。

岩井堂

心王院　昭和七（一九三二）年竣工の**岩井堂橋**を渡り、右折して成木川に近づくと**心王院**である。飯能市下畑。山門をくぐった左右に宝篋印塔と千部供養塔が立つ。戦国時代末期、下畑村の名主吉沢氏が菩提寺として建立した。戻って**薬師堂**を経て畑神社へ向か

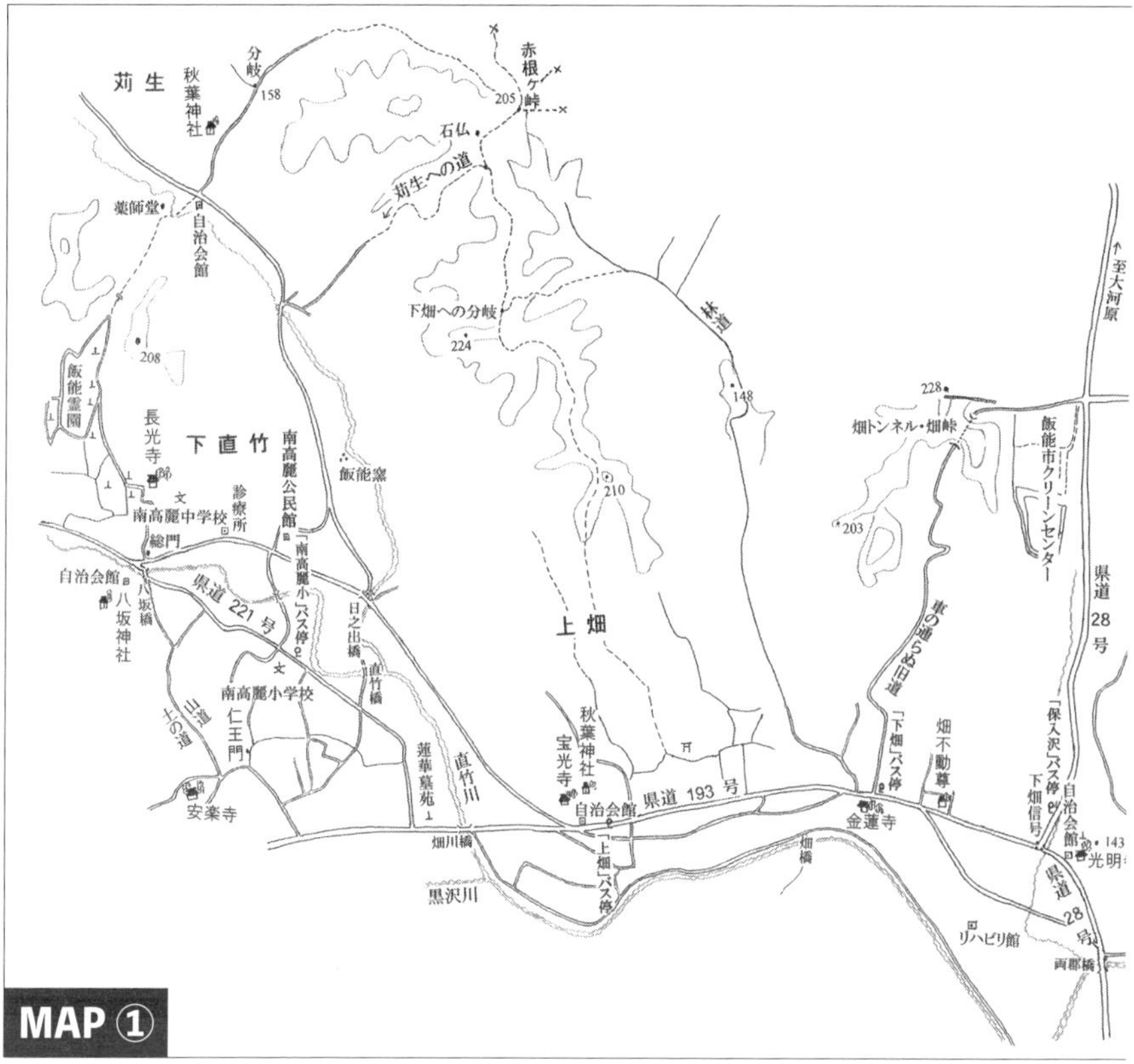

う。一五〇段もの石段を上って**畑神社**へ。心王院境内にあった牛頭天王と金比羅権現が、明治の神仏分離で当地へ遷座、合祀し畑神社になった。社殿裏には山王大権現の石碑がある。近くの**光明寺**の境内には七福神の像が並ぶ。

畑不動尊　県道一九三号に入ると、右の**畑不動尊**には畑稲荷社と導心観音堂

畑不動尊

が並ぶ。小さいが庭園風のアジサイの咲く境内隅の岩には、役之行者を祀る神変大菩薩がある。**金蓮寺**は数少ない時宗の寺で、僧侶の墓地には南無阿弥陀仏と彫られた、立派な名号板碑が二基立つ。馬場家の墓地はあったが、飯能戦争で間違えられて殺害された馬場兄弟の墓は確認できなかった。

上畑に入ると**秋葉神社**になる。享保の庚申塔と並んで、元禄一一（一六九八）年の三猿が線刻された山王様がある。隣接の**宝光寺**は聖天院末寺で、左手の地蔵堂内には多くの絵馬と奥多摩新四国八十八ヶ所の石像が納められている。

安楽寺　畑川橋を渡って一旦青梅市に入り**安楽寺**へ。関東における古寺の一つ。**仁王門**から道を隔てて大杉（都）のそびえる大本堂が建つ。

安楽寺

安楽寺から山道で成木の丘陵を越えて下ると**八坂橋**の架かる県道二二一号に出る。近くの**八坂神社**の扁額は山岡鉄舟の筆になる。明治末期から南高麗神社と呼んでいたが、昭和二八（一九五三）年に元の社号に戻った。

長光寺　八坂橋を渡ってから右折すると**長光寺**の**惣門**前である。惣門は県指定有形文化財、雲版は国の指定重要文化財である。**飯能霊園**を左に見て行き、墓地の尽きるところから小鞍部へ登り、山道を五分ほど下ると長昌寺跡の**薬師堂**に着く。一度車道に出てから赤根ヶ峠への道へ入る。

赤根ヶ峠　峠へはジメジメした谷筋の道をつめ

長光寺惣門

る。**峠口の分岐**から一五分余りで二〇五㍍の**赤根ヶ峠**の頂に着く。峠からの道はいくつも分かれているが、付近は土地造成中で立入禁止。唯一下畑への道のみ。峠から尾根道を五分程で右に**苅生**《かろう》へ下る道が分かれる。続いての分岐を左へ行く。この道を下って谷筋につけられた**林道**へ降りる。

下畑へ向かうとまもなく谷も広くなり、感じのよい湿地帯が現れる。このまま林道を下り、**金蓮寺**前の県道一九三号に出る。左折して車の通らぬ旧道を登ると**畑トンネル**と**畑峠**になる。レンガで組まれたトンネルは明治四三（一九一〇）年に開通、七七年間県道として利用され、昭和六二年にバイパスの完成により役目を終える。トンネルを抜けると**飯能市クリーンセンター**前の県道二八号に出る。北進し大河原へ出て三〇分程で飯能駅である。

赤根ヶ峠

② 南高麗巡り

西武池袋線・飯能駅～「申淵」バス停～徳蔵寺～時計台～富士浅間神社～タブの木～奥社～石灰焼場跡～「下間野」バス停～飯能駅

徳蔵寺　「申淵」バス停で下車する。県道二二一号北側の高台に**徳蔵寺**があり風景抜群の環境。背後は竹林で、春には寺でタケノコを頂いた。

旧道に入ると右に**堂之前観音**がある。堂内に管理者宿谷氏による由来記を掲げる。概略によると「当地は鎌倉秩父街道の裏街道として、畠山重忠が原市場から山王峠を下って当地の

堂之前観音

建岩の地を休息所の立場としていた。建岩の相向かいの山上に堂宇を建て、明治九年に現在地へ遷座した。旧地を堂平・堂之前という。観音堂の向かいの山には**吾妻神社**が祀られている」

時計台　旧道は**高千穂橋**で県道二二一号に合わさる。県道を行くと**時計台**と**浮彫の庚申塔**のある分岐になる。時計台の竿には「山王峠ヲ経テ原市場村、子ノ山秩父方面」と刻まれている。山王峠への道をとるとすぐ右に**郷戸観世音**が見える。観音信仰に厚かった本多タケ発願により、昭和五三年

時計台

弁天様

（一九七八）に入仏式が行われた。

左の旧道に入り**弁天橋**まで来ると、淵の岩上に後頭部に鳥居のある**弁天様**が祀られている。台石には「武州高麗郡直竹村・安永五年」と刻む。

富士浅間神社　まもなく右に形の整った小山が望まれる。裾には**富士浅間神社**、山頂に**奥社**が祀られている。古い鰐口のある古社で、境内の左隅に「里の名を咲広けたる桜かな・九十九翁白知」と刻む、地元俳人の木崎仙太郎の**句碑**がある。仙太郎は文久三（一八六三）年に生まれ、昭和三七年に亡くなった長寿者で、村政、墨絵、俳諧などに活躍した地域の著名人だった。句碑上方の岩壁からは**芙蓉の滝**が落ちる。滝壺には竜神が祀られている。

拝殿に接して**額殿**

富士浅間神社

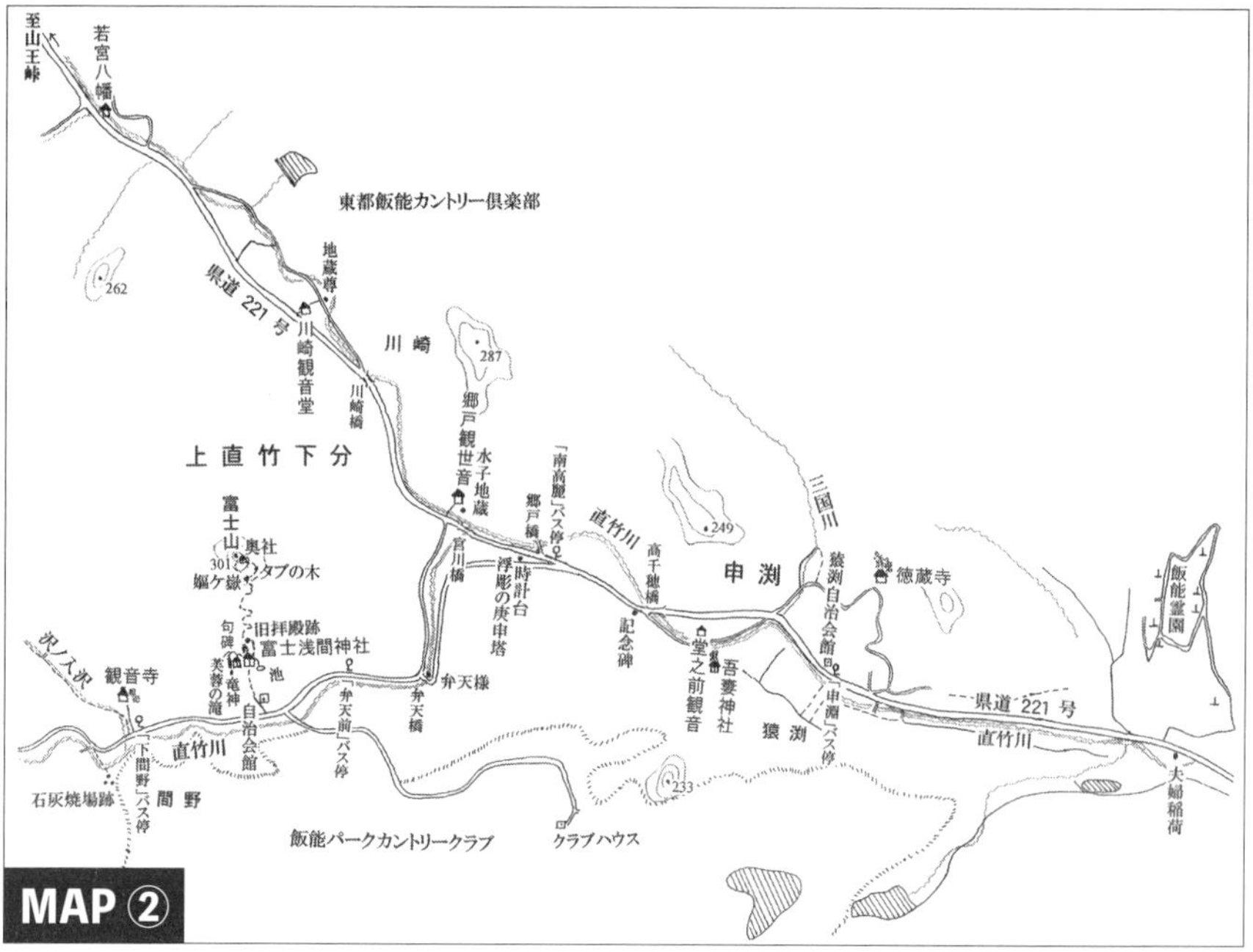

があり、在原業平東下り、弁慶と牛若丸、加藤清正虎退治など故事の絵馬が多い。拝殿内の富士裾野巻狩り図は仁田四郎が猪と戦っている。本殿脇から山頂を目指すと**旧拝殿跡**の小平地があり、一帯はシラカシ、ウラジロカシの照葉樹が群生した森になっている。山頂が近づくと**嫗ケ嶽**で道は分岐する。昔はこれより上は女人禁制で、犯すと石になると言われていた。

タブの木　右をとると目通り五・五メートル、樹齢七〇〇年の**タブの木**（県）の巨木がある。温暖地の常緑高木で「イヌグス」とも呼ばれ、日本ではここが北限という。主幹には大きな瘤があり、谷へ向かって伸びていた巨枝は台風で折れてしまった。山頂の**奥社**には、龍に似た御神体の石が収められている。

石灰焼場跡　観音寺前を過ぎた対岸は**石灰焼場跡**（県）である。戦国末期に北条氏照家臣の師岡、

タブの木

木崎により始められたとされ、江戸時代からは御用石灰として生産され、築城や城下町建設のため青梅街道で江戸へ送られていた。明治三〇年代まで三〇〇年間焼き継がれた。近くに「下間野」バス停がある。

石灰焼場跡

③永田・大河原巡り

西武池袋線・飯能駅～「永田」バス停～萬福寺～吾妻大橋～小岩井神社～軍太利神社～竜涯山～吾妻峡～「永田大杉」バス停～飯能駅

萬福寺　「永田」バス停で下車し萬福寺へ。飯能市永田。山門には広目、多聞天の立像が納められている。本尊の正観音は行基作と伝える。大黒天があり「永田の甲子様」と親しまれ、一月一五日の祭日は多くの参拝者で賑わう。寺の裏山の山容が大黒天に似ており、山号も大黒山になっている。山頂の**奥之**

萬福寺

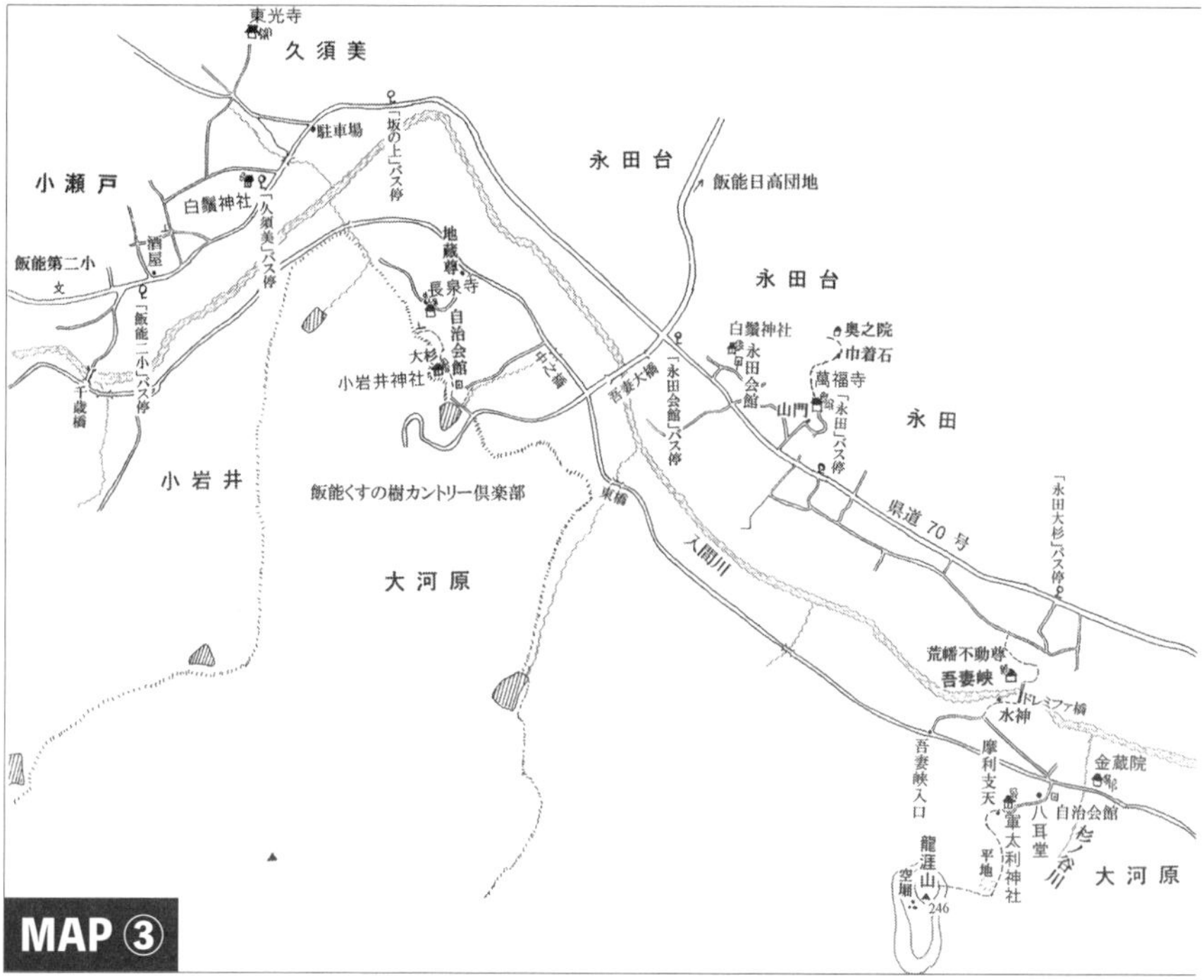

院付近には巾着石がある。住職さんが不在のため奥さんから話を聞く。

「昔は江戸からの参拝者も多くて、新門辰五郎が奉納した大きな提灯が本堂に吊るされていました。長く続いていた講もありましたが、高齢化が進んでなくなってしまいました。巾着石は若い者が担ぎ上げたものだと聞いてます。釣鐘は戦争で出すことになり、東飯能の駅まで荒っぽく運ばれましたが、終戦間際だったので返されました。

小岩井神社

萬福寺の鐘

ひびや傷があるのはそのためなんです」

会話のやりとりに、娘さんが興味深げに耳を傾けていた。

小岩井神社　永田の**白鬚神社**はかつて萬福寺が管理していた。秋葉神社、愛宕神社が合祀されている。県道七〇号から**吾妻大橋**で対岸にわたり、高麗三十三ヶ所霊場の一六番**長泉寺**へ。慶長一二（一六〇七）年の創建。

寺の墓地から山際を通って、樹齢六〇〇年の五葉松の巨木や、御神木の大杉が聳える小岩井神社へ。下火の菅原神社、中九の神明社、宮下の白髭神社を合祀、明治四〇（一九〇七）年に**小岩井神社**になる。

八耳堂　車のあまり通らない車道を東に進んで**吾妻峡**で休息。子供連れの若い夫婦が**ドレミファ橋**を渡ってきて、河原で昼食を広げた。近くの**八耳堂**《はちじどう》は文政三（一八二〇）年の再建、**金蔵寺**の仏堂で太子堂とも呼ばれる。立派な宝篋印塔(市)は平成七年、修理解体の際に塔内部から銅板経が発見された。興味深い絵馬が多い。鵺《ぬえ》退治、ばくち絶ち、手斧初め…など。

八耳堂

軍太利神社　八耳堂と池を挟んで**軍太利**《ぐんだり》**神社**がある。飯能市大河原。樹齢三〇〇年の樫の大樹がある。北の富士の一人横綱時代の板番付が奉納されている。建仁二（一二〇二）年、大河原氏の創建。成木村の軍茶利社の大イチョウは、当社から飛来したとの伝承がある。大河原氏はこの地を領し、龍涯山《りゅうがいざん》に防備をなして非常時に備えた。付近には殿屋敷、馬場、鎌倉坂などの地名が残る。

龍涯山　神社裏の摩利支天脇から**龍涯山**を目指す。一度平坦地に出てから急登すると、小平坦地の龍涯山山頂に達する。石宮と龍涯山の碑があり、わずかに飯能市街地方面の展望が開けている。左へ少し下ると空掘跡と思われる切り通しが走る。

軍太利神社へ戻り、車道を少し右に行くと**金蔵寺**。奥多摩新四国霊場八十八札所第一六番になっている。建仁年中（一二〇一～〇四）、大河原四郎の創建。初めは大河原氏の菩提寺として龍涯山麓にあったが、火災により現在地へ移る。

再び吾妻峡へ出て、ドレミファ橋を渡って県道七〇号の「永田大杉」バス停へ。

龍涯山山頂

④ 久須美・小岩井・小瀬戸

西武池袋線・飯能駅～「久須美」バス停～東光寺～千歳橋～小岩井弁財天～扇橋～新福寺～浅間神社～「小瀬戸公民館前」バス停～飯能駅

東光寺　「久須美」バス停で下車する。飯能市久須美の**東光寺**には六地蔵の石幢がある。**白鬚神社**は大鈴と断ち割れたような巨岩が目を引く。元は一つの大岩だったが会館を造る時に破壊した。境内に天王様の小社がある。

千歳橋で対岸に渡る。自由の森学園への道に入ると、左の丘陵に**白髭日ケ貫神社**（飯能市小岩井）があり、御神体の自然石が納められている。**宝泉寺**は昭和五三（一九七八）年に焼失したが、三九戸の檀家が中心となり昭和五六年に再建された。

戻って今度は小岩井沢に入ると**幸運地蔵尊**が祀られている。四基の板碑と赤い前垂れを垂らした三体の地蔵が共に葺屋に並んでいる。賽銭の他に花、米、塩などが供えられて信仰の厚いことがわかる。

小岩井弁財天　再び戻って先へ進み、右手の茶畑の尽きた辺りから**入間川**（名栗川）に降りると弁天岩の巨岩に出会う。頂には鳥居を背後にした**弁財天の石像**が祀られている。近くには弁天様が姿を写して化粧したという**鏡岩**がある。付近にはオビンヅル岩、太鼓岩…などあり七不思議と言われている。

すぐ**無量寺**になる。小岩井弁財天は無量寺持ちで、宝暦一〇（一七六〇）年、矢颪の盲人が弁財天に祈願して学び検校を許される。その徳を感じ同志の力を借りて、体内に法華経を収める弁財天像を寺へ奉納した。対岸には吊り橋の**弁天橋**が架けられている。橋の袂から清流の河原に降りられる。

弁天岩の巨岩

無量寺

浅間神社　扇橋を渡り右に**雷電社**や宝篋印塔のある古い墓地を見つつ県道七〇号に出て右折する。中藤への入口には**道標**と**新寺**《にってら》**地蔵**が祀られている。左折すると県道三五〇号で、小瀬戸の**新福寺**は山腹の小さな山寺。寺前から山麓沿いの感じ良い畑道を行くと、前方に**浅間神社**が見えてくる。元は浅間入り立岩にあり、明治の分離令で当地に遷座した。本尊は赤子を抱いた観音の姿で「子安浅間大士」と呼ばれていた。台座に享保五（一七二〇）年の文字。祭典の獅子舞は一〇月中旬に行われ、小瀬戸の獅子舞として安産、子育祈願。

浅間神社

県道七〇号を東へ進むと、右に**保育所**を兼ねた**公民館**がある。ここには大正七（一九一八）年に開校した聖望学園の前身、寿多館という蚕業学校が建てられていた。続いて左に正観音を祀る高麗三十三ヶ所霊場一八番の**岩下堂**がある。隣接して**甲子大黒天**も祀られている。

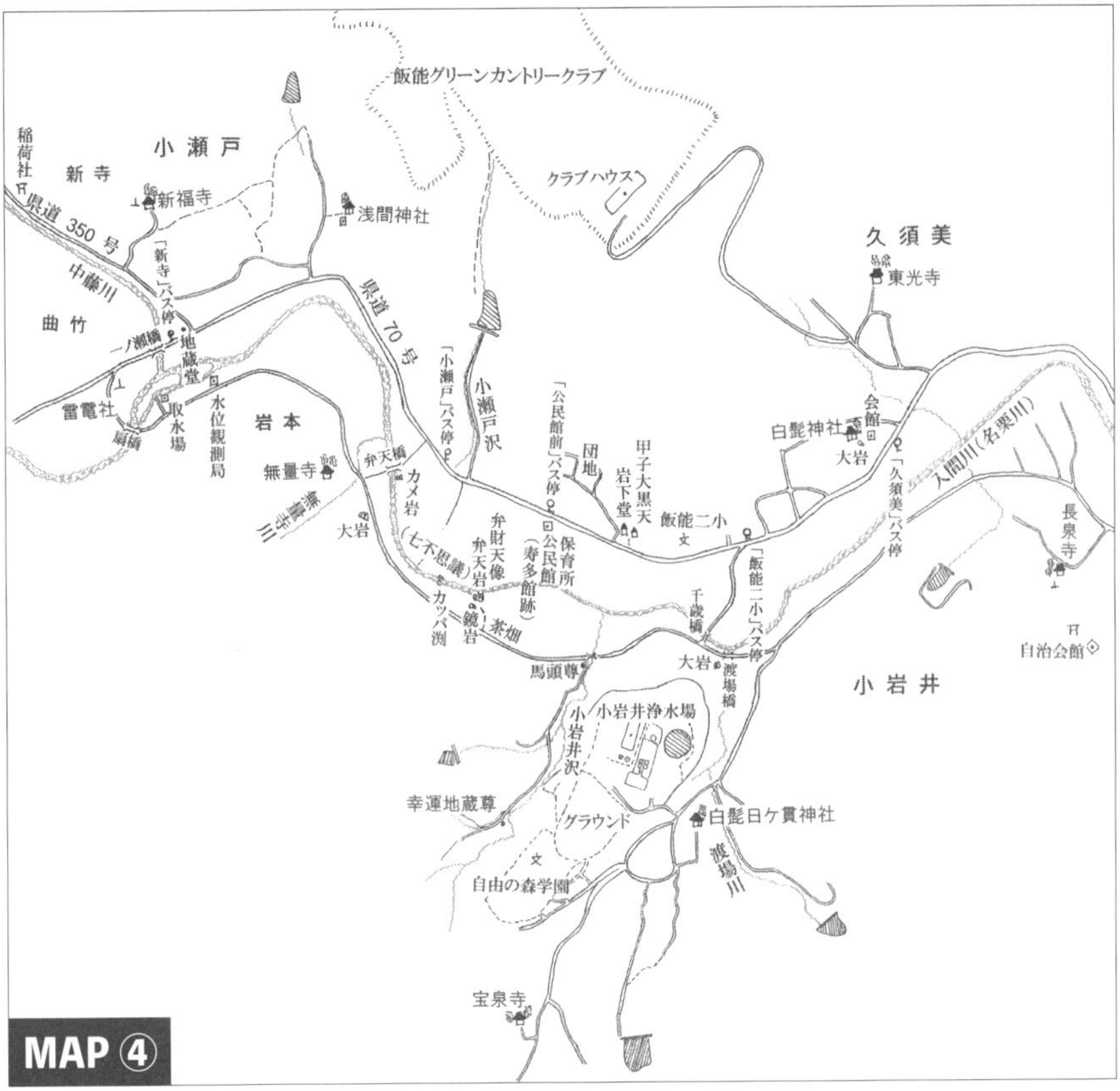

⑤ 中藤から天覚山

西武池袋線・飯能駅～「新寺」バス停～東峠～天覚山～種木地蔵堂～野口観音堂～「新寺」バス停～飯能駅

天覚山　「新寺」バス停で下車し、県道七〇号から分かれて中藤川沿いの県道三五〇号を行く。右の高所に**新福寺**、続いて山裾に**稲荷**の小社がある。この先で野口川沿いの林道野口線に入る。左手の住宅地を過ぎると人家は途絶える。野口川を詰めて**東峠**の直下から、天覚山への登山道に入り、**鉄塔**の立つ尾根に登り着く。これより三つほどの小ピークを越えて天覚山に近づく。最後の鞍部から急登し、

東峠

奥多摩方面の展望がよい**天覚山**山頂に達する。

天覚山山頂

種木地蔵堂　南に伸びるハイキングコースの尾根道を下る。途中から踏跡道になり、やぶを分けて林道に降り立つ。広い**種木**《くさぎ》**地蔵堂**内には囲炉裏があり、種木十五軒の集会所を兼ねている。薬師尊も祀られ、古い二枚の絵馬が掲げられている。

県道三五〇号を戻って行くと、**種木橋**の袂には馬頭尊と「両峯山・入口」の石標がある。「両峯山」とは、両峯神社を祀っていた天覚山のことである。野ヶ崎橋で対岸へ渡り、素朴な**石仏群**を見てから竹林を通って**正八幡宮**へ。県道三五〇号に戻り、東へ進む。

野口観音堂　県道に面して**観音堂**がある。古い石標には「高麗郡第二十六番・野口辻堂白子迄一里三丁」と刻まれている。野口から中藤と東吾野白子へ行く分岐の辻にあるので「野口辻堂」と呼ばれていた。ただし白子への道は新道が開通して廃道になっ

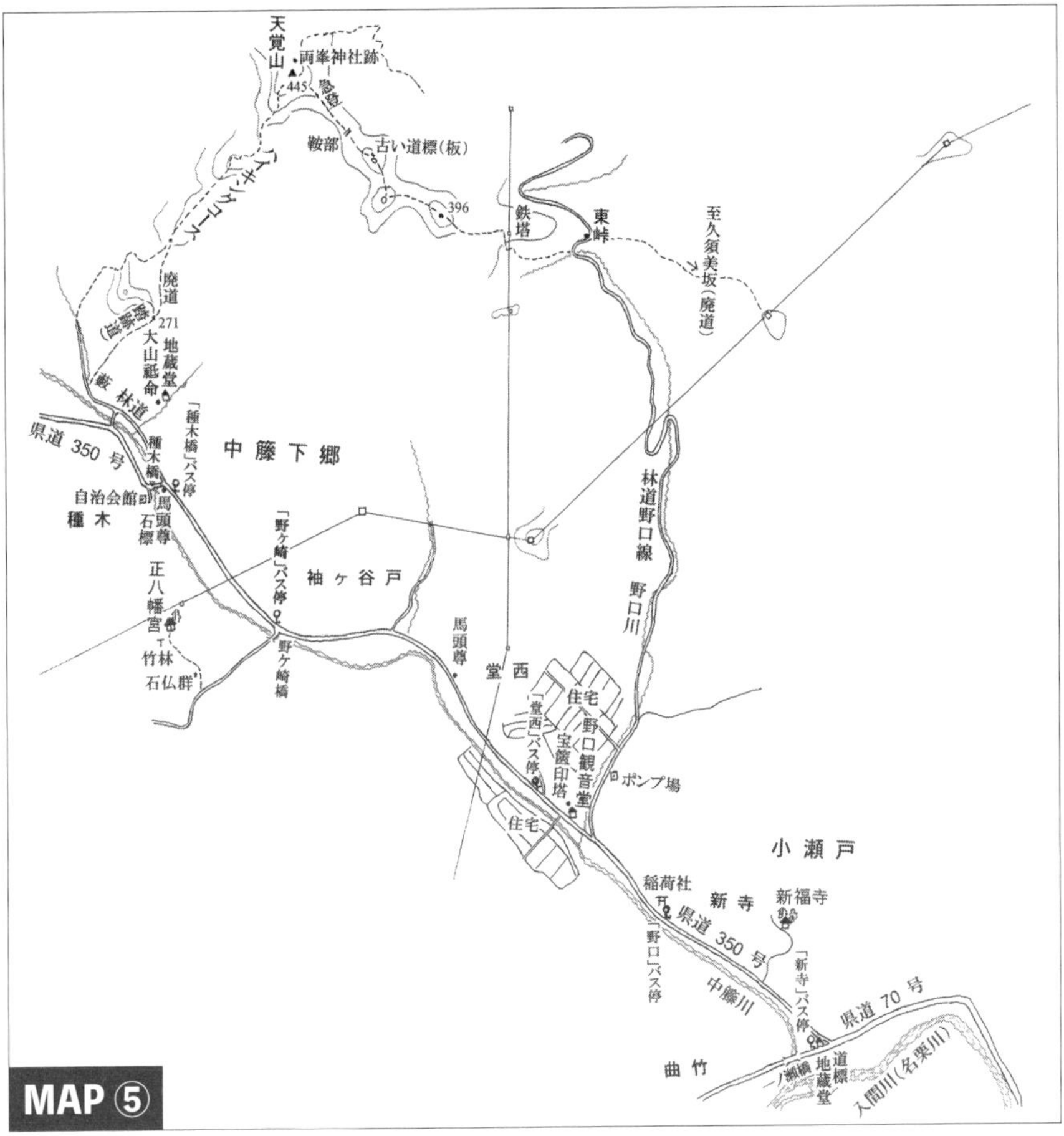

観音堂

た。本堂裏の廃道跡には宝篋印塔が一基残されている。観音堂は享保元（一七一六）年、当地の屋号「隠居」の先祖、野口中左衛門が建立した。本尊十一面観音は高麗三十三ヶ所霊場の二十六番になっている。堂内の四周には天保年間（一八三〇～四四）の二十四孝の絵馬を掲げる。

⑥原市場巡り

西武池袋線・飯能駅～「新寺」バス停～大正橋～山王坂峠～五所神社～聖天淵～白髭神社～扇橋～「新寺」バス停～飯能駅

山王坂峠　「新寺」バス停から一ノ瀬橋を渡り、県道七〇号を進むと二ノ瀬橋になる。橋付近は入間川の渓流になっている。**原市場小学校**を過ぎて、旧道が合わさる**庚申塔**の所から右折して大正橋を渡る。**山王坂峠**は、中藤の小学生たちの通学路だった。子供でも三〇分ほどで峠を越えられた。今も山王坂分岐として峠道が残る。

山王坂峠

五所神社　峠から戻り地域の神社を合祀した**五所神社**へ。秋葉、愛宕、稲荷、日吉、三島の五柱が祀られている。脇には日清日露従軍者の**彰忠碑**が立つ。近くの**西光寺跡**の墓地には鎌倉時代の大きな四基の板石塔婆がある。中央から割れてしまった一基は、高さ二メートル、飯能市で最大であった。

聖天淵

聖天淵　西へ進むと山裾に**金館亀寺**がある。今は金亀館として集会所になっている。床下には四つの穴倉が掘られている。隣接した**叶神社**には、聖天淵から遷座の聖天様が祀られている。脇の小社には「三峯山御眷属守護」の木札が収められている。

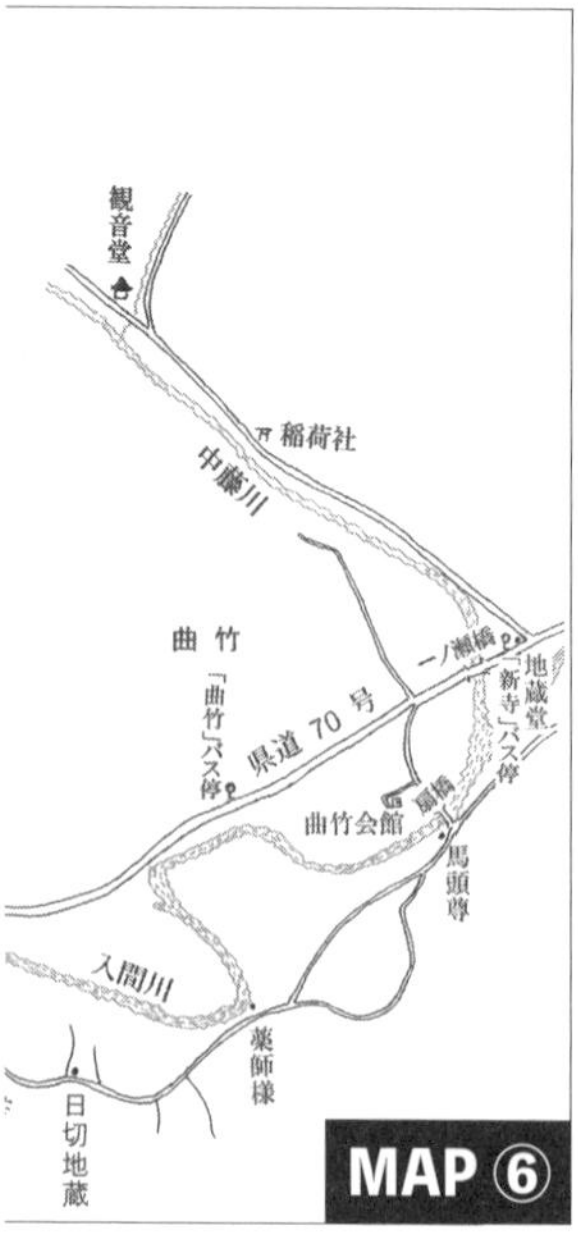

聖天淵は大岩に入間川が当たり、岩の周りが深い淵となっている。

白鬚神社　ポンプ場の所で**倉掛峠**への車道を分け、入間川沿いに南下して県道七〇号に出る。中学校の裏山には昭和二三年（一九四八）創建、戦没者を祀る**原市場神社**がある。市場跡を通り**白鬚神社**へ行く。神木は大銀杏で、根元の周囲にはたくさんの根が露出している。宮ノ瀬橋を渡り県道七〇号を東へ行くと右に**八坂神社**と**地蔵堂**がある。

扇橋　小流脇の不動堂を過ぎて**原市場小学校**へ戻る。小学校裏の旧道に入ると**神明社**や**子育て地蔵尊**がある。そのまま旧道を進み、**日切地蔵**、**薬師様**を過ぎて**扇橋**を渡り県道へ戻って一周を終える。

白鬚神社

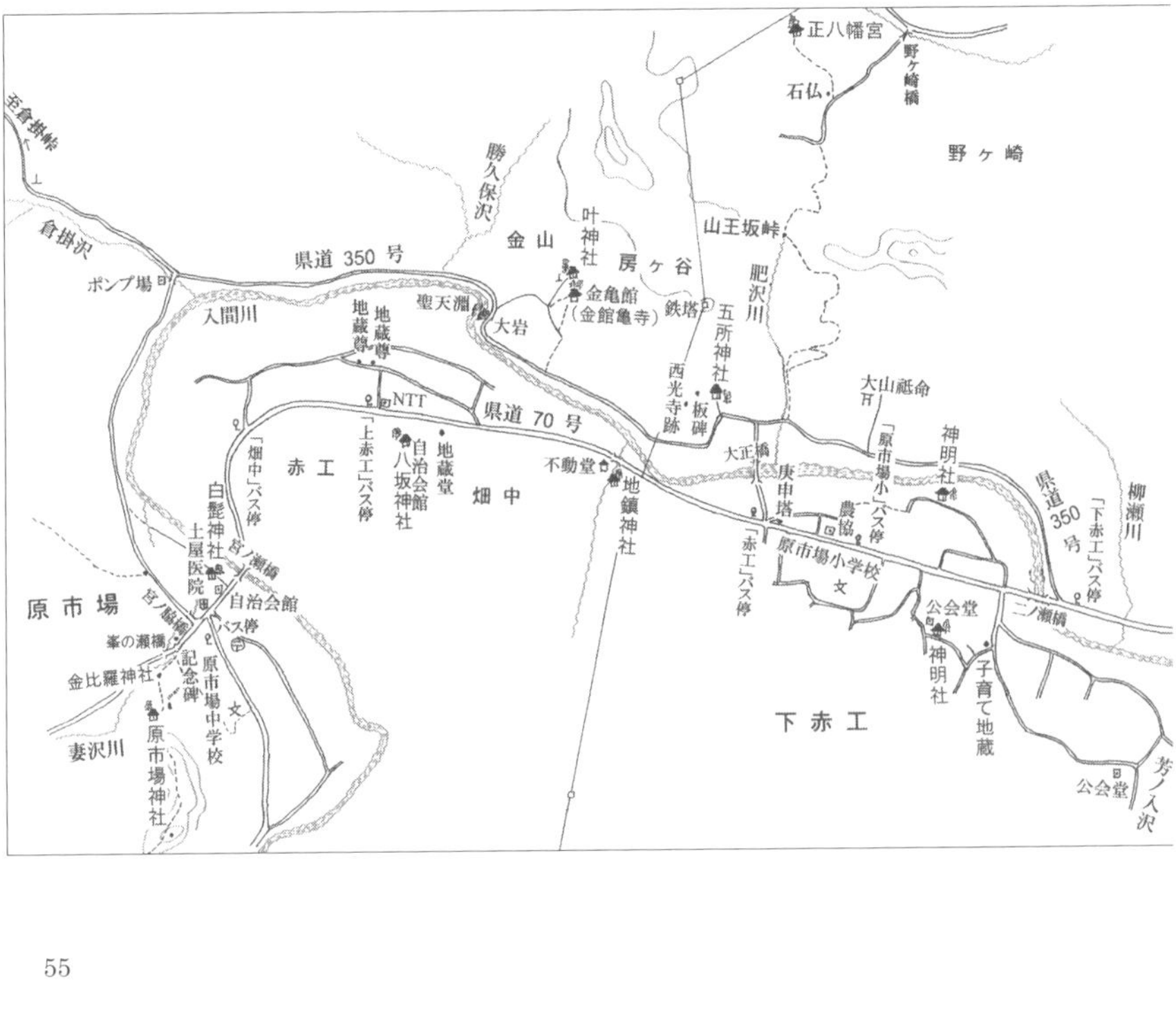

⑦原市場から赤沢

西武池袋線・飯能駅～「原市場中学校」バス停～医王寺～白鬚神社～水明橋～金錫寺～星宮神社～勝輪寺跡～赤沢辻堂～「上赤沢」バス停～飯能駅

医王寺　「原市場中学校」バス停で下車する。**土屋医院**前から旧道に入るとすぐに**郵便局**がある。しばらく行き、旧道が右へ曲がった所に**辻堂**がある。古い石碑には「〇〇番」の文字、高麗三十三ヶ所霊場二十番であろうか。次の**子育て地蔵**には穴空きの小石が沢山奉納されている。県道七〇号に出てから**石原橋**で県道二二一号（鎌倉街道脇道）へ入って**医王寺**へ。

医王寺境内には薬師堂がある。寺から東方には、大野氏の先祖が天文二（一五三三）年に創建した**文珠堂**がある。堂前の山道からは宮ノ瀬橋の県道七〇号に出られる。

山王峠に向かう鎌倉街道脇道の左右には**青木稲荷**と**番場稲荷**の小社、**公民館**・原市場保育所前には**功徳地蔵**が祀られている。

唐竹白鬚神社　原市場保育所から西へ進むと、**白鬚神社**がある。神社の鞘堂には、室町末期の古い本殿が納められている。隣接して白峰神社がある。目通り八、二メートル、樹齢八〇〇年の「唐竹の大欅」が昭和五四（一九七九）年までそびえていた。今は石段下に大欅碑が建てられた。俵神社には径四〇センチ程、俵に似た注連縄の巻かれた石がある。神社の軒下には白蛇の絵馬が沢山掲げられている。道を隔てた**観音堂**（日影辻堂）には、二十二番十一面観世音の額が懸かる。

星宮神社

星宮神社　ヨマ

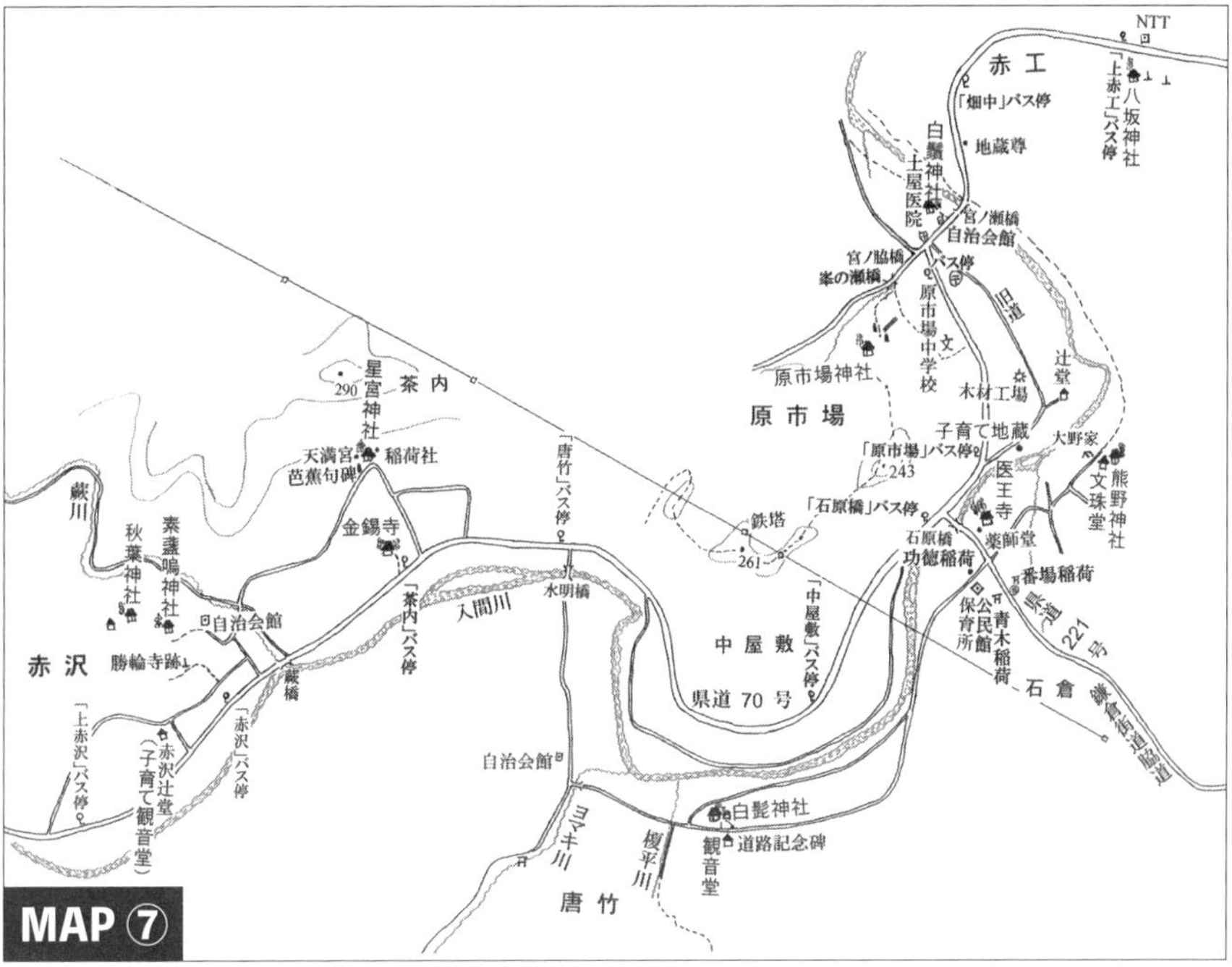

キ川の小流を渡って右折し、**水明橋**から県道七〇号に出て名栗方面に向かうと**金錫寺**がある。中国元の僧が鎌倉末期に開山、「河北禅林」と称し、江戸時代は一〇石の朱印寺だった。中村家の墓地には数枚の板碑と一基の宝篋印塔がある。

寺の北方山麓には**星宮神社**がある。本殿の左右には稲荷社と天満宮が祀られている。本殿内には刀鍛冶の図、八幡太郎義家、酒神の図、素戔嗚尊、一文銭図など見るべき絵馬が奉納されている。元は秩父七妙見の一社だったか。本殿の左に安政三（一八五六）年、孤山堂卓郎揮毫の松尾芭蕉**句碑**「声澄みて北斗にひびく砧《きぬた》かな」がある。

赤沢辻堂　神社前から旧道を南西へ進んで**蕨川**を渡る。右手の尾根の先端には**素盞嗚神社**と**秋葉神社**が祀られている。神社から戻り墓地のみ残る**勝輪寺跡**へ。寺は上杉氏家臣の加治氏に縁のある寺だった。墓地入口には地蔵尊と並んで珍しい閻魔と脱衣婆の石像がある。聖観音を祀る**赤沢辻堂**から県道七〇号に出て「上赤沢」バス停へ。

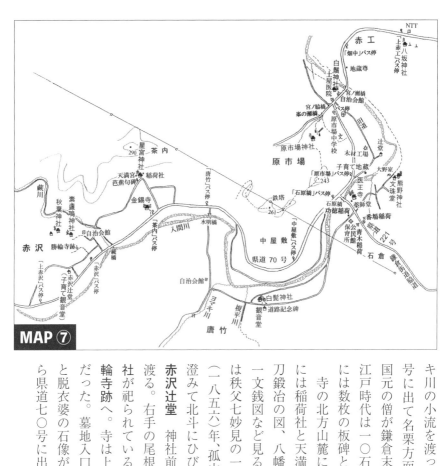

⑧ 四十八曲峠から大仁田山

西武秩父線・飯能駅〜「唐竹橋」バス停〜四十八曲峠〜いぼとり地蔵〜大仁田山〜細田〜光全寺〜山王峠〜飯能駅

四十八曲峠　「唐竹橋」バス停から**水明橋**を渡り、**榎平川**沿いから左の尾根に取り付く。**変電所**への分岐を過ぎると道も緩やかになり、わずかの登りで**四十八曲峠**の尾根上に着く。

四十八曲峠

いぼとり地蔵

峠から杉林の平坦な尾根道を行く。**黒指**へ下る分岐には大正一三（一九二四）の**道標**があり、「原市場村名栗村・細田成木村・黒指」と刻まれている。

いぼとり地蔵　次の**いぼとり地蔵**は寛政五（一七九三）年の建立。平成一九年にお堂を新築。地蔵尊と羊の絵馬が納められている。飯能市細田。

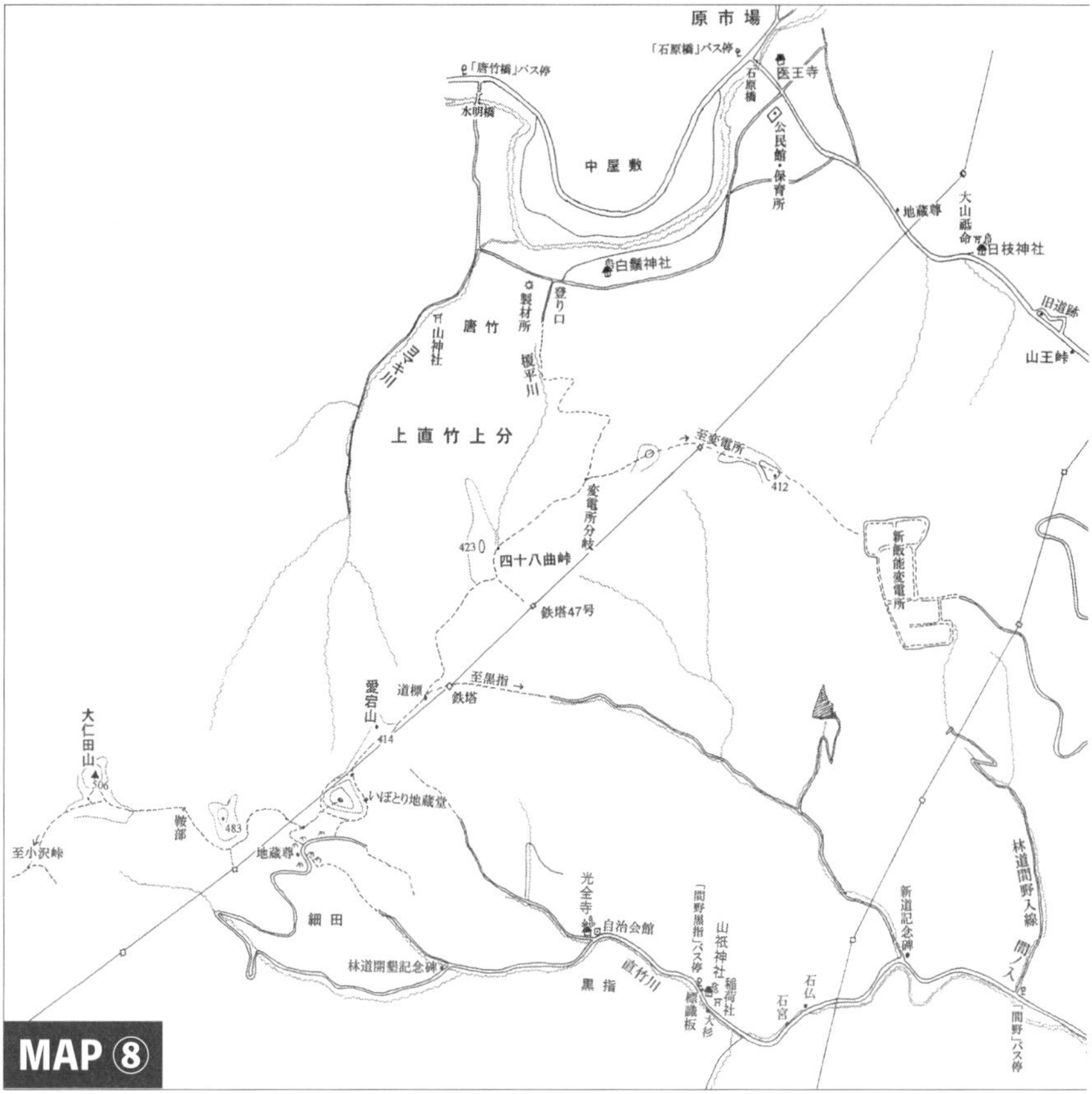

大仁田山　いぼとり地蔵から大仁田山への道をとり、細田の広々とした展望の良い畑斜面を横切って山中に入る。尾根の鞍部に達すると、**大仁田山**まではわずかであった。五〇六メートルの三角点のある山頂からの展望はない。

大仁田山から細田へ戻り、民家の脇から沢沿いに下って平成元

細田の里

年の**細田林道開墾記念碑**の立つ車道に出る。

光全寺　直竹川沿いの車道で**黒指**へ向かう。集落に入ると明応元（一四九二）年創建の光全寺がある。「間野黒指」バス停脇には「モリアオガエル生息地」の標識板が立つ。近くには苔むす大杉に守られて**山祇神社**と**稲荷社**がある。飯能へのバスは日に五本ほどなので、鎌倉街道脇道（県道二二一号）の**山王峠**を経て原市場へ戻るとよい。車道を行くことになるが、車の数が少ないのでのんびり歩くことができる。なお「間野黒指」バス停から飯能駅は約三二分である。

苔むす大杉

MAP ⑨

⑨ 小沢峠から大仁田山（特殊コース）

西武秩父線・飯能駅〜小沢バス停〜小沢峠〜久方峠〜安楽寺分岐〜大仁田山〜庚申塔〜唐竹橋バス停〜飯能駅

小沢峠から大仁田山への手前まで成木尾根を行き、大仁田山から北東に伸びる尾根道を下って唐竹に降りる。やや読図の必要なコースであるが、尾根道をはずさぬように歩けば、人には逢わぬ静かな山行が楽しめる。大仁田山方面までの成木尾根には道標がある。

小沢峠

小沢峠　「小沢」バス停前の開運橋を渡って県道五三号を南に行き、**小沢トンネル口**に出る。トンネ

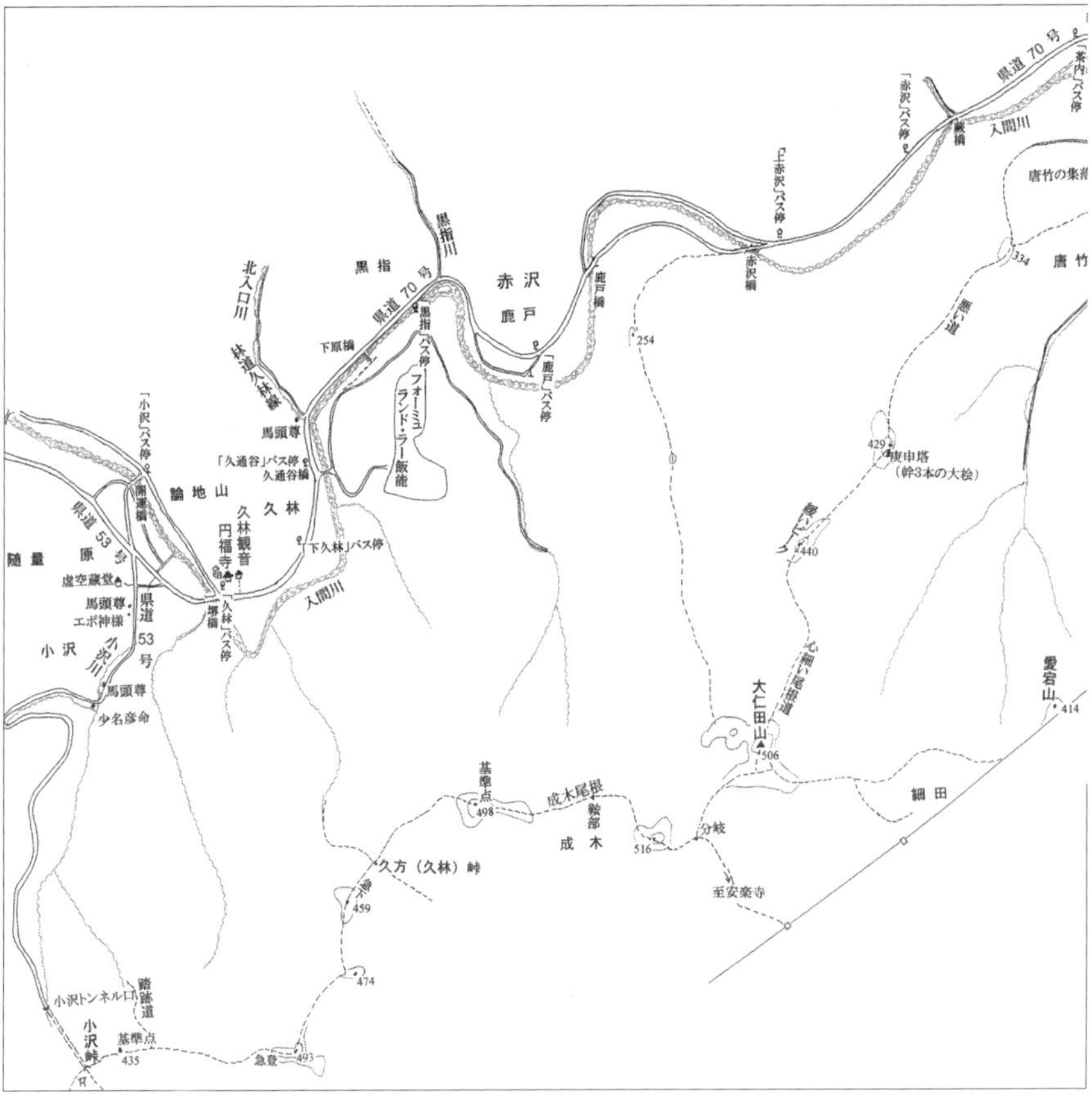

ル口から小沢沿いを一〇分余り登ると、小社の置かれた**小沢峠**に着く。

久方（久林）峠　小沢峠から急登して**基準点**のあるピークへ。下るとすぐに左へ小沢に下る踏み跡道がある。**四九三メートルのピーク**から北へ下って、広々とした**久方（久林）**峠に着く。成木側は峠のすぐ下方まで林道が延びて来ている。久方（久林）峠から登った峰には基準点が埋められている。まもなく安楽寺方面と細田への**分岐**になる。成木尾根と分かれ左の**大仁田山**の南を巻き、細田への道の途中から大仁田山へ登る。

大仁田山　山頂から北へ伸びるやや心細い尾根道を急下する。四四〇メートルの緩いピークを越え、次のゆるいピークには元文四

（一七三九）年の石灰岩の**庚申塔**がある。さらに尾根道をはずさぬように下ると、眼下に**唐竹**の集落が見えてくる。道は次第に悪くなり、いくつかの踏み跡道もあるが、最後は民家目指して下ればよい。**水明橋**を渡って「唐竹橋」バス停へ。

大仁田山山頂

コラム・幻の奥武蔵七福神

医王寺の門前に「奥武蔵七福神」の標柱がある。平成七年再建。昭和一〇年代に円正寺の住職が提唱して成立したが、実際には七福神巡りはほとんど行われなかった。復活を期待したい。

医王寺（福禄寿）楞厳寺（大黒天）洞雲寺（毘沙門天）
竜泉寺（恵比寿天）円正寺（布袋尊）柏林寺（寿老人）
正覚寺（弁財天）

⑩ 倉掛峠から長久保坂

西武池袋線・飯能発～「原市場中学校」バス停～山神様～飛村～山王神社～栃屋谷～権五郎神社～山神様～「原市場中学校」バス停～飯能駅

山神様　「原市場中学校」バス停で下車、宮ノ脇橋を渡り入間川沿いに北へ進む。**ポンプ場**から**倉掛峠**への車道に入り、右に**道路記念碑**を見るとすぐに峠に達する。中藤川の谷へ下り、旭橋から川沿いの県道三五〇号で奥へ進む。青石橋を渡ると正面に、二本の大杉のそびえる**山神様**。県道三五〇号脇に**四基の石碑**があり、山神様前の道標には「元禄三年右高山道・左子のごんげん道三夆山」と刻む。

飛村　右へ**林道平坂飛村線**に入るとすぐに**養福**

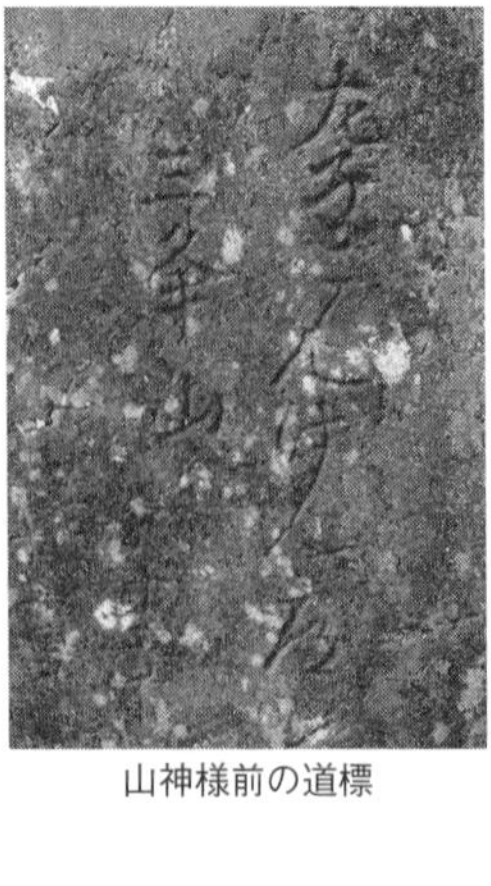
山神様前の道標

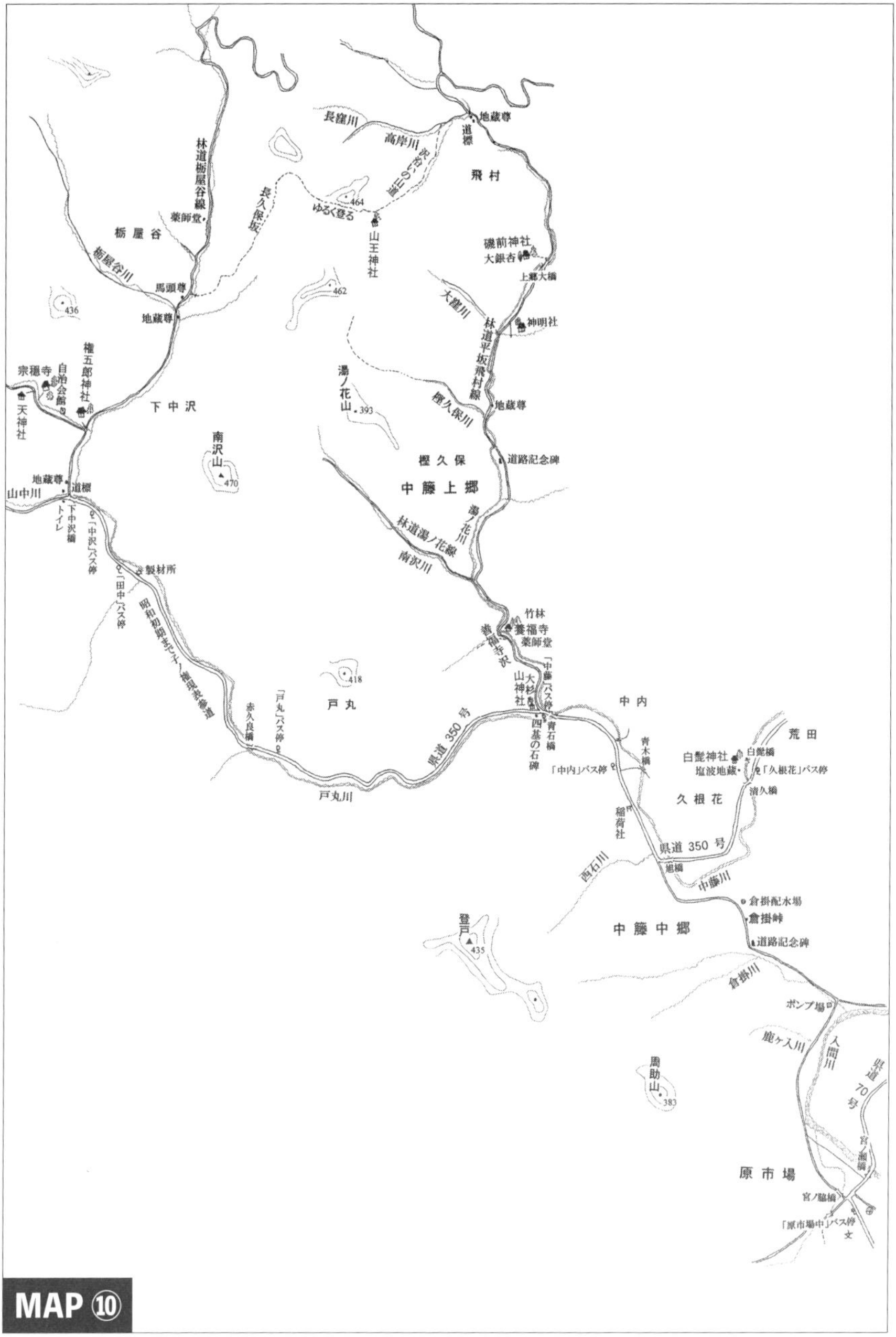
地蔵尊
道標
長窪川
高岸川
飛村
林道栃屋谷線
長久保坂
464
ゆるく登る
山王神社
薬師堂
栃屋谷
栃屋谷川
磯前神社
大銀杏
上郷大橋
馬頭尊
462
436
地蔵尊
大窪川
神明社
林道平坂飛村線
権五郎神社
宗穏寺
自治会館
天神社
湯ノ花山
393
下中沢
地蔵尊
樫久保川
南沢山
470
道路記念碑
樫久保
中藤上郷
地蔵尊
道標
山中川
下中沢橋
トイレ
「中沢」バス停
湯ノ花川
林道湯ノ花線
南沢川
製材所
「田中」バス停
竹林
養福寺
薬師堂
養福寺沢
418
「中藤」バス停
大杉
山神社
中内
戸丸
「戸丸」バス停
赤久良橋
青石橋
四基の石碑
県道 350 号
荒田
白髭神社
白髭橋
塩波地蔵
「久根花」バス停
青木橋
「中内」バス停
清久橋
戸丸川
久根花
稲荷社
県道 350 号
西石川
中藤川
倉掛配水場
倉掛峠
登戸
435
中藤中郷
道路記念碑
倉掛川
ポンプ場
鹿ヶ入川
入間川
県道 70 号
周助山
383
原市場
宮ノ脇橋
「原市場中」バス停
文

MAP ⑩

寺がある。小さな薬師堂も建ち、寺の裏山は見事な竹林である。宝暦四（一七五四）年の**地蔵尊**を過ぎ、上郷大橋を渡ると左上方に**磯前神社**が見える。社前には目通り三・五メートル余りの大イチョウが聳える。

磯前神社と大イチョウ

山王神社　飛村の集落に入り、分岐を左折すると六〇メートル程先に**長久保坂**への峠道がある。あまり手入れのされていない沢沿いの山道を登る。尾根に達すると**山王神社**の小さな社がある。ここから五分くらい緩く登ってから下りに入る。一五分程で**林道栃屋谷線**に降りる。

権五郎神社　先の**権五郎神社**は権現鳥居のある立派な社殿である。以前は隣接して小学校があり、飛村の子供たちも長久保坂越えで通学していた。神社の近くに**宗穏寺**がある。

下中沢橋傍の岩上には大正九（一九二〇）年に講社の建てた**富士登山三十三度の碑**が立ち、岩庇には**地蔵尊**と「左ごつてん王みち・右ねノごんげんみち」の**道標**が置かれている。ここから県道三五〇号で山神様まで戻る。**山神様**までは、見るべきものは何もない。

権五郎神社

⑪ 周助山から仁田山峠

西武秩父線・飯能駅～「原市場中学校」バス停～周助山～登戸～高谷～五五〇メートル峰（滝ノ入山）～仁田山峠～天神峠～「原市場中学校」バス停～飯能駅

周助山　「原市場中学校」バス停から宮ノ脇橋で妻沢川を渡る。少し行くと、左に周助山へ登る**標識**がある。宮ノ脇川沿いの民家の裏手を通り、突き当たった涸谷沿いを登る。途中の墓地まで杉林の良い道を行く。垂直に切り立つ**大岩**を過ぎ、急斜面の心細い道を登り尾根に達する。ここには道標があり、左へ一〇分余り登ると三八三メートルの**周助《しゅうすけ》山**。桧林に囲まれた山頂から

周助山

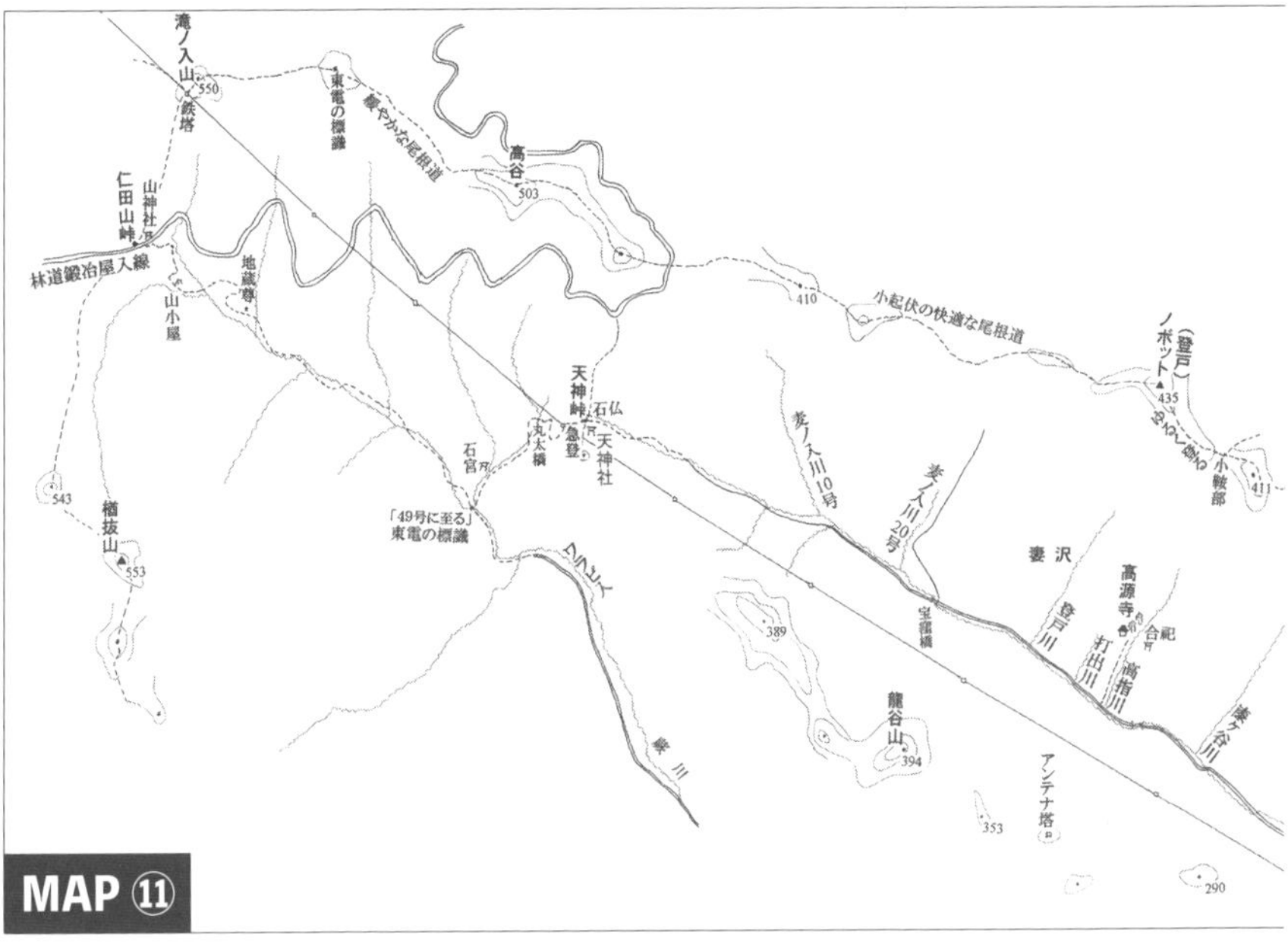

MAP ⑪

の展望はない。

登戸　周助山からしっかり踏まれた起伏の少ない尾根道を行く。最後の小鞍部からゆるく登って、四三五メートルの三角点のある**登戸**《のぼっと》へ。登戸から西へ延びる尾根道を行く。展望はないが小起伏の快適な道。まもなく**高谷**《たかがい》への急斜面になる。一度林道を横断して登り切ると高谷である。

仁田山峠　再びゆるやかな尾根道を行き、**東電の標識**を過ぎて**五五〇メートル峰（滝ノ入山）**に登り**鉄塔**下に着く。左へ直角に下るとしっかりした道に合い、一気に林道鍛冶屋入線が越えている**仁田山峠**へ下る。峠には再建された山神様の石宮が祀られている。

峠から**蕨沢への源流**へ下る。**廃屋**を過ぎ、丸太の**山小屋**が現れると、蕨沢沿いのしっかりとした道になる。

仁田山峠

天神峠　仁田山峠から二〇分余りで左に天神峠への谷沿いの道が分かれる。ここには**東電の標識**「四九号に至る」がある。谷沿いの峠道に入り左に石宮を見て行くと、谷は二股になる。右の沢に架かる丸太橋を渡り、わずかの急登で小さな切り通しの**天神峠**に着く。峠の**天神社**は妻沢側に向いて祀られている。

峠を下るとまもなく集落が現れる。これより原市場まで集落はほぼ途切れることなく続く。その中ほどに**高源寺**があるだけで、神社やめぼしい石仏などはない。

天神峠

⑫ 権次入峠から黒山・小沢峠

飯能駅～「名栗川橋」バス停～権次入峠～棒ノ嶺～黒山山頂～馬乗馬場～長久保山～小沢峠～トンネル口～「小沢」バス停～飯能駅

権次入峠から小沢峠までの尾根道は全体的に起伏のあまりない快適な道である。道標もほぼ整っているので、安心して静かな尾根歩きを楽しむことができる。

名栗川橋　「名栗川橋」バス停から**名栗川橋**（アーチ橋・県）を渡り**湯基入**の谷へ入る。すぐに鉱泉旅館の**大松閣**になる。まもなく右へ熊野神社への山道が分かれるが、あまり手

名栗川橋

入れがされていない。そのまま林道大名栗線を進み、大きくヘアピンカーブを曲がると、右下に**熊野神社**がある。まもなく橋の手前で林道から分かれて**棒ノ嶺**への登山道に入る。岩壁を仰ぎつつ浅い谷を詰めて林道大名栗線に出る。

権次入峠　再び杉林の登山道に入り、最後は喘ぎつつ登るとひょっこり**岩茸石**の尾根に達する。巨岩の上に登ることができる。ベンチがあり休息によい。これより**権次入峠**を目ざして尾根を登る。最後の丸太の階段を詰めると二五分ほどで峠に達する。名栗側の展望はよい。

黒山　右へ二〇分ほどで**棒ノ嶺**である。黒山へは左の尾根道をとる。一度下ってわずかの登りで三角点のある**黒山**山頂に至る。山頂からは右へ奥多摩の岩茸石山方面の登山道が分かれている。ここまで道

権次入峠

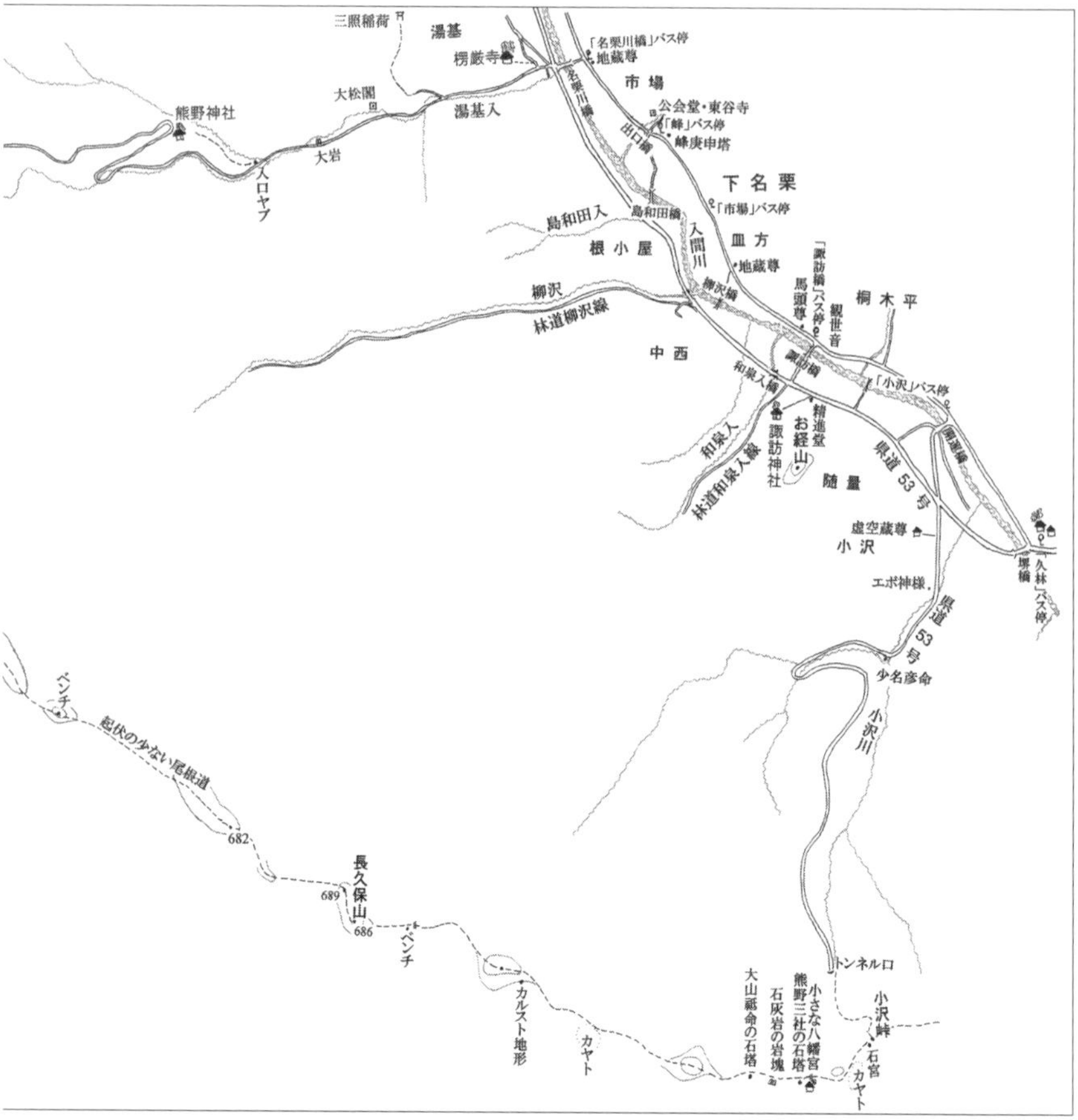

棒ノ嶺

はしっかりしている。

黒山から下るとやや平坦な尾根になる。この辺りが畠山重忠伝説の**馬乗馬場**であろうか。この先も起伏の少ない尾根道が続く。わずかの登りで**長久保山**の標識のある峰へ。

小沢峠　ベンチを過ぎてピークを右から巻いて行くと、斜面を石灰岩の岩塊が覆う**カルスト地形**が現れる。右斜面に広がるカヤトを過ぎてしばらく行くと、大正八年の**大山祇命**の石塔がある。さらに下ると、小さな**八幡宮**と寛政一一（一七九九）年の**熊野三社**の石塔。次の小ピークを右から巻き一度カヤトに出て下ると、樹林の中の静かな**小沢峠**である。石宮を拝してから

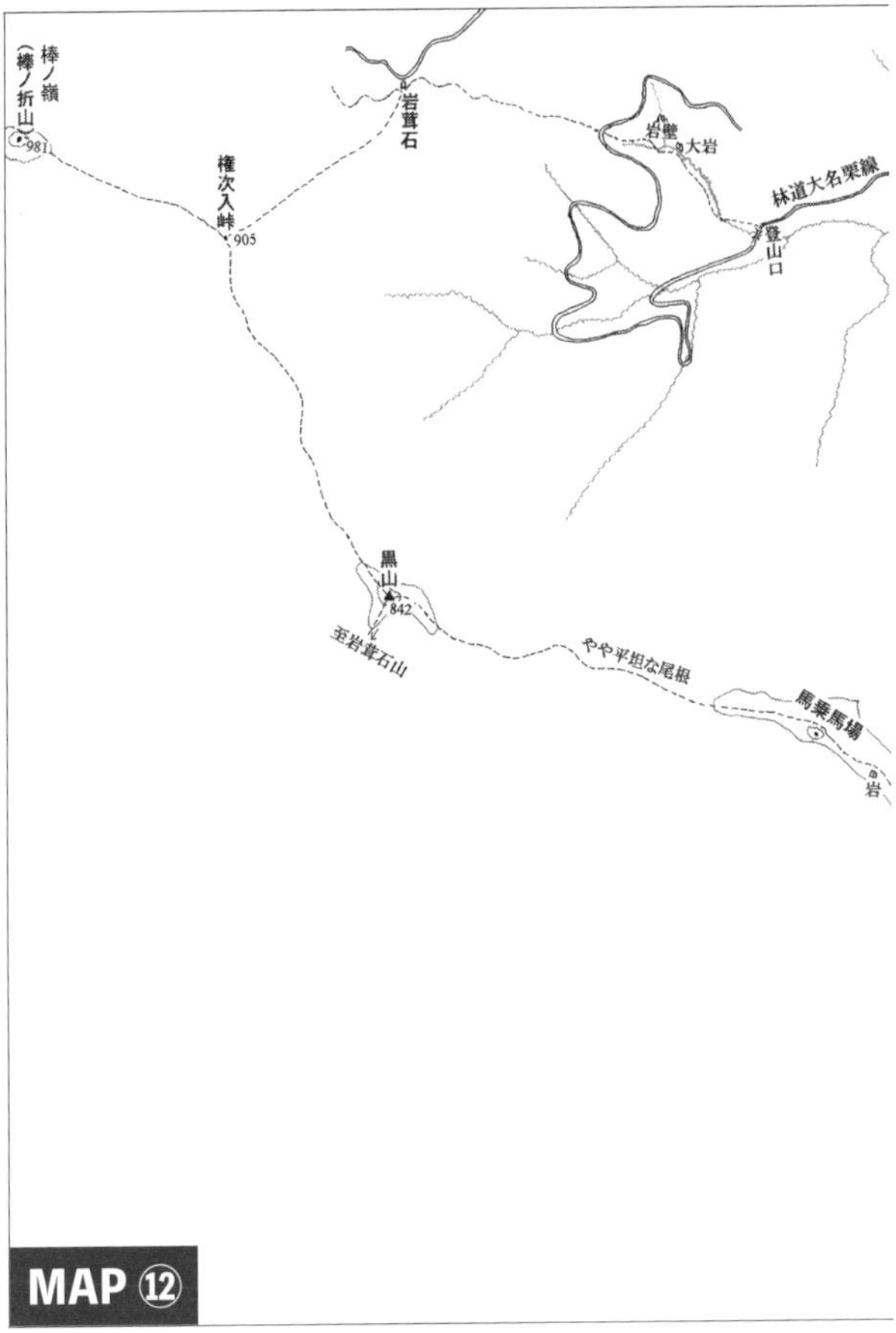

左へ下る。沢が現れるとすぐに**小沢峠**の**トンネル口**に出る。これより県道五三号線を下りバスの通る名栗谷へ降りる。**開運橋**を渡ると「小沢」バス停である。

カルスト地形

⑬ 龍谷山から天神峠

西武秩父線・飯能駅～「原市場中学校」バス停～アンテナ塔～二九〇メートル峰～龍谷山～天神峠～蕨入～「赤沢」バス停～飯能駅

このコースは妻沢川と蕨川に挟まれた龍谷尾根道。かつて紹介されたことはないが、尾根通しをたどれば迷うことはない。幾つもの小さいピークがあり不安になるが、地図で自分の位置を確かめながら歩くと、読図の勉強には最適のコースとなる。

原市場神社　「原市場中学校」バス停から少し戻り左折して中学校グラウンド脇から、長い急な石段で**原市場神社**へ。神社から山道に入り平坦な尾根に取り付く。**二四三メートル峰**を越え踏跡道で**鉄塔**の立つ尾根の先端へ達する。

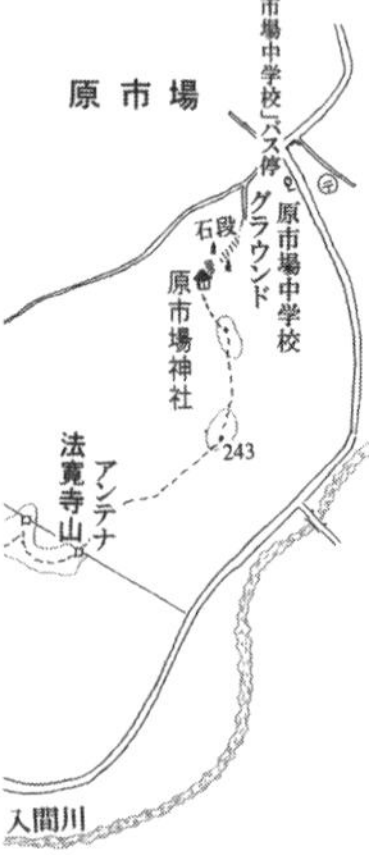

龍谷山　アンテナの立つピークは**法寛寺山**であろうか。次のピークを越えるとすぐに朽ちかけた小社があり、巨木が石棒を抱き込んでいる。三つ程のピークを越えると切り通しのしっかりした道が乗り越している。ここが**柳島峠**であろうか。**二九〇メートル峰**で休息後、平坦な尾根に達する。**アンテナ塔**を過ぎ、**三五三メートル峰**を越え城址の龍谷山への登りにかかる。小平坦地やテラスも現れ、浅い空堀を越えると**龍谷山**である。山頂は二〇メートル四方の平坦地で中央に秋葉山三尺坊の再建された石宮が置かれている。龍谷と名の付く城址は他にいくつもあり、詳細はわからないようである。

天神峠　山頂から空堀を越えて**天神峠**めざす。緩やかな尾根道で距離がはかどり、**鉄塔**の立つ龍谷尾根の先端に着く。右へ三分ほど下ると、切り通しの**天神峠**である。峠から左へ下り**蕨入**の谷へ降りる。蕨川に沿う道を赤沢へ向かう。途中、見るべきものは何もな

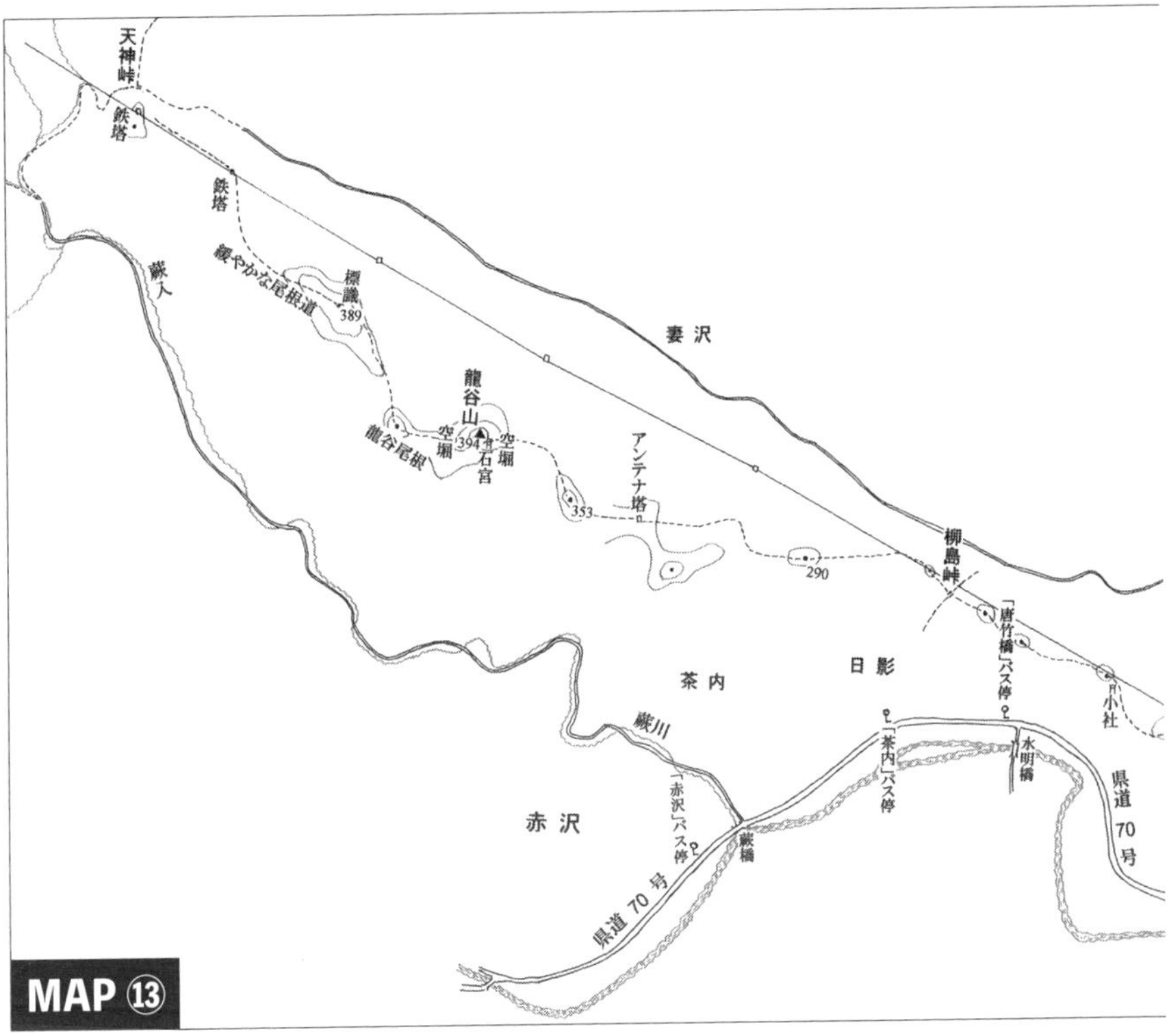

いが、赤沢の人家が現れるまで、土の感触を確かめながら歩ける。県道七〇号に出ると、「赤沢」バス停は近い。

⑭ 仁田山峠から楢抜山

西武秩父線・飯能駅～「鍛冶屋橋」バス停～仁田山峠～楢抜山～天狗積～五〇五メートル峰～「赤沢」バス停～飯能駅

仁田山峠から楢抜山まではしっかりした道で迷う所もない。天狗積を過ぎると道は部分的に荒れているが、主尾根を外さぬように行けば良い。加久良山から赤沢への下りは踏跡道で迷いやすく、読図の必要なコースである。

仁田山峠　「鍛冶屋橋」バス停で下車、栃屋谷沢に沿う林道鍛冶屋入線を仁田山峠に向かう。すぐに白衣の名栗観音が見えてくる。峠の途中までは桜並木が続く。切り通しの**仁田山峠**で一息いれてから、右手の尾根に取り付き、楢抜山めざして登る。

楢抜山　石灰岩が現れ、急登して五四三・九メートル**頂部**に着くと、鍾乳洞からの踏み跡道が合す。一度鞍部に下ってから、わずかの急登で五五三・五メートルの三角点のある**楢抜山**に達する。わずかに樹間から棒ノ嶺方面の稜線が見える。山頂から急下してから登った頂は、石灰岩が積み重なり**天狗積**という。石灰岩の急斜面を下り、次に登り着いたピークは**五〇五メートル峰**。これよりいくつかの起伏を越えて緩やかな尾根道を行く。**峰山**、**加久良山**のピークもあるが、標識もなく過ぎてしまう。最後はやぶ道を下り**赤沢会館**に着き、「赤沢」バス停へ。

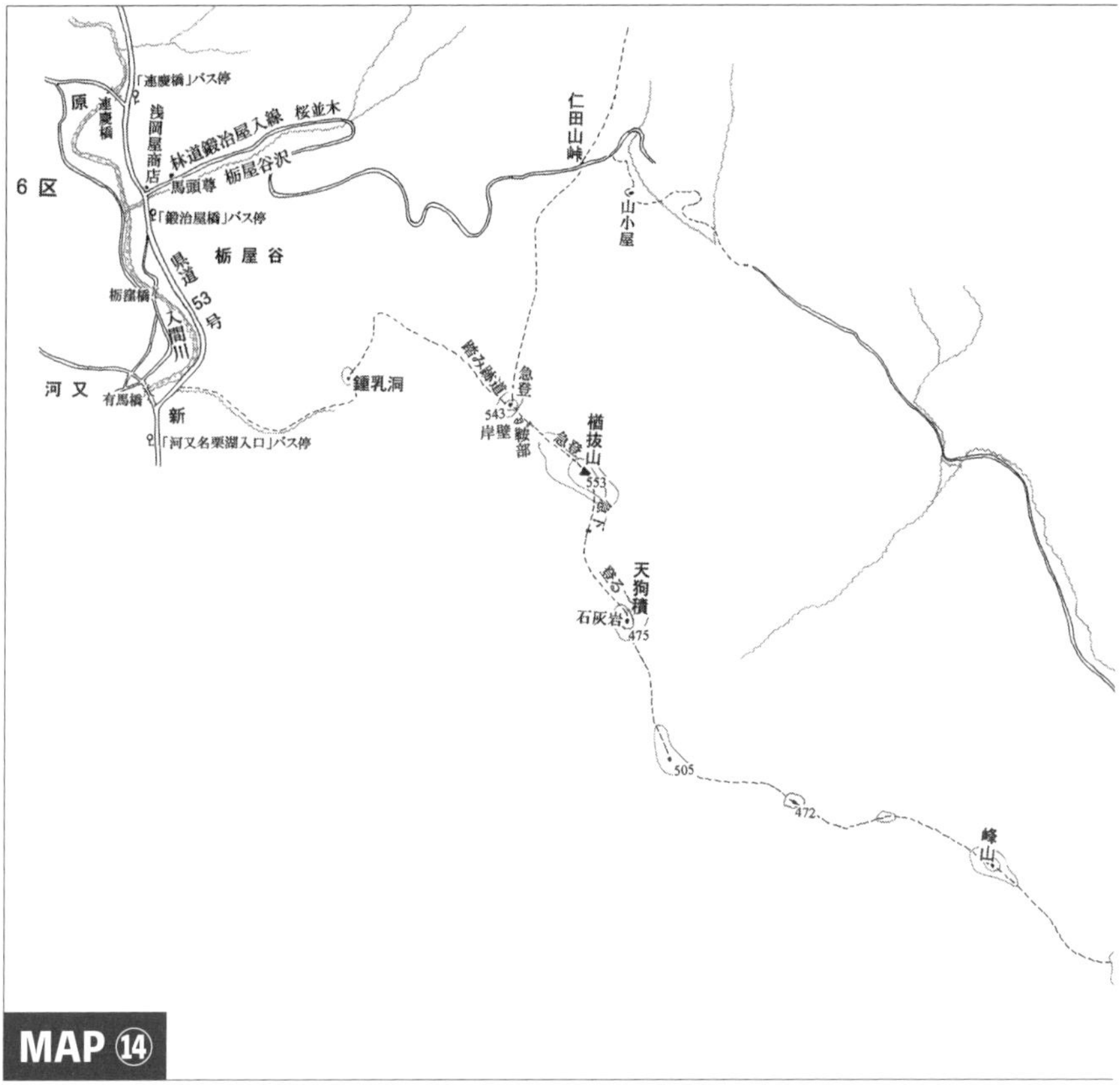
「連慶橋」バス停
原
連慶橋
浅岡屋商店
林道鍛冶屋入線
桜並木
馬頭尊
栃屋谷沢
6 区
「鍛冶屋橋」バス停
栃屋谷
県道53号
栃窪橋
入間川
河又
有馬橋
新
「河又名栗湖入口」バス停
鍾乳洞
仁田山峠
山小屋
踏み跡道
急登
543
岸壁
鞍部
急登
楢抜山
553
急下
登る
天狗積
石灰岩
475
505
472
峰山
MAP ⑭

楢抜山

⑮ 小殿から竹寺

西武秩父線・飯能駅～「小殿」バス停～尾根上～竹寺～滝ノ入山～仁田山峠～「鍛冶屋橋」バス停～飯能駅

関東ふれあいの道　「小殿」バス停から**天王山入口十二丁**の道標に導かれて登山道に入る。**関東ふれあいの道**にもなっていて整備されている。**鉄塔**に着くまでは杉林のジグザク道の急登。道は次第に緩やかになり、**八幡坂峠**の尾根に達する。下れば一〇分足らずで竹寺である。

竹寺　尾根を北にとって行くと**天王山**の**鐘撞堂**になる。戦時中接収され、昭和三六（一九六一）年に再鋳されたので「平和之鐘」と呼んでいる。東方の展望が良い。鐘撞堂から下ると**牛頭天王宮**に着く。一二年に一度、丑年に開扉される。牛頭天王宮では疫気退散の護符を発行し、茅の輪をくぐると疫病から逃れられるという。社前にある石灰岩の手水石は安永八(一七七九)年に中名栗村念仏講中により奉納。

竹寺は薬寿院八王寺と呼び牛頭天王を祀るので、かつては「中沢の天王様」とも呼ばれていた。「八王子」とは牛頭天王の八人の王子のことである。境内一帯に竹林が多く、通称名の竹寺と共に俳句寺としても名高い。神仏分離令の廃仏毀釈から免れた神仏混淆の寺である。整った境内は広く本殿の他、瑠璃殿、本地堂、観音堂、弁天堂などあり、裏山には**医王稲荷**が祀られている。「道灌槙」と呼ばれるコウヤマキは目通り三・八六メートル、樹高二六メートル、樹齢四〇〇年。

竹寺

仁田山峠　**弁天池**の木陰で休み、竹眼鏡で覗いてから尾根の**八幡坂峠**の鞍部へ戻り、南東に延びる尾根道を行く。起伏が緩やかなので歩きやすい。鉄塔を

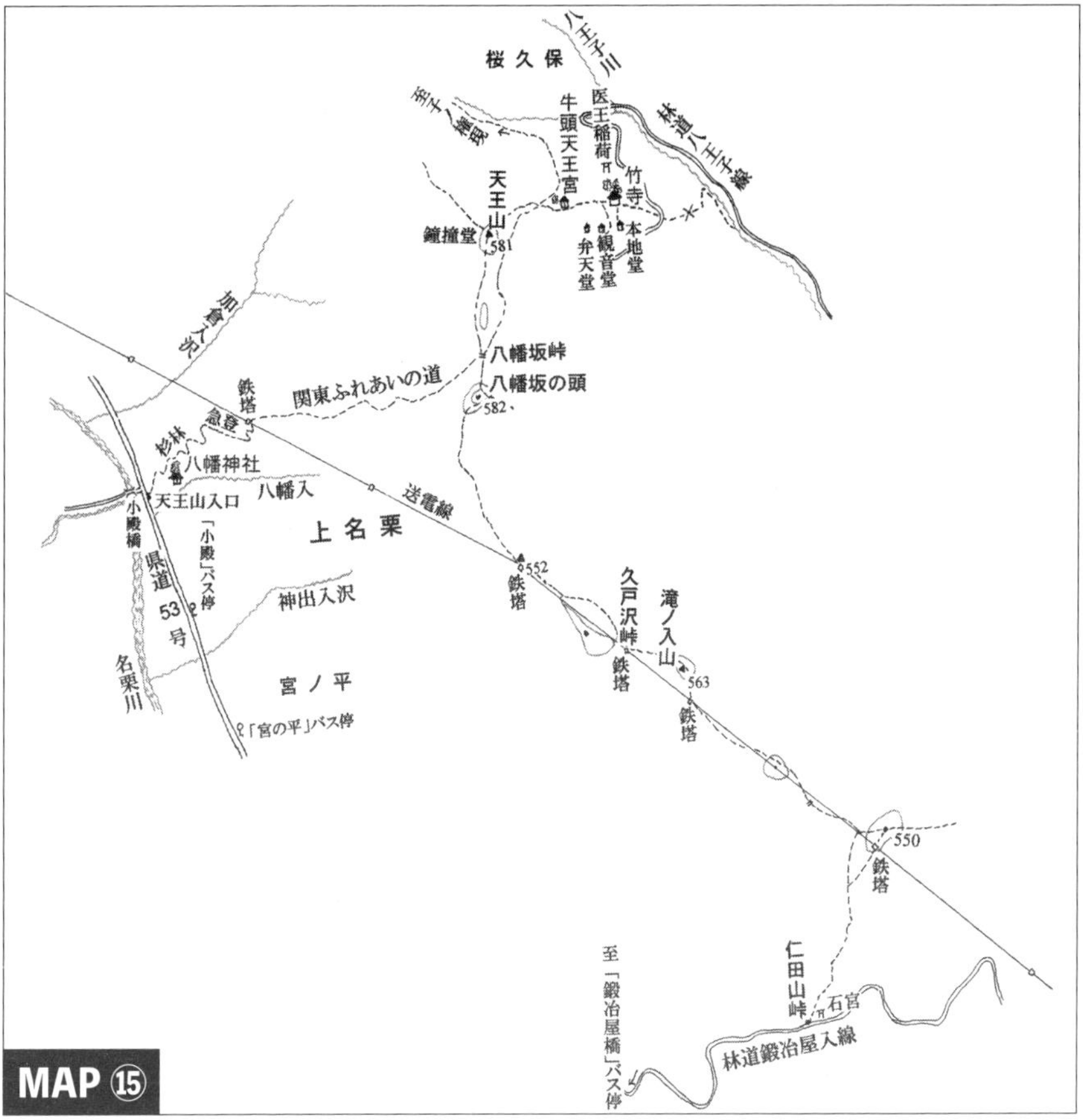

三つ過ぎて、四塔目の手前で尾根道から分かれて右の尾根を下ると、林道鍛冶屋入線の通る**仁田山峠**に着く。林道を西へ二五分程で「鍛冶屋橋」バス停へ。

⑯ 下中沢から竹寺

西武秩父線・飯能駅～「中沢」バス停～竹寺～豆口峠～豆口山～中藤川沿い車道～宗穏寺～「中沢」バス停～飯能駅

竹寺　終点の「中沢」バス停は竹寺と子の権現との分岐近くで、分岐にある江戸時代の道標は「ミぎ子ごん現みち・ひだりごつてん王みち」と記す。ここには地蔵尊や富士登山記念碑が立ち、トイレが設置されている。県道三五〇号はここまで。

山中川沿いの車道を竹寺に向かう。沿道には民宿まで見るべきものはない。車道が谷から離れて竹寺へと近づく。途中から竹林の山道に入るとすぐに**竹寺**の境内に着く。

豆口峠　竹寺から**関東ふれあいの道**に入り、杉林の沢をつめて尾根に達する。

江戸時代の道標

豆口峠までは尾根の南側をまく平坦な道を行く。**豆口峠**には三角屋根だけの小屋があり、「神送り場」の説明板には「悪病など流行ると村人たちは、夜中に鉦や太鼓を叩きながら峠に登り、頂上で疫病神を追い払った」と記す。

豆口峠から**豆口山**へは一〇分余りの急登で達する。二等三角点の山頂からの展望はないが憩うのによい。峠に戻り上中沢側へ下ると**中藤川**沿いの車道に降り立つ。

宗穏寺　この道は子の権現への道で、沿道には小堂や石仏、丁目石な

豆口峠

豆口山

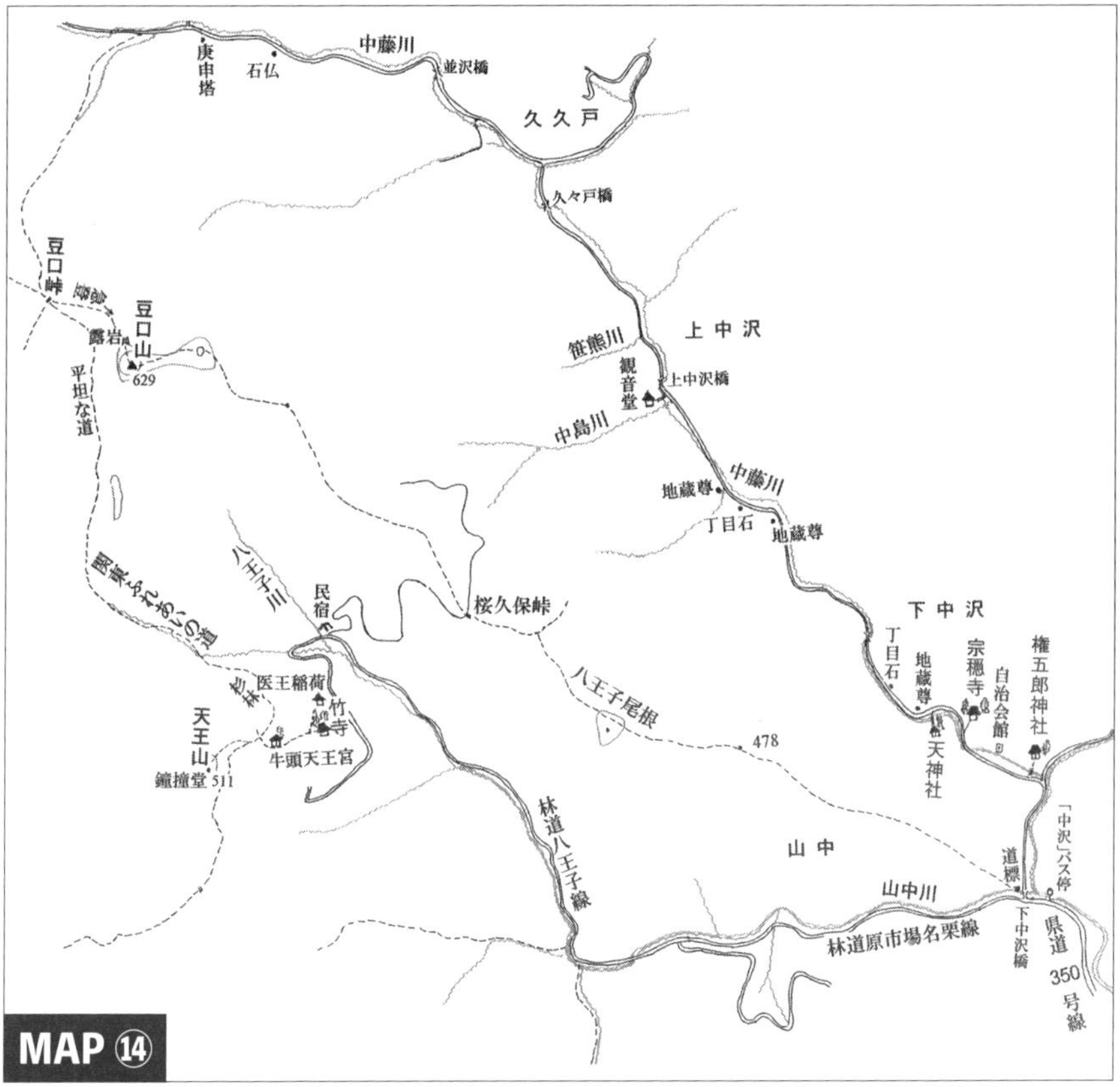

どがある。まもなく中藤川を挟んで右に立派な**天神社**、左に**宗穏寺**がある。寺の阿弥陀如来立像は高さ五一センチ、桧材の一木造りで藤原期の様式を伝える「平安仏」である。

隣接の**権五郎神社**は鎌倉権五郎景政を祭神とする。社宝に鎌倉時代の銅鏡がある。片目を射抜かれても戦ったという景政にちなみ、目を痛めやすい鍛冶屋の人たちの信仰も厚かった。境内の巨木はほぼ伐採されて明るくなってしまった。「中沢」バス停は神社のすぐ先である。

コラム・奥武蔵探訪のパイオニア

神山弘さんには奥武蔵をテーマにした『ものがたり奥武蔵』（一九八二年）、『秩父・奥武蔵伝説たわむれ紀行』（一九八四年）、『怨念の将門―将門伝説に山伏の影あり』（シリーズ山と民俗・一九八九年）など、数々の著書があり奥武蔵の民俗探訪の草分け的な人である。

神山さんには二度ほどお会いした。一度は「山村民俗の会」での会合、山梨の雛鶴峠越えでは一晩同宿した。本当は秩父の探訪を考えていたのだが、当時の西武線は吾野が終点で、さらに秩父は遠く不便だったので、奥武蔵になってしまったのだそうだ。まだまだ調べたいことが沢山あると熱っぽく語られた。

3 下名栗方面

① 久林観音から名栗川橋

西武秩父線・飯能駅～「久林」バス停～少名彦命～諏訪神社～熊野神社～名栗川橋～峰庚申様～「小沢」バス停～飯能駅

赤沢橋から鹿戸・黒指間は立ち寄る所がないので、久林から旧名栗村の散策に入る。

久林観音　「久林」バス停近くの**円福寺**には、文永二（一二六五）年の「西念銘銅造観音像頭部」がある。頭部が銅、体部が鉄で造られていて、二四センチの頭部が市指定文化財。隣接して**久林観音**がある。杉に一・二メートルほどの太い藤がてっぺんまで伸びている。近くの人に聞くと、「春になると白い花が見事に咲く。天然記念物もんだいねぇ」。

久林観音

虚空蔵堂　県道七〇号の**堺橋**を渡って県道五三号に出る。左へ小沢峠へ向かうと右に**虚空蔵様**が祀られている。元はすぐ下の小川のほとりにあった。四一・八センチの木造座像で、室町後半の市指定文化財。安産の守り神として女性の信仰が厚かった。ウナギを食するを断ち、お産の時は堂のお灯明をいただき、産室にて灯し安産祈願をした。境内に延享四（一七四七）年の庚申塔がある。

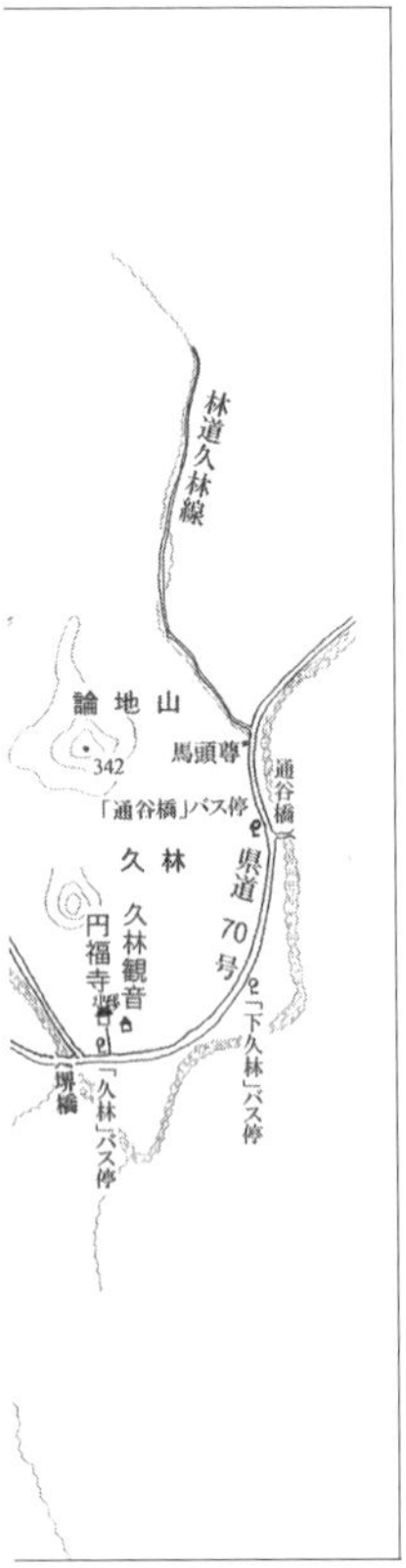

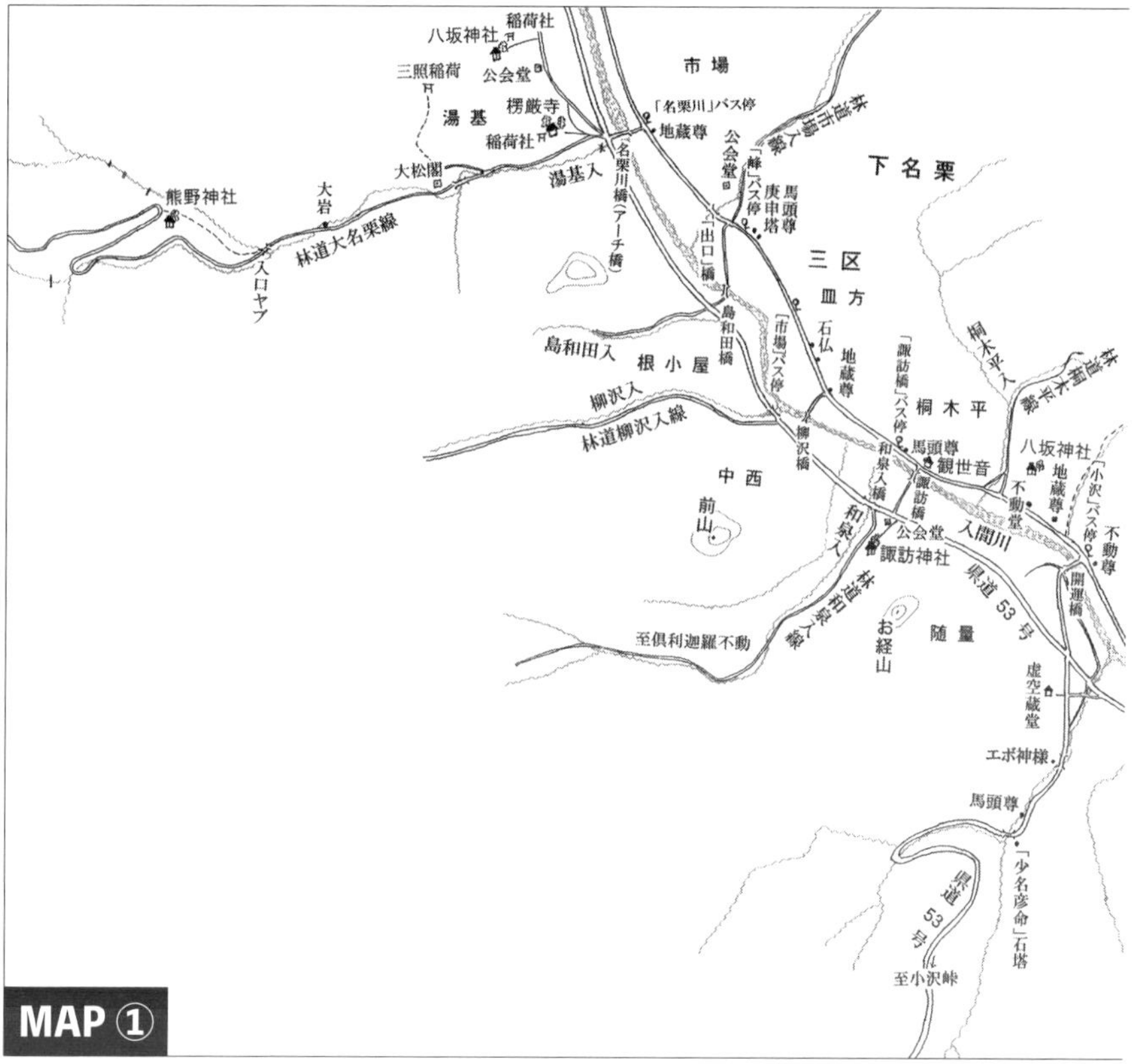

虚空蔵様

エボ神様　小沢峠の登りにかかる右下に享保年間（一七一六～一七三五）の六十六部と刻む地蔵尊がある。元は上流の「へい平」にあって大水で流されてきたという。**エボ神様**として信仰される。祈願には穴あき石を供えた。

続いて右下の**馬頭尊**を見ると、沢の分岐点に石灰岩の自然石に**少名彦命**と刻まれた文久二（一八六二）年の石塔が立つ。はしかの神様として信仰されていた。祈願には三回回って橋の下をくぐる。

諏訪神社　県道五三号を戻って西に進むと、杉の森の中に保管倉のある立派な社殿が建つ。「中西のお諏訪様」と呼ばれる。社前では県指定「下名栗の獅子舞」が行われ、雛壇の観覧席がしつらえてある。獅子舞は毎年八月二五日に近い土日に行われている。

官有秣場下戻記念碑

社殿右には大きな官有秣場下戻記念碑が立つ。江戸時代からの秣場が明治に官林として接収されたが、明治四〇（一九〇七）年に戻されたという、珍しい記念碑である。

コラム・下名栗の獅子舞

平成二二年八月二二日、午後五時から始まった下名栗獅子舞、最後の白刃の舞を見学した。当日は参道に露天商が並び、多くの見物客で賑わう。

獅子舞行列は神社の社務所を一周してから境内に入る。最初は面を付けて箒や熊手などを持った掃除人が境内を舞う。獅子は三頭だが、雌獅子はすぐにささらの間に隠れてしまう。以後は二頭の雄獅子が刀を差した人と対になっての舞となる。笛の音と真剣を差した人の掛け声が境内に響く。

下名栗獅子舞

内容は刀をほしがる雄獅子に、途中から真剣を抜いて見せびらかし、最後は雄獅子が口に白刃をくわえて舞う。同じく真剣をくわえて舞う浦山大日堂の獅子舞の系統とも思えた。汗びっしょりになりながらの一時間以上の熱演に盛大な拍手が送られた。

楞厳寺　県道五三号をさらに進み、名栗川橋の近くで左の湯基入に入ると、右に**楞厳寺**《りょうごんじ》がある。重厚な山門を入ると本堂。戦国時代末期に土地の豪族、町田重照により創建された。境内には手入れのされた植え込みがあり、山門が鐘楼になっていて階段で自由にあがれる。

三照稲荷　楞厳寺の裏山の高所に**三照稲荷**があり、大松閣の方から登る。明治の初めごろに、会津白虎隊の生き残りの行者が祀った。伝えによると行者は夜に道に迷い、灯りを頼りに町田家に辿り着き泊めてもらった。その奥座敷で三筋のご神灯が輝いて見えたので、「三照稲荷」と名付けて祭り込んだという。

愛宕堂は宮ノ入に入る傾斜地にあり「坂のお堂」と呼ばれた。中西の諏訪神社を建て直す時に古い社殿を移築し、楞厳寺から愛宕様を移して祀ったという。

三照稲荷

名栗温泉・大松閣　湯基入を進むと**大松閣**がある。ラジウム鉱泉は、承久年間（一二一九～一二二二）に落武者が霊泉で傷を治癒したとも、猟師が浸っている手負いの鹿を見たことによるともいう。若山牧水や河井酔茗などの文人たちが投宿している。近年、牧水の歌碑が建てられた。

熊野神社　大松閣から一〇分ほど奥の湯基入に**熊野神社**があり、オクマンサマと呼ばれる。元は、もっと山奥の熊野平に数件で暮らしていた平家落人が祀ったものという。里の皿方では馬が暴れたり川に転落したりしたため占ってもらうと、「熊野平から熊野様を下ろせ」とのお告げがあったという。

名栗川橋　湯基入から県道五三号に戻ると**名栗川橋**（県）がある。大正一三（一九二四）年完成の長さ

大松閣

三一・四メートル、幅三・九メートルの橋。コンクリートのアーチ橋では県内最古である。かつて下流に大喜橋という木橋があったが、明治四三年の大洪水で流失。永久橋架設の要望が高まり実現した。

峰のお庚申様　名栗川橋を渡り、バス通りの車道に出て戻る。**馬頭尊**と並んで、正徳二（一七一二）年の**庚申塔**がある。「供養施主同行一〇人正徳二年武州秩父郡下名栗村」と刻む。大正初期、町田卯之助が畑から掘り出した。昔、裏山の土砂崩れで、馬や人が一三人も流されたという伝承がある。

峰のお庚申様

名栗川橋

湧水が引かれていて「庚申の水」として大きなボトルで汲みに来ている。

願王寺跡　次の石仏のある場所を「**がんのうじ**」と呼んでいる。県道沿いの桑畑から掘り出されたという地蔵尊、馬頭尊の石仏を通り過ぎると**観世音の石碑**がある。安政四（一八五七）年。田尻。町田半蔵は橋千蔭の門人で、辞世の句「名栗川水のひかりも玉ほこの道ある御代にやどす月かげ」を刻む。

八坂神社は通称天王様。もとは個人の氏神様だったが、明治一二年以降に地区の鎮守になっている。

不動堂　町田家の屋敷口に**不動堂**がある。本尊の不動尊は成田山の分身として山寄りに祀られていたが、土砂崩れで水に押し流され当家の屋敷に流れ着いたという。奥さんの話では、「うちの古井戸を守ってくれています。近年、井戸に犬が二度も落ちて、その度に井戸替えをしなくてはならなかったので、今はコンクリートで蓋をしてあります。不動様の手が落ちたので修復を頼んだら、『無理とのお告げがあった』と断られ、以来そのままになっていますが、私はまだ見たことがありません」とのこと。

4　上名栗方面

① 名栗川橋からさわらびの湯

西武秩父線・飯能駅～「名栗川橋」バス停～洞雲寺～尾須沢鍾乳洞～龍泉寺～「さわらびの湯」バス停～飯能駅

八坂神社　「名栗川橋」バス停から名栗川橋を渡って県道五三号を横切り、右の車道に入る。右にあすなろ会館、左の上方に**八坂神社**。苔むす石段を上がると、うろのあるカシの古木がある。夏の祇園には灯籠を立てていた。隣接して**不動堂**、少し下方に**稲荷神社**がある。

不動尊　四海橋を渡り車道に出る。小窪入のとばに清水家の不動様が祀られている。宝暦四(一七五四)年の**不動尊**で元は上方にあったが、明治四三(一九一〇)年の大洪水でお堂と共に流されて埋まっていた。先祖が掘り出して今の所に祀りなおした。

旧名栗郵便局　県道五三号に出ると郵便局になる。隣に**旧名栗郵便局**。貴重な文化遺産の一つであろう。映画のロケにも使われたことがある。

旧名栗郵便局近く、県道左側の加藤家墓地内に二基の大きな石碑がある。寛政六(一七九四)年と嘉永七(一八五四)年の**法華千部塔**である。

洞雲寺　旧名栗郵便局と県道を隔てて洞雲寺へ続く坂道がある。右側の宝暦三(一七五三)年の**地蔵菩薩**は「下の地蔵」という。元は旧道脇の池のほとりに立っていた。

洞雲寺境内には一・七メートルの加藤家建立の地蔵尊がある。天正一〇(一五八二)年、加藤景実父子が当地へ落ち

洞雲寺

旧名栗郵便局

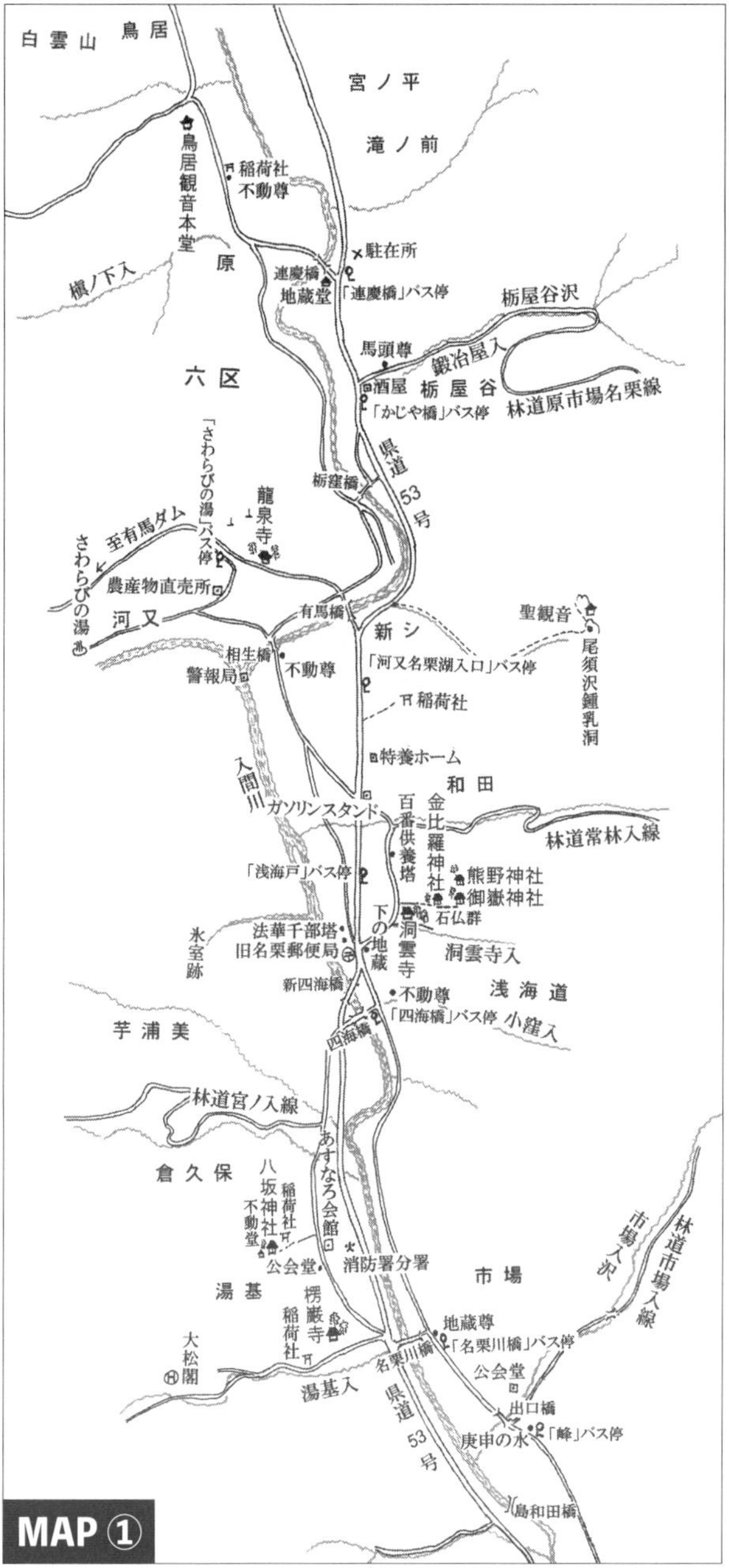

MAP ①

のびてきた。景顕は楞厳寺の援助で洞雲寺を建立し、加藤家一家寺として六地蔵や子育て地蔵を祀り、裏山は木曽御岳山を模して神域造りにした。現在、**金比羅神社**を経て**御嶽神社・熊野神社**へ登る参道石段付近は、名栗一の**石仏・石碑群**になっている。洞雲寺裏の石仏群は御嶽講の信者、加藤源之丞の建立。一度に多くの神仏に祈願できるので、出征兵士が参拝した。

尾須沢鍾乳洞　県道五三号を進む。「河又名栗湖入口」バス停先、鍾乳洞入口から二〇分ほど登った切り立つ岩壁に**鍾乳洞**はある。三つの洞口があり、かつてコウモリの棲み処になっていたので「こうもり

聖観音

岩」の名がある。水が流れる最大の堂内には三メートルの滝もある。岩登りのゲレンデになっている。洞口近くに、洞内から掘り出した寛文一二（一六七二）年の聖観音が祀られている。名栗最古で唯一の聖観音である。

尾須沢鍾乳洞

龍泉寺　鍾乳洞から県道五三号に戻り、赤い有馬橋を渡って龍泉寺への道に入る。龍泉寺には、「越生龍穏寺に住む悪龍が高山不動様に尾を切られて、龍泉寺の池まで逃げてきた。やがて奥の大淵に住み着き改心して龍神となり、干ばつのとき慈雨を降らせて農民たちを助けた」という伝承がある。日照りの時は、近在各地から淵の水やお札を受けに寺へやって来た。

　山門を入った左の地蔵尊脇に天明年間（一七八一～一七八九）の巡拝塔、奉納供養塔が殿山・金比羅山」と刻む。「さわらびの湯」バス停はすぐである。

さわらびの湯

さわらびの湯　バス停の先に農産物直売所、そしてさわらびの湯がある。**さわらびの湯**は、日帰り温泉施設。当地の西川材をログハウス風の館内や浴場に最大限使用している。

② 名栗湖と龍神淵

西武秩父線・飯能駅～「さわらびの湯」バス停～有馬ダム～白谷の泉～獺橋～観光釣り場～竜神淵～獺橋～有馬ダム管理所～「さわらびの湯」バス停

有間ダム　「さわらびの湯」バス停から龍泉寺前を通る車道に戻り、西に一〇分程進む。**有間ダム**は岩を積み重ねたロックフィル式のダム。堤高八三・五メートル、堤頂長二六〇メートル。昭和六一（一九八六）年完成の多目的ダムで、一周約五キロメートルの**名栗湖**が出現した。

有間ダム

名栗湖右岸沿い　有間ダム堤頂を通って**名栗湖畔沿い**に右岸の車道を行く。洪水吐を過ぎて**白谷橋**を渡ると、すぐ左に棒ノ嶺登山口がある。**白谷の泉**は涸れていた。続いて有馬の湧水を過ぎ、滝の懸かる板腰沢の**碧橋**へ。早蕨橋、登ツ戸橋、若水橋と過ぎ、**獺橋**で名栗湖の上部を渡る。

今度は左岸沿いに上流へ進む。対岸に**姥古屋沢**が滝を懸けて**有間川**に合流、次に有間川には**鉄橋**が架かり、棒ノ嶺への登山道が分かれる。先には高さ二〇メートルもの**大ヨケの滝**があり、車道から眺められて迫力十分である。さらに五〇メートル先には金比羅尾根に登る道が分かれる。中登坂へ一・三キロの標識。落合になり、**観光釣り場**ではイワナ、ヤマメ、ニジマ

大ヨケの滝

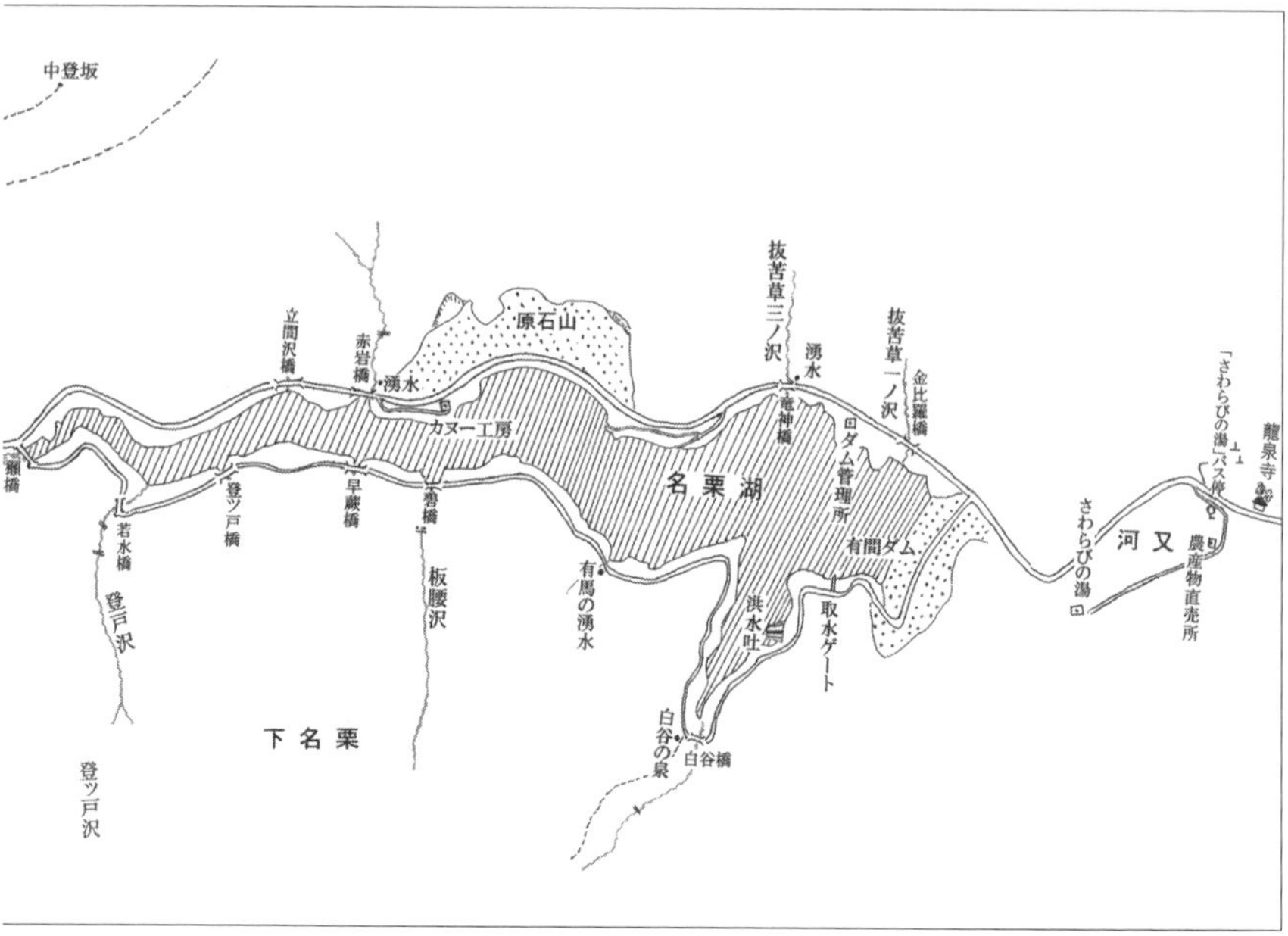

スなど放流して観光客を楽しませ、足湯も開設している。

龍神淵　逆川に架かる**落合橋**を渡ると右に龍神淵コースの**遊歩道**が設けられている。幅一メートル半ほどの整備された道で、樹木名の標識も取り付けてある。一〇分余りで広い歩道と分かれ、右へ**丸太の階段状**になっている急登の山道をとる。一〇分程で尾根の先端に着き、今度は平坦な道を行くと、すぐに広い林道から舗装の車道になる。落合橋で分かれた道を左から合わせると、まもなく**林道滝の入線**に合わさる。さらに有間川の谷底へ降りると、本流は小滝の懸かる伝説の**龍神淵**になっている。淵の左岸には「龍神宮」と刻まれた安永六（一七七七）年の石碑が立つ。有馬大淵ともいい、雨乞い場だった。

龍神淵

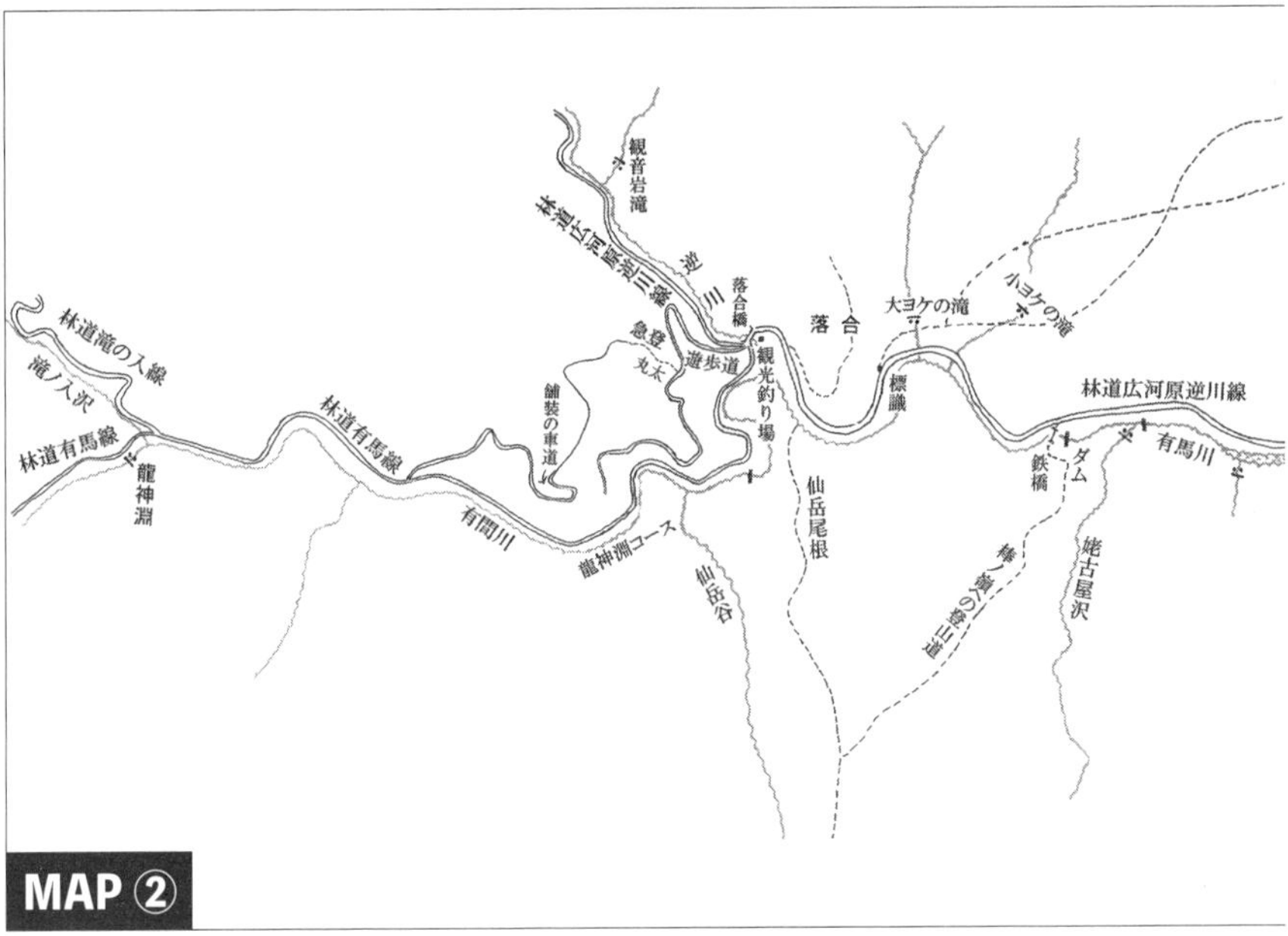

名栗湖左岸沿い　龍神淵から獺橋まで戻り、今度は**名栗湖左岸**の車道を行く。**名栗カヌー工房**ではカヌー製造の他、カヌーに関する手作りの品々が展示されている。ここからカヌーを借りて名栗湖に漕ぎ出すことができる。左に有間ダム建設に使用した**原石山**を見ながら、**有馬ダム管理所**を過ぎて行く。抜苦草一の沢に架かる**金比羅橋**を渡り堤頂に戻る。

名栗カヌー工房

③白谷沢口から棒ノ嶺

有馬ダム〜白谷の泉〜藤懸ノ滝〜白孔雀ノ滝〜林道大名栗線〜岩茸石〜権次入峠〜棒ノ嶺〜林道〜林道広河原逆川線

棒の嶺までは関東ふれあいの道になっているので道標も完備している。棒ノ嶺から落合へ下る道は道標が整っておらず道も悪いので、地図の読める熟達者でなければ入らぬ方がよい。

白谷沢　有馬ダムの堤頂を通って名栗湖右岸沿いの車道を行く。洪水吐を過ぎて**白谷橋**を渡る。車道から分かれて水の涸れた**白谷の泉**から**白谷沢**を左下に見ながら登山道を行く。いくつもの小滝を懸けた瀬音を聞きつつ行くと、まもなく沢が近づき**藤懸ノ滝**に出る。ここから沢の中の道を拾いながら進む。**石門**を通過すると**天狗ノ滝**である。これより上流は廊下状の狭い谷になる。摂理の発達した岩壁で、一部は滑らかな鏡肌が見られる。鎖場が現れると**白孔雀ノ滝**である。滝場を過ぎて、明るく浅い谷をしばらく遡行して**林道大名栗線**に出る。ここには東屋やベンチも設置されている。

白谷の泉

棒ノ嶺（棒ノ折山）　一休みしたら水を補給し浅い谷を直登してから、左へ斜面につけられた平坦な道で岩茸石の尾根に達する。**権次入峠**へはややきつい丸太の階段で、峠から**棒ノ嶺**へは丸太の階段脇の登山道を登った方が楽である。平坦な広い棒ノ嶺山頂は登山者が多い。

権次入峠

林道広河原逆川線　名栗側の展望を楽しんで

から**日向沢ノ頭**へ伸びる尾根を下る。登山者は皆無になった。鞍部に降り、右下の**林道大名栗線**を目指して踏み跡道をとるとすぐに林道へ降り立つ。左へ一〇分程行くと**落合方面**の下り道がある。

一時間余りの下りで**林道広河原逆川線**に出られる。最初は快適な広く緩やかな下り、その後はほぼ急な坂道に変わる。踏み跡道で心細いので、尾根をはずさぬように下らなければならない。林道からは**白谷沢口**まで三〇分余りで戻れる。

④鳥居観音から山王橋

西武秩父線・飯能駅～「連慶橋」バス停～鳥居観音本堂～諏訪神社～八坂神社～円正寺～薬師堂～山王橋～医王寺～八幡神社～星宮神社～「連慶橋」バス停

鳥居観音　「連慶橋」バスを降りて連慶橋を渡る。鳥居観音の手前に**不動明王**が祀られている。元は連慶橋の近くにあったが、道路拡張で浅見家の墓地へ。南に向けて建てたが、いくらなおしても東を向いてしまったという。

鳥居観音は白雲山鳥居観音と呼び、平沼弥太郎が亡き母の観音信仰の意思を継ぎ、昭和一五（一九四〇）年に観音堂を建立したことに始まる。以後二〇年にわたり諸堂を建立した。本堂内は多くの仏像が安置されており、自由に入って拝観することができる。裏山に立つ白衣の**救世大観音**へは入山料が必要である。

鳥居観音

諏訪神社　次の諏訪神社は立派な社殿で、文化一三（一八一六）年の古い常夜灯が立つ。春祭りには獅子舞が奉納される。鳥居沢を渡ると**名栗庁舎**になる。庁舎内には大正一三（一九二四）年の名栗川橋架設工事の写真が掲げられ、敷地内には経緯度標がある。経度一三九度一一分四秒、北緯三五度五二分四五秒、標高は二四五メートルである。

八坂神社　続いて八区の公会堂・自治会館には観音堂があった。今も地蔵尊と五輪塔の一部が置かれている。小学校前を過ぎて左折すると山際の高所に、岩壁を背にして**八坂神社**が祀られている。展望が良く名栗の集落が一望できる。地元では疫病を防いでくれる「ヤクジンガミ様」と呼んで崇拝している。焔硝の匂いが好きな神様なので、祭りには花火を打ち上げている。花火をやめた年はチフスがはやって

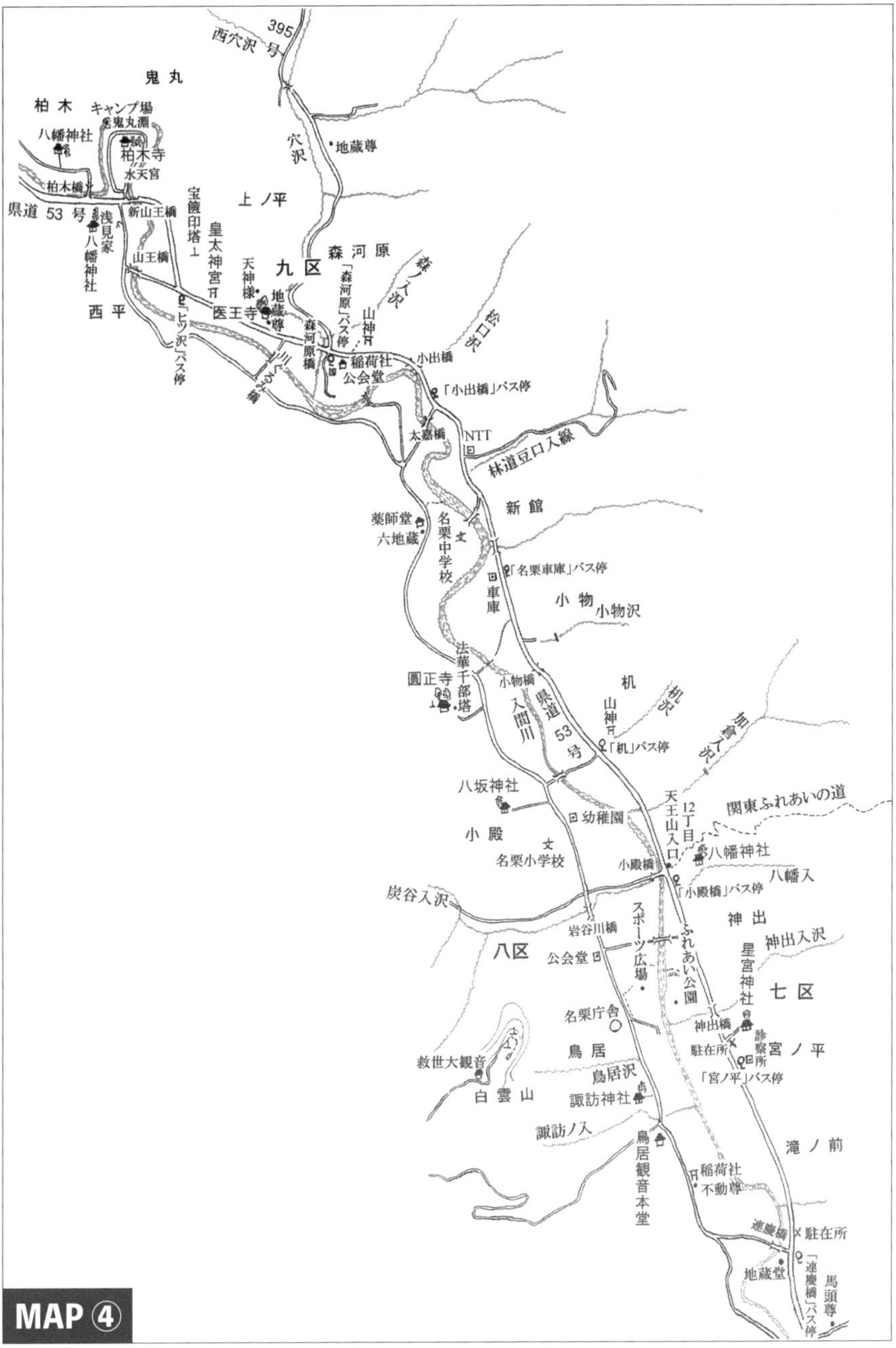
395
西穴沢 号
鬼丸
柏木
キャンプ場
鬼丸淵
八幡神社
柏木寺
水天宮
柏木橋
県道 53 号
浅見家
八幡神社
新山王橋
山王橋
宝篋印塔
皇太神宮
西平
「ヒツ沢」バス停
医王寺
天神様
地蔵尊
九区
穴沢
地蔵尊
上ノ平
森河原
「森河原」バス停
森河原橋
山神
森ノ入沢
豆口沢
くるみ橋
稲荷社
公会堂
小出橋
「小出橋」バス停
太嘉橋
NTT
林道豆口入線
新館
薬師堂
六地蔵
名栗中学校
「名栗車庫」バス停
車庫
小物
小物沢
法華千部塔
圓正寺
小物橋
入間川
県道53号
机
山神
机沢
「机」バス停
関東ふれあいの道
八坂神社
幼稚園
天王山入口
12丁目
八幡神社
小殿
名栗小学校
小殿橋
「小殿橋」バス停
八幡入
炭谷入沢
神出
神出入沢
岩谷川橋
スポーツ広場
ふれあい公園
八区
公会堂
星宮神社
七区
名栗庁舎
神出橋
診察所
駐在所
宮ノ平
「宮ノ平」バス停
鳥居
鳥居沢
救世大観音
白雲山
諏訪神社
諏訪ノ入
鳥居観音本堂
滝ノ前
稲荷社
不動尊
連慶橋
駐在所
地蔵堂
「連慶橋」バス停
馬頭尊

MAP ④

しまったので、物不足の戦時中は線香花火でしのいだという。

円正寺　八坂神社から車道に戻って進み、左へ急坂を上がって**円正寺**へ。境内隅の地蔵尊の脇に弘化四（一八四七）年の法華千部供養塔がある。法華経八巻を千部読誦した記念。建立者は越後柏崎の住人である。開基は岡部市郎右衛門で、当家は深谷の普済寺を建てた後、名栗に移住したという。墓地には岡部姓が多く、僧の墓地にはツゲの巨木が目をひく。

円正寺

　名栗中学校の玄関と道を隔てた左上に小さな**薬師堂**がある。そばの湧水井戸は付近の人たちが飲み水にも使用していた。名栗にハンセン病がはやった時、治療に来た漢方医が自らも病にかかった身で薬師様を刻んだので、薬師様に触ってはいけないとの伝えがある。堂前には石塔に**六体の地蔵**が浮き彫りされている。享保一六（一七三一）年。薬師様の参拝の折、この六地蔵の頭部に石を乗せて祈願したという。

医王寺　**山王橋**で対岸へ渡り県道五三号に出ると、山際斜面の浅見家墓地に七基もの宝篋印塔がある。次の**医王寺**は、いぼ、眼病、子供の夜泣き、はしかなどの信仰を集めており、奥武蔵七福神の福禄寿を安置している。上り口の**地蔵尊**は寛保三（一七四三）年。境内には太いサルスベリがあり、寺背後の竹林には**天神様**が祀られている。

　森河原橋を渡ると右に、水天宮を合祀した火伏せの神の**稲荷神社**がある。道を隔てた山際には**山神様**が祀られている。大山祇の他に三峯神社の御札も納められていた。

八幡神社　さらに連慶橋に向かって県道五三号を進む。**小殿橋**が近づくと左の山際に**八幡神社**がある。山火事で社殿が焼けた折、木造の八幡神を救出したが手足の一部を落としてしまった。持ち出した人は同じ所が麻痺し、手足を見つけ出して神体に付けたら治ったという。すぐに竹寺への登山口で、「**天王山入口十二丁**」の道標と**馬頭尊**がある。寺へは「関東ふれあいの道」として整備されている。

星宮神社　元暦元（一一八四）年の星宮神社は、江戸時代には妙見社（秩父七妙見の一つ）と呼ばれていた。大イチョウがある。常夜灯は対岸の諏訪神社と同じ文化一三（一八一六）年のもの。明治二（一八六九）年に当社名に改称された。秋の大祭には獅子舞が舞われる。

星宮神社

⑤ 穴沢峠と豆口峠

西武秩父線・飯能駅～「森河原」バス停～釜淵～穴沢峠～豆口峠～「名栗車庫」バス停～飯能駅

釜淵　「森河原」バス停から天目指峠への車道・県道三九五号に入る。穴沢集落最後の石田家は屋号を釜淵（鎌）と呼び、昔は淵の近くに住んでいた。**釜淵**は小さな滝を懸けた釜で、林道からではわからない。昔、釜淵に住んでいた龍は、地下で通じている柏木の鬼丸淵を往き来していたという。この龍は近くに住む機織りの娘に恋をしていて、人寄せなどで膳椀が必要な時は、釜淵に来て頼むと貸してくれた。ある時、借りた器

天目指峠

釜淵

を壊してしまった人がいて、それからは膳椀は浮いてこなくなったという言い伝えがある。

子ノ権現　釜淵からすぐに**境ノ沢**が出合う。ここには**「一七丁目」の丁目石**があり、子ノ権現への古い参拝の山道が沢沿いに付けられている。しっかりした道は次第に怪し

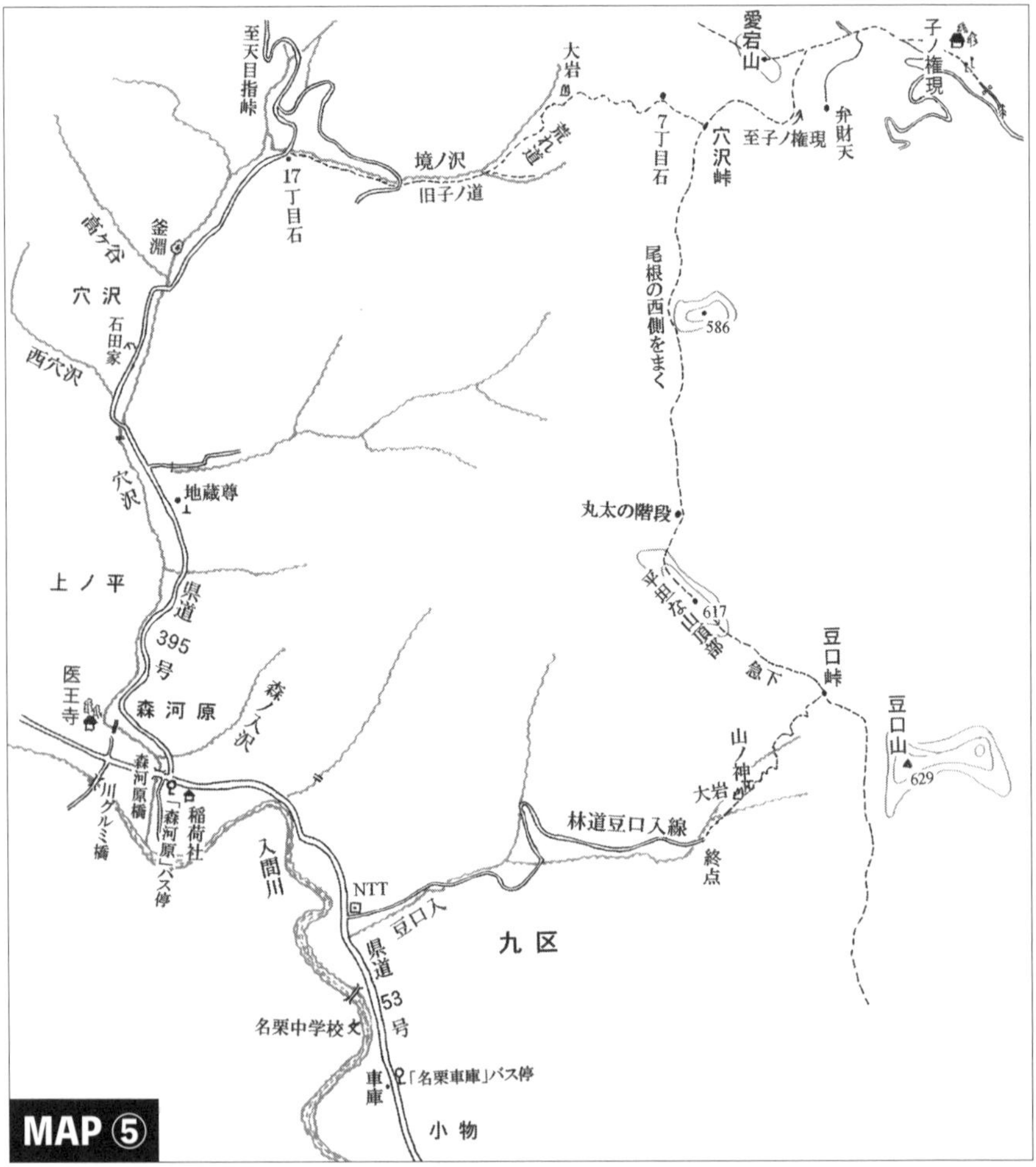

くなり、荒れた沢の中を進む。大藤のからまる古木の立つ**大岩**を過ぎると、再び道はよくなる。**七丁目石**を過ぎるとすぐに**穴沢峠**に着く。尾根の**関東ふれあいの道**を左へ一〇分ほどで**子ノ権現**である。

　穴沢峠から右へ豆口峠への道を行く。尾根のピークを巻き、頂部が平坦なピークに登って下ると**豆口峠**だった。峠から名栗側に一〇分ほど下ると沢に出合う。まもなく杉林の中に、いくつかの切り立つ**大岩**が現れ、岩庇には**山の神**が祀られている。乞食が住みついていたので「こじき岩」と呼ぶようになった。こじき岩を過ぎると**林道豆口入線**の終点に降り立つ。あとはバスの走る県道五三号まで林道を下ればよい。

子ノ権現

七丁目石

⑥ 山王橋から名郷橋

西武秩父線・飯能駅〜「ヒッ沢」バス停〜櫃沢〜八幡神社〜柏林寺〜桧淵諏訪神社〜新井不動淵〜薬師堂〜名郷橋付近〜「名郷」バス停〜飯能駅

櫃沢八幡神社　「ヒッ沢」バス停から左の旧道に出て**山王橋**を渡り櫃沢へ入る。すぐに**浅見家**で**八幡神社**を氏神として祀っている。ご主人が車で外出するところだったが、案内していただく。屋敷裏の展望の良い斜面に、屋敷神としては立派な八幡様が、稲荷と大山祇の小社の中央に祀られていた。入間川を挟んだ対岸の柏木にも**八幡神社**があり、兄弟神という。櫃沢の八幡様の方が兄なので、祭りには柏木から供え物が運ばれ、そのあとにお返しをしている。溺れているいる我が子を、八幡様のお告げで駆けつけた父親が助けたこともあったという。

柏林寺　県道五三号を横断して山道を**柏林寺**へ向かうと、左に切り通しの岩が川に突き出て丘をなして

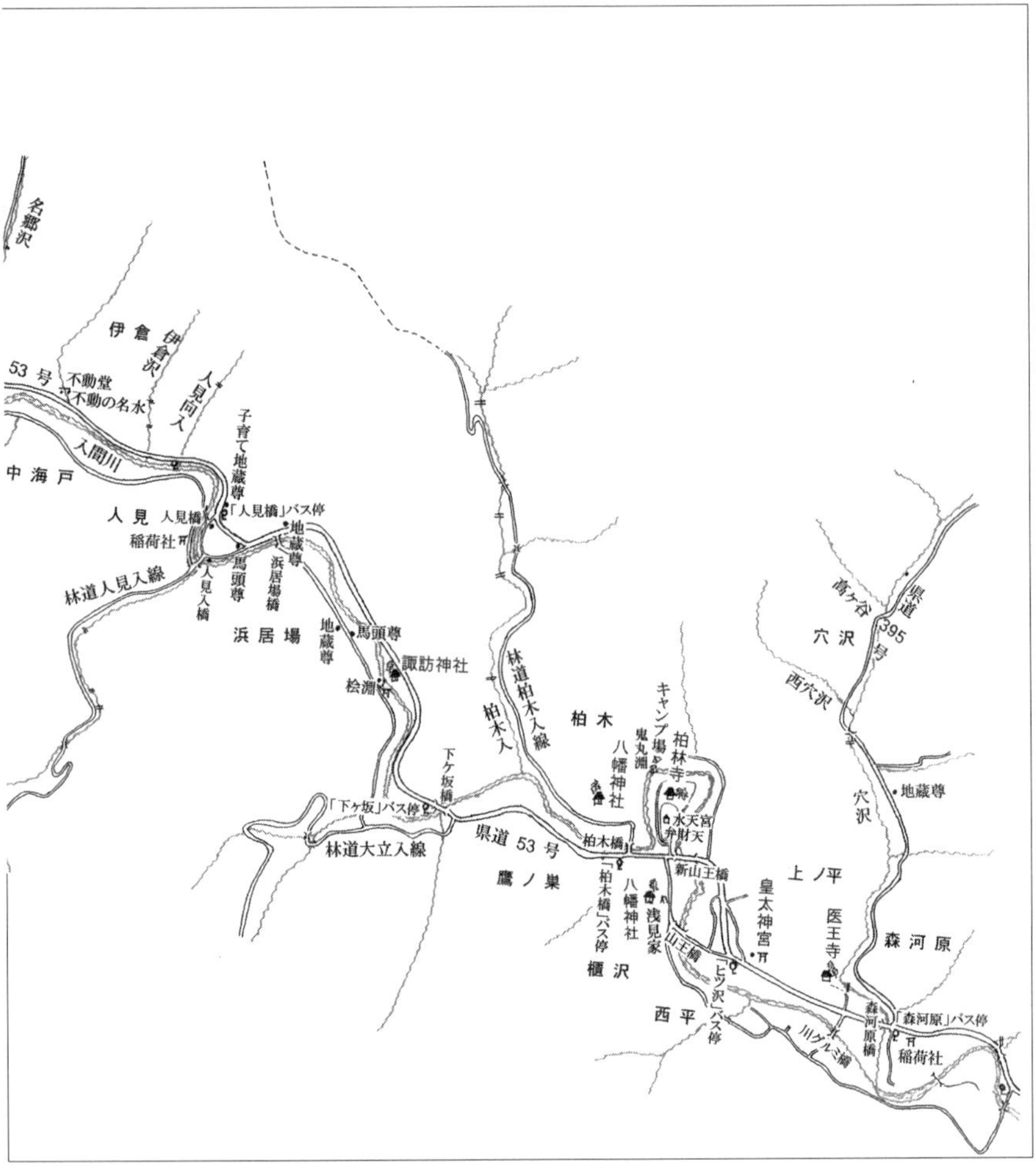

いる。天明三(一七八三)年の**弁財天**の石碑がある。寺は、小山を中心に入間川が巾着のように屈曲している中にある。元の寺は水天宮を祀る小山の上にあったが、今は麓の平坦地へ移されている。現在は檀家を持たない無住寺で小さくなっている。文化財の木造十一面観音立像は高さ八八㌢、寄木造漆箔の玉眼で江戸初期の製作という。近くの**鬼丸淵**には龍神が住んでいたと伝わる。

桧淵諏訪神社　県道五三号に戻り**柏木橋**を渡り一度柏木の**八幡神社**へ寄ってから、県道を進む。

下《さ》ヶ坂《ざか》橋を渡るとまもなく**桧淵諏訪神社**になる。水天宮、稲荷社が合祀され、獅子舞も奉納されている。社殿前のクスの老木には、火災に遭った時の焼け跡が残る。境内から**桧淵**の入間川に降りられる。

人見になると橋の側の上屋の中に**子育て地蔵尊**がある。台石からでは二メートル近くある石灰岩の立派な地蔵尊。対岸の浅見家氏神の**稲荷神社**は、桧淵にあったものを遷座した。人見浅見家墓地には双体石仏がある。名栗に一体だけ。元禄七（一六九四）年。

新井不動淵　**伊倉沢**を過ぎると次の沢には滝が懸かり、**不動堂**が祀られている。滝水は**不動の名水**として、汲みに訪れる人が増えてきている。**新谷橋**で対岸の旧道に入る。**中郷橋**を渡ると、左に**蕨山登山口**の道標が立つ。四・五キロメートル。すぐに県道五三号に接続して**「名郷」バス停**となる。

薬師堂　春の彼岸に**薬師様**の念仏講がある。念仏に合わせて鳴らす鉦には、「薬師堂付物、武州上名栗村以倉ヨリ細ケ谷之内施主中元久三戌午天五月吉日西村和泉母作」。元久三（一二〇六）年は鎌倉時代の初期。

明治四三（一九一〇）年の大洪水で堂は流されたが、中村さんが本尊を担ぎ出して、新井家に避難して助かったとのだという。

名郷橋付近　県道五三号と旧道に挟まれた薬師堂脇の小墓地には、武州一揆の首謀者の一人**新井豊五郎の墓**がある。墓石には、「貫應意戒禅定門慶応二年十一月十一日没」と刻む。

名郷橋のたもとには**南無阿弥陀仏の碑**の脇に、馬の頭部が彫られた**馬頭尊**がある。近くには**宇賀辨才天**が祀られている。県道五三号を北に進むと**石神橋**手前の右上に、**紋次郎の墓**がある。島田家墓地内の奥から三つ目で高さ六〇センチ、幅三〇センチ程の石灰岩で、「寒…」と刻まれている。

⑦名郷・湯ノ沢から八ケ原

西武秩父線・飯能駅～「名郷」バス停～松木観音堂～湯川の湧水～八坂神社～湯ノ沢観音堂～秋葉神社～姥神橋・馬頭尊～山ノ神～馬頭尊～八ケ原の三夜堂～姥神橋

松木観音堂　「名郷」バス停から県道五三号を行き**石神橋**を渡って左の山道に入る。五分ほど登ると**観音堂**前に着く。**名郷鉱山**の砕石された砂山がそばまで迫っている。趣ある本堂「千手観音堂」の額の左右には絵馬が懸かる。左右に毘沙門天、不動尊を従えた本尊の木造千手観音立像は高さ一・四四メートル。宗風美術の影響を受けた鎌倉時代の作という。

「昔、西という家に目の不自由な子がいて、治るようにと観音様にお参りを続けていた。ある吹雪の晩、旅の僧を泊めた。お礼に紙に包んだ粉をもらい、それを湯で溶いて目を洗うと治った。お礼に観音堂へ行ってみると、観音様の足が濡れていた」との伝承がある。

かつては少し離れた「元堂」にあった。その近くには「オミタラシの水」という湧水があり、耳に垂らすと耳だれが治ったという。お礼には穴の空いた小石を観音様に奉納した。鉱山事務所の前から県道五三号に戻る。

湯川の湧水　県道五三号沿いの中村家の横には川マスの養殖池があり、澄んだ**湧水**がこんこんと沸き出ている。怪我を癒した鹿の伝説を持つ湧水である。湯泉の石が赤いのは鹿の流した血で染まったから。湯川で養生して治ると鹿は伊香保に去ってしまい、湯川は冷泉になってしまったという。湧水の真上には重量感あるがっしりした**庚申塔**が立つ。「寛延一年願主湯本中村甚平」と刻む。寛延元年は一七四八年。

この先の芝生の斜面には明和三（一七六六）年、兜をかぶり弓矢を持った石仏がある。明治四三（一九一〇）年の大水で流されたが、後に湯ノ沢川から掘り出して祀ったものという。勝軍地蔵とも思われるが、地元では**八幡様**と呼んでいる。

八坂神社　湯ノ沢になると右の小高い山に**八坂神社**がある。一〇分ほど急登。途中からの展望が良く、

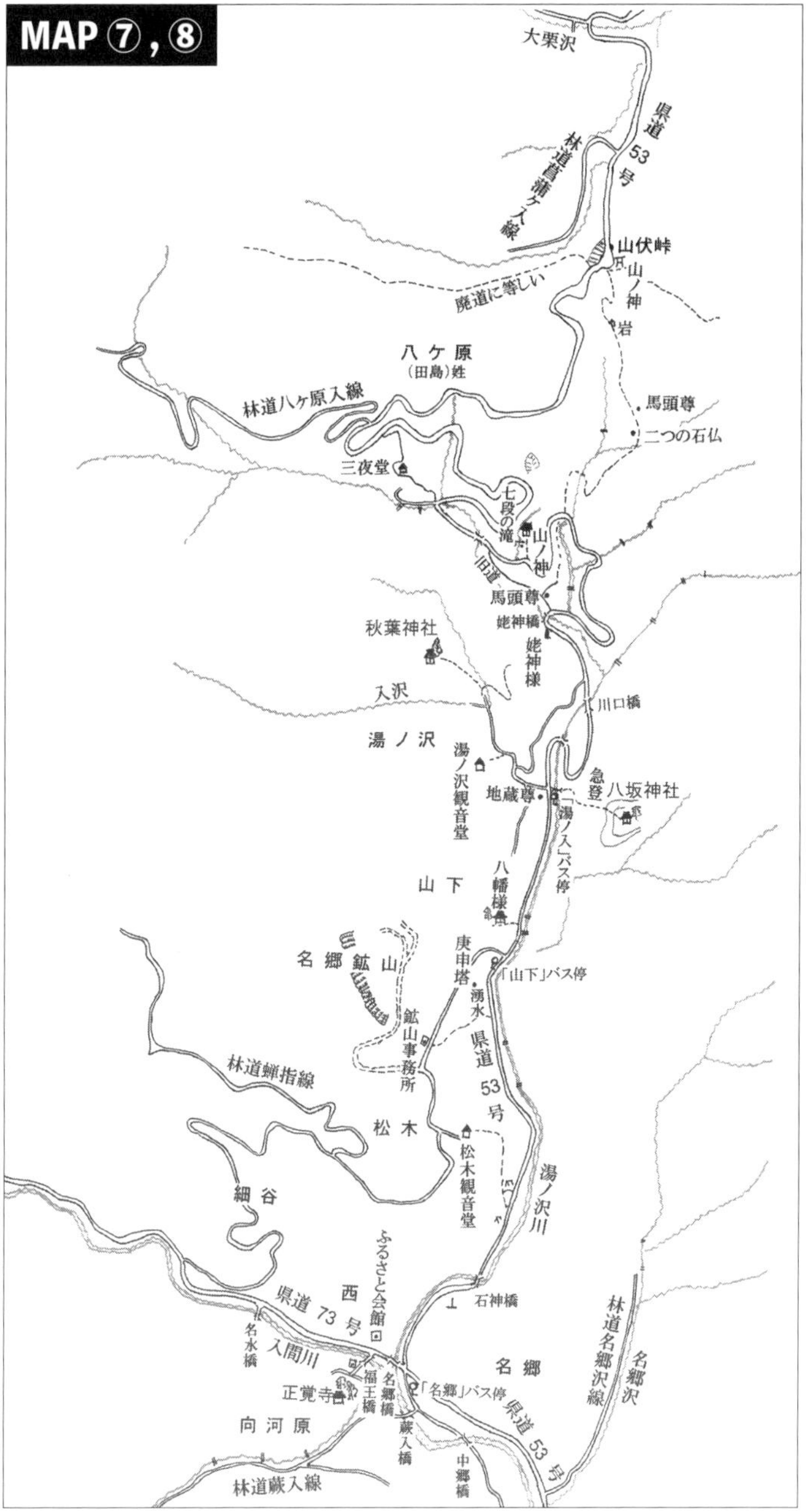

湯ノ沢集落の全貌が望める。八坂神社は二本のブナの巨木に覆われて鎮座している。かつて夏祭りには花火が打ち上げられていた。

湯ノ沢観音堂　県道に戻り、寛延三（一七五〇）年の**地蔵尊**前から集落へ登ると**観音堂**に着く。堂内には本尊の十一面観音と弁天様が納められている。俳句奉納額の他、刀を振り上げた武士（志賀団七）の左右から鎖鎌と長刀で対抗している女性（宮城野・

信夫）が描かれている。堂内は集会所に使われているので清潔に整っており、堂裏にはたくさんの花火の大筒が立てかけてある。昭和一〇（一九三五）年ごろまで八坂神社の祭日には、地元民自家製の花火を打ち上げていた。裏手は墓地で寺があったという。

秋葉神社　集落の裏山には秋葉様が祀られている。近年まで祭日には当番の女性が赤飯などを供えていたが、途中の山道は熊など危険なため今は中止されている。**姥神橋**の手前にある石碑は姥神様で、嘉永元（一八四八）年の建立。金太郎伝説がある。

馬頭尊　**姥神橋**を渡るとすぐ左に旧道の一部が残っている。入ると右に石灰岩に浮き彫りされた**馬頭尊**がある。ここは秩父大宮と**八**《はち》**ヶ原**《ばら》**集落**への分岐に当たっていた。「右大三や、左稼治原講中文化九壬申吉日」と摩滅寸前の文字が刻まれている。

山ノ神　沢口と呼ぶ地に稲荷社と一緒に**山ノ神**が祀られている。傍らの小沢には七段の滝（七滝）があったが、県道の工事などで現在は三段ほど確認できるにすぎない。二百十日が無事に過ぎるようにと、八月三一日、この滝壺に住む龍に山ノ神祭りをしていた。日照りの年にはここで太鼓を叩いて雨乞いをした。

　この他に、山ノ神は山伏峠と新田の名栗元気プラザ前にある。新田は山伏峠を越えた秩父側で、上名栗の人たちが開拓して現在は杉林になっている。

山ノ神

八ケ原の三夜堂　三夜様は地域の信仰の中心である。祭りは一月と八月の二三日の夜に行っていた。御神酒を飲む男衆と団子を作って食べる女衆とは別々の宿であった。**三夜堂**の左右には地蔵尊がある。大きな宝暦一二（一七六二）年の地蔵は上屋にあり、講中九軒と刻まれている。小さな元禄一三（一七〇〇）年の地蔵尊はかなり摩滅している。三夜堂から旧道を上がると車道に出る。八ケ原は昔、一〇軒以上あったが、今は半数に減少している。全部田島（嶋）姓である。

コラム・姥神様

相州の妻女が赤谷で男子を産んだ。その子は金太郎と名付けられて足柄山で養育されたという。

母が初産の赤谷に帰りたいと願っていたので、成長した金太郎は母を背負って秩父へ向かったが、山伏峠にさしかかる手前で旅の疲れで母は死んでしまった。今際の際に、「体を三つに分けて足と胴は上名栗に、頭は赤谷に埋めてほしい」と言った。ここに埋められたのは胴の部分で足は炭谷入に埋めたという。

湯ノ沢では墓石を建てて、強い子を産んだ姥神として墓に真綿を巻いて崇拝した。子供が風邪をひくとその真綿を貰い受けた。首に巻くと風邪や百日咳が治ったので、お礼には真綿を倍にして供えた。

道の拡張のため姥神を少し移動した際に、墓の下を掘ると人の腰骨らしきものが見つかった。

一説には貰い湯帰りなどの人が山姥に襲われたりして難渋していた。地元民が山姥退治の知恵をしぼり、山姥を騙して石の焼餅を食わせた。焼けた石が喉につかえて山姥は死んでしまった。地元ではたたりを防ぐと共に、哀れみの心で姥神の碑を建てて供養した。

⑧旧山伏峠道

「じじい・ばばあ」の石仏　山伏峠への旧道は一部残ってはいるが、今は通る人とていない。峠への登り口はわかりにくく荒れている。**姥神橋**から林道を上がり、右から落ちる二つ目の小沢を入る。始めは沢の右岸沿いを行く。

対岸に渡る橋は朽ちているが小沢を渡ると、左の石垣積みの上に哀話を秘めた**二つの石仏**がある。地元では「じじい・ばばあ」と呼んでいる。昔、この近くに老夫婦が住んでいた。小金を持っていることを知った悪人に金を奪われ殺されてしまった。これを哀れんだ姥神の町田孫左エ門夫婦が、天保一〇（一八三九）年に二体の供養の地蔵菩薩を建てた。石仏には「上名栗峠施主孫左エ門」と刻まれている。

ここから一〇〇《メートル》余り先には「明和七年水野三郎右ヱ門」と刻む**馬頭観音**がある。水野家の先祖は糸まい師で、三郎右ヱ門も馬を引いて秩父へ繭買いに行っていたのであろう。

山伏峠　この先で道は荒れてか細くなり、再びはっきりした道が現れて**山伏峠**直下に達する。峠には県道五三号が通じ、切り通しの上に**山ノ神**が祀られている。鳥居が立ち、朽ちた祠に代わり石宮が再建されている。

山伏峠に登る秩父への旧道は県道で寸断され、再び沢沿いに残っているが現在は廃道に等しく荒れている。

コラム・重忠と地名伝説

畠山重忠が妻と名栗の峠を越えて鎌倉へ向かう時、山伏姿の重忠が五里の「山伏峠」、足の弱い妻が四里の「妻坂峠」を越えて行きました。名郷で待ち合わせることにしていたので、昔は名郷を「間地」と呼びました。間寺というお寺もあったそうです。それでも妻が遅れた時には「大場戸」まで迎えに行って出合いました。そこで昔は合場戸と呼んでいました。

〈参考・『名栗の伝説』町田泰子著〉

⑨名郷から鳥首峠

西武秩父線・飯能駅～名郷バス停～正覚寺～大場戸橋～白岩布淵（鍛冶久保）～天狗様のモミジ～廃村の白岩集落～鳥首峠

白岩集落～鳥首峠への探訪は距離が長くなるので、別コースとして扱ってもよい。

正覚寺　慶応二（一八六六）年の武州一揆の時は、正覚寺裏の蕨入りで話し合いが行われ蜂起した。山門を入ると左に稲荷社と水子地蔵、子育て地蔵、右には天満宮の小社がある。境内の池畔には古い弁天堂がある。

大場戸の地蔵菩薩　地蔵菩薩を若いものが持ち上げて力比べをした。「右大みや左志らいわ」と道標を兼ねる。文政四（一八二一）年。

正覚寺

白岩布淵　大場戸橋から林道白岩線へ入って五〇〇メートル程行ったあたりに布淵がある。伝承によると、木こりが斧を淵に落としてしまい、潜って探すと淵の中で機織りをしている美女（龍神様）のそばに斧は落ちていた。美女がここにいたことを誰にも話さぬ約束で斧を返してもらった。ところが木こりが人に話すと、龍神様は有馬の大淵へ行ってしまった。乙姫様が織っていた糸を斧が切ってしまったともいう。

天狗様のモミジ　ＪＦＥミネラル前の雑木の中に、天狗がいるという**大モミジ**がある。

山の持ち主新井家の先祖が、張りすぎた枝を鉈で切ったところ、不思議なことに枝の切り口から血が出てきた。新井家では「モミジを

大場戸橋

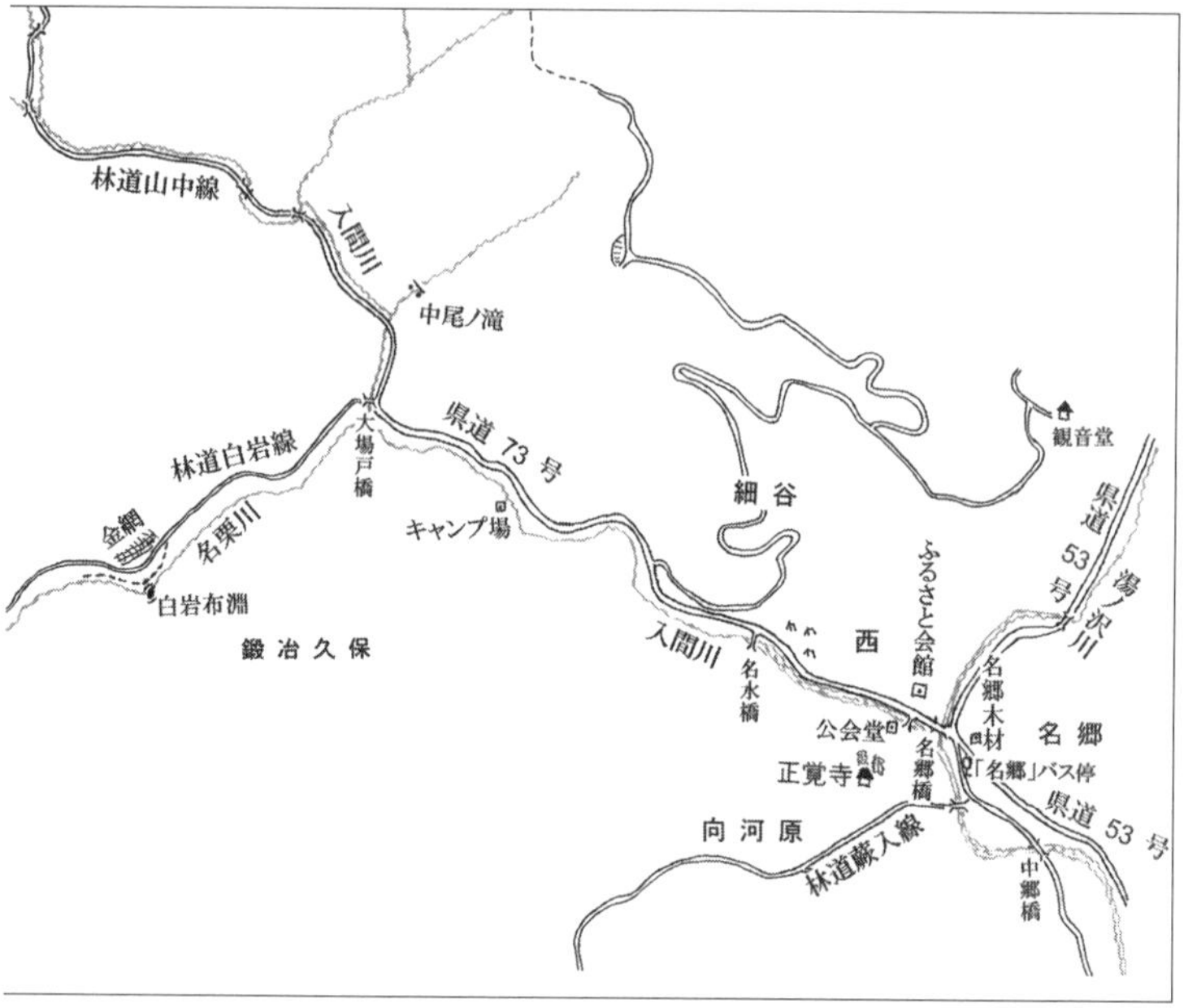

切らぬ」ことを代々子孫に言い伝えてきた。

白岩地区　ＪＦＥミネラルの**事務所**前から峠道へ入る。すぐに採石工場の全貌が左下になる。峠道の右上方には**下白岩**の廃屋が見える。沢を渡りしばらく行くと、やや開けた**上白岩**の集落跡に着く。右上方には白岩地名起源の鳥首に似た**巨大な岩峰**がそそり立つ。左にはこんもりした**塚跡**が確認できる。今は廃村になったが、以前は上下白岩に分かれ最盛期には二三戸の集落だった。

上白岩の廃屋民家

神林三家　「神林」を名乗って平家落人の伝承があり、峠に続く最奥の上白岩六軒のうち、右手の老木のある「ウエ」屋号の**神林家**が草分けの本家である。「イドミチ」、「カネキ」の神林家はその分家という。「ヨコ」の神林家は「イドミチ」の分家。他には新井、富沢、平沼などの家々があった。京都方面から来た神林隼人守で同所に墳墓もあり、伝承では石の三重塔があったという。

当家には巻物と百足丸という名刀があった。本家

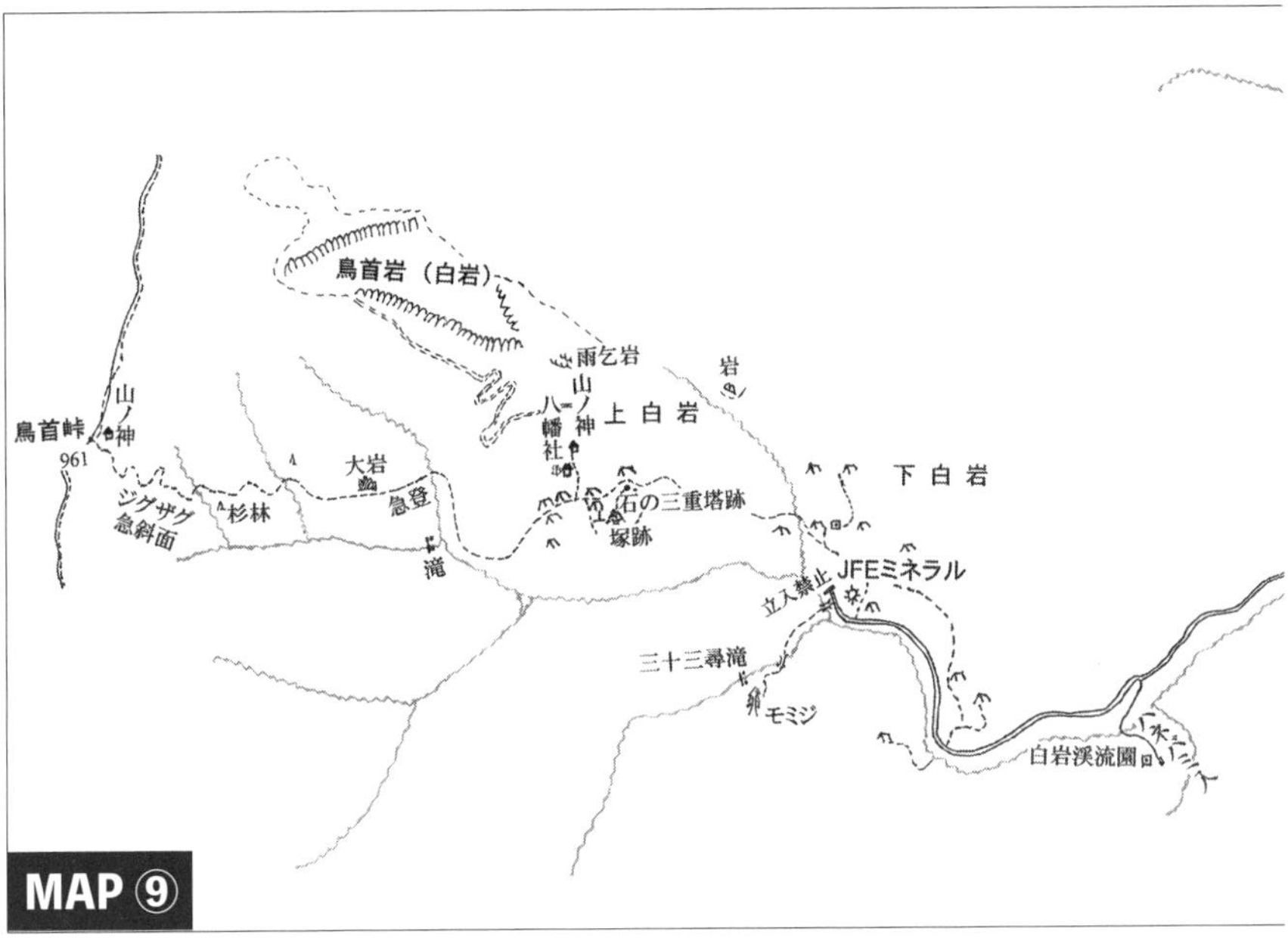

の裏手には二つの小社が祀られている。手前の**八幡社**は神林家の氏神様で、先祖の鎧が埋められているという。

コラム・霊剣百足丸

百足丸は刀を抜くと、動くムカデが刀身に見えたからでした。昔、神林家のお婆さんが冬の寒い日、囲炉裏に当たりながら居眠りをしていました。そこへ狸が出てきて火を消そうとしました。すると床の間の百足丸がひとりでに鞘から飛び出てきて、狸を刺し殺したそうです。

ある日、持ち歩いていた倅は百足丸を河原に置き忘れてしまいました。見つけた子供たちが石を投げつけて鞘を壊してしまいました。人が見ると蛇に見えたからでした。倅は飢饉のとき百足丸を稗三升と取り替えてしまいました。百足丸は巡り巡って、原市場の金錫寺などを経て、今は大滝の大陽寺に納められているということです。

〈参考・『名栗の伝説』町田泰子著〉

鳥首峠の山ノ神　上白岩を過ぎて枝沢を二つ渡り、杉林の急斜面をジグザグに登ると**鳥首峠**の尾根上に達した。鳥首岩のいちばん端を**雨乞岩**といい、その下に山ノ神が祀られているという。一五〇年余り前、浦山の冠岩と白岩との共同で峠に山ノ神を建てた。両集落の先祖は同じ平家の落人だった。双方で経費を出し合いながらお祭りや建て替えもしていた。集落全体の甘酒祭りで祝い、峠の往来がにぎやかだった頃は賽銭も多く、山ノ神様の修繕費に充てていたという。木造だったのでいたずらされ壊れてしまい、今は白岩だけで造営した**石宮**になっている。かつてそびえていたブナの巨木は朽ち果てて、根株さえわからぬ状態になっていた。

山ノ神

鳥首岩

鳥首峠での著者（昭和52年）

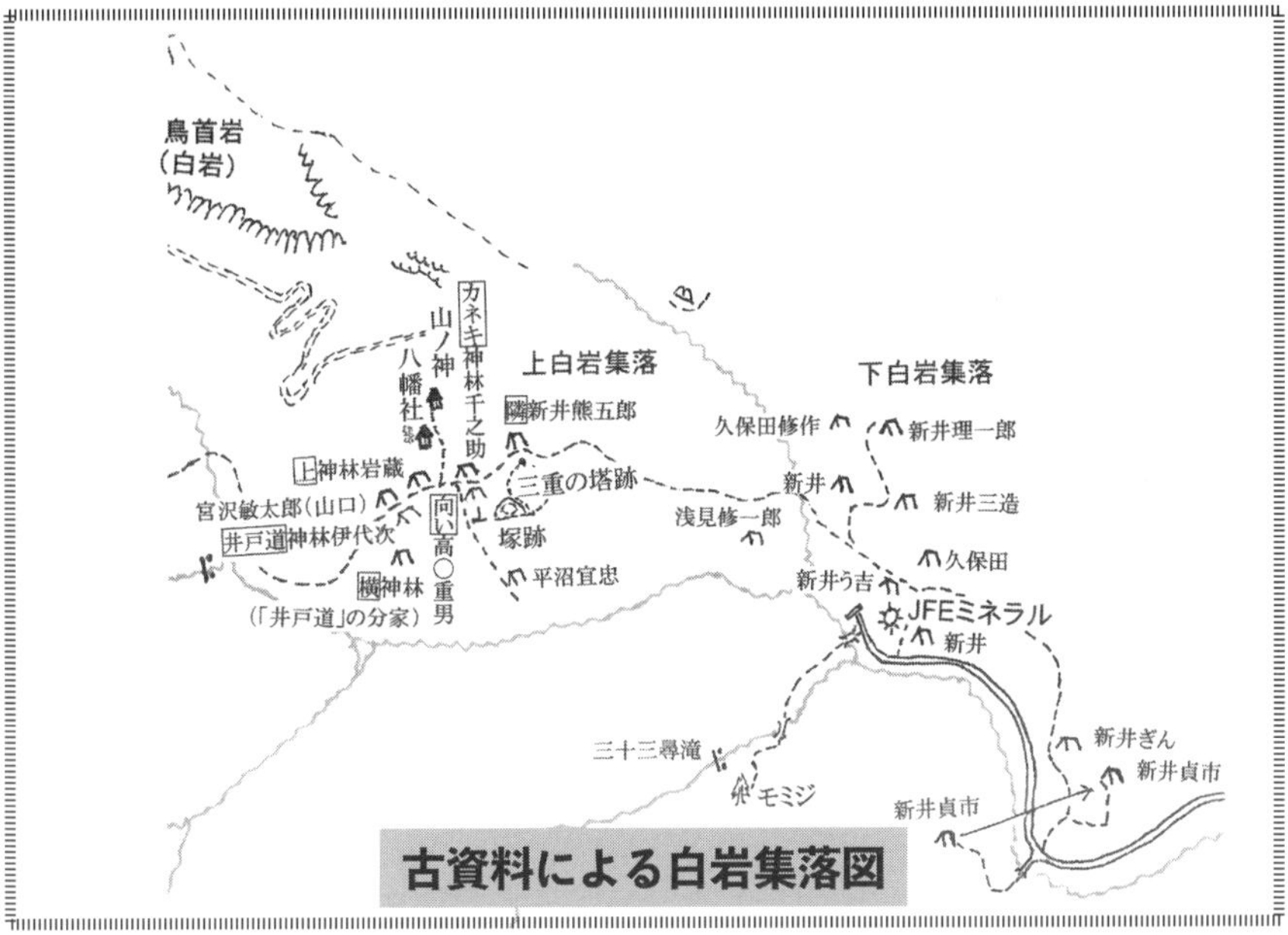

古資料による白岩集落図

コラム・町田泰子さん

元は小学校に勤務の経験があり、気さくに応対してくれる。白岩から鳥首峠へ行く前日に電話をすると、「一人では心配だから」と、元白岩に住んでいた教え子の新井さんを紹介してくれた。新井さん宅へは白岩へ行った帰りに立ち寄って、地元民だけしかわからない貴重な話を伺った。

町田さんは一人で『名栗の伝説』の聞き取り調査をして冊子にまとめている。

町田泰子さん

⑩ 妻坂峠から武川岳

飯能駅～「名郷」バス停～大場戸橋～山ノ神～登山口～妻坂峠～武川岳～前武川岳～天狗岩～「名郷」バス停

妻坂峠　「名郷」バス停から県道七三号を行き、**大場戸橋**の手前で右の**林道山中線**の妻坂峠道へ入る。すぐに右の沢の奥に岩壁から落ちる**中尾の滝**がわずかに見える。滝への道は荒れていて今は近づけない。続いて右に蝉指の**島田家**へ上がる道が分かれる。当家の車庫があり、その右の方に**一臼の石だん**という大岩がある。そこのヒノキに夜になると天狗様の提灯がついたという。

　奥へと進むと小滝を掛けた渓流になる。左に**林道焼岩入線**を分け、本流を渡ると右の岩壁下に**山ノ神**が祀られている。前方に砂防ダムが現れ、**入間川基点**の石標が立つ。左に**林道横倉線**が分かれる付近にはかつて山中集落があった。

　まもなく**車道の終点**となる。ここから**妻坂峠**への山道に入る。左下に入間川の小流を見つつ、苔むす杉林帯を登る。右からの小流を渡り、まもなく沢から離れて大きくジグザグを繰り返しつつ、妻坂峠目指して急登する。八三九メートルの妻坂峠には高さ

妻坂峠の地蔵尊

入間川基点の石標

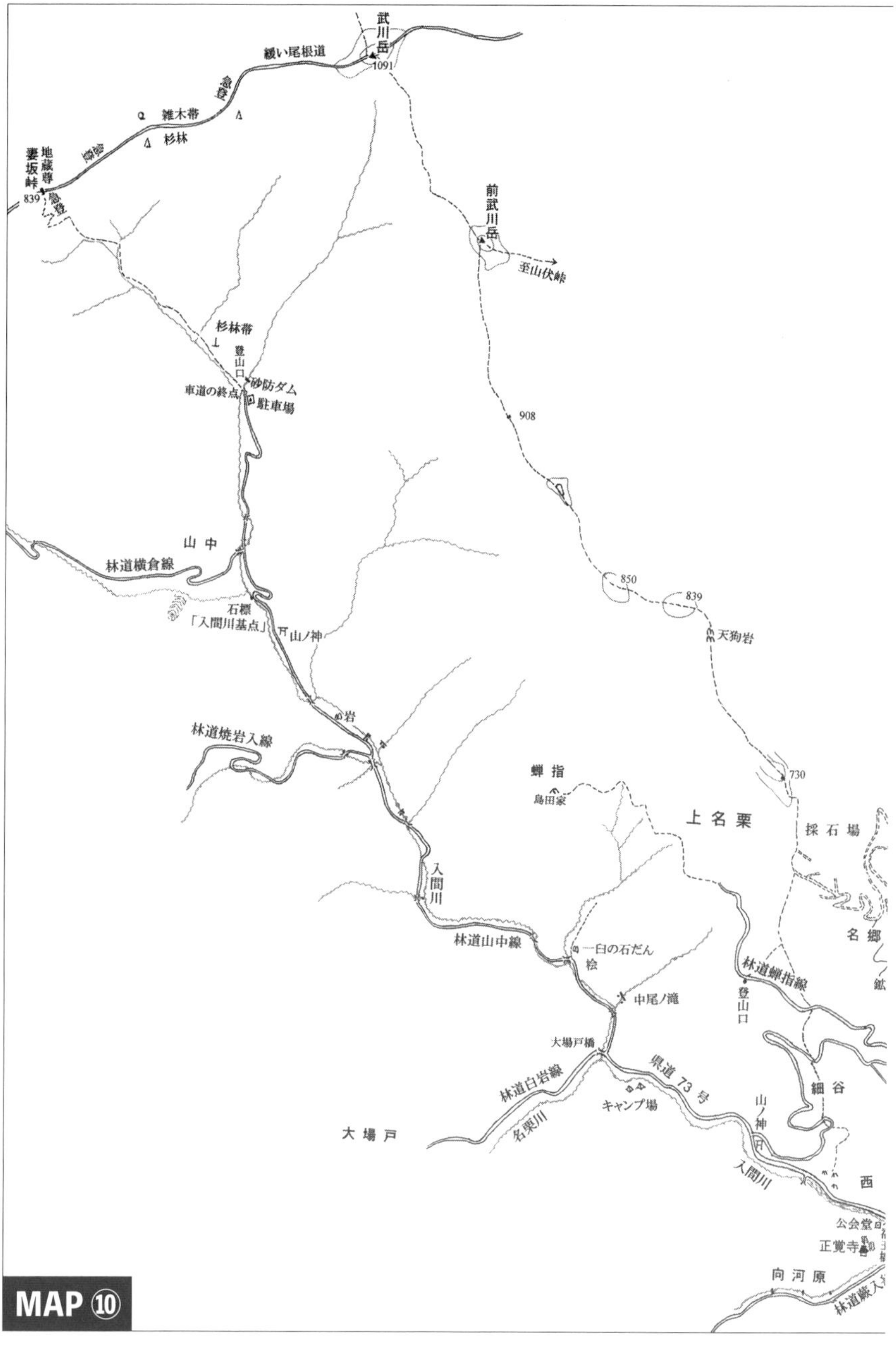
武川岳
1091
緩い尾根道
急登
雑木帯
杉林
妻坂峠
地蔵尊
839
急登
前武川岳
至山伏峠
杉林帯
登山口
砂防ダム
車道の終点
駐車場
908
山中
林道横倉線
石標
「入間川基点」
山ノ神
850
839
天狗岩
岩
林道焼岩入線
蝉指
島田家
730
上名栗
採石場
入間川
名郷
林道山中線
一白の石だん
桧
中尾ノ滝
林道蝉指線
登山口
大場戸橋
県道73号
林道白岩線
キャンプ場
名栗川
細谷
山ノ神
大場戸
入間川
西
公会堂
正覚寺
向河原
MAP ⑩

八〇センチほどのがっしりした**地蔵尊**が立つ。(前掲の『名栗の伝説』に詳しい。) 木製の道標には「大持山一時間四〇分・武川岳五〇分」と記す。

武川岳　妻坂峠からは右に杉林、左に雑木帯の尾根道を緩く登る。まもなく急登になるが、再び緩い尾根道になり**武川岳**に着く。以前と比べ山頂からの展望はあまりない。

武川岳

前武川岳　武川岳から名郷への下りに入る。**前武川岳**から左へ山伏峠への道を分け、右の**天狗岩**を経て名郷への道をとる。妨害ネット沿いに急降下が過ぎると、快適な尾根道になる。小ピークを越えてしばらく行くと石灰岩の積み重なる天狗岩に着く。直接石灰岩の間を下る男坂と、それを避けた女坂に分かれるがすぐ下方で合流する。**採石場**を避けて下り二度車道を横断すると人家が現れる。

一度車道に出るがすぐに名郷集落へ直接下る道をとる。

天狗岩

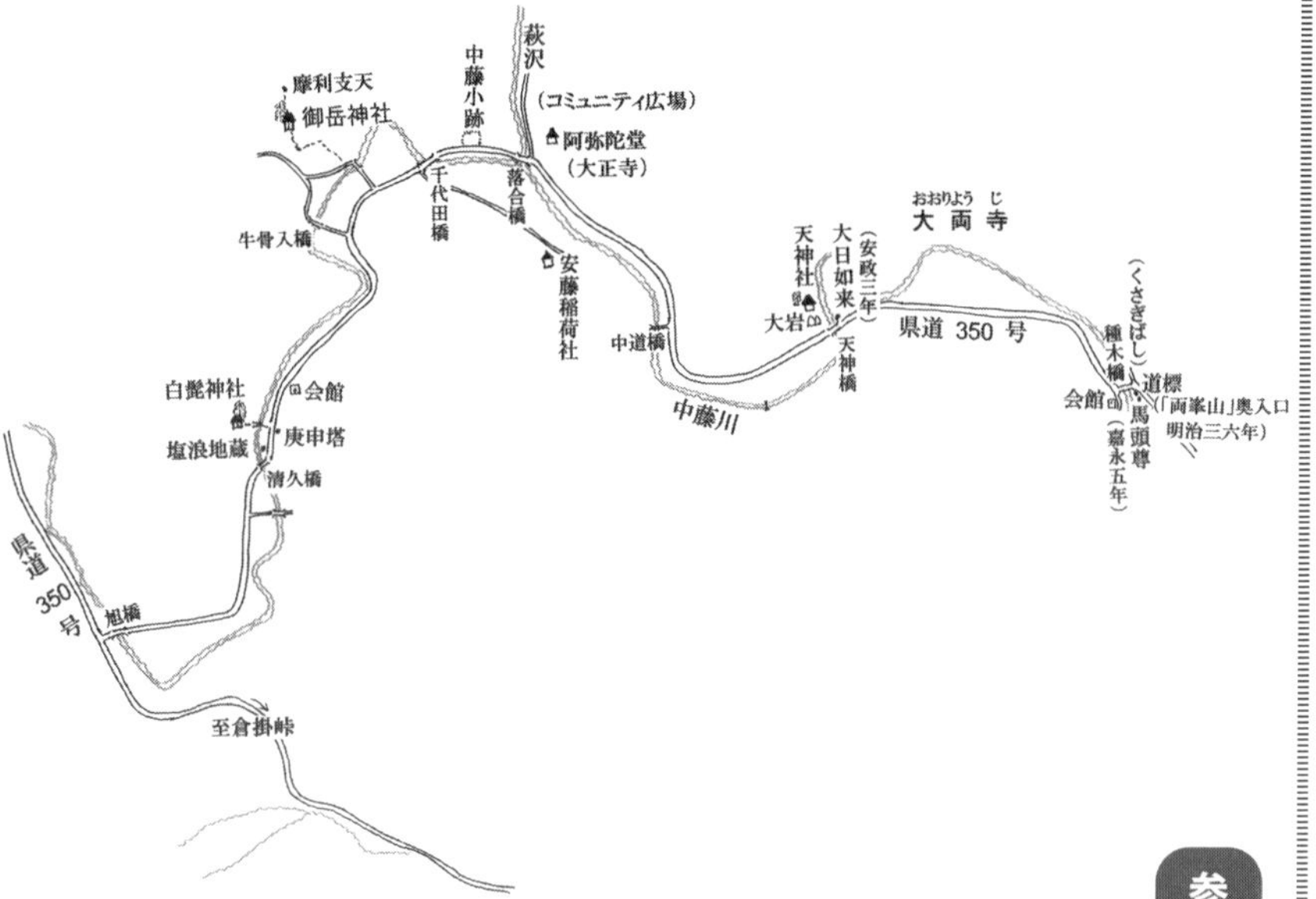

中藤川の流れ

参考コース①▼ 中藤川（種木橋から旭橋）

参考 MAP ①　中藤川（種木橋から旭橋）

参考コース②▼ 名郷から蕨山〜河又

金比羅神社跡

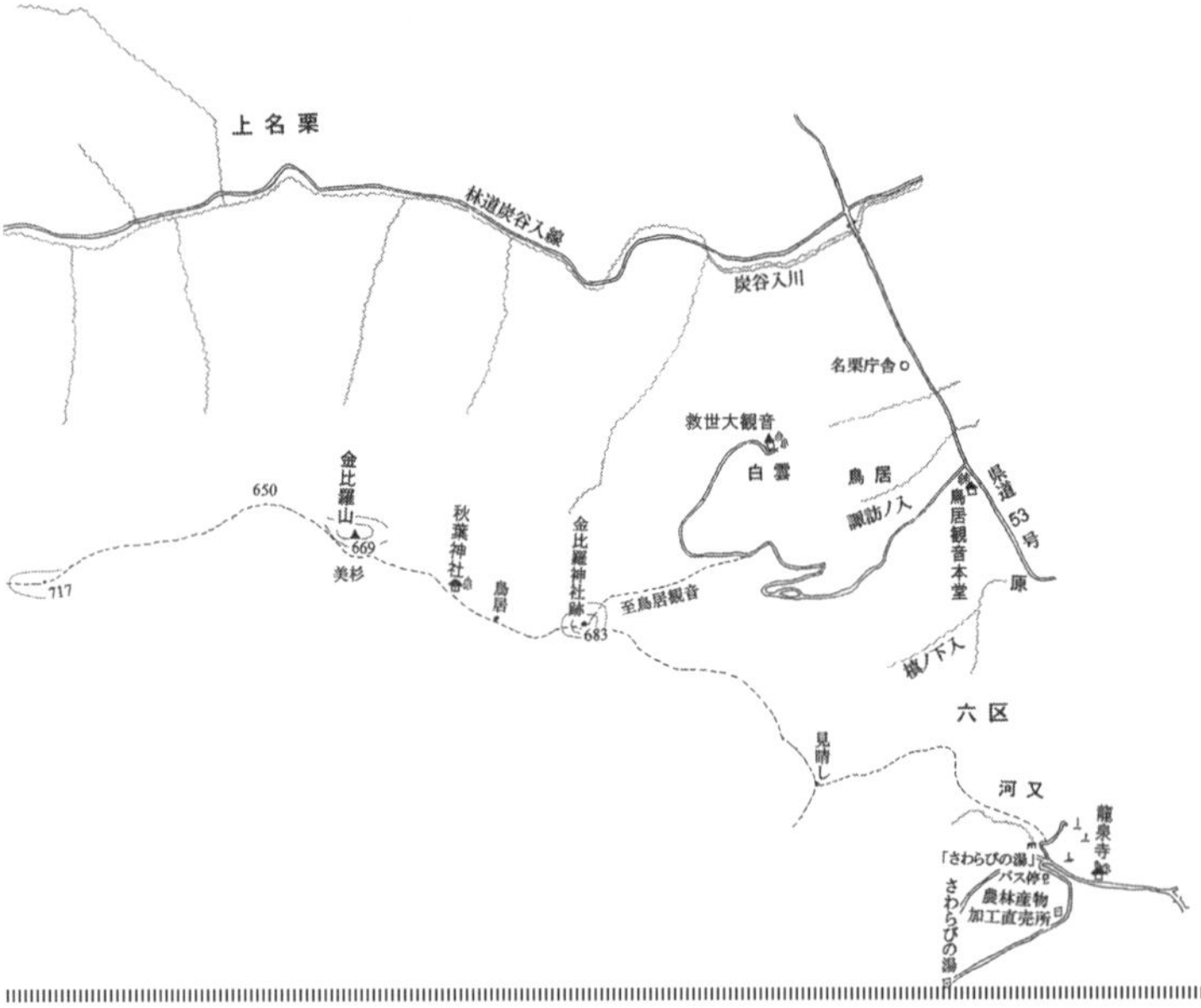

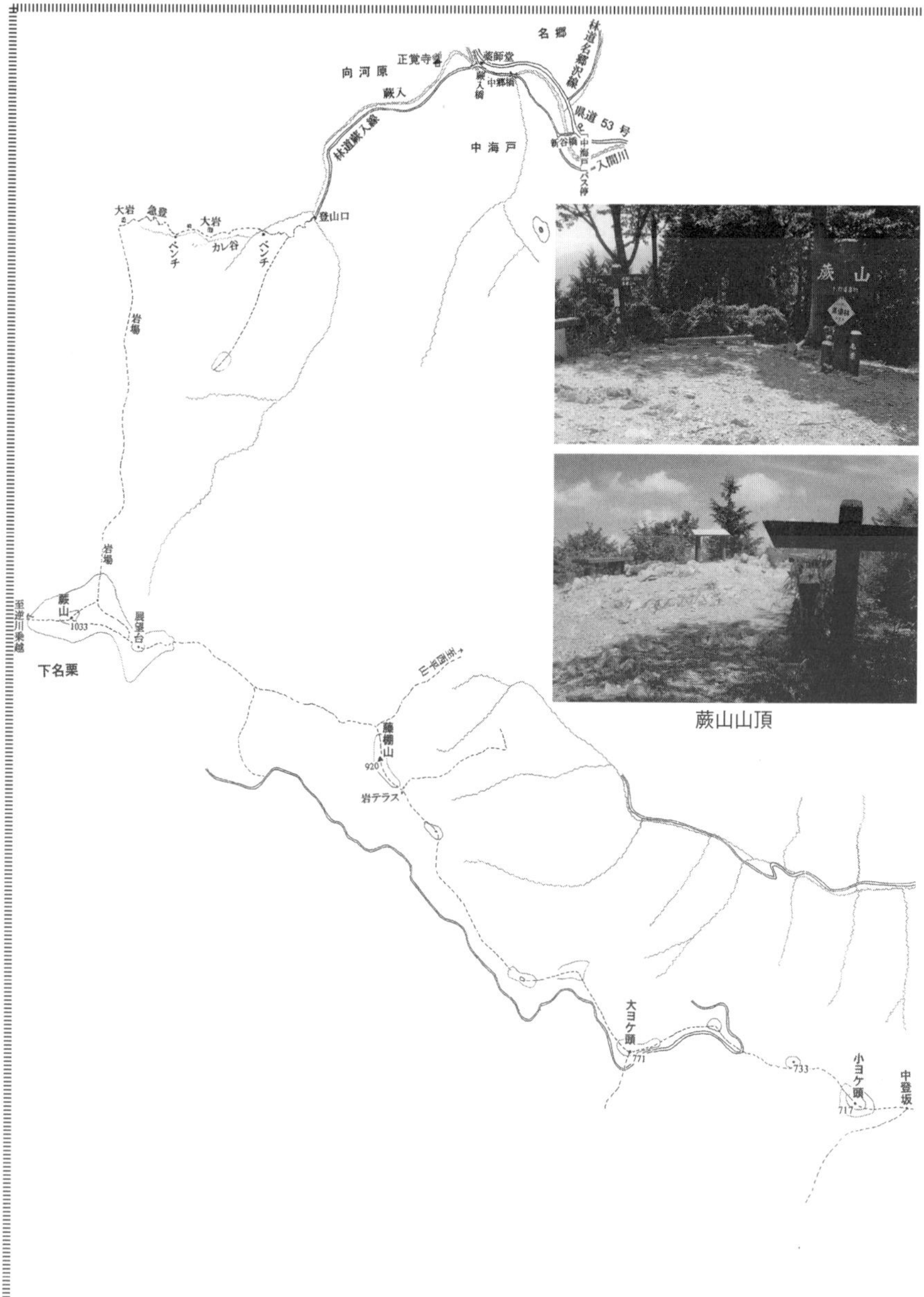

蕨山山頂

参考 MAP ②　名郷から蕨山～河又

参考コース③▼　ウノタワから大持山

山中駐車場～林道終点～道標～ウノタワ～大持山分岐～大持山～分岐点～妻坂峠～山中駐車場

県道五三号を進み、名郷から県道七三号に入る。大場戸橋からは右の林道山中線を行き、左に林道焼岩線を分ける。「入間川基点」の碑を過ぎ、左の林道横倉線に入ってすぐの駐車場に車を止める。ここから出発し、ウノタワ、横倉山、大持山、妻坂峠を経て一周する。

大持山山頂

ウノタワ

参考 MAP③　ウノタワ～大持山～妻坂峠

第二部　高麗・吾野・正丸編

1

高麗川駅周辺

①高麗川駅周辺

八高線・高麗川駅～地蔵堂～松福院～天神社～福蔵院～高麗川橋～高麗川駅

地蔵堂　高麗川駅から県道三〇号を北に向かい、新堀製作所近くを西にもくせい通りに出ると、**熊野神社**。境内には稲荷神社がある。近くに**薬師堂**がある。堂内には穴の開いた小石が数珠繋ぎにたくさん奉納されている。**石尊宮の灯籠**を見て、もくせい通りを北へ進むと**稲野辺神社**になる。

　道を隔てて**建光寺**と**地蔵堂**が建つ。子育て延命の地蔵様で、安産祈願の折には米一升をお供えする習わしだった。八月二三日の縁日は参拝者でにぎわう。境内に二本のサルスベリの古木がある。西にあたるカワセミ通りの側の**金剛寺**は小さな寺で、寺前の路傍に享保年間(一七一六～三六)の百番供養塔がある。

松福院　カワセミ通りをさらに北へ。**松福院**がある。武蔵国十三仏霊場の大きな寺で**天神社**の別当寺でもあった。境内に薬師堂と大黒堂がある。薬師様は七社様同様にゴルフ場の開発で当寺に移されたもの。**三面出世大黒天**は人気が高い。熱心に見ていたら住職さんから説明のパンフレットをいただく。比叡山延暦寺から勧請、大黒天は本来の厳しい顔をしている。顔が三面あり、中央が大黒天、右が弁財天、左が毘沙門天で「三天合行」の福の神である。

　馬頭尊の石橋供養塔を過ぎた分岐には「**高林謙三生誕の地**」の記念碑が立つ。製茶機械の発明元祖。天保三（一八三二）年生まれ。医院を開業していたが、明治一二(一八七九)年から三四年に没するまで、製茶作業の機械化の研究と完成に没頭した。

天神社　先の天神社は境内が広く、本殿の背後は森になっている。大正六年（一九一七）まで今の社務所の所に学校が置かれていた。例大祭は四月二五日と一一月二三日、その年

天神社

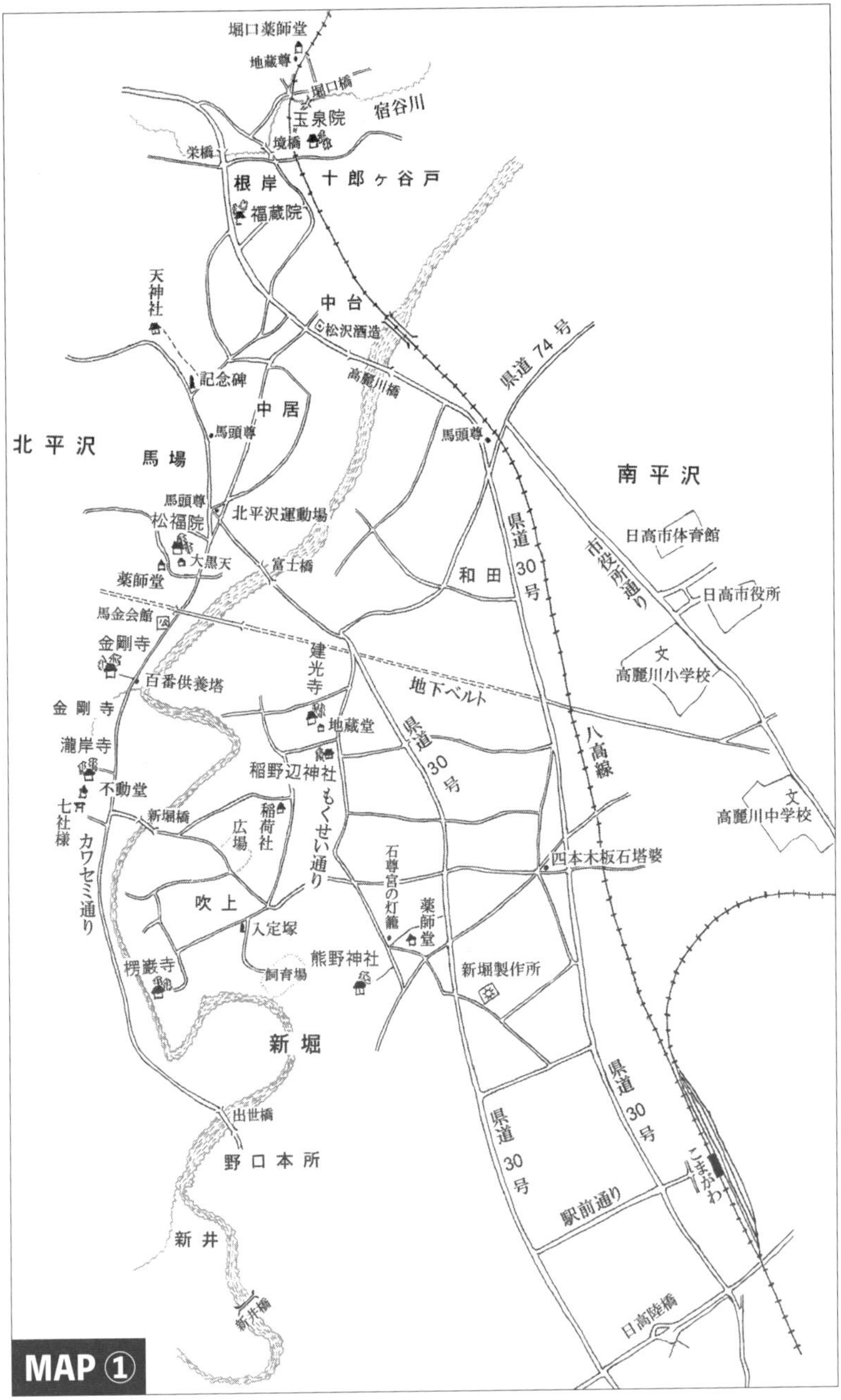

のお嫁さんがお参りする「嫁のまち」の習わしがあり、村芝居もかかった。近くの**福蔵院**の境内には薬師堂があり、山門脇には立派な六十六部供養塔が立つ。

高麗川橋　栄橋手前から**境橋**に出て宿谷川を渡る。八高線を越えて左折すると線路脇に、地蔵尊と**堀口薬師堂**がある。境橋に戻り左折すると**玉泉院**。引き返して県道三〇号に出て**高麗川橋**を渡り、高麗川駅へ向かう。

② 滝沢の滝から物見山

八高線・高麗川駅～天神社～富士山～白銀平～滝沢の滝～物見山～宿谷の滝～天神社

滝沢の滝から先の沢を詰める道は心細い踏跡道になるので読図力が必要であり、一般には入らない方がよい。

富士山　高麗川駅から県道三〇号を北へ向かう。高麗川橋を渡ると西の方角に**天神社**がある。（①高麗川駅周辺参照）

天神社から車道を上がると左に**富士山**への**登山口**がある。入るとすぐに下浅間社の**御師岩**になる。岩の上には崩れた神姥翁《ばばぢぢ》の石宮が置かれ、足踏みをすると不思議な音がする。ここから一キロ離れた金剛寺淵まで空洞があるという。岩の割れ目には白蛇が住み、六月一五日のお山開きに白蛇を見た者は百歳までも長生きする。明治まで富士講の人たちは美音の滝で浄めて御師岩で禊ぎをしてから富士山に登り

五穀豊穣を祈った。

白銀平　浅間神社の祀られた**富士山**からは多少の展望が得られる。急な富士山を下りると、**白銀《しろがね》平《だいら》**への途中に大きな**白銀観音**の石像が立つ。元は栃久保の観音塚にあったのを、ゴルフ場の開発で当地へ遷座した。白銀平は物見山と呼ばれていたが、春になると崖が馬酔木《アセビ》の白い花房で白銀色になるところから命名された。**展望台**からは筑波山、日光連山、赤城山までも望める。埼玉の自然百選。

滝沢の滝　滝沢の滝へは一度分岐まで戻り、静かな山間の道を行き**ゴルフ場**前へ出る。これより小流沿いに奥へと進む。左へ清流への道を分けると、まもなく東屋のある**滝沢の滝**前に着く。岩壁の割れ目状から六メートルほどの細い滝が落ちる。滝の右手から踏跡道で滝の落口へ登る。細々と続く小流沿いを詰めて行く。道は次第に怪しくなってくる。二股に出たら右の浅い谷に入る。上空の**高圧線**を過ぎると沢は再び二股になる。ここから沢の間の小尾根に取り付く。

物見山　尾根上の道を拾いながら登り稜線に達すると、物見山へと連なるしっかりとした尾根道に出る。小ピークを巻いて一度車道に降りてから、展望のない物見山の三角点へ登る。このすぐ先が南に開けた、標識のある**物見山山頂**になっている。

物見山山頂

宿谷の滝　山頂から下るとすぐに巻き道と宿谷の滝への分岐になる。宿谷の滝へは尾根道を行き、最後は急下して**宿谷川**へ降りる。谷沿いの道を数分行くと東屋の休息所があり、左へ鎌北湖への道が分かれる。すぐに**宿谷の滝**になる。**不動尊**の小社があり、岩壁を滑るように一二メートルの滝が懸かる。滝から五分程手すりの柵沿いの遊歩道を快適に行く。トイレが現れると道は広くなり、あとは車の少ない車道を行く。**宿谷集会所**脇の分岐を右折して**天神社**へ向かう。

宿谷の滝

2 高麗駅周辺

① 高麗本郷周辺

西武秩父線・高麗駅～鹿台橋～満蔵寺・地蔵堂～諏訪神社～高麗川神社～勝音寺付近～滝不動尊

鹿台橋　天正（一五七三～九二）、文禄（一五九二～九六）の頃、高麗本郷で四日と八日に市が開かれていた。慶長二（一五九七）年、大久保石見守は高麗陣屋を本郷から栗坪に移し、市も移動して栗坪で開かれるようになり、やがて高麗宿に発展した。

高麗駅から北へ向かい**鹿台橋**手前の旧道分岐に文化四（一八〇七）年の**常夜灯**がある。竿の三面には「秋葉大権現・金比羅大権現・石尊大権現」と刻まれている。巾着田に入ると木製の**あいあい橋**があり、すぐ前には**高麗郷民俗資料館**がある。

鹿台橋のたもとには、「水泳教育発祥之地」と刻まれた**中島照光先生顕彰碑**が立つ。先生は昭和二二（一九四七）年、高麗川天神淵で高麗中学校の水泳指導を開始、県の水泳大会では女子八連覇を達成した。資料館の裏は大岩が張り出して深い淵になり、岩上には天神の石宮が祀られている。

満蔵寺・地蔵堂　高麗小学校脇を通り、高麗峠方面へ向かい山際で左折する。前方に**満蔵寺の地蔵堂**が見えてくる。地蔵堂は開かずの扉の名があり、堂内には運慶作と称する高さ三〇㌢程の地蔵尊が納められている。格子の隙間から見ることもできる。**満蔵寺**周辺は梅原の地名にふさわしく梅が多く、春先には紅白梅で彩られた花の郷になる。

満蔵寺地蔵堂

寺の近くの路傍には山岡鉄太郎（鉄舟）題額の「**比留間先生壽碑**」がある。名は利充通称半蔵、父の利恭と共に甲源一刀流の達人であった。

諏訪神社　県道一五号に出ると**諏訪神社**がある。社

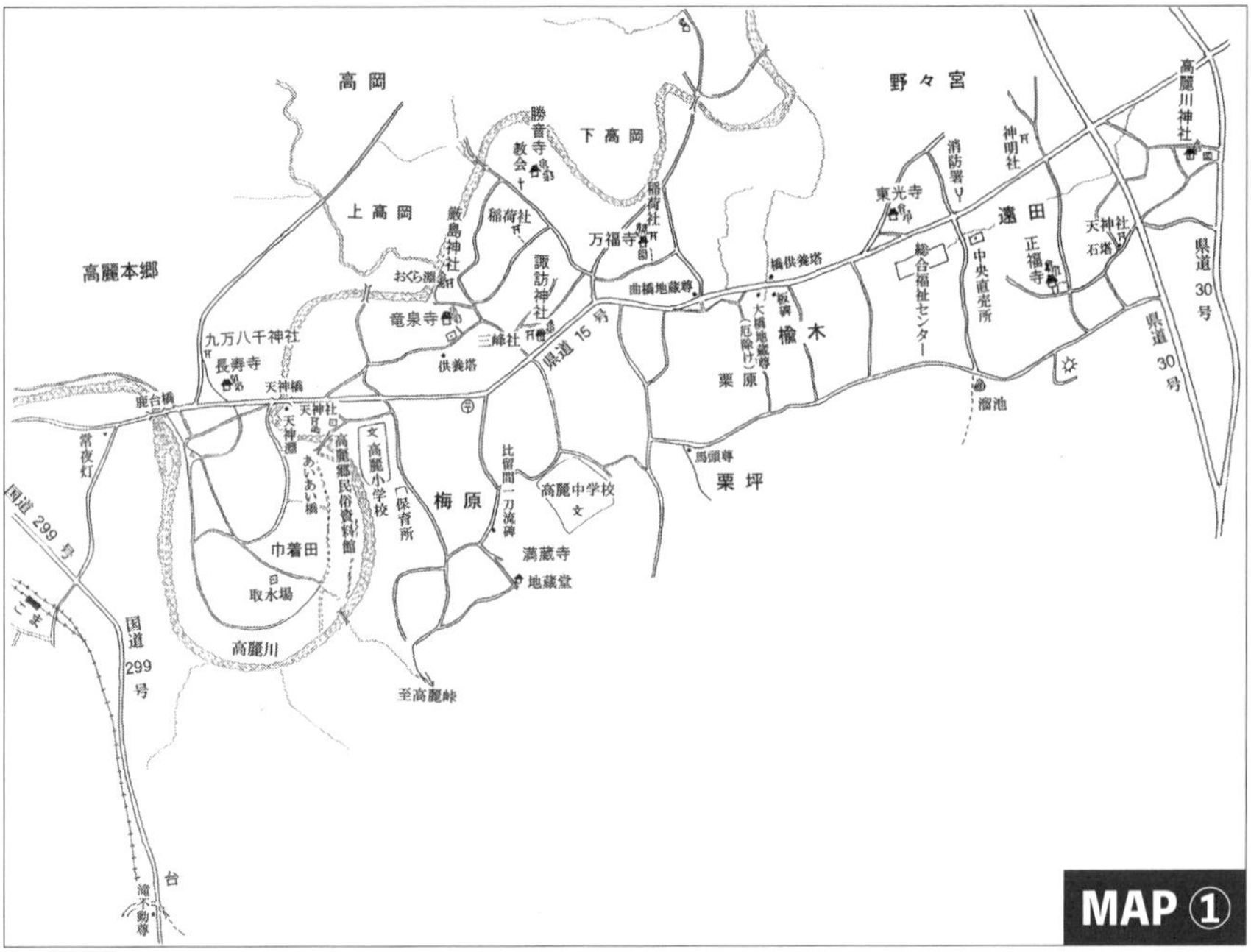

殿は江戸時代より毎年祭礼に際し、新しい茅で葺き替えていた。怠った年には疫病がはやったので、休むことなく続けられていたが、平成九年に社殿を新築建立してこの葺き替えは終わった。最後の社殿は民俗資料館に展示されている。諏訪神社の**獅子舞**は悪病払いのため、江戸時代に信州諏訪より伝えられたという。昔は竜泉寺で行われていたが、明治六（一八七三）年から当地で舞われるようになった。境内に三峯神社が祀られている。

諏訪神社

再び山際の道に入って進む。**正福寺**の先に小さな**天神社**と墓地があり、文化八（一八一一）年の**六地蔵の石塔**は「西国・板東・秩父百所観音供養」と刻まれている立派なものである。

高麗川神社　東へ進むと県道三〇号沿いに**高麗川神社**がある。付近の社を合祀した当地の氏神。境内中央に御神木の大タブの木がそびえる。慶安二（一六四九）年ごろ、当時周囲二丈余（六・六メートル）と推定される老樹があり、その根株のひこばえから成長したと伝える。樹齢三百年、樹高二三メートル。樹高二六メートルのタブの木は大正五（一九一六）年ごろ、青梅農林よりの苗木を植えたもの。北米産の落葉高木で、五月の白花がチューリップに似ているのでチューリップの木ともいう。境内社に八坂社と稲荷社がある。

勝音寺付近　県道一五号を栗坪まで戻り右に行くと、**勝音寺**。高麗坂東観音三十番、武蔵野観音二十七番になっている。近くに**万福寺**もある。**竜泉寺**の後方の岩上に**厳島神社**が祀られている。地元では弁天様とも呼び、今も三月にささやかな祭りが続けられている。

岩下の高麗川は「**おくら淵**」になっている。陣屋の蔵がこのあたりにあったからと言われるが、地元の話ではおくらという人が入水自殺をしたからと伝える。天神橋へ戻る。

滝不動尊　更に県道を西へ戻り鹿台橋先から**国道二九九号**に出る。南へ進むと台の地区民が守る**滝不動尊**がある。昔は川縁にあったが大水により流失、現在地へ安置。四月八日に花祭り、桜の公園になっている。

滝不動尊

②聖天院と高麗神社付近

西武秩父線・高麗駅～高麗窯跡群～聖天院～野々宮神社～高麗神社～滝岸寺～霊巌寺

高麗窯跡群　高麗駅を出て、県道一五号の鹿台橋先から左の車道に入る。高麗神社に向かっていくと、途中の左奥に**高麗窯跡群**。発掘したこともあるが、今は標識もなく畑や宅地になり跡は確認できない。

近くの**如意輪堂**は高麗坂東三十一番観音になっている。文化七（一八一〇）年の古い手水場がある。隣接して獅子頭を一つ納めた**八坂神社**。

聖天院　**聖天院**の山門は右に風神、左に雷神を納めた雷門である。山門右に**高麗王若光の廟**がある。正しくは聖天院勝楽寺という。

聖天院由来の概略。「今から一三〇〇年前高句麗滅亡によってわが国に渡来した高句麗人のうち、一七九九人を七一六年（霊亀二年）に武蔵国に移し、高麗郡を置いた。現在の日高市は、高麗郡の中心をなした地域と考えられ、一八八九年（編注ママ）（明治二九年（編注・明治二九年は一八九六年））まで高麗郡だった。

高麗王若光は高麗郡の長として、広野を開き産業を興し民生を安定し大いに治績を治めた。勝楽寺は若光が亡くなったあと、侍念僧勝楽が若光の菩提を祈る為に七五一年（天平勝宝三年）に建立した。若光の三男聖雲と孫の弘仁が勝楽の遺志を継ぎ、若光の守護仏聖天像（歓喜天）を本尊とした。その後、一五八〇年（天正八年）には本尊を不動明王にした」。

高麗王若光の廟

聖天院

近くの高麗郡三十二番の**法恩寺**は近年吸収されて廃寺になった。**獅子岩橋**は左岸の橋下にあり、岩の上に降りられる。**新井橋**と**新堀橋**は小型車がやっと通ることのできる珍しい木橋である。

野々宮神社　**新井橋**を渡りすぐ右折して細道に入り、野々宮家の墓地前を過ぎると、**野々宮神社**になる。境内は芝生が多く感じが良い。獅子舞が行われる。

社殿の前には土俵が築かれている。天保二（一八三一）年、木村正之助が築いた土俵。嘉永二（一八四九）年、奉納相撲「於当社興行」の相撲番付を保管している。

高麗神社　野々宮神社からカワセミ街道に戻り、**高麗神社**に行く。出世開運の神で若槻禮次郎、浜口雄幸、斎藤実、鳩山一郎らは参拝後に総理大臣になった。**高麗家住宅**（国）は入れないが、外から内部をのぞくことができる。神社から五分

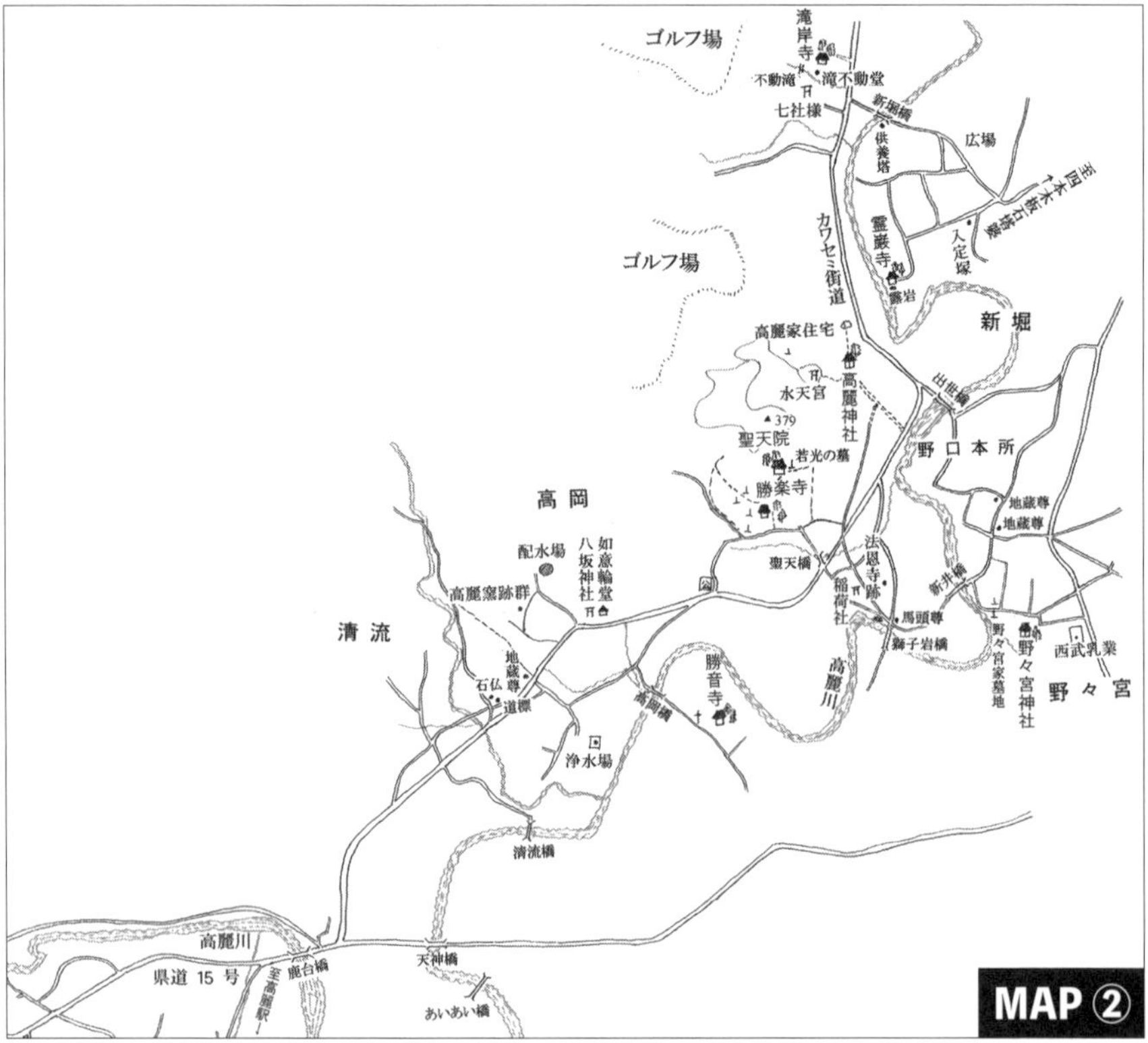

余り急登すると、尾根の先端に祀られている**水天宮**に達する。

滝岸寺　街道を北へ進むと左に**滝岸寺**がある。小さな寺だが、以前は茅葺きの大きな寺だった。境内に**滝不動堂**があり、昔は講があるほどにぎわったこともあったが、その後は衰微していた。地元の人たちにより近年復活され、地元信者を中心にたくさんののぼり旗が奉納されている。堂の裏手には三㍍余りの**不動滝**がかかる。近くの**七社様**は、もとは裏山にあった大きな神社だった。ゴルフ場の開発で現在地へ移された。

高麗神社

不動滝

　カワセミ街道から分かれて**新堀橋**に向かうと、右の**六地蔵**の所に文久三（一八六三）年、武藤権右衛門の建てた巡拝の**供養塔**がある。碑文によると百八十八ヶ所をはじめ、出羽三山、立山、富士、浅間などの霊山にも登拝している。

霊巌寺　新堀橋から高麗川の対岸沿いを戻る。**霊巌寺**は満行上人の開山。高麗川の蛇行の地形が箕に似ていることから箕輪山満行院と命名された。本堂の左手には、寺号の起こりとなった大きな露岩が湧出している。岩上には**箕面観音**が立ち、古木の垂れ桜や大ツバキがある。火災の際、本尊の地蔵の掛軸が火炎の中から飛び出て桜の枝に掛かり焼失を免れたという。

　霊巌寺の裏手の高麗川に大蛇の住む**膳椀淵**があった。慶弔の人寄せにはこの淵で頼むと、膳椀が浮いてきた。ある年の大洪水で淵は埋まり、大蛇は死んで河原には骨だけが残った。寺では頭の骨を持ち帰り寺宝として秘蔵しているという。霊巌寺の地蔵尊は**田植え地蔵**とも呼ばれる。田植えを手伝うことがあったという。

入定塚は**寛政の即身仏**という。寛政九（一七九七）年、霊巌寺一六世住職の法印行盛入定之地という。入定塚を東に進むと**四本木板石塔婆**がある。正和三（一三一四）年。高さ二・八メートル、幅六〇～六七センチ。斉藤鶴磯『武蔵野話』に図入りで載っている。板石塔婆の傍には地蔵尊と出羽三山の参拝記念碑がある。

コラム・日高市野々宮神社の「奉納相撲見物」

野々宮神社　日高市高麗川駅の近くに、変わった地名の「野々宮」があり、鎮守の野々宮神社が祀られている。社家の古文書に大宝三（七〇三）年、社殿修復の記述がある。『神社明細帳』には「創立確乎たる拠証ナシト雖モ天徳三年（編注・九五九年）、神田隼人、新井縫之助等ノ建立スル者ト古老ノ口碑ニ伝フ」と記す。いずれにしても古社である。慶安二（一六四九）年には、徳川家光から社領四石五斗の安堵状を賜る。

野々宮神社名は非常に珍しく、関東では他に狭山に一社あるだけである。京都嵯峨か紫野の野宮の分祀とも考えられるという。当社の年中行事として一〇月九日の獅子舞は有名であるが、相撲の神社としても知られている。

相撲資料　野々宮神社の境内には土俵が築かれている。天保二（一八三二）年、土俵故実作法にのっとり、江戸相撲年寄行司・木村正之助が築く。土俵の他に番付表二枚、古文書二通、力石三個が相撲関係資料として残る。番付表の一枚には「嘉永二巳酉年（編注・一八四九年）林鐘十有一日於当社興行」と記されている。

奉納相撲　平成二五年九月七日（土）。小学生による奉納相撲が開催された。主催は日高市の「子ども育成連絡協議会」で、本年で一九回目という。当日は小学一年生から六年生までの男女九一名が参加して熱戦を繰り広げた。児童の父母を中心に来賓客も含め、多くの見物客が土俵を取り巻いて声援を送った。

しばらくして、前月に高萩中学校同窓会で会ったばかりの教え子で協議会会長の島村満夫さんが私を見つけ、「先生見物に来てたの」と言いながら、びっくり顔で近づいて来た。島村さんの話では当社の土俵は関東を代表する六つの土俵の一つという。なだらかに土盛りをされた土俵、その周囲は広い芝生で覆われている。土俵外に投げ出されても怪我をすることなく、雨が降っても水を吸い込んでしまうという。

武蔵川親方

土俵もたけなわの頃、ゲストの元横綱武蔵丸の武蔵川親方が弟子を二人連れて現れた。武蔵川親方は現役時代とあまり変わらぬ体躯で、

野々宮神社の奉納相撲

どっしりと土俵の周囲に座り、際どい勝負には時々手を挙げて物言いをつけながら、楽しそうに見物していた。

　日経新聞の「人間発見」欄に「日本と相撲を愛して」と題する、武蔵川親方の連載記事がちょうど昨日終わったところだったので話しかけてみた。日本人以上に日本人らしい精神を持つ親方の人柄に感動したとの感想を述べると、「五回も連載してもらえたんだよ」と嬉しそうに話された。

力士の実演　結びの一番は会長の島村さんが立行司として登場し、決勝戦の勝負を裁いた。そのあと、親方の弟子の一人が土俵に上がり、四股や股割などの実演を披露した。その体の柔らかさに一同感嘆の拍手を送った。豆力士たちも土俵の周囲で、力士と一緒に四股を踏んだ。最後に秋場所序の口でデビューする武蔵川親方の甥、武蔵国が豆力士を相手に土俵を盛り上げて終了した。

参考…平成二五年大相撲秋場所、武蔵国は序の口二〇枚目で五勝二敗と勝ち越した。

③多峯主山から高麗峠

西武秩父線・高麗駅～登山口～多峯主山～高麗峠口～高麗峠～巾着田～高麗駅

多峯主山　高麗駅前から大通りを行くと左に**中の田公園**がある。左右の住宅の植え込みや草花などを見ながら団地内を上る。信号を渡ると左に**木綿沢《ゆうのさわ》の碑**がある。明治三（一八七〇）年に飯能と台を結ぶ沢道の改修工事記念碑である。

前方にガスタンクが近づき**登山口**に着く。道標はない。右の山道に入り金網沿いに登る。すぐに展望が開けた丸太のベンチが設置された台地に着く。日和田山方面の展望が良く、

多峯主山

武蔵台団地が一望のもとである。これより樹林帯の平坦な尾根道を進み、わずかの登りで**多峯主《とうのす》山**の西肩に達する。左へ五分ほどの急登でひょっこりと展望の開けた**山頂**に着く。

山頂から東へ下り、広々とした**分岐点**を左へとる。すぐに高麗駅方面の分岐で、五分で**登山口**へ出る。ベンチのある休息所を過ぎるとまもなく急坂を下り、広々とした分岐点に着く。天覧山への道沿いには貞享五（一六八八）年の石仏がある。分岐から五分で車道に出て西武秩父線のガードをくぐり**高麗峠口**へ。

高麗峠　すぐ左の尾根にとりついて峠道に入る。分岐になると広い平坦地になる。次の左へ下る道は台の滝不動尊に通じている。

左に一七七メートルの四

高麗峠

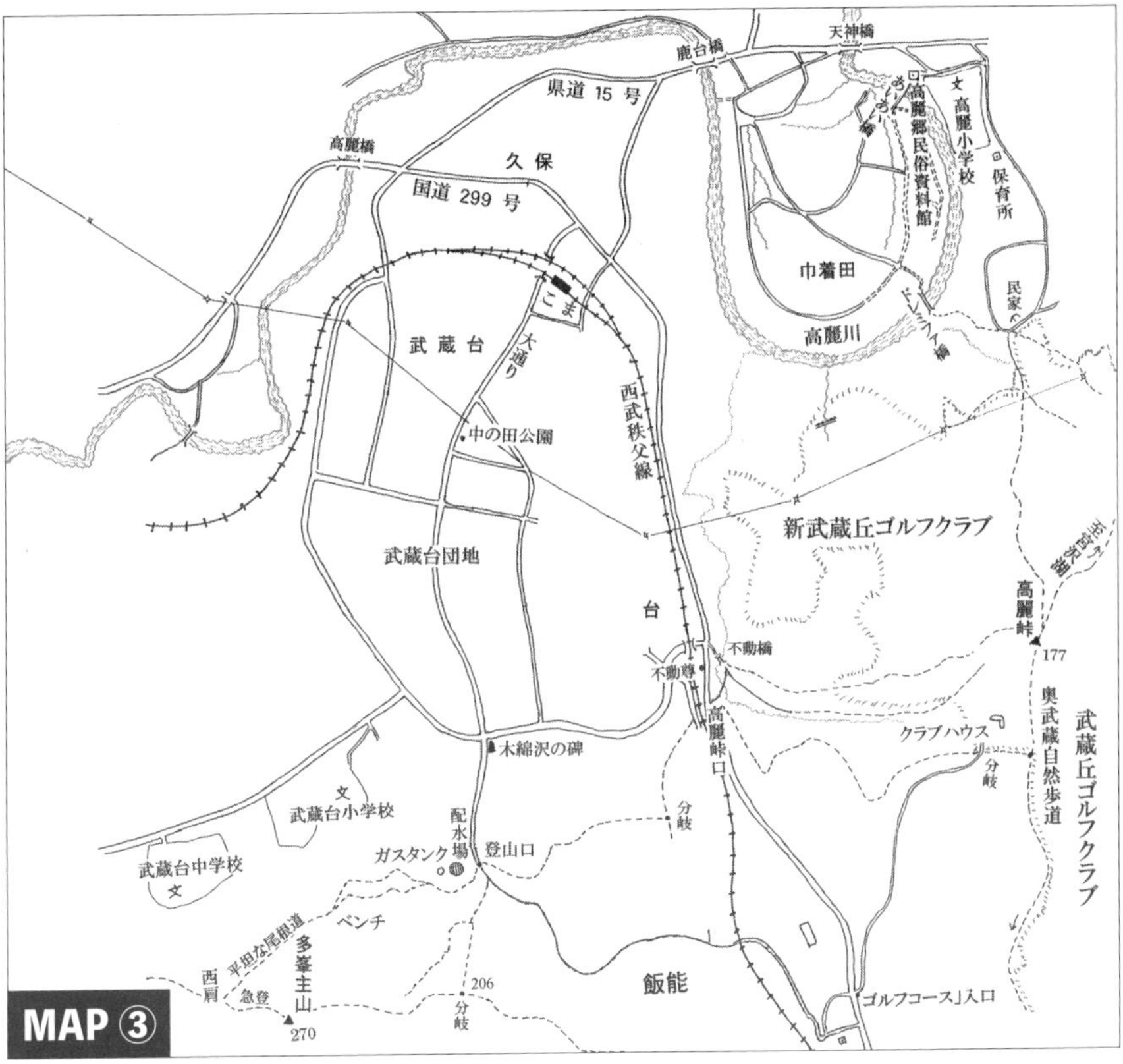

かつてのドレミファ橋

等三角点がある**高麗峠**に着く。すぐ先に宮沢湖と巾着田への分岐がある。

巾着田　高麗峠から巾着田へ下る。一〇分程で大モミの根元に峠道唯一の摩滅した石仏を見る。急坂を過ぎると小沢が現れ、まもなく民家の脇へ出て峠道は終わる。

　左折して高麗川に架かる**ドレミファ橋**へ。以前は丸いコンクリートの飛び石でドレミファを口ずさみながら渡った。今は木製の橋げたが架けられ風情は失われたが、高麗川の清流に救われる。渡り終えると**巾着田**の南端である。

巾着田は高麗川の蛇行で巾着に似ているところからの命名である。秋の曼珠沙華は有名だが、春の桜や菜の花、秋のコスモスも良い。花以外には**あいあい橋**（日本最大級の木造トラス橋）、高麗錦の万葉歌碑、高麗郷民俗資料館、旧新井家住宅の高麗郷古民家など周辺には見所が多い。

巾着田

④日和田山とその周辺

西武秩父線・高麗駅～日和田山登山口～日和田山～天神社～登山口～高麗駅

日和田山登山口　高麗駅を出て左の踏切を渡り、国道二九九号を横切って道なりに進む。市指定史跡で昭和六〇（一九八五）年に復元した**台の高札場跡**から右に入る。右側に**筆塚**がある。安政年間（一八五四～六〇）に新井家の一一代目当主の名主が貫斎と称して私塾を開いていた。その筆を納めた塚である。筆塚の文字は勝海舟、宿老庵貫斎翁の文字は七郷落ちの一人、東久世通禧の筆になる。すぐの**水天碑**は天保の干ばつや大洪水などを鎮めるためで、筏師とも関わりがある。**円福寺**を過ぎ県道一五号に出る。**鹿台橋**《ろくだい》を渡って左折し聖天院《しょうでんいん》、高麗神社への車道へ。高麗坂東観音二十九番の**長寿寺**、御神木の大杉やクスの巨木がある**九万八千神社**を経て、左の配水場への道に入る。

配水場のタンク下が日和田山の**登山口**になってい

る。二メートル余りの良い登山道が**一の鳥居**まで整備されている。一の鳥居からは**男坂**、**女坂**に分かれる。

日和田山　右の女坂をとって登る。貞和四（一三四八）年の室町時代初期の古い**五輪塔**を過ぎて、左手にトラバースして**金刀比羅《ことひら》神社**の二の鳥居へ。

神社は展望絶景の露岩上に鎮座している。木食普寛・御岳山の碑が立ち、天明七（一七八七）年の手洗い場がある。昔は神社の裏には天狗が住み、時々参拝者を脅していたという。眼下に巾着田、武蔵台団地が広がり、背後には大山、丹沢、富士、奥多摩の山並みが連なる。

左・男坂　右・女坂

神社からはわずかの登りで、大きな宝篋印塔の立つ**日和田山**の山頂に達する。塔は聖天院の住職が享保一〇（一七二五）年に建立した。

天神社　山頂から**高指山**《たかさしやま》方面に向かい、左に**富士見ケ丘**への道をわけて**鞍部**に降りる。わずかに登ると右へ下る道がある。この道へ入り谷の源頭部から小沢沿いにあまり良くない道を下る。沢を渡ると道も良くなる。緩やかな尾根を回り込んで山腹の道を行くと、清流の集落が近づく。**天神社**を過ぎて車道に出る。あとはのんびりした田舎の集落風景を楽しみながら、**登山口**へ戻る。

【日和田山登山道】

高麗本郷一号の沢口から見晴らしの丘を経て日和田山への登山道がある。

チャートの小径　一号の沢口から一〇分ほどで**分岐**になる。左は男岩・女岩への**チャート**

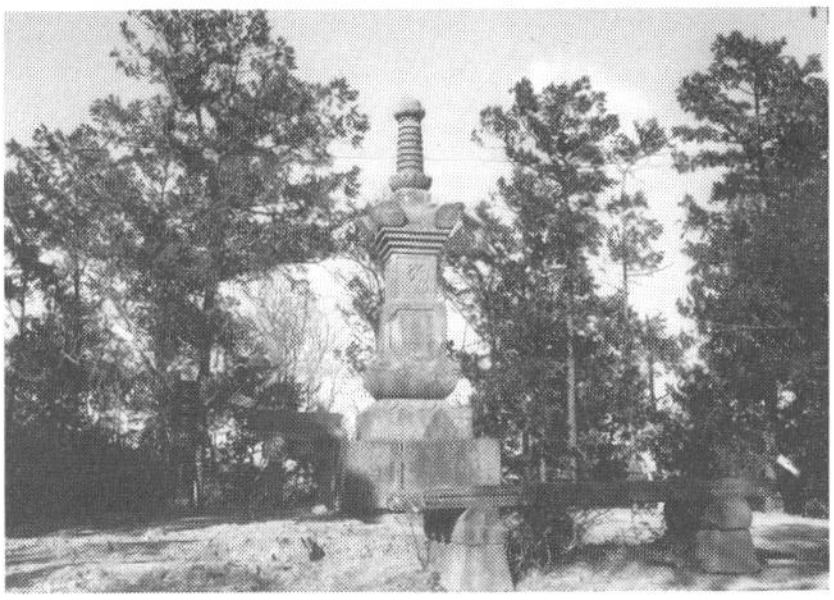
日和田山山頂

の小径。右の本道をとり急登、緩やかになると小鞍部に着く。乗っ越している道を左へ下ればチャートの小径へ。右は瀧不動尊で男坂に合う。不動尊から金刀比羅神社までは、岩場の多少スリルある登りである。

見晴らしの丘　小鞍部からわずかの登りで、ふるさとの森・見晴らしの丘に達する。ベンチが置かれ一息いれるに良い。不動尊からの道も登ってきている。金刀比羅神社へ向かうと岩場となり、右から男坂を合わせるとすぐ上方に二の鳥居が見えてきて展望の開けた岩棚に達する。神社の先から道は分かれ、右は日和田山の山頂へ、左は山頂を巻く道である。

富士見ケ丘　左をとり富士見ケ丘への尾根道に合す。ここにはベンチが置かれている。富士見ケ丘への尾根道を一〇分ほど下って、左の谷へ降りると男岩の岩下に着く。すぐ先にはやや小振りな女岩があり、どちらもロッククライミングの練習に使われている。岩の背後が見晴らしの丘である。男岩からチャートの小径への道をとる。すぐに高麗本郷五号の沢沿いの道が右へ分か

れる。どちらの道をとっても高麗本郷一号登山口へ出られる。

コラム・高麗三十三観音

　摩滅した古い石標を見かけることが多い。かつては高麗地方を中心に三十三ヶ所観音札所があった。安永三（一七七四）年の石標もあり、成立したのは享保年間（一七一六～一七三六）と古い。
　霊場の範囲は高麗川、名栗川添いの山紫水明の霊地で、現在の飯能に二三寺、日高に八寺、入間に二寺あった。全行程は一九里余り、二泊三日を用した。現在は廃寺廃堂になっている。

⑤日和田山から北向地蔵

西武線・高麗駅～日和田山～物見山～北向地蔵～武蔵横手駅

日和田山　配水場タンク下の日和田山《ひわださん》登山口から日和田山の一般コースに入ると、すぐに石鳥居の立つ分岐。左が男坂、右の女坂を登ると貞和四（一三四八）年の五輪塔。すぐに分岐で左は金比羅神社方面にトラバースして男坂に合流する。右のやや心細い道に入る。数回ジグザグを繰り返して、すぐ上方に日和田山の山頂が見える一般道に合う。山頂からは高麗川方面の展望がよい。

物見山　高指山《たかさしやま》へは立派な尾根道を行く。山頂は無線中継所になっており、駒高《こまだか》方面から車道が来ている。この車道を五分余り下ると駒高の民家が現

物見山山頂

れる。**駒高陸橋**から再び右の登山道に入る。すぐの疱瘡神社前を通り、**鉄塔**を過ぎると物見山直下の分岐、左は山頂を巻いて行く道。右の道をとって登るとすぐに**物見山**《ものみやま》の山頂に達する。暖斜面の南側に展望が開けている。山頂を下ると巻き道と合し、右へ**宿谷の滝**への道も分かれる。**小瀬名峠**からは左へ数軒の小集落、小瀬名への道が分かれる。

北向地蔵　小瀬名峠から右の**北向地蔵**への快適な整備された尾根道を行く。一度林道を横断して登ると昭和一二（一九三七）年の道標がある。「右中野横手左大谷木毛呂小瀬名駒高」。すぐに林道が来ている北向地蔵へ。台石には「天明六年　右　白子ヨリ子の権現道　左横手大山道」。

ここは峠の分岐になっており、右へは**鎌北湖**。左へ横手への近道を下り林道に降り立つ。**土山**からの山道も合わさる。

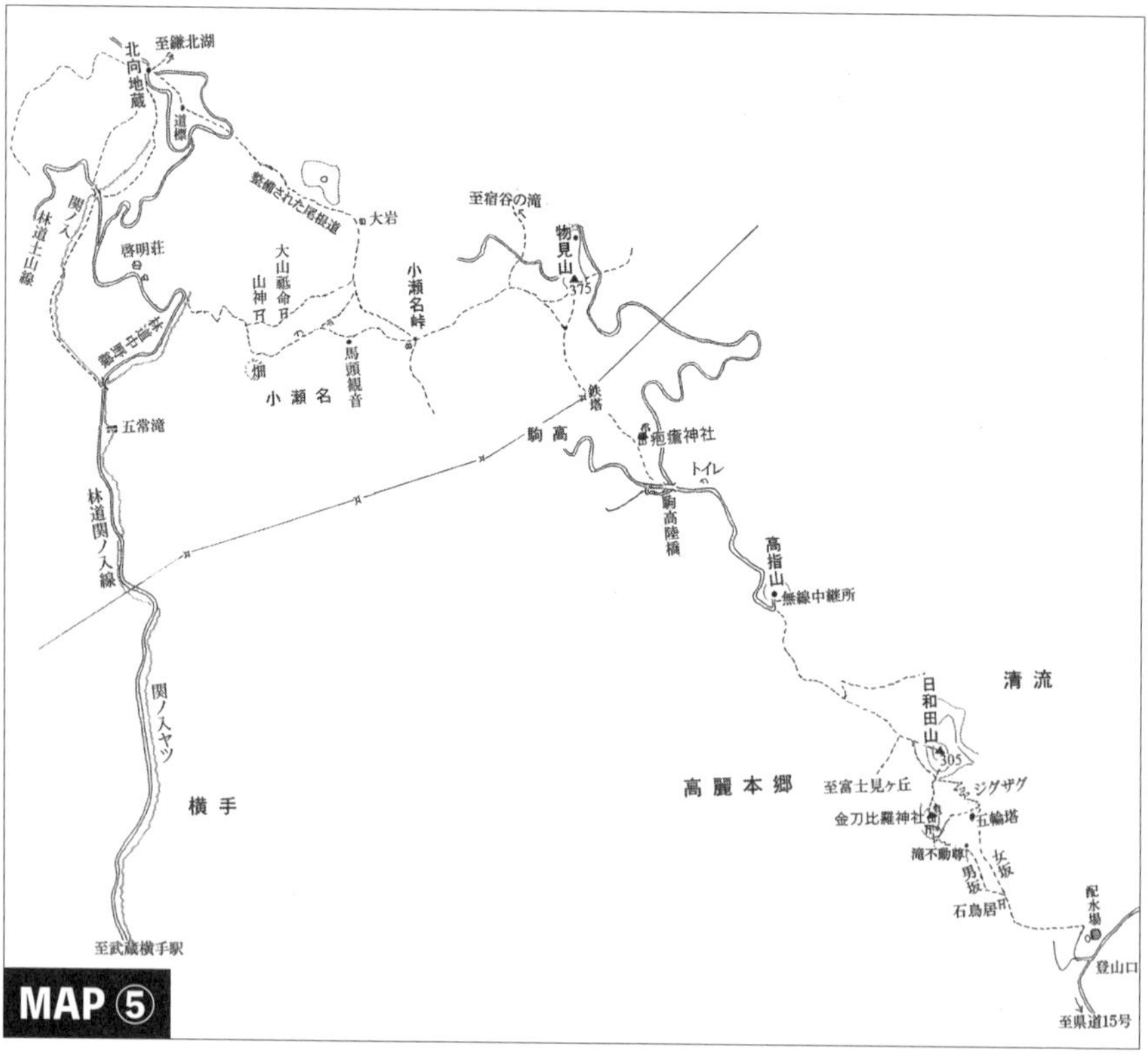

林道を左にとると、明るい暖斜面になり**啓明荘**の前を通る。小流に出合った所から**小瀬名**への山道が分かれ、集落へは一〇分ほどの登り。林道中野線、林道関ノ入線を下り**武蔵横手駅**へ向かう。

北向地蔵

⑥ 武蔵台団地・飯能日高団地の公園巡り

西武秩父線・高麗駅～武蔵台団地～日高飯能団地～武蔵台団地～高麗駅

武蔵台団地と飯能日高の団地には数多くの公園がある。冬の暖かい一日など、公園巡りをしてみるのも楽しい。

武蔵台団地の公園　高麗駅から大通りを南に向かう。**中の田公園**は芝生とカエデ、背の高い雑木林、隣接してゲートボール場があり、広い公園になっている。先の左には**岩の本公園**。**三王塚公園**は芝生の小さな公園。**赤坂公園**も小さな公園で滑り台と砂場がある。**西台山公園**は東側が崖になっていて団地の外れにある。**大寉巣公園**は滑り台のある細長い公園。**木綿沢**《ゆうのさわ》**公園**は築山のある小公園。**砂の入公園**は小学校の北側にあり、斜面一帯も樹木の公園になっている。赤坂公園から飯能日高団地への坂の途中、武蔵台小学校前の車道の北側に**山脈公園**がある。東屋のある広

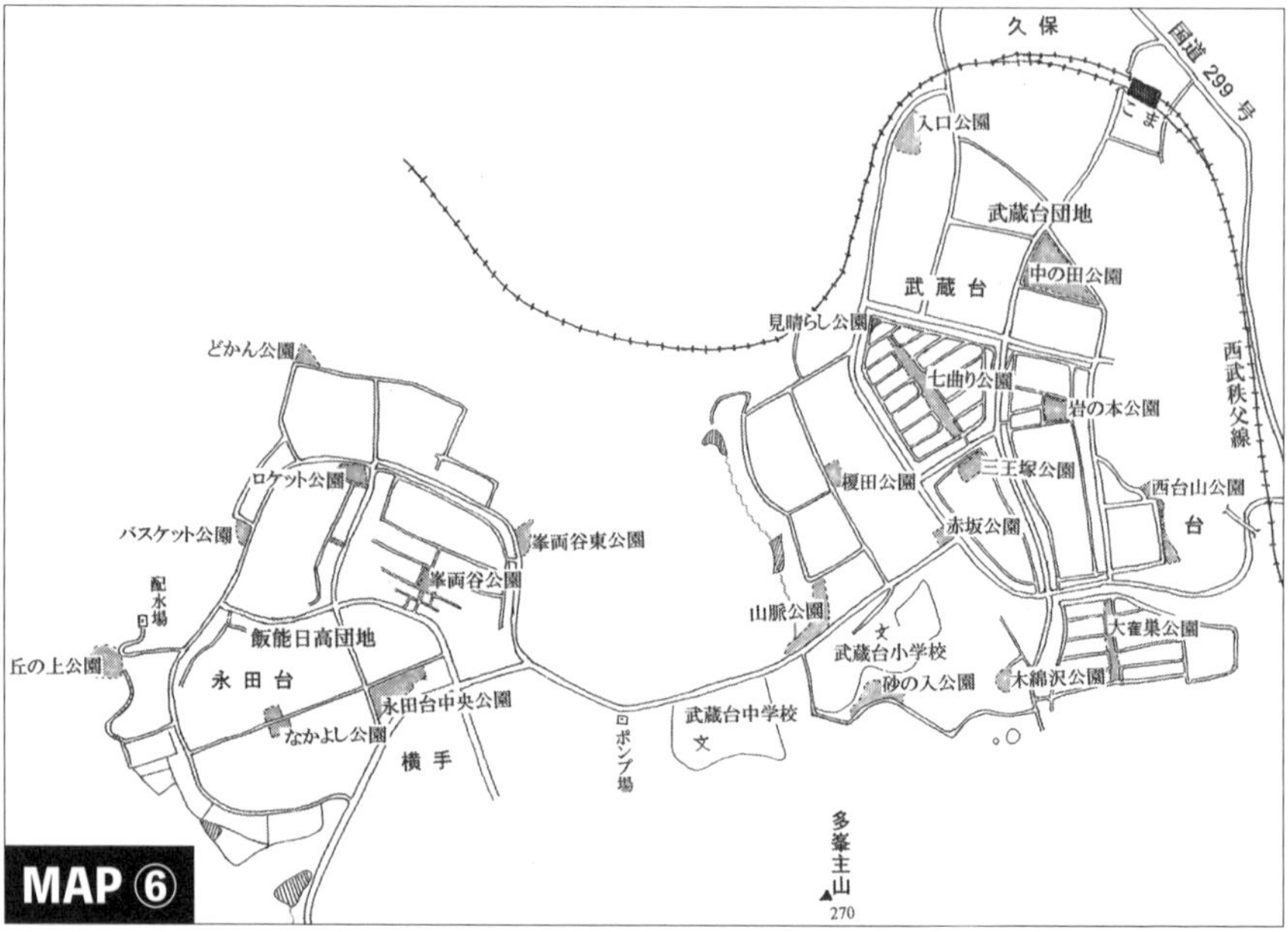

く細長い公園。坂を上がりきると飯能日高団地へ着く。

飯能日高団地の公園　**永田台中央公園**は広い芝生の公園。北側の真っすぐな遊歩道の途中に**なかよし公園**がある。西の丘陵一帯は桜の植えられた**丘の上公園**になっている。山頂は芝生の広場で展望が良く、眼下に団地、その背後に多峯主山が望まれる。**バスケット公園**はバスケットのコートができている小公園。**どかん公園**からは日和田山方面の展望がよい。小さいドームのある**ロケット公園**は高台にある。**峯両谷公園**はなだらかな築山の公園。**峯両谷東公園**を経て飯能日高団地を一周して武蔵台団地へ戻る。

　小学校入口前を左折して**榎田公園**へ。**見晴らし公園**は藤棚のある小公園、あまり見晴らしはきかない。**七曲り公園**は各種の遊技器具のある細長い公園。最後に斜面にある**入口公園**を経て高麗駅へ向かい、公園巡りを終える。

丘の上公園

⑦高麗駅から横手へ

西武秩父線・高麗駅～高麗村石器時代住居跡～瀧泉寺～薬師堂～横手神社～福寿庵～高麗駅

将軍標　高麗駅前に立つ**将軍標**《チャンスン》の説明板に言う。「朝鮮半島に古くから伝わる習俗。胴に記された天下・地下の文字は目に見える世界から目に見えない世界まですべてを守ることをあらわす。村の入口で魔を威嚇し、その侵入を防ぐことから魔除け、災害防除、家内安全を祈願」。

高麗村石器時代住居跡　駅前から右のガードをくぐり、国道二九九号に出る手前で左折、道標に従い**高麗村石器時代住居跡**（国史跡）へ。高台の畑の一隅にあり、昭和四（一九二九）年発掘で先駆け的な発掘だった。説明板によると、「埼玉県で初めての竪穴式住居跡の発見であり、平成の調査により、約四五〇〇年前の縄文中期の大変重要な環状集落遺跡ということが分かった」。

将軍標

国道を横断して県道一五号沿いの**勝蔵寺**へ。墓地には安永年間（一七七二～八一）の立派な宝篋印塔がある。魔利支天への道に入ると道端に、馬が線刻された明治一五（一八八二）年の**馬頭尊**がある。**久保魔利支天**は五百年前の創建で、淵の上に祀られている。今も一〇月一五日に祭日を行っている。製造直売所の**横手人形店**の前を通り国道二九九号に出る。

瀧泉寺　**高麗橋**を渡り山腹にある**白髭神社**へ向かう。**市原公会堂**脇のキンモクセイを見て、鬱蒼とした杉林の中にある神社に着く。

一度国道に戻ってから左の旧道に入ると右側の小沢の脇に、安永二（一七七三）年の浮彫り馬頭尊の**石橋供養塔**がある。左には西武ます釣り場への看板が立ち、近くには石橋屋号の家があ

瀧泉寺

る。今は道下を流れる沢に当時は石橋が架けられていた。再び国道二九九号に戻って進むと、武蔵野三十三観音の二十八番**瀧泉寺**。十王堂と鐘楼もある。

横手神社　武蔵横手駅方面へ向かい、一度国道から離れて右の道に入る。**地蔵堂**と**薬師堂**を巡ってから今度は逆に高麗駅へ戻る。右の旧道に入ると**横手神社**がある。灯籠には八幡宮と刻まれている。当社の獅子舞は有名で、隣接の**公会堂**には獅子舞の写真が掲げてある。神木の大イチョウにはしめ縄が巻かれている。拝殿脇には高さ一四メートル、幹周二・三メートルのムクロジがそびえる。球形の実は正月の羽根つきの玉に用いられた。説明板は記す。「貞観一二（八七〇）年の創建と伝わる。当初は八幡大神と称したが、明治元（一八六八）年に武蔵横手神社と改められた。例祭は獅子舞が奉納され、昭和五七（一九八二）年に市指定文化財・無形民俗文化財に指定された。」

福寿庵　**諏訪橋**で対岸に渡り左折して旧道を行く。**成田不動堂**のある分岐には馬頭、地蔵、庚申三体の石仏がある。自然石の古い道標には次の文字が読み取れる。「右はんのふ中山・江戸みち、左こま川ごへ・坂戸道」。

分岐を右にとり鉄道を渡って直進すると**福寿庵**という無住寺がある。地域の集会場などに利用している。少し戻ってから鉄道を渡ると右に六六部供養塔など立つ**墓地**があり、その上方には**地蔵堂**がある。**道路記念碑**のある分岐を左折して**祥雲橋**で高麗川の渓流を渡ると往きに通った**旧道**に出合う。右折して高麗駅へ戻る。

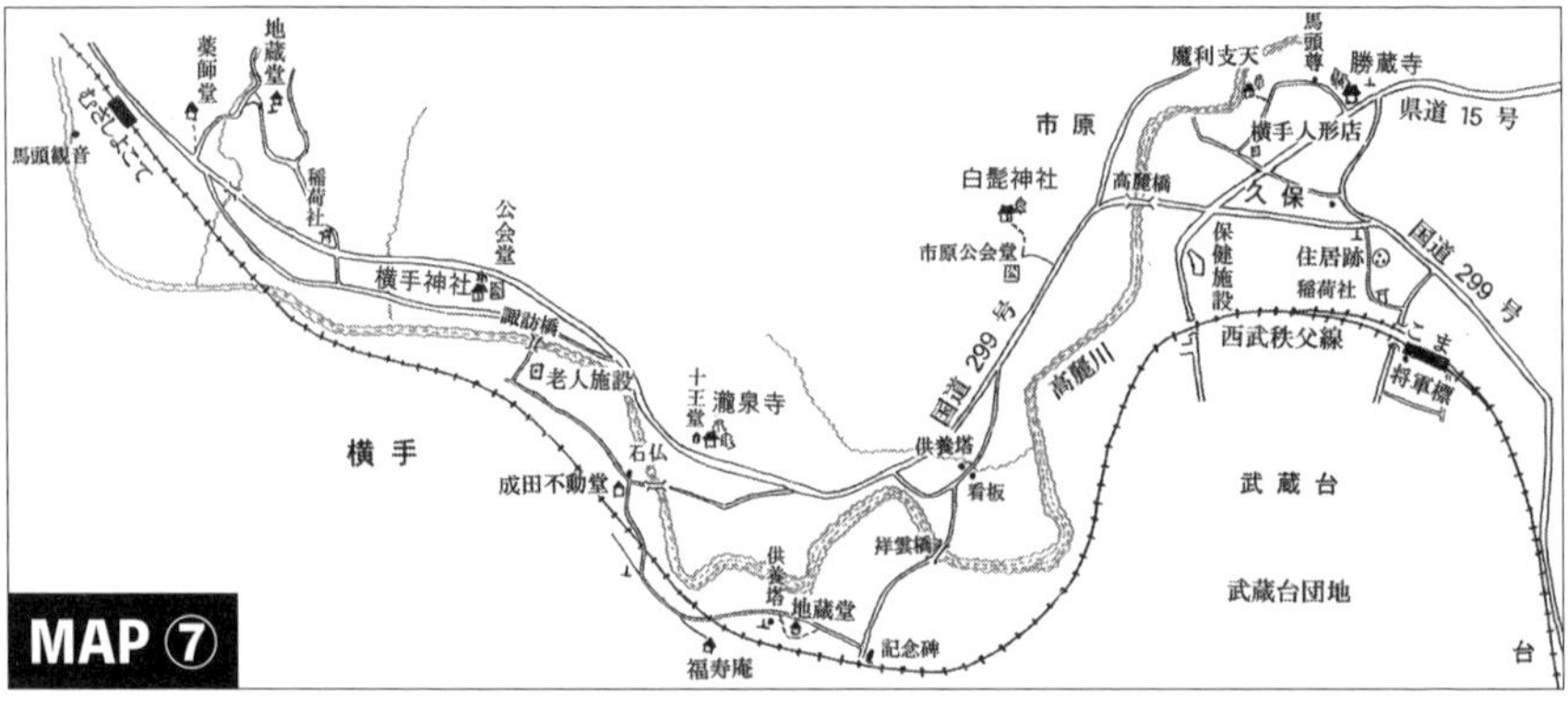

⑧黒尾根から駒高へ

西武線・高麗駅～三角点～小瀬名峠～安州寺～座禅岩～高麗駅

黒尾根は道もしっかりした静かな知られざる優良コースである。所々の木立に小さな道標が取り付けられており、安心して稜線まで歩くことができる。稜線に達したら好みのコースとつなげれば良い。

三角点　**高麗橋**を渡り国道二九九号を吾野方面に行く。スミガマヤツを渡るとすぐ右に、黒尾根に取り付く**階段**がある。登って**墓地**へ出ると、尾根にはしっかりした道が続いている。平坦な尾根道を行き、一度山道が交差している小安部を経て登ると、送電線の**鉄塔**下に着く。緩い登りで、展望のない二三五メートルの**三角点**に達する。下るとすぐにまた山道の交差する峠になる。急な登りになり露岩が現れると小ピークに達する。左へ武蔵横手への**踏跡道**が下っている。次のピークには金属の地籍図根三角点が埋め込まれている。一ピークを巻いて急登した三四五メートル峰にも地積図根三角点が置かれていた。展望はないが次の**鉄塔**下に達するとわずかに展望が開ける。

小瀬名峠　引き続き尾根道を緩やかに登って行くと**大岩**のある広い道と交差する。右へ下れば**駒高集落**である。そのまま北へ向かうとすぐに**小瀬名峠**の稜線の広い道に出る。この道は日和田山から**北向地蔵**へのハイキングルートになっている。

安州寺　大岩まで戻り**駒高**への道を下る。右下の谷に沿って行くと耕作地が現れ、**駒高集落**になる。左上に民家を見て下ると**車道**にぶつかる。車道を左へとって上がると、展望の開けた**安州寺**前になる。寺は「駒高の文殊様」として知られている。寛永元（一六二四）年、安州隣芸の創建で、本尊は武蔵三文殊の一つという。寺から車道を稜線まで行くと**駒高陸橋**になり、再びハイキングルートに出合う。左の峰のルート沿いには**疱瘡神社**など祀る社がある。

座禅岩　陸橋手前のロータリーから南へ延びる小尾根の道を下ると、新しく設置した四等三角点になる。さらに下ると、法師が修行したという座禅岩がある。

大岩の上部が五メートル四方に渡り鏡のように平坦にすべすべしている。この先は急な踏跡道になってしまう。

慎重に下って滝の沢沿いの車道に降りる。この道をとってあとは高麗駅へ向かう。

座禅岩

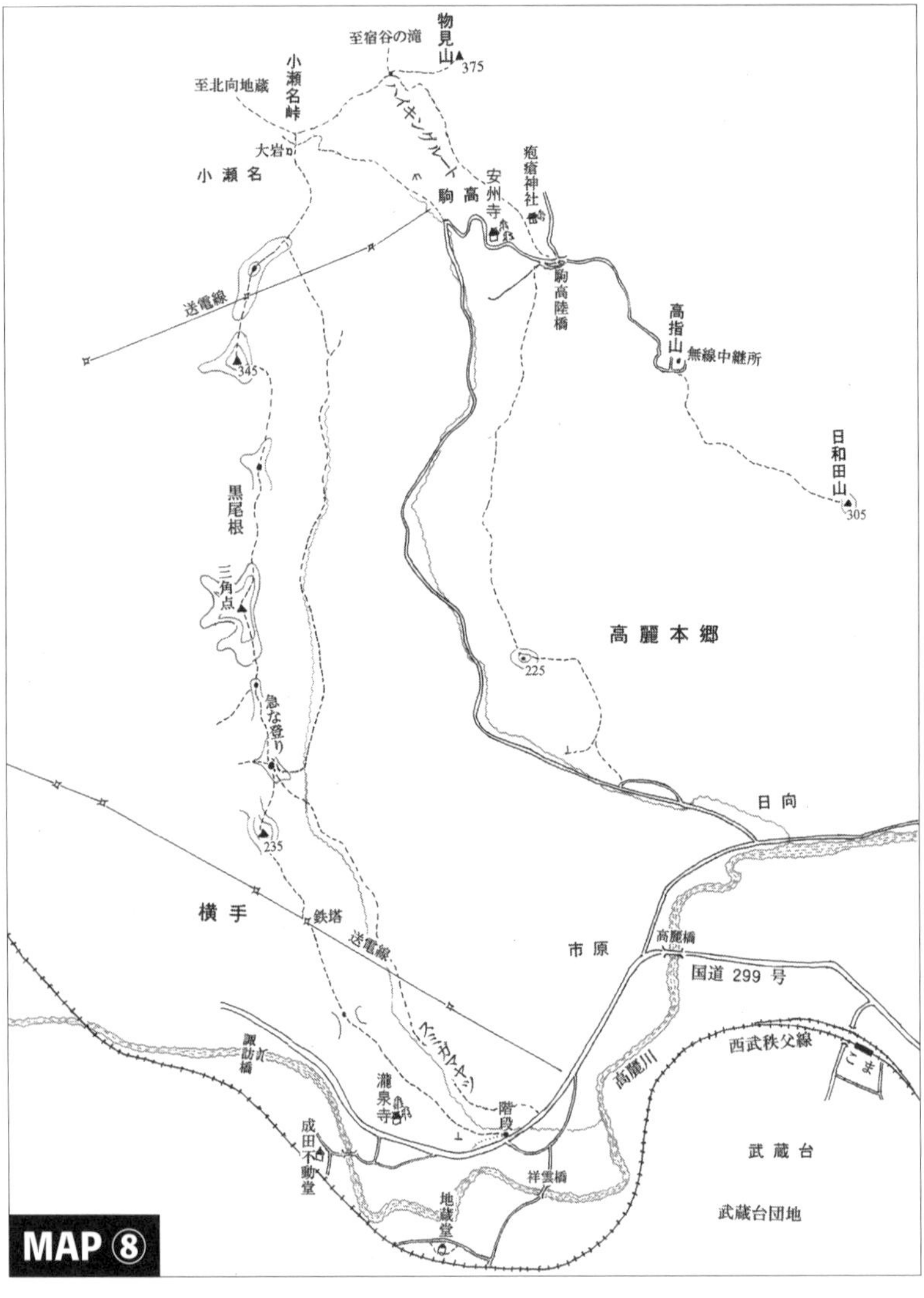

3

吾野方面

① 深沢山から五常滝

西武秩父線・武蔵横手駅～長念寺～愛宕山～コワタ～深沢山～沢山峠～土山～五常滝～武蔵横手駅

愛宕山　武蔵横手駅から国道二九九号を西へ進む。**長念寺**の参道口を過ぎてすぐに石段で畑道に上がる。栗園作業の人に愛宕山への道を確かめてから**鉄塔**へ。文政五（一八二二）年の**千部供養塔**脇からの急斜面に取り付く。わずかの登りで愛宕神社を祀る静かな樹林の**愛宕山**山頂へ。神社では一二月三一日に山ごもりし初日の出を迎える（富士山礼拝）。展望は**釜戸山**方面が樹間からわずかに見える。山頂から**鉄塔**の鞍部へ下り、小さなピークを幾つか越えて行く。明瞭な尾根道で、樹木には小さな道標や赤いテープが巻かれている。

沢山峠　深沢山への急登になり、途中から左へ回り込み**コワタ**への尾根道を行く。四等三角点のコワタからの展望はない。戻って深沢山を越えて**沢山峠**へ。途中分岐の道もあるが、尾根を外さねばよい。沢山峠から右へ下ると民家が現れ、**林道土山線**に出

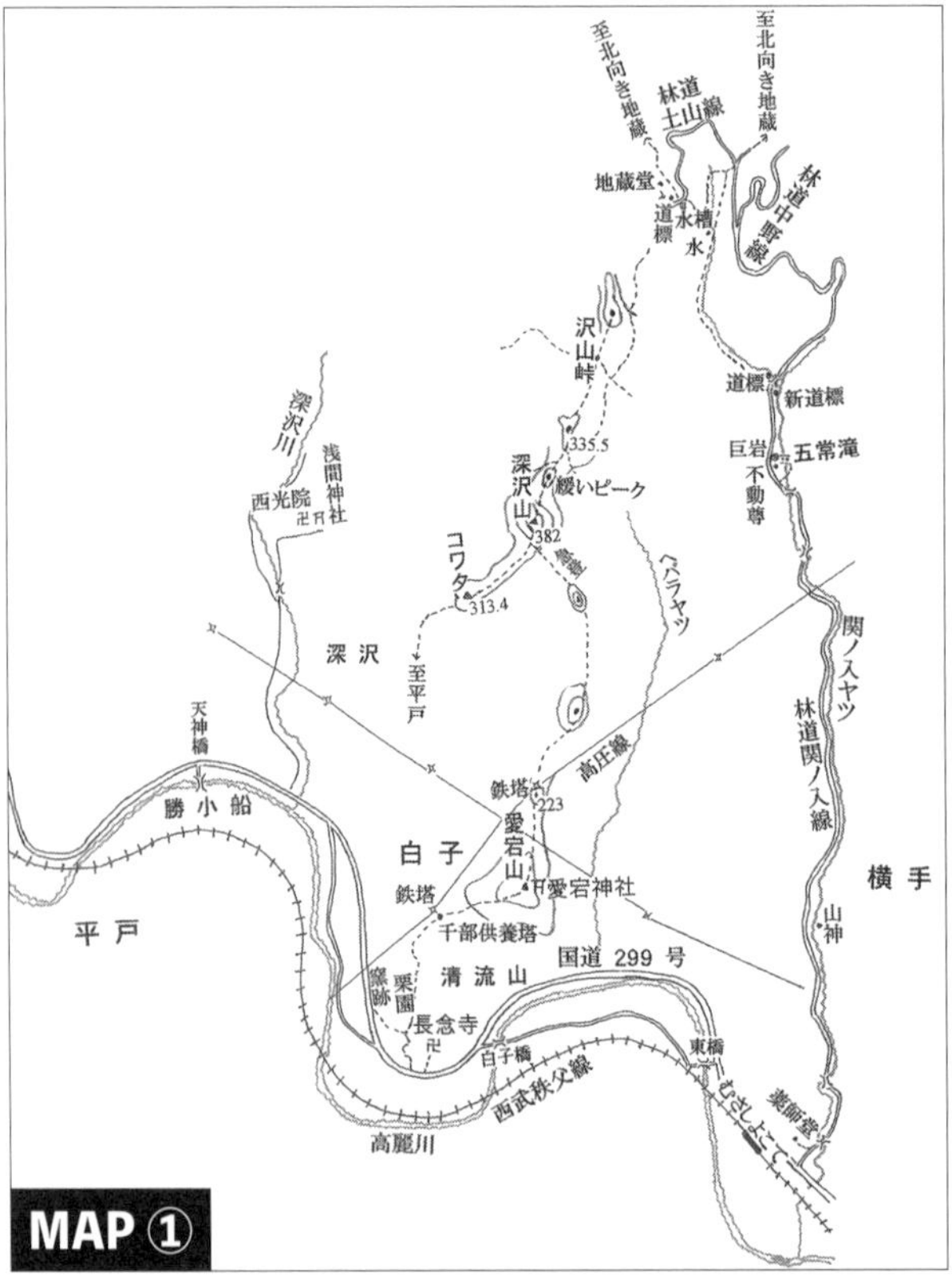

る。昭和一二（一九三七）年の道標には「右横手飯能方面・正面深沢平戸方面・左権現堂方面」と刻まれている。林道脇の水槽から下り、関ノ入ヤツ沿いの**旧林道**を行く。水場を過ぎると舗装の**林道**に出る。ここには道を隔てて新旧の道標が立つ。

五常滝　林道を下ると左手に巨岩が張り出し、谷川には**五常滝**が懸かる。滝からは沢沿いの道があるが、すぐに林道関ノ入線に出てしまう。あとは林道をとって武蔵横手駅へ。林道とはいえ樹林の中の静かなウォーキングロードである。

深沢山

五常滝

② カマド山から東吾野駅

西武秩父線線・武蔵横手駅〜カマド山登山口〜カマド山〜長念寺〜東吾野駅

カマド山登山口　武蔵横手駅から国道二九九号を吾野方面に向かう。左の**東橋**を渡り、鉄道を越えてすぐに左折して行く。右の高台斜面に巨木に囲まれて**駒形神社**が祀られている。天然記念物にしたいような巨木もある。小社内には小さな白馬が奉納されている。裏手斜面は栗林が広がる。神社から林道を三〇〇メートルほどさかのぼり**カマド山登山口**へ。

カマド山　右に小さな標識がある。小沢沿いのやや荒れた道を登る。沢が消えると右へ折れて尾根上へ。今度は尾根道を西へ進むと、杉林に囲まれて三等三角点のある**カマド山**の山頂。

尾根の乗っ越しまで戻り

カマド山山頂

左へ下るとすぐに林道に出る。林道を下ると**白子栗園**になる。十字路の分岐には堂内に囲炉裏の切られた**薬師堂**がある。十字路を左折するこの道は「**古道・秩父街道**」である。栗園に入ると**ホタル生息地**の小流があり、道は狭くなる。鉄道を越え、車道に出てのどかな道を**白子橋**へ向かう。

長念寺　橋を渡り国道に出ると、右上に**長念寺**がある。聖観音（県）を本尊とし、高麗坂東二十七番の霊場でもある。古刹にふさわしく、寺背後の墓地の最上部には三五基の僧侶の墓が並ぶ。建物の一部は高倉寺や坂東札所岩殿観音に移築されている。本堂正面の欄間には「虎渓三笑」の中国の故事が彫られている。堂内に絵馬もある。

長念寺と素焼きの絵馬

ホタル生息地の白子栗園

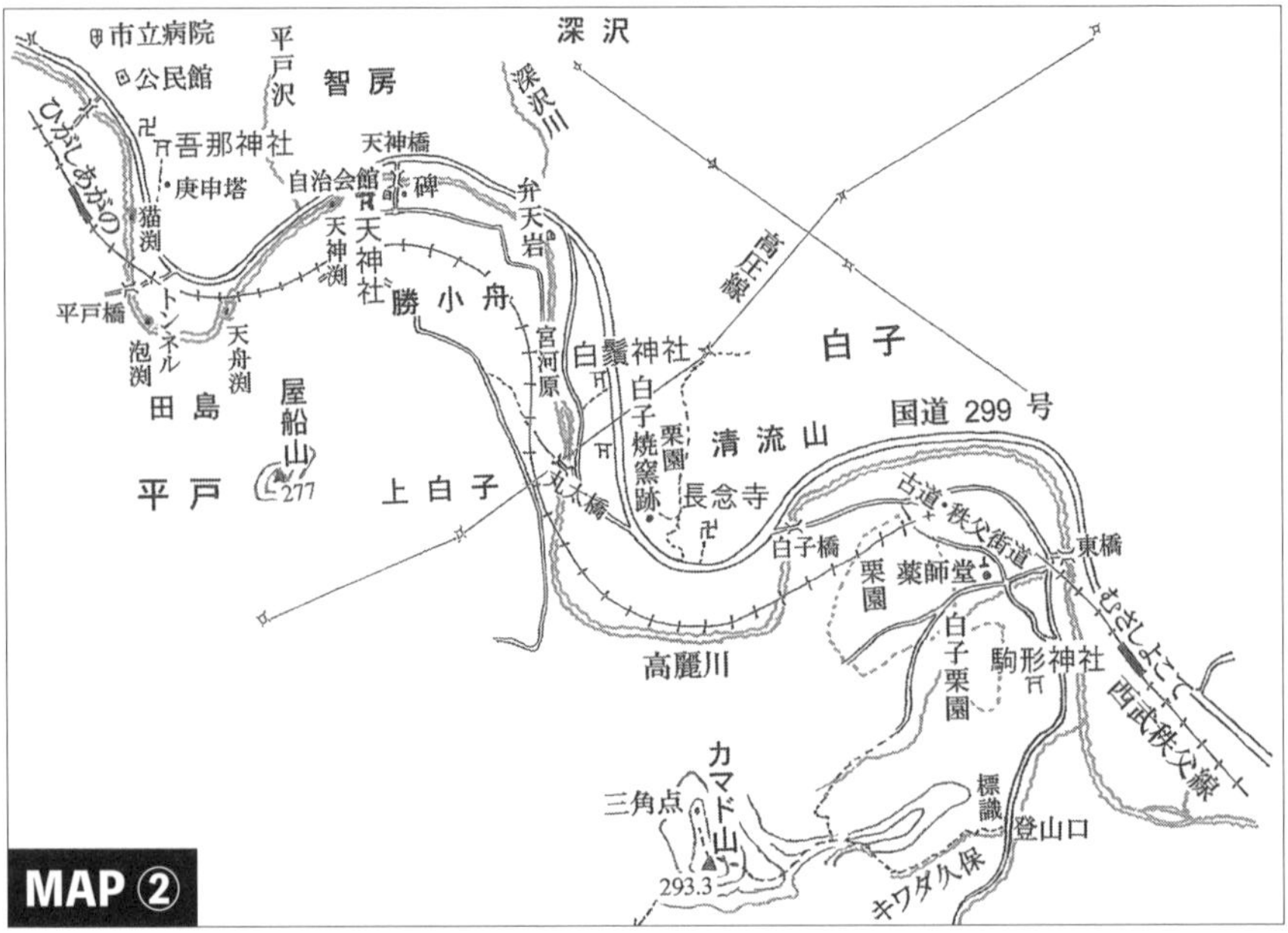

池畔の墓地には、五輪塔と一〇基ほどの青石塔婆が保存されている。錫杖に手を添えた子供の彫られた珍しい石仏もある。絵馬掛けには、韋駄天の浮き出た素焼きの絵馬皿がたくさんつるされている。寺西の丘には**白子焼の釜**があった。

弁天岩　寺からしばらく旧道を行き右折する道に入ると、岩の上に**白鬚神社**がある。太い切り株が目に付く。国道に出て旧道が合わさったすぐ前方に、石鳥居の立つ**弁天岩**が川に張り出し**弁天様**を祀る。今は水に囲まれて近付けない。天神橋を渡ると左に昭和三三（一九五八）年架設の記念碑、右の自治会館脇に天神社がある。**勝小舟**は行き止まりの桃源郷である。

白子焼釜跡

勝小舟

吾那神社　国道に戻って進むと**吾那神社**になる。立派な庚申塔や「深川・木場・東京」の文字が刻まれた大きな常夜灯が立つ。社殿には二つの大絵馬が納められている。筏師関係者の奉納と思われる。

神社を過ぎ、左の東吾野橋を渡ると東吾野駅になる。

吾那神社

コラム　長念寺の「願昇」

「当山の観音堂には、韋駄天という仏様が鎮座しています。…足の速いことで大変有名です。一説には鬼神に奪われた仏舎利（仏様の遺骨）を取り返すべく一瞬のうちに須弥山（宇宙の最高所）まで走り抜け、鬼神を取り押さえ、舎利を取り返したといういわれがあります。

この宇宙に向かって走ったたという故事から、願い事が韋駄天と共に天に昇りかなえられるように祈願し、この「願昇」を謹製いたしました。」

清流山長念寺住職のお話より

③久須美坂峠から多峯主山

西武秩父線・武蔵横手駅～久須美坂峠～大山祇神社～三角点～調整池～ポンプ場～小調整池～尾根道分岐～多峯主山～高麗駅

大山祇神社　武蔵横手駅から国道に出て吾野方面に向かう。左の**東橋**を渡り、線路を越えてすぐに左折して南下する。**新久須美坂峠**から**旧久須美坂峠**を経て小ピークに登ると、稲荷様を合祀した**大山祇命の小社**がある。

小鞍部へ下り、小ピークを超えると左右に道が**交差する峠**

久須美坂から多峯主山へ

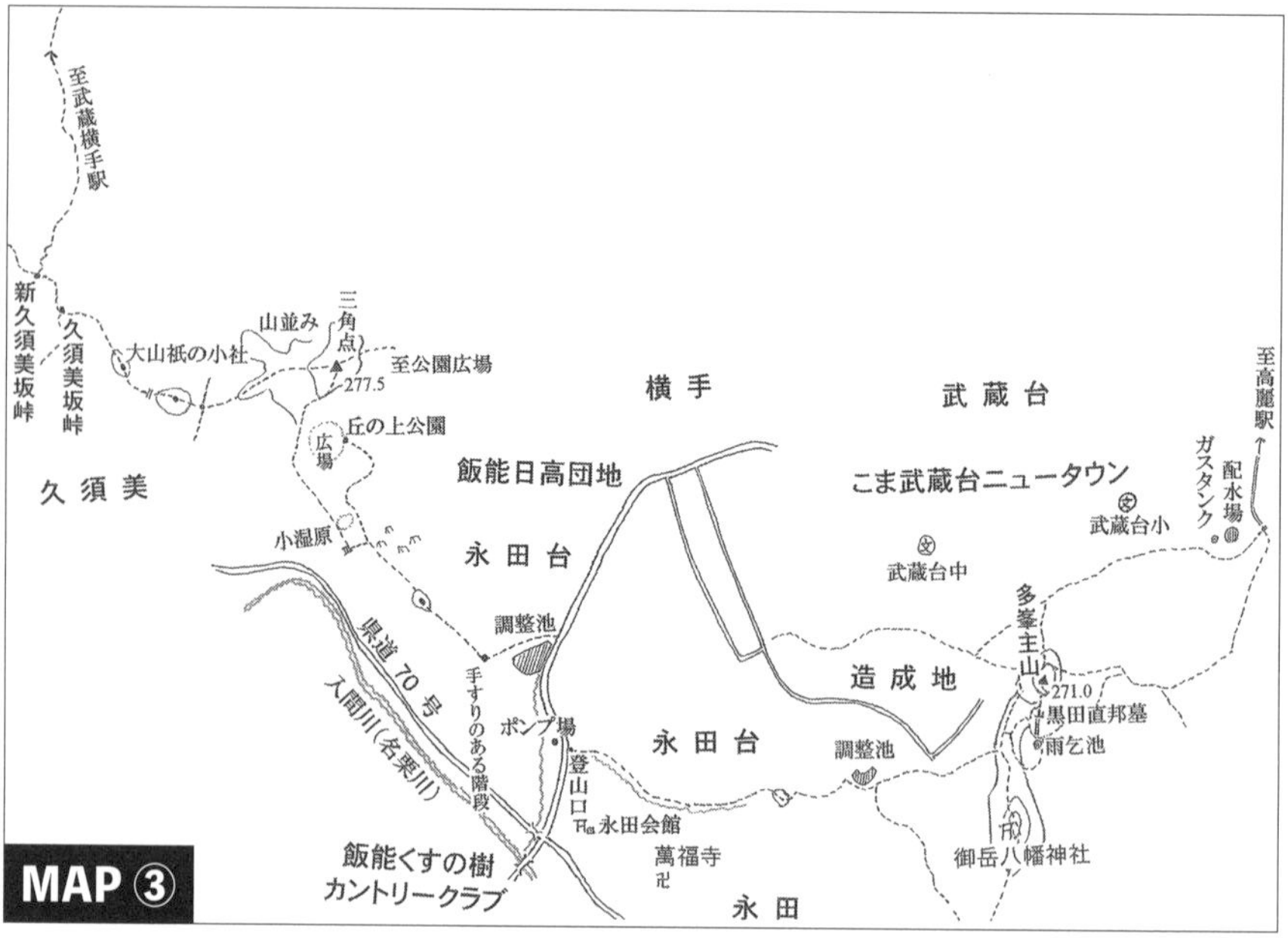

になる。右へ下る道の方がしっかりしている。これより緩やかに登って二七七・五㍍の**三角点**へ。石積みのケルンや丸太のベンチが置かれている。

ポンプ場　三角点から右へ直角に曲がって下る。左下方に**飯能日高団地**が広がる。小湿原の**丘の上公園**の一角に降りる。団地のフェンス沿いを行き、手すりのある階段で左へ下って**調整池**の北側に降りて車道に出る。車道を名栗川側へ五分ほど下ると右に**ポンプ場**がある。ここが多峯主山の**登山口**になっている。浅い小沢沿いの道に入り、尾根に取り付いて登ると造成地のフェンスが現れる。

多峯主山　次に急な階段の下りで**小さな調整池**に降りる。再び尾根道を登って高度を上げると、まもなく**多峯主山**と**御岳八幡神社**を結ぶ登山道と合う。右下に雨乞池を見てわずかの登りで展望の良い多峯主山の頂に達する。

④久須美坂峠からカマド山

西武秩父線・武蔵横手駅～カマド山登山口～新久須美坂峠～旧久須美坂峠～カマド山分岐～カマド山～武蔵横手駅

カマド山登山口　武蔵横手駅から国道を吾野方面に向かう。左の東橋を渡り、線路を越えてすぐに左折して行くと、**カマド山登山口**がある。カマド山への分岐には新しい道標が立てられた。

新久須美坂峠　さらに砂利道の林道を行く。次第に谷間が狭くなり、最後は森林の中の山道をわずかに急登して**新久須美坂峠**に達する。直接久須美に下る道は廃道になっている。左

新久須美坂峠

へ少し下ると旧久須美坂峠である。旧峠から久須美の集落までは近い。

カマド山　新久須美坂峠に戻り小ピークを越え、緩やかな東峠への尾根道を行く。三〇三メートルを越えた次の峰から、カマド山への尾根道が分かれている。急な下りのあと、緩やかな尾根道を進み、最後はわずかの急登でカマド山の山頂に着く。山頂から通称三角天の峰を経て一気に下る。緩やかになった尾根から分かれ左へ下るとすぐに古い林道に出る。小さな白子沢沿いを行くと、栗園の広がる白子の集落になり薬師堂の十字路になる。もう武蔵横手駅は近い。

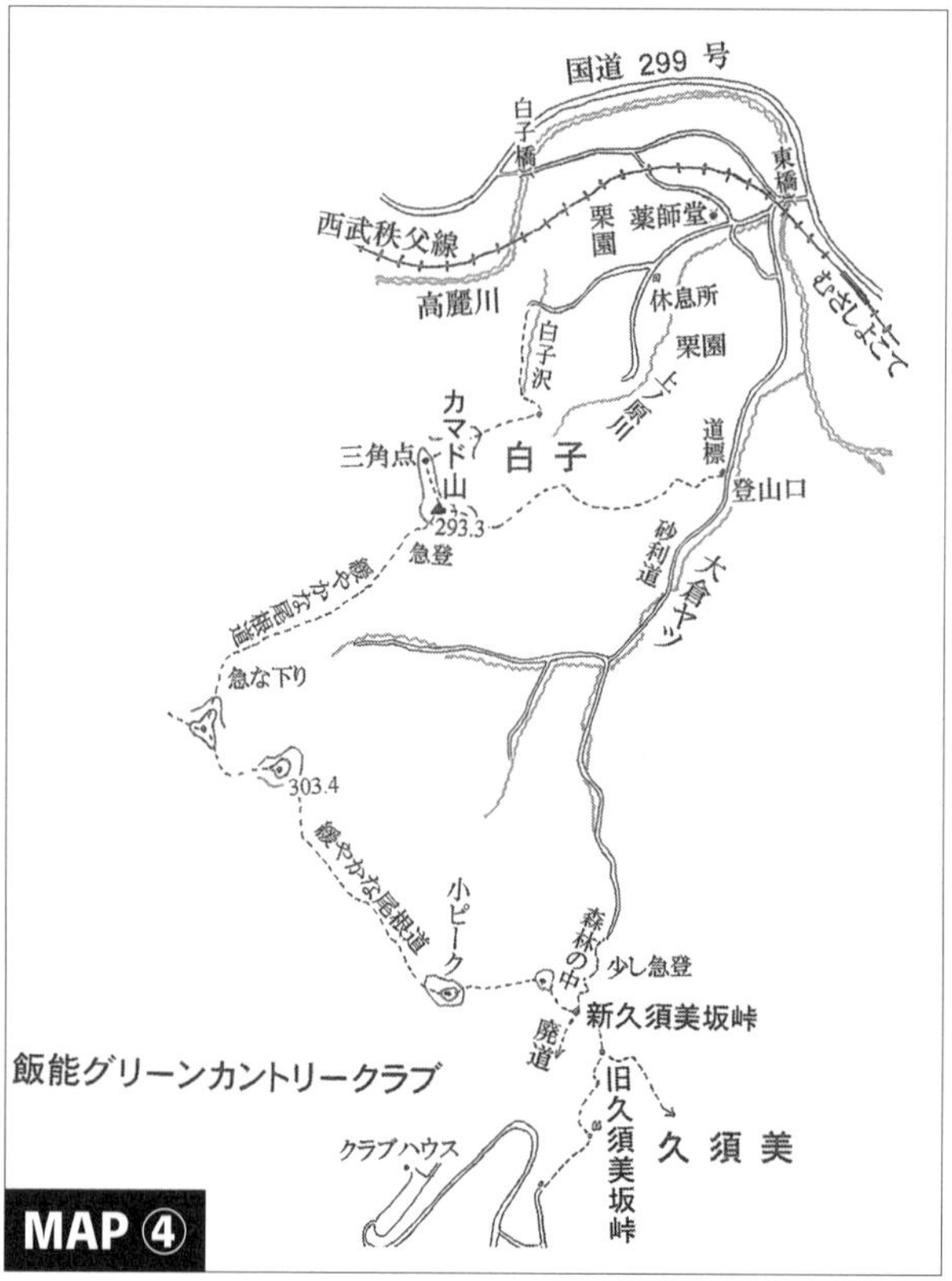

⑤ 深沢探訪

西武秩父線・武蔵横手駅~弁天岩~深沢集落~青石塔婆~西光院~東吾野駅

弁天岩　武蔵横手駅から長念寺前の国道二九九号を東吾野駅方面に向かうと、左からの旧道が合わさった先の川の中に石鳥居の立つ**弁天岩**が見える。この先の右に深沢への**道標**がある。「飯能・川越・東京道」、反対側には「吾野・秩父道」と刻まれている。深沢側には「土山・毛呂・越生道」と記されている。

弁天岩

深沢　深沢川に沿う道は古くから利用されていたことがわかる。のどかな深沢集落へは一五分ほどである。深沢に入るとすぐに**馬頭尊**と石仏があり、集落最奥の**小峰家**の墓地には欠損した一〇基ほどの**青石塔婆**が納められている。深沢橋には**「ホタル生息地」の標識**がある。**西光院**からは集落の展望が良い。

MAP ⑤

⑥屋船山から高指山

西武秩父線・東吾野駅～天神橋～鉄塔六〇号～屋船山～稜線～高指山～不動山～天神橋～東吾野駅

鉄塔六〇号　東吾野駅から東吾野橋を渡り国道二九九号に出て日高方面に向かう。**天神橋**を渡り勝小舟から**林道釜戸谷線**に入る。西武秩父線が近付くと右に、高圧線の**鉄塔六〇号**へ登る道がある。

屋船山　鉄塔の立つ尾根の先端からの展望は良い。鉄塔から小ピークを越えて登ると、すぐに**屋船山**の小さな山頂だった。山頂から急な下りで鞍部へ降り、幾つかのピークを越えながら稜線に達した。**東**《あずま》**峠**は右へ一〇分ほど。

高指山　左へ尾根道をとるとすぐに鉄塔の立つ**高指山**であった。山頂から急な下りで鞍部に降りると右はゴルフ場が広がっていた。**二九四**メートル**峰**から次のピークに登ると、「森林」の小さな標柱がある。**不動山**へは心細い尾根道が左へ分かれている。

不動山　この荒れた道へ入って下ると林道が近づく。林道が乗り越している鞍部から、わずかの登りで不動山に達する。山頂にはめぼしいものは何もない。やぶの下りで**林道釜戸谷線**に降りる。林道をとって行くとまもなく**鉄塔六〇号**への登り口である。東吾野駅へ。

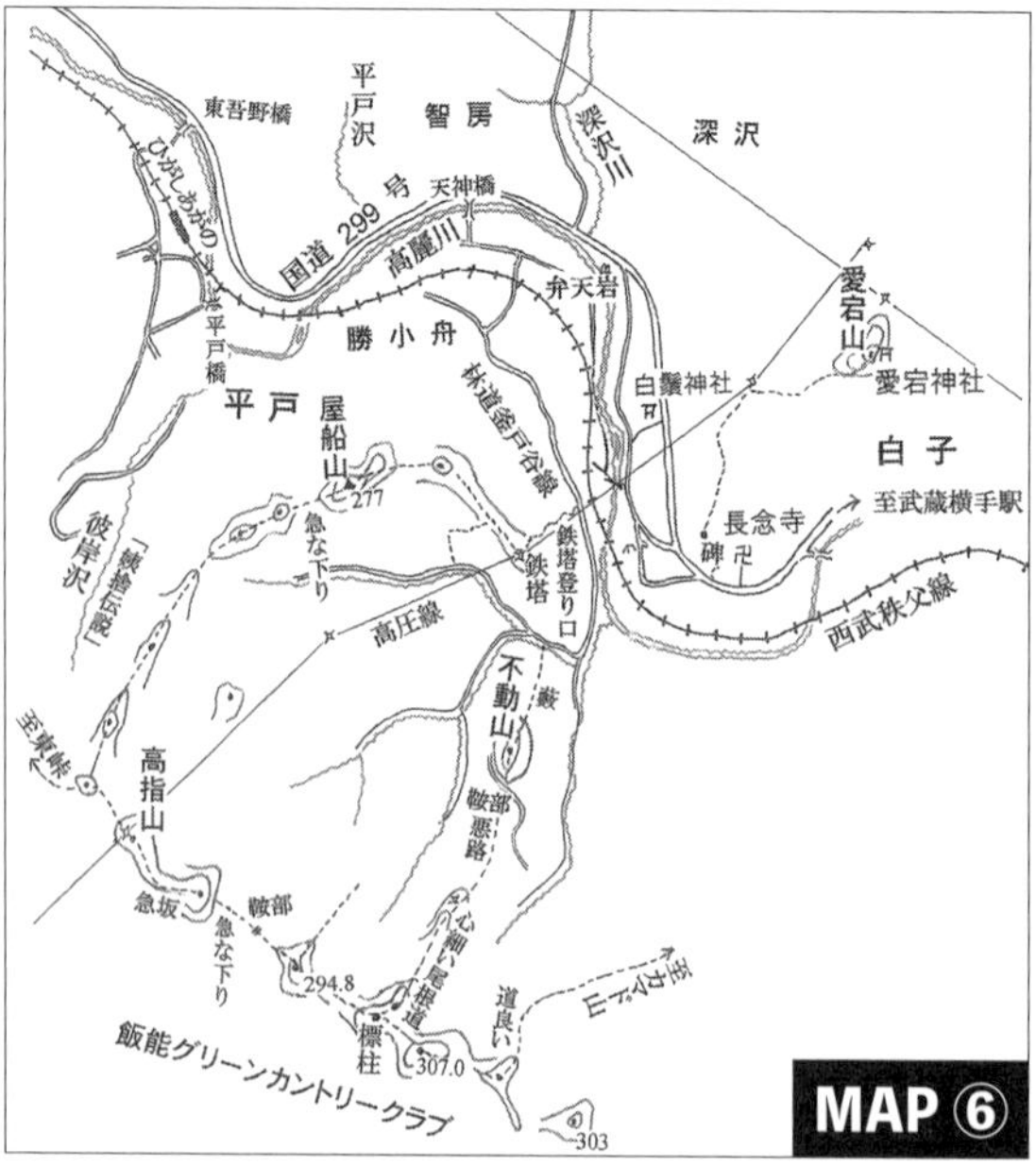

⑦ユガテと天文岩

西武秩父線・東吾野駅～地蔵尊～ユガテ～エビガ坂～十二曲峠～天文岩～地蔵尊

ユガテ　東吾野駅から東吾野橋で国道二九九号に出る。次の虎秀橋を過ぎ**虎秀川**沿いの道に入り、夕市場橋を渡り**地蔵尊**の前からユガテへの**林道**に入る。「右ゆがてつち山」と示された**道標**から林道と分かれて右手の山道をとって登る。前方が明るくなると林道に出る。林道を横断して耕作地の道へ入り、芝生の小広場に着く。畑の奥に二件の民家がある桃源境。ユガテ地名には諸説ある。草津

ユガテ

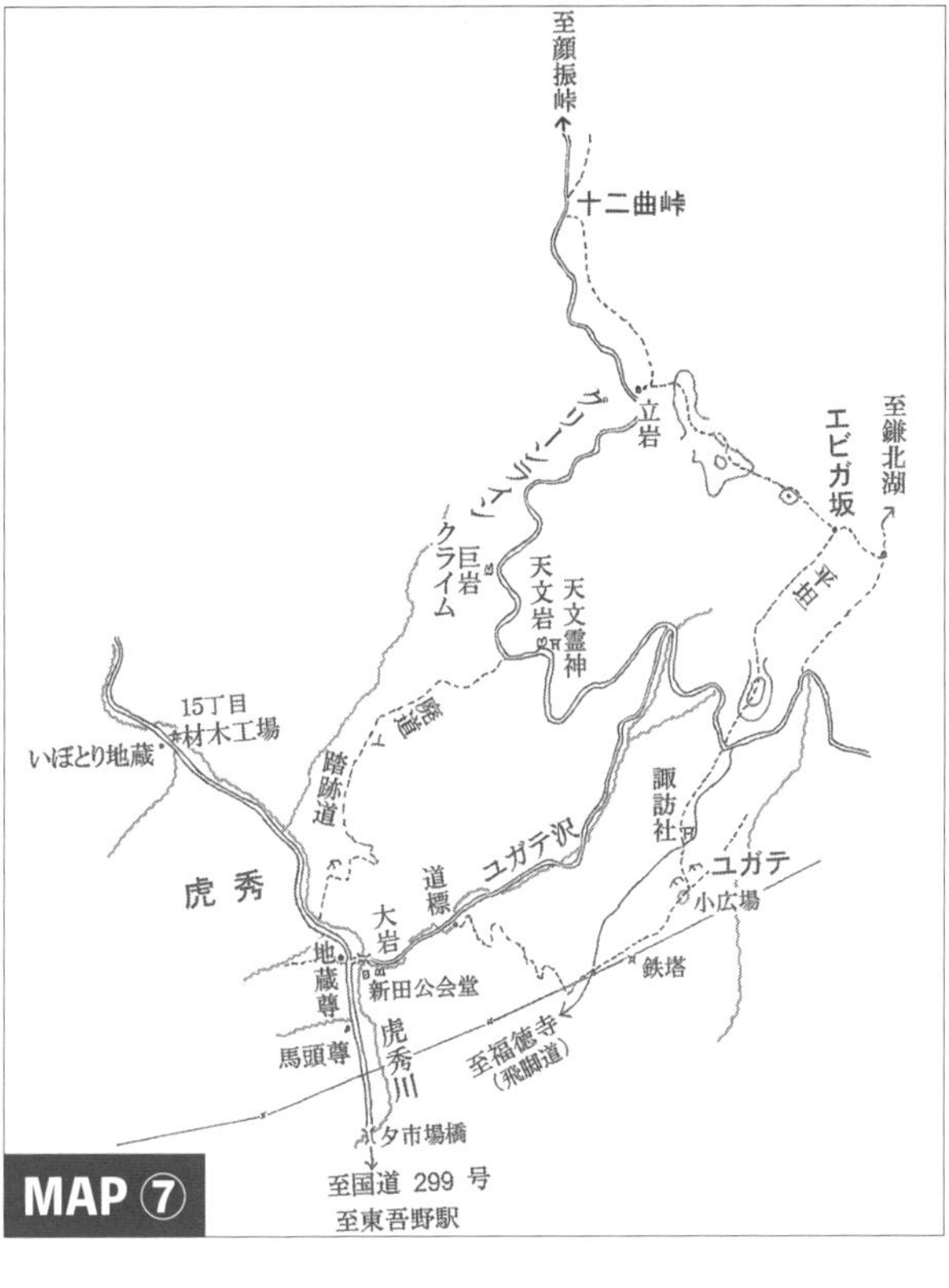

と、ジャンケンで勝った方に湯が出る勝負をした。勝って湯が出るように「湯勝手」。湯が天にのぼってしまったので「湯ガ天」だからとか…。

エビガ坂　民家の脇から一度**林道**を横断して山道に入る。次の**グリーンライン**を横断して登ると道は平坦になりわずかの登りで**エビガ坂**に着く。道標には

鎌北湖二・七キロ、顔振峠三・四キロと示す。

十二曲峠　**十二曲峠**までは尾根道を行く。峠からはグリーンラインを天文岩に向かう。途中にロッククライミングの**巨岩**がある。次の**天文岩**は奥行二〇メートルもの狭い穴が開いていて、洞内には**鍾乳石**が見られる。岩の傍らには**天文霊神**が祀られている。

　天文岩からグリーンラインを行き、途中から離れて右の林道に入って下ると、**地蔵尊**前に出て一周する。

参考コース①▼　古道　飛脚道

福徳寺〜橋本山〜ユガテ

橋本山からの展望

ユガテへの飛脚道

参考MAP①　古道　飛脚道

⑧天覚山と大高山

西武秩父線線・東吾野駅～長尾坂配水場～天覚山～大岩～大高山～前坂～西武線・吾野駅

長尾坂配水場　東吾野駅の改札を出て右折、踏切を渡って案内板のある**原木置場**前へ。左に原木を見ながら車道を行くと分岐に、「昭和五年・孝子大野菊次郎」と刻まれた小さな**地蔵尊**が立つ。ここを右折し、**墓地**を過ぎてみごとな杉林に入る。次の交差点を直進して植林帯を行くと、腰を掛けるによい石灰岩がある。まもなく**長尾坂配水場**で、林道がここまで来ている。ここから小流沿いの荒れた**山道**に入る。

天覚山　**大岩**を過ぎて沢を詰め、最後に源頭部の急斜面をジグザグに登って二本のイチョウのそびえる尾根上の広場へ。ここは**両峯神社跡**で、平成一二年まで巨岩を背にして鎮座していた。巨岩の上が四四五㍍の**天覚山**山頂で、名栗側にこのコース唯一の展望が開けていた。

天覚山山頂

大高山　天覚山から大高山へのコースに入る。小ピークを巻き、次のピークは露岩が目立つ。いくつもの小さなピークを越えながら、静かな森林の尾根道を行く。樹間から大高山の頂部が見えてくると、休息するのに良い**大岩**になる。昼食後、一五分ほどで展望のない四九三㍍の**大高山**に達する。明治四一年の**若宮八幡の石宮**が置かれている。

若宮八幡の石宮

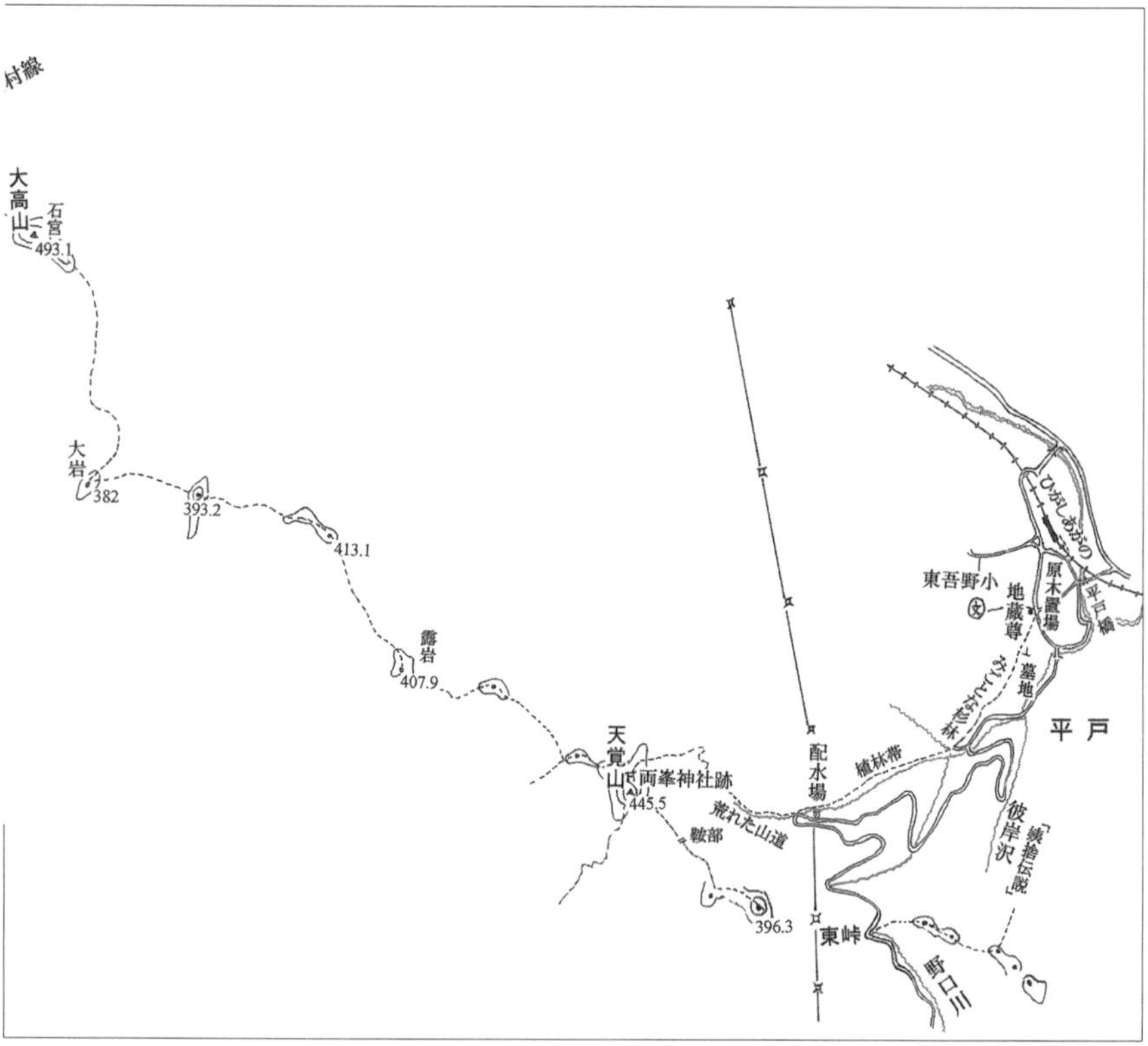

前坂　山頂から二〇分ほど下ると林道の越える鞍部に降りる。さらに二〇分ほど尾根道を行くと**前坂の峠**に着く。ここで尾根道と分かれ、右折して吾野駅方面に下る。まもなく下方に吾野の民家と国道二九九号が見えてくる。法光寺の広大な墓地前に降り立ち、地下道で鉄道をくぐり吾野駅へ。

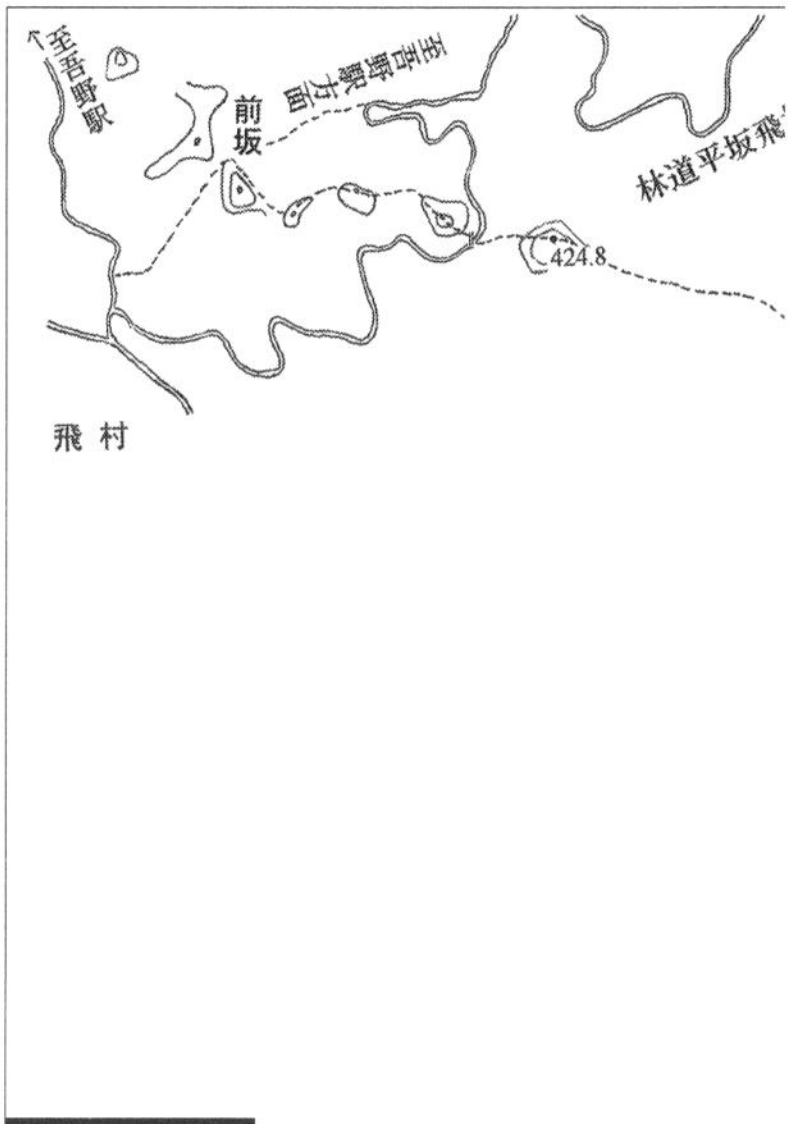

MAP ⑧

⑨ 東吾野駅から吾野駅

西武秩父線・東吾野駅～バクチ岩～かたくりの郷～鎌倉橋～吾野宿～吾野駅

バクチ岩　東吾野駅から**東吾野小**へ向かい**飛村林道**に入って坂を登る。カーブの所から左の山道を少し上がると、**正雲寺跡**の宝篋印塔がある。ここは切り立つ**バクチ岩**の上部。**林道**に戻り、バクチ岩を過ぎて右へ下る。左に**小墓地**があり、彼岸前の墓掃除中の人に話を聞く。

「ここは正雲寺跡です。明治の神仏分離で寺は廃され八軒の墓地だけ残っています。今は神葬祭ですが、大野屋敷と呼んでいた旧家の墓地には古い宝篋印塔がいくつもあります。墓参りの帰りには、墓地口のお地蔵様に余った御散《おさ》供《ご》をあげること

正雲寺跡の宝篋印塔

になってるんで、いつも御散供があげてあるんです」。

東吾野公民館　鉄道を越えて東吾野橋を渡り国道二九九号へ。**公民館**脇には菅原道真公銅像がある。昭和一五（一九四〇）年二千六百年記念に朝倉文夫の弟子、長谷川塊記の製作。当所は東吾野小の跡地で、元の校庭にあったもの。昔は菅公様として知られた銅像だった。公民館に寄り込み、青木清次氏から資料を見せてもらいながら説明を聞く。

興徳寺　国道を西へ行き**東橋**を渡り**かたくりの郷**へ。裏手は飯能浄苑と栗園で、春はカタクリ、秋は栗拾いで賑わう。奥へ進み急な石段を上がった頂きに一戸兵衛書の**忠魂碑**が立つ。

興徳寺

国道へ戻り、サルスベリの巨木に迎えられて**興徳寺**へ。がっしりした趣のある山門をくぐると左に薬師堂、正面に本堂が建つ。国宝福徳寺の納経場になっている。興徳寺を過ぎると**消防車庫**脇の大モミジの傍らに、自然石を組み合わせた「大山・嘉永元年」と刻む**石灯籠**がある。

鎌倉橋　さらに国道を進み**鎌倉橋**を渡ると右に**東神社**。記念碑の中に昭和一一年、井上養蚕組合の建てた**ぞく蚕供養碑**がある。鉄道をくぐり鎌倉沢沿いに進むと左に**不動堂**、少し奥の中腹に**井上神社**がある。戻って**下平橋**を渡り国道を横断して左折すると**神明社**。奥まった中峰自治会公会堂脇に**三島神社**の小社が祀られている。下方の旧道沿いに二十二夜様の**子育観音**が今も信仰されている。

吾野宿　国道を行くと**百番供養塔**、続いて「馬死亡・大正四年七月二十六日」と刻む**馬頭尊**がある。さらに進む。ガード手前を

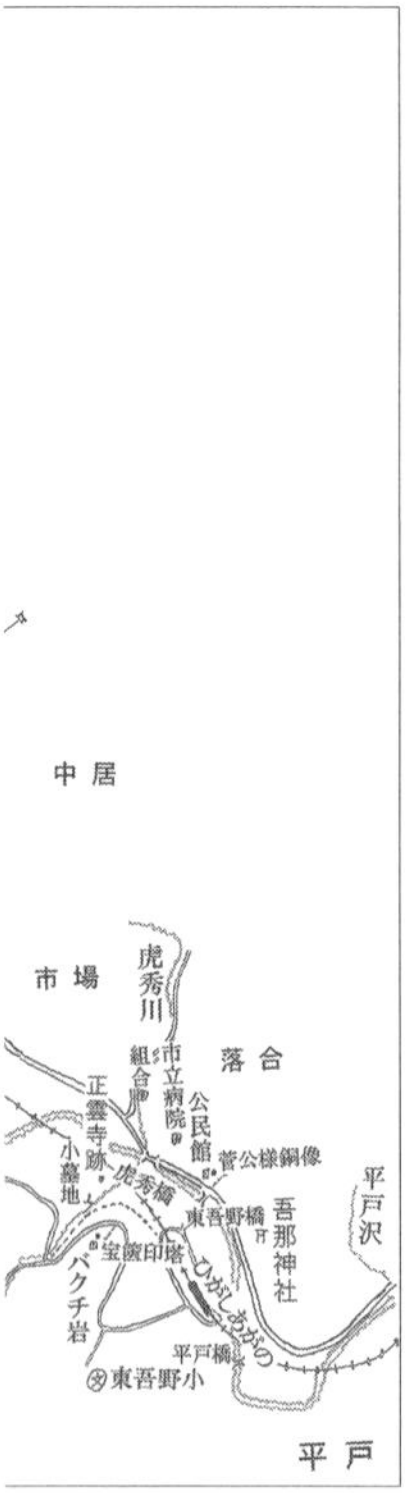

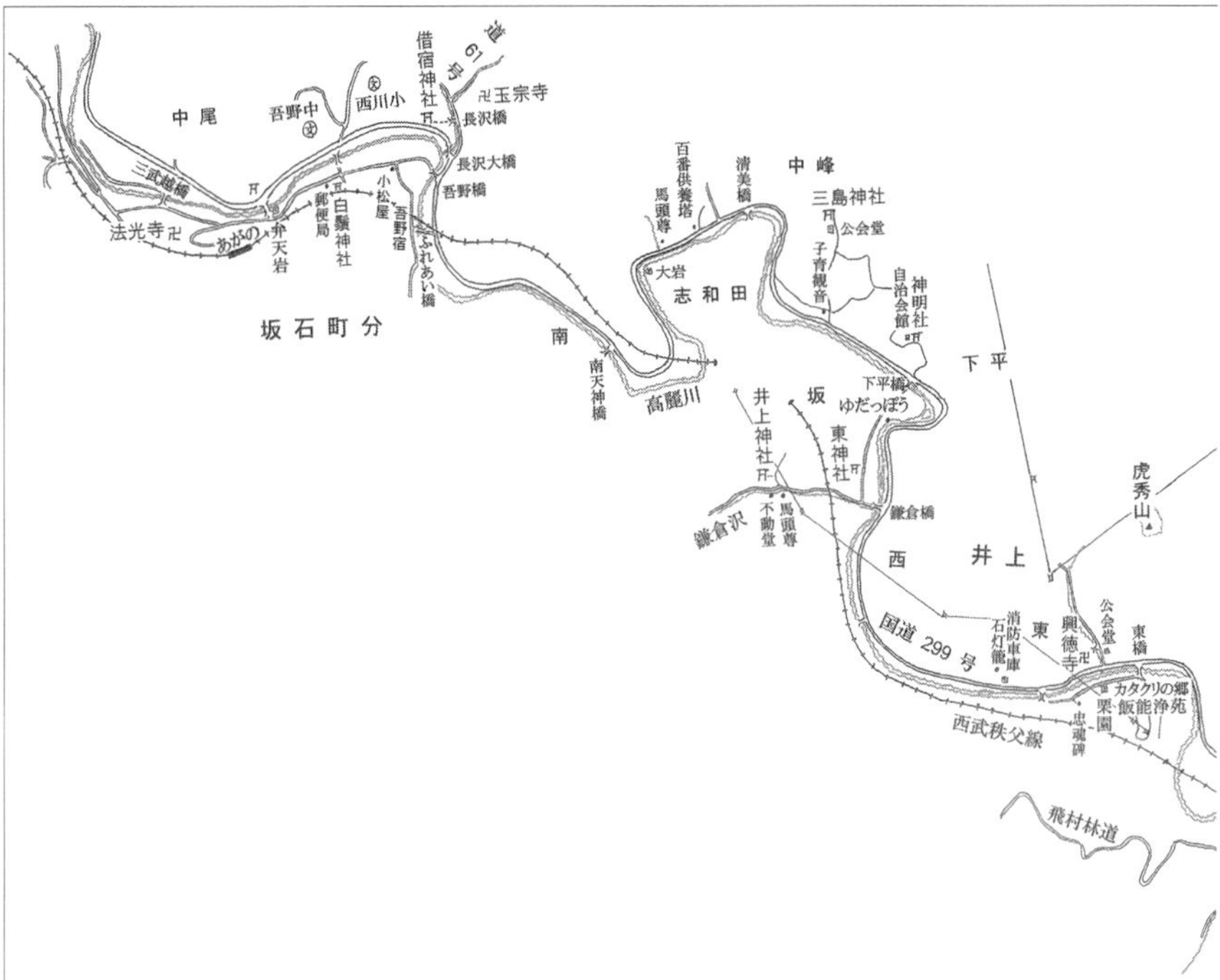

MAP ⑨

左にふれあい橋を渡って馬継の宿場・吾野宿に入り、右に曲がり旧国道に出る。道の左側には問屋旅館の長屋門が威容を誇る。江戸時代は一三軒もの宿屋あり、町分と呼び子の権現の参拝者などで賑わった。小松屋菓子店を左に折れて郵便局手前の白鬚神社へ。赤い権現鳥居が立ち、手洗場の背後には大岩がある。高麗川には松の生えた弁天岩があり、弁天像が立っている。すぐに吾野駅である。

吾野宿

白鬚神社

⑩ 東吾野駅から顔振峠

西武秩父線・東吾野駅～福徳寺～いぼとり地蔵～宗林寺～顔振峠～玉宗寺～吾野駅

福徳寺　東吾野駅から国道に出て正丸方面に少し行ってから右折。ここの**酒店**前の角に詳しい道標がある。「阿寺諏訪神社山根村ヲ経テ毛呂二里越生三里」「本村阿寺風影ヲ経テ梅園村方面」「東川越高麗村ヲ経テ約六里飯能へ二里半所沢へ六里」「西秩父吾野村正丸峠ヲ経テ約六里子の山へ二里半」。

虎秀川沿いの道に入り、一号橋を渡ると右に小さな

福徳寺

養鯉場、まもなく**福徳寺**になる。入口には「大地震記念碑」が建つ。「大正十二年九月・午前十一時五十八分」と関東大震災の発生時刻まで刻まれている。寺は武蔵野三十三観音の三十番になっている。国宝の**阿弥陀堂**は柵外から見る。創建は唐様建築が盛んだった鎌倉時代。和様の仏寺建築は珍しい。堂内の逗子には鉄造の阿弥陀三尊（県）が納められている。

いぼとり地蔵　**夕市場橋**を渡ると右の広場に休息所がある。すぐに右へ**ユガテ**への道が分かれ、分岐には**地蔵尊**が祀られている。続いて**材木屋**の先に立つ

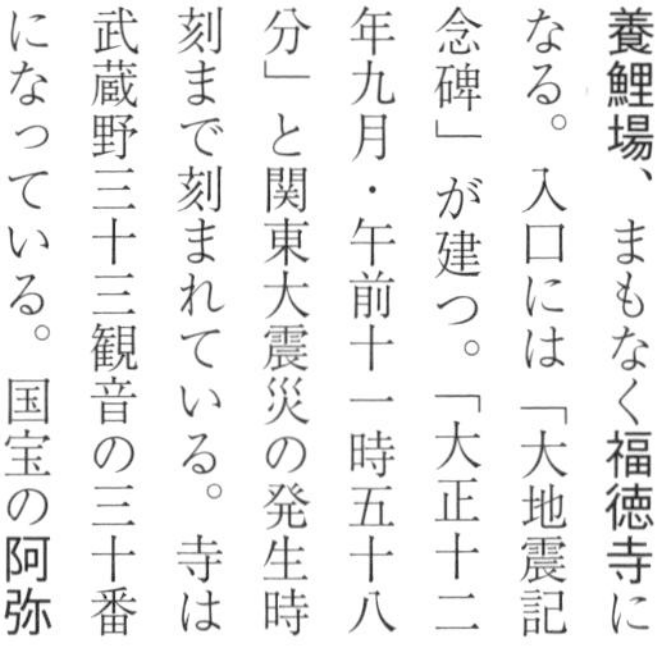
阿弥陀堂

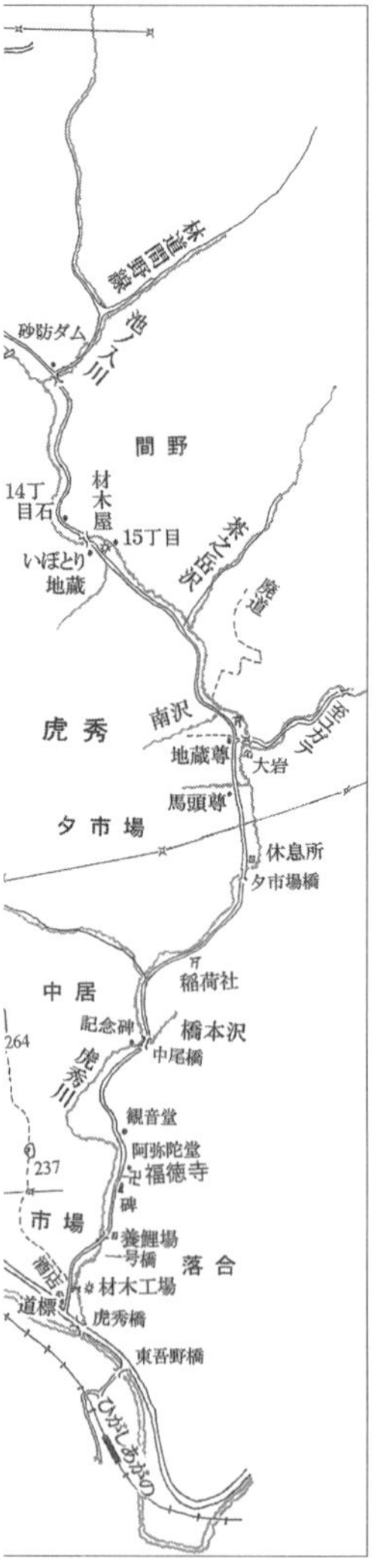

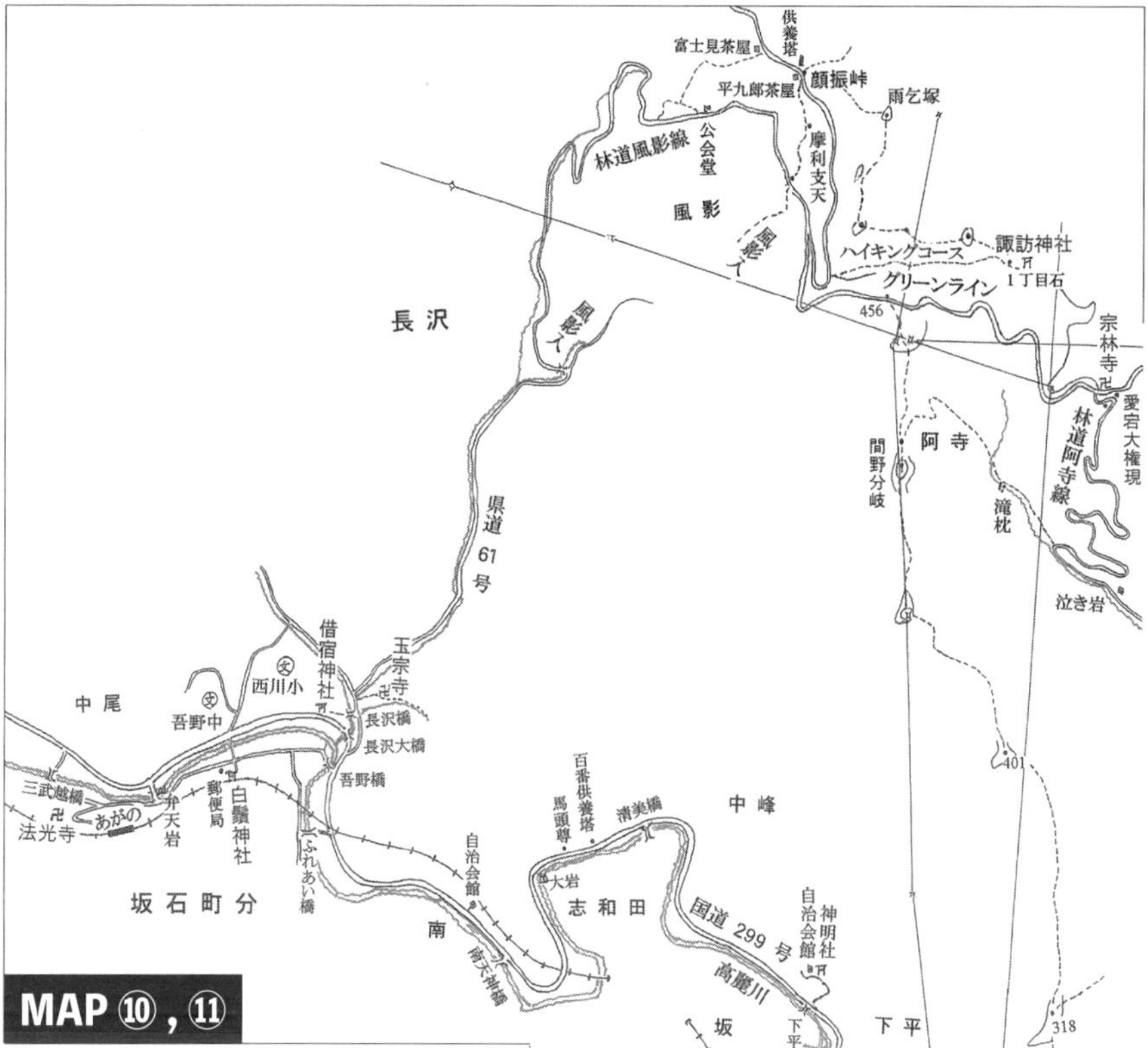
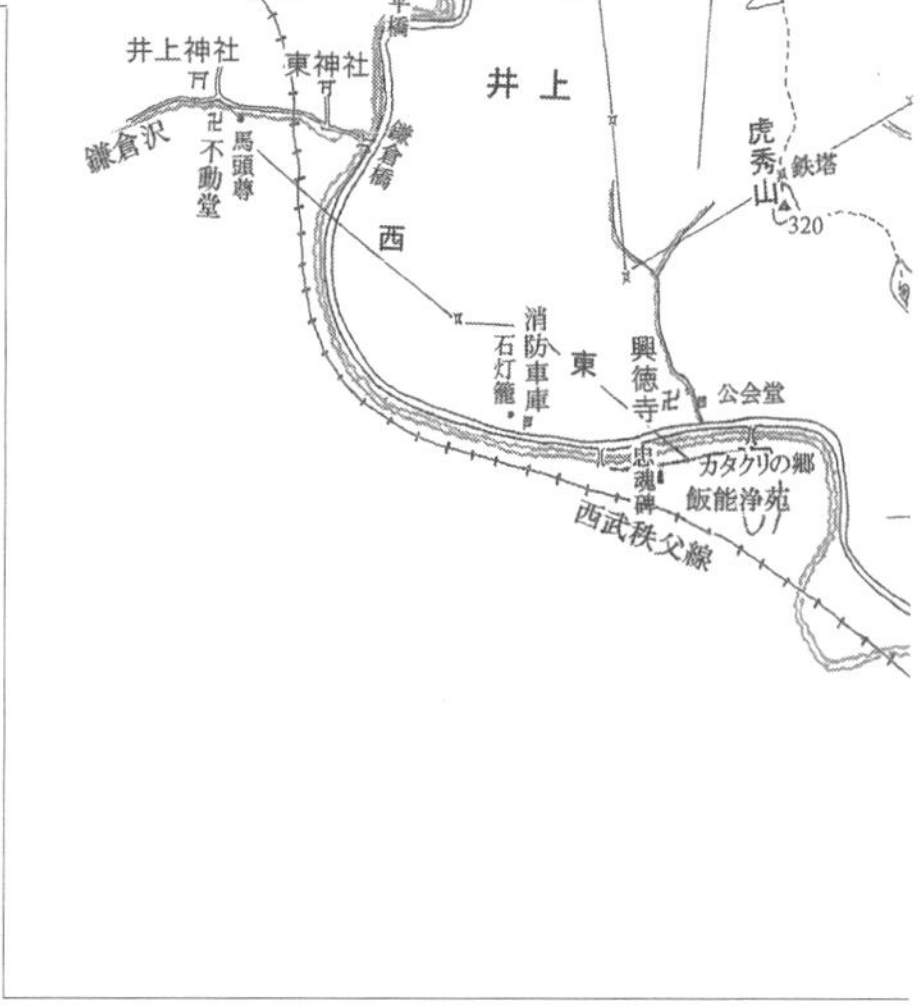

MAP ⑩，⑪

地蔵尊は**いぼとり地蔵**の名がある。近くの廃寺から路傍に移された。橋を渡ると右に**十四丁目**と刻まれた石標がある。諏訪神社への丁目石で、以前は十五丁目に当たる材木屋付近に幟旗が立てられた。

宗林寺　大きな**砂防ダム**を過ぎると右手に黒い露岩の「**泣き岩**」がある。地層のよく分かる露頭の崖が続き、道は川から離れて屈曲しながら登る。阿寺《あてら》の民家が

現れると左に石像の**愛宕大権現**がある。このすぐ上方で宗林寺前のグリーンラインに接する。**宗林寺**は小さな臨済宗の山寺だが、裏手の高台に釣鐘堂、境内に一四世住職の歌碑がある。「身をやいてかつへし人にささげたる　兎のこころ窓月の心」。

諏訪神社　グリーンラインから分かれて**諏訪神社**への狭い車道を登る。途中の大澤家墓地には五輪塔と小さな板碑が多数ある。まもなく諏訪神社に達する。往古は古諏訪山に鎮座していたが、寛文八（一六六八）年に当地へ遷座した。獅子舞などの伝統行事が残る。鹿頭絵馬が掛かり、東郷平八郎書の記念碑脇には砲弾が置かれている。

顔振峠　神社からハイキングコースを辿り顔振峠に向かう。車道に出ると左下に**摩利支天尊**の二重の塔が見える。すぐに茶屋のある**顔振峠**である。地元では「カアブリ峠」と呼んでいる。

顔振峠からの眺望

参考コース②▼顔振峠ハイキングコース

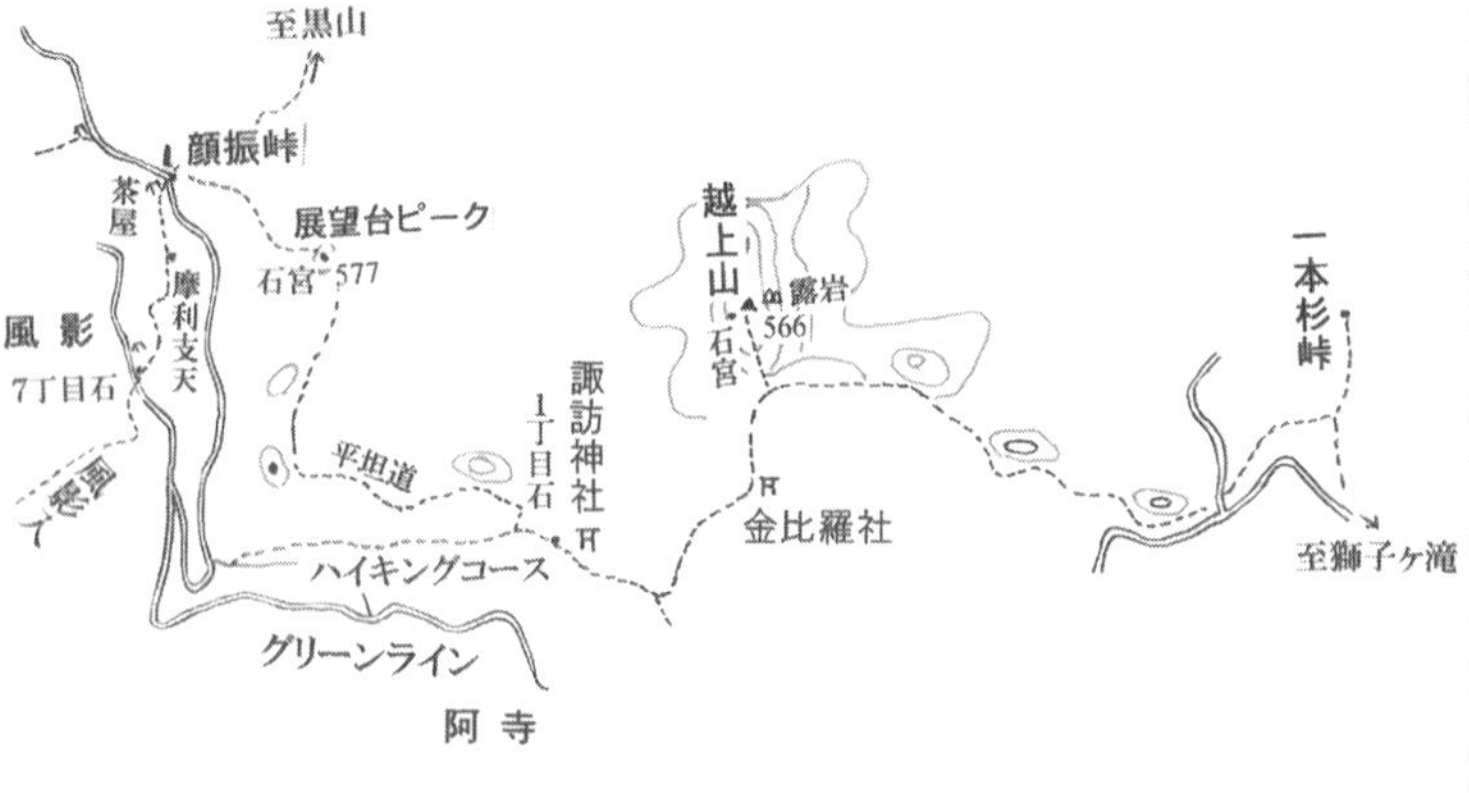

参考 MAP ②　顔振峠ハイキングコース

源義経が奥州へ落ちて行く途中、あまりの美しさに振り返り振り返りして通ったとの伝承がある。『武蔵野話』の著者、斉藤鶴磯は文化一二（一八一五）年に峠を越えている。

飯能戦争では振武軍参謀の渋沢平九郎がこの峠を越え、越生黒山で最後を遂げた。峠には享和元（一八〇一）年の六十六部供養塔や天明六（一七八六）年の馬頭尊がある。

借宿神社　顔振峠の**富士見茶屋**から風影《ふかげ》集落に下って車道に出る。これより車道を下り吾野駅へ向かう。**玉宗寺**に寄ってから、ユーモラスな狛犬に迎えられて**借宿**《かりやど》**神社**へ。神社には中世の神鏡があったという。文化年間（一八〇四～一八一八）の石灯籠には「石尊大権現・大天狗小天狗」と刻まれている。神社から国道二九九号バイパスを通り吾野駅へ。

借宿神社

⑪ 虎秀山から阿寺

西武秩父線・東吾野駅～虎秀山～間野分岐～グリーンライン～滝枕～林道～福徳寺～東吾野駅

登山口が分かりにくいが尾根道に入れば、迷わずに快適な尾根歩きが楽しめる。

虎秀山　国道二九九号から**虎秀**への道に入り酒屋を含めて三軒目の民家の裏からやぶを分けてわずかに登るとしっかりした道が現れる。急登して尾根の先端に上がり、尾根道を行き**鉄塔**下に着く。小ピーク、続いて**二六四峰**を越えて分岐のある鞍部から左方向に一〇分ほど登

虎秀山

ると**虎秀山**。三二〇メートルの四等三角点が埋められている。山頂からの展望はないが、鉄塔に向かって下ると武甲山方面の山並みが見える。これより北へ伸びる尾根道を行く。起伏が少なく歩きよい。三〇分ほどで**四〇一峰**を過ぎて行く。二メートルほどの広い道になるとまもなく右へ**間野**へ下る道が分かれる。

間野分岐　そのまま進み**送電線**の下を通過すると阿寺の民家が現れ、舗装のグリーンラインに出合う。左へは**顔振峠**。分岐へ戻り間野へ下る。すぐに**虎秀**川の源流に降り立つ。途中で「**滝枕**」の険悪な滝場をのぞき林道阿寺線に出る。虎秀川沿いの林道を東吾野駅へと向かう。

⑫ 吾野駅から正丸駅

西武秩父線・吾野駅～法光寺～岩殿観音窟～東郷公園～猪狩の大樅跡～我野神社～正蔵院～正丸駅

法光寺　吾野駅の西に**法光寺**がある。江戸時代には一五の末寺を持つ古刹。本尊は木造地蔵菩薩座像（県）で、体内の銘文から一四世紀後半の座像と判明した。開基は平忠度を討ち取った岡部忠澄の子孫である。寺裏の丘陵には岩殿観音の碑と馬頭観音堂がある。当地は鎌倉時代の名将岡部六弥太が

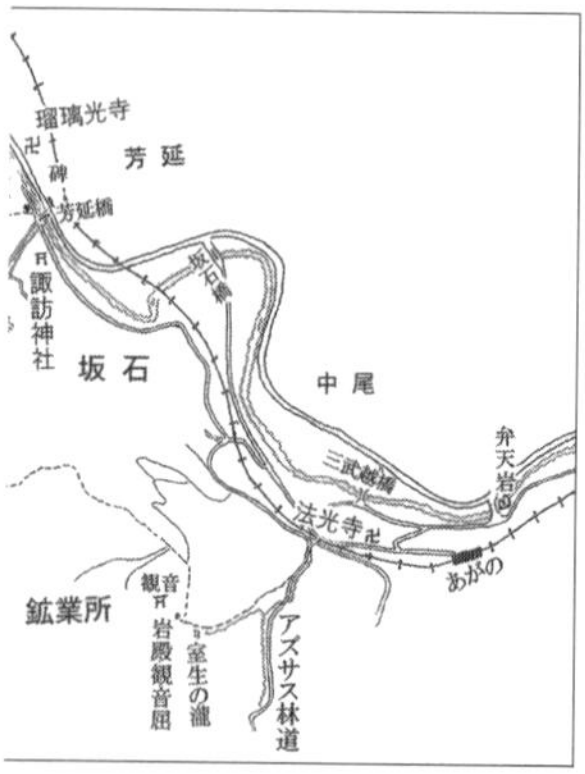

法光寺

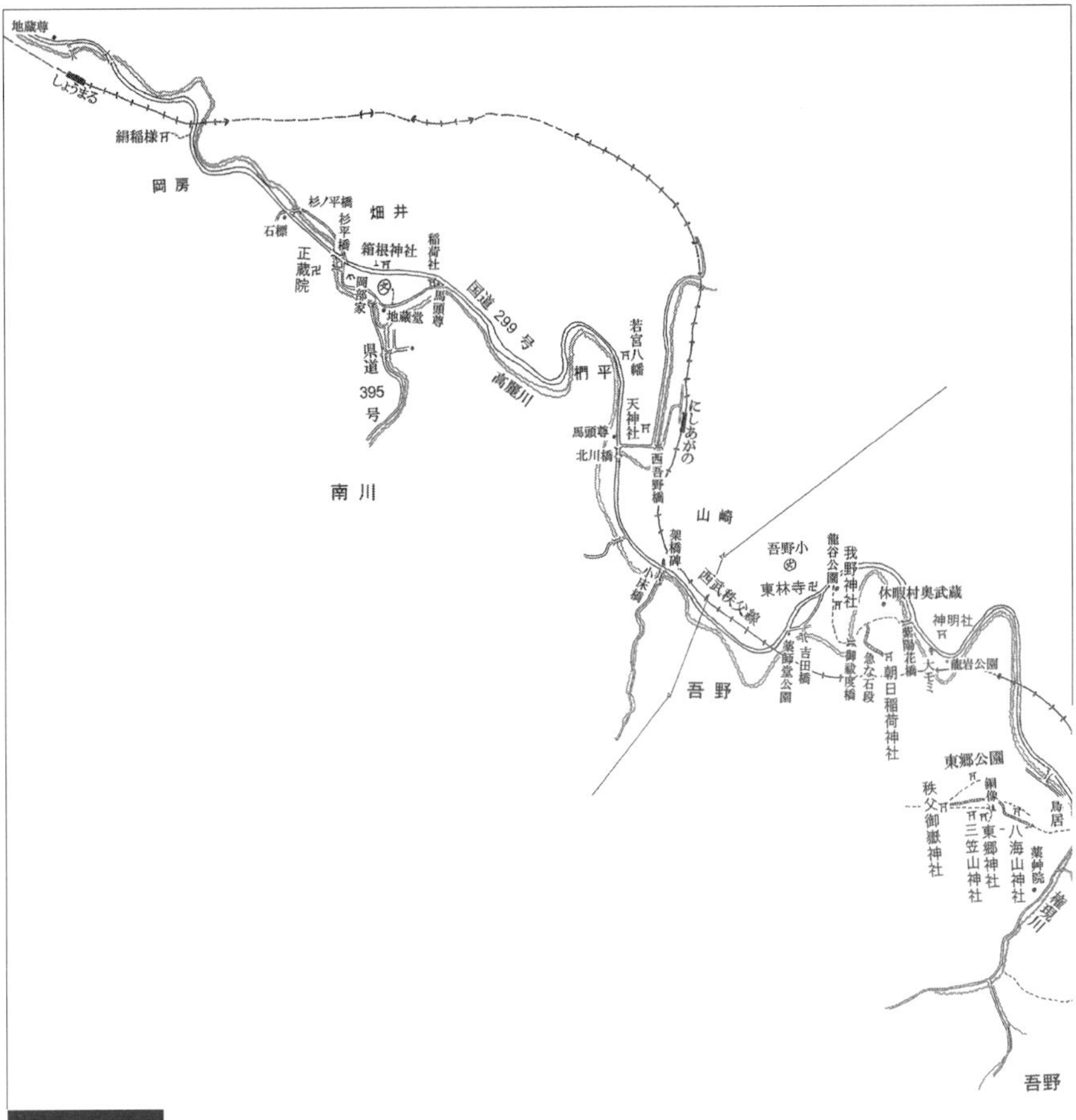

MAP ⑫

庵を結んだと言われ、堂内には六弥太らしき木座像が山王様や石尊様と一緒に納められている。

岩殿観音窟　アズサス林道を少し入ってから、右へ岩殿観音窟への道をとって登ると正面に大岩壁が立ちはだかる。左に高さ一八メートルの室生の滝が懸かり、右には弘法大師爪彫り磨崖仏の**不動尊**が刻まれている。大岩壁の上方には**岩殿観音窟**があり、岩窟にはめ込まれた堂内の緑泥片岩の石龕《せきがん》は行基手彫りの**十一面観音像**（県）である。観音窟は法光寺の管理で、全山石灰岩の山中の一岩洞。奇岩、快石に富み、近くには重忠公馬蹄跡や弘法の硯水がある。

諏訪神社　岩殿から戻って**吾野鉱業所**の前を通り、鉄道を右下に見ながら崖の歩道を行く。権現川沿いに降りて集落を抜けると立派な社殿の**諏訪神社**がある。白蛇の絵馬の他に新田義貞や那須与一の大絵馬が架かる。道を隔てて**東郷公園**である。

岩殿観音窟

東郷公園　秩父御嶽神社の**鳥居**をくぐると、大きな鉄製の赤下駄が迎えてくれる。石段を昇ると右にバルチック艦隊の砲弾、左に旅順港口の敷設水雷があり、その奥に東郷元帥の**銅像**が立っている。鴨下清八が東郷邸に何度も赴き、銅像の許可を得て大正一四（一九二五）年、秩父御嶽神社境内に建立した。東郷生存中に建てられた銅像はここだけである。銅像の近くには戦艦三笠の弾痕の甲板の一部が展示されている。東郷神社の上方には当時の大砲なども置かれている。**三笠山神社**を経て登りつめると、明治二八（一八九五）年に勧請された**秩父御嶽神社**がある。大正一〇年まで吾野は秩父郡に属し、秩父彦神社とも呼ばれていたという。帰りは大黒天、祈祷殿、清滝不動などを経て下る。**八海山神社**を過ぎると乃木大将の銅像がある。明治一五年に乃木指揮のもと、

東郷元帥の銅像

戦艦三笠の甲板

秩父御嶽神社

東京鎮台第一連隊の演習が飯能で行われた。

駐車場に降りると、対岸に**瑠璃光寺**が見える。

猪狩の大樅跡　国道二九九号をしばらく行き「是より里三社」の石標の立つ**龍岩公園**へ。岩が配置されたアジサイやモミジに囲まれた国道脇の公園である。近くには樹齢五〇〇年の**猪狩の大樅**があったが伐採された。切り取った幹の一部は飯能郷土館に展示されている。樹高三〇メートル。通りかかった日本武尊が、畑の作物を食い荒らす大イノシシを退治。イノシシを埋めた上にモミの木を植えた。付近は「猪狩」と呼ばれるようになる。

猪狩の大樅跡

朝日稲荷神社

紫陽花橋を渡り**奥武蔵あじさい館**（編注・現休暇村奥武蔵）の脇を通り左へ**朝日稲荷神社**の石段を上がる。一度小尾根を越えて小流を渡り、いくつもの鳥居をくぐりながら急な石段を上がり、開山社まである立派な本殿に達する。

我野神社　御祓度橋で高麗川の渓流を渡ると、右に**我野神社**の大きな権現鳥居が立つ。元は秩父妙見社と呼び、今も本殿の側面に「妙見宮」の扁額が掛かる。一二世紀からの棟札も現存し、古くから当地の鎮守として信仰の中心になっていた。七月

我野神社

「妙見宮」の扁額

一八日の夏の大祭には獅子舞、川瀬祭などの神事がある。加藤清正虎退治、弁慶と牛若丸、素戔嗚尊、桃太郎、三重塔、米屋の図など多くの絵馬にも伝統の重さを感じる。神社の小高い裏山は東郷平八郎の忠魂碑が立つ**龍谷公園**になっている。

　国道を隔てて**東林寺**が建つ。この先で旧道が国道と合う所は**薬師堂公園**になっている。国道で西武秩父線をくぐると左に子ノ権現へ通じる**小床橋**が架かり、国道沿いには**架橋碑**が立つ。明治四三（一九一〇）年の大洪水で橋が流され、その後に架け替えた時（大正四年）の記念碑である。

天神社　**北川橋**を渡り西吾野駅へ右折した左には、北方から伸びる尾根の先端に**天神社**が祀られている。国道を行くと右にツバキやケヤキの生えている小高い塚が見える。石を御神体とした**若宮八幡**他、付近三軒の氏神様が祀られている。しばらく国道を進み、旧道が接する分岐には上屋の中に寛政七（一七九五）年の浮彫りされた**馬頭尊**が安置されている。近くには浅見家の氏神、**稲荷神社**が祀られている。

正蔵院　旧道を行くと左に上屋を新しくした**地蔵堂**がある。旧道が国道に出合う手前に**正蔵院**がある。近くの岡部氏の話。

「寺は法光寺の末寺で山号を長岡山と言うんだよ。付近には「長岡」屋号の旧家もあり、伊豆からの移住者が創建したらしいんだ。うちの氏神様は箱根神社だし、伊豆ケ岳は誰でも知ってるが、あすこに見える山は伊豆権現と言うんだよ」。

　国道に出て進み、鉄道をくぐる手前左に重厚な石鳥居がある。急な階段を登った上方には**絹稲様**が祀られている。正丸駅は近い。

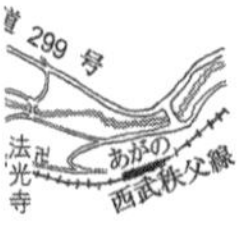

⑬ 吾野駅から子ノ権現

西武秩父線・吾野駅～芳延橋～滝不動～降魔橋～子ノ権現～十二丁目石～静之神社～小床橋～西吾野駅

芳延橋　吾野駅から旧国道をとって**坂石橋**で国道二九九号バイパスに出る。西吾野方面に行くと**芳延橋**に着く。国道沿いには「子ノ山入口・三十二丁道」の**石標**が立つ。**権現川**沿いに入って**子ノ権現**への道へ入る。すぐ右に佐々木信綱の歌碑と**薬艸院**がある。線刻された旅僧の**石碑**を見ると、左へ旧道を整備した一〇〇メートル余りの「**武蔵奥入瀬自然遊歩道**」がある。明治四三年の大水害まで子ノ山参道だった。

遊歩道に入ると、最初に「**乞食岩**」、すぐ対岸には「**コウモリ穴**」が見える。続いて「**夫婦岩**」、「**屏風岩**」がある。次の「**石門**」は高さ一メートル程でもぐると災難除けになる。車道へ上がる所には小さな「**二十日滝**」がある。えびす滝とも呼び、水が落ちるのは一年に二〇日ぐらいという。車道に出ると**石塚園豊**

MAP ⑬

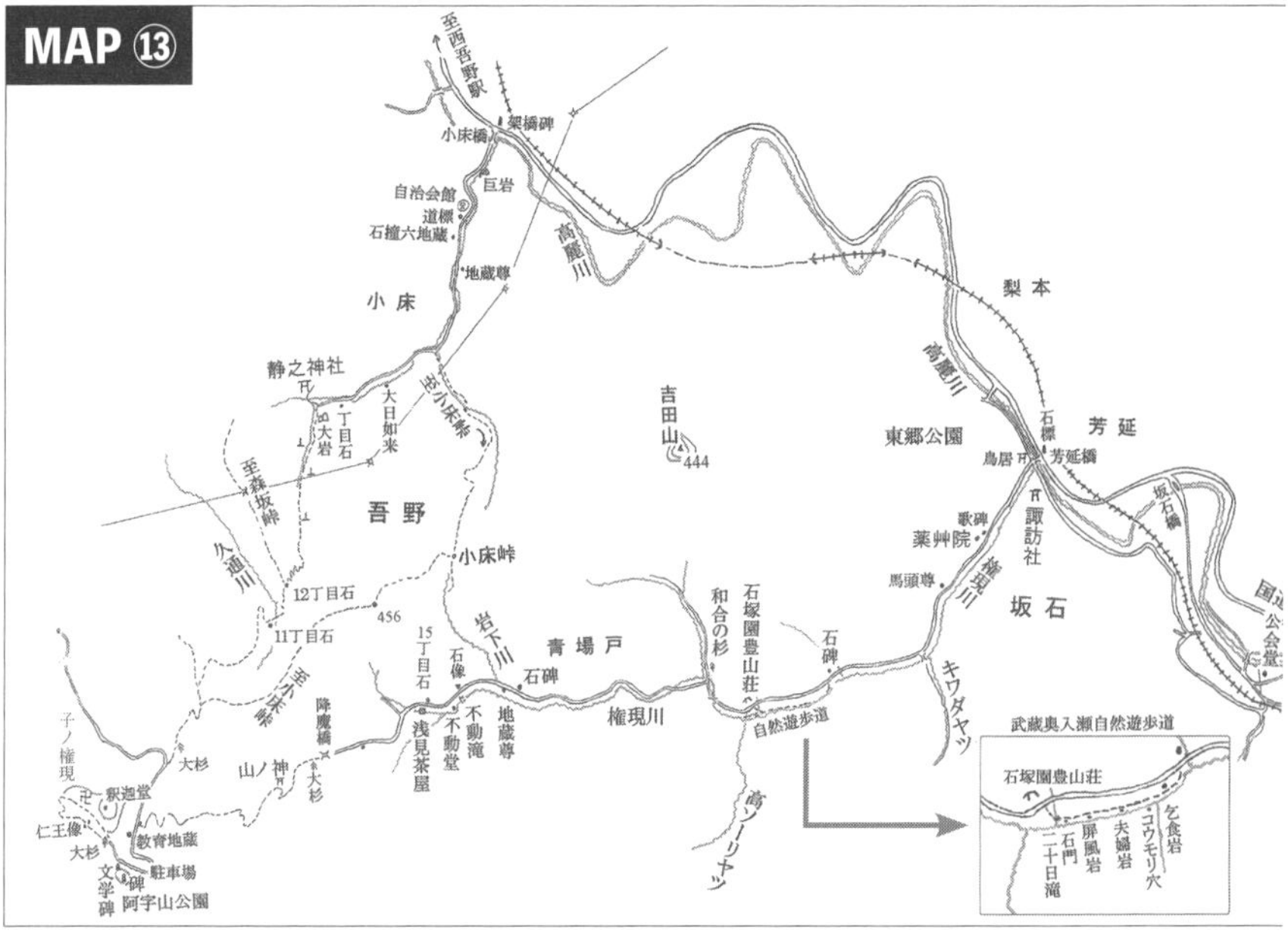

山荘になる。山荘前の渓谷は湿生植物研究園になっている。

滝不動　橋を渡ると右の小沢の少し奥に、三本に分かれた「八幡様和合の杉」がある。露出した「さわり根」は、親子夫婦円満のご利益がある。岩下川を渡ると本流に高さ五㍍ほどの不動滝が懸かる。滝不動と呼ばれる堂脇には数基の庚申塔が集められている。十五丁目石を見ると浅見茶屋である。

降魔橋　茶屋から先は道が狭くなり車の侵入はできない。降魔橋から子ノ権現への登りになる。左に谷を見ながら二〇分ほど急登すると車道に出る。教育地蔵の所から山道を登ると、明治三五（一九〇二）年の比留間良八壽碑が立つ阿字山公園前に出る。良八は甲源一刀流の達人で徳川一橋家に出仕していた。幕府崩壊後、彰義隊に加わり一四番隊長を務めた。のちに郷里高麗に戻り子弟に技を伝授した。

　公園の丘上には飯能に住した打木村治の文学碑がある。「子どもの騒ぎは雲のさわぐのに似ている」と刻されている。

子ノ権現　子ノ権現は天台宗の古刹天龍寺、鳥居の手前には子ノ権現の二本杉（県）がある。目通り七・八㍍、高さ三六㍍、樹齢八〇〇年。一本は伐採されてしまった。伝承では延喜一一（九一一）年、子ノ権現様が食事した杉の箸を差したのが根付いたといい「飯盛杉」の名がある。仁王像を過ぎて境内に入る。本堂は昭和五六（一九八一）年、落雷で焼失後に再建された。寺は足腰の神様として知られ、本堂脇には重さ二トンもある鉄の大草履が奉納されている。本堂裏には閻魔堂がある。地蔵堂から裏山の鐘楼に登る。釈迦堂が建ち、飯能方面の展望がよい。

十二丁目石　戻って車道から分かれて小床方面への山道を下る。すぐに二本の大杉が山門のように聳える。十一丁目石を見て沢を渡り、小尾根に達すると十二丁目石が置かれている。左へイモリ山から森坂峠への尾根道が分かれている。小沢沿いに下って岩庇に祀られている静之神社前に降りる。これより丁目石や石撞六地蔵などを見ながら小床橋に向かう。橋を渡り国道を左折して西吾野駅へ。

⑭ 前坂からスルギ・子ノ権現

西武秩父線・吾野駅〜前坂〜三角点〜堂平山〜スルギ〜子ノ権現〜吾野駅

前坂　吾野駅から西武秩父線をトンネルでくぐり、右に**法光寺**の墓地を見ながら**前坂**への登山道に入る。いきなりのきつい登り。三〇分ほどで尾根の小鞍部に達する。さらに二〇分ほど登ると前坂に着く。左へ**大高山**への登山道、**スルギ**へは右の道をとる。少し登ると平坦になり、すぐ左へ下るようになる。笹竹が現れると一軒家の上方の車道に出る。五分ほど車道を上がると展望の開けた高原状になり、右に**キワダ坂**の登山道が分かれる。ここの分岐には採掘安全の**石宮**が置かれている。

三角点　採石場や沈殿池を眼下にしながら尾根道を行く。地蔵尊、続いて墓地を過ぎるとまもなく**三角点のピーク**に達する。これから向かう子ノ山が右前方に見える。三角点から二つほど小ピークを越えると、左へ**高反山**の道が分かれる。数分で展望のない山頂に行ける。

スルギ　次の**堂平山**へは尾根道から一〇分近くかかる。名前のようにだだっ広い山頂で小さな標識には「南堂平山五二〇メートル」と記す。尾根道に戻り、小社を過ぎると左へ**久久戸山**への道が分かれる。すぐに滝不動へ下る分岐点の**スルギ**になる。休息するのに良い露岩がある。これより三〇分ほどの

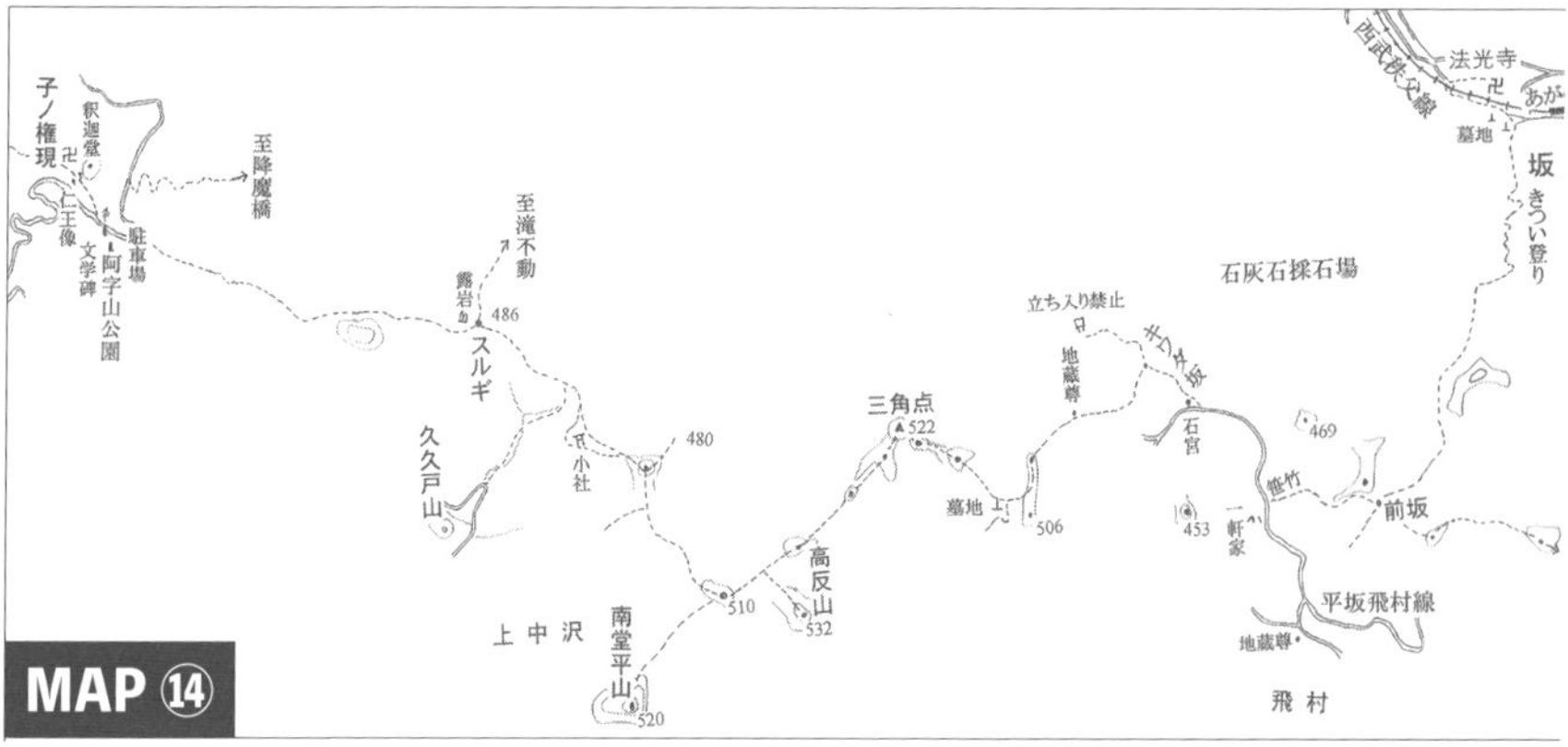

MAP ⑭

登りで**子ノ権現**の駐車場に着く。

滝不動分岐のスルギ

⑮ 西吾野駅から子ノ権現・天目指峠

西武秩父線・西吾野駅～森坂峠～日用橋～登山口～子ノ権現～天目指峠～久通観音堂～登山口～西吾野駅

森坂峠　西吾野駅から国道二九九号に出る。左の北川橋を渡り少し先を右折して橋を渡り、**森坂峠**への道に入る。原野を縦断して小沢沿いの森林の山道に入る。道はよく踏まれている。最後は森坂峠の鞍部目指して斜面を直登する。峠は展望なく、右に**本陣**

森坂峠

本陣山

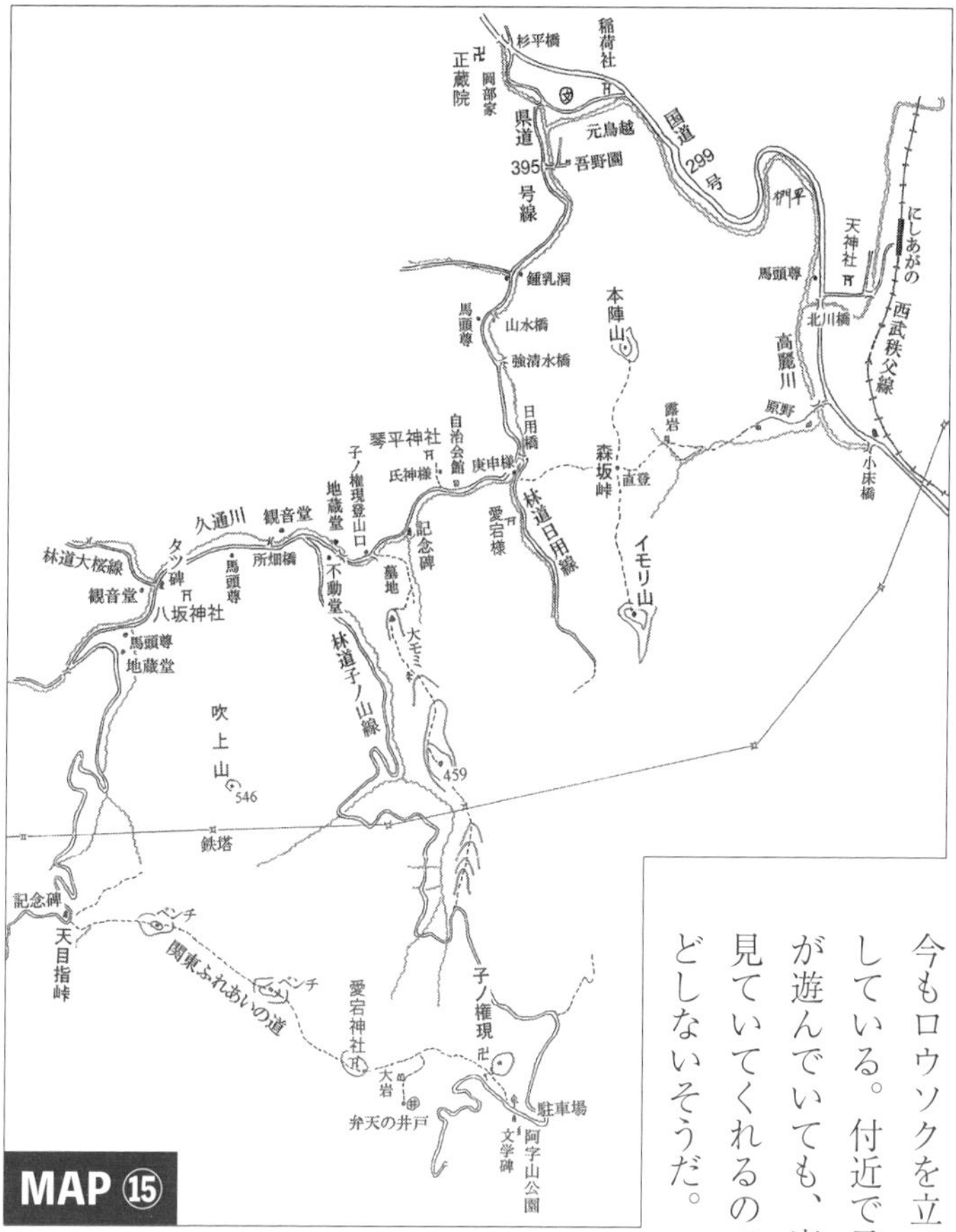

山、左にイモリ山への尾根道が交差している。峠から一〇分ほどで林道日用線に降りる。近くには板石に線刻された愛宕様を祀る小社がある。日用橋を渡り県道三九五号線（南川上名栗線）に出て左に行く。

久通川の対岸に、高さ一・二メートルほどの立派な安永年間の浮彫りされた庚申様がある。年に一度お祭りがあり、今もロウソクを立てて信仰している。付近で子供たちが遊んでいても、庚申様が見ていてくれるのでけがなどしないそうだ。

庚申様

登山口　下久通自治会館を過ぎると、右手の山の上に琴平神社がある。途中の平沼家の氏神様を経て、梵天の立つ神社に登り着く。明治三八（一九〇五）年の征露の絵馬が掛かり、昔の祭日は煙火があったことも奉納額から知られる。大きな道路記念碑を過ぎると、左に子ノ権現への登山道がある。墓地から一度谷沿いを進み道が怪しくなった頃、右手の尾根に登ると数本の**大モミ**がある。なだらかな**四五九メートル峰**を越え、**鉄塔**から再び登ると**林道子ノ山線**に出る（約一時間）。左へ林道をたどれば**子ノ権現**である。

天目指峠　子ノ権現下方の**弁天の井戸**を見てから、**「関東ふれあいの道」**の快適な天目指峠への登山道に入る。最初のピークには岩の上に**愛宕神社**が祀られている。ベンチの設置された二つのピークを越えて天目指峠の県道三九五号線に降り立つ。**天目指峠**の岩壁には昭和三五（一九六〇）年の「開鑿記念碑」がはめ込まれている。天目とは方言で紫色に熟する小さな柿の一種「豆柿」、差は焼畑を意味している。

天目指峠

久通観音堂　峠から県道三九五号線を下り久通川の谷へ降りると、大杉に囲まれて社務所を持つ**八坂神社**がある。**林道大桜線**の分岐には、天保三（一八三二）年、芦ヶ久保生まれで当地に嫁いだ中島たつの**孝女顕彰碑**が立つ。代官からの金一封で子孫のために山林を購入、今も「孝行山」と呼ばれる。明治三一年、六五歳没。まもなく対岸に**久通観音堂**がある。境内周辺はとりどりの花々で覆われる。右へ子ノ権現への**林道子ノ山線**を分けると、道の両脇に不動堂と地蔵堂がある。地蔵尊は蓮の台座にあぐらをかいている立派なもの。この先が**子ノ権現登山口**である。日用橋に出て元の道を戻り西吾野駅へ。

孝女顕彰碑

久通観音堂

⑯ イモリ山と本陣山

西武秩父線・西吾野駅～森坂峠～イモリ山～十二丁目石～本道～大山祇神社～森坂峠～本陣山～森坂峠～西吾野駅

イモリ山　西吾野駅から西吾野橋を渡り国道二九九号に出る。左へ**北川橋**を渡り次の橋から右の道に入る。途中**大岩**を見て、**森坂峠**に向かう。森坂峠から尾根道をイモリ山に向かう。小ピークを越え、次の小ピークは左からまいてイモリ山の登りにかかる。左から回り込む本道を捨て、直登すると狭い**イモリ山**山頂に達する。展望はないが、春はみずみずしい緑、秋は紅葉に彩られる。山頂直下には**石宮**が祀られている。

十二丁目石　山頂から**鉄塔**を経て天寺**十二丁目石**へ。子ノ権現、小《こ》床《ゆか》を結ぶしっかりした**本道**が乗り越している。さらに尾根道を行くと、子ノ権現への本道に出る。少し下って本道から分かれ**赤越川**の谷へ向かう。道は荒れている。**林道日用《ひよう》線**に降りると奇形の石灰岩に「子のごんげん」と彫られた天明二（一七八二）

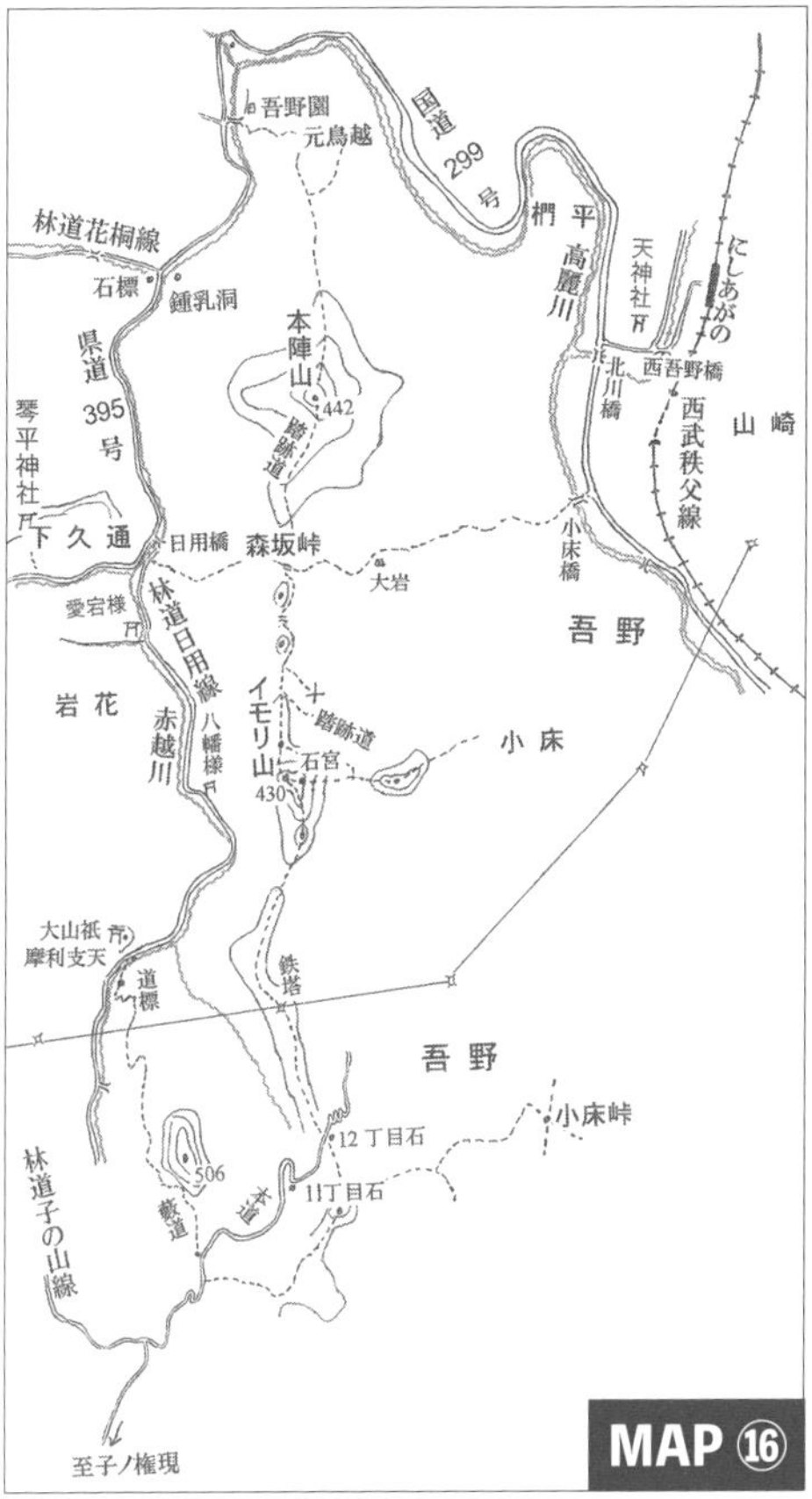

イモリ山山頂

年の道標が立つ。かつては一登山道として利用されていた。近くには大山祇命と摩利支天を祀る小社がある。

本陣山　林道日用線を下って日用橋の手前から森坂峠への道に入る。森坂峠からはひたすら登って、杉林の中の丸い本陣山山頂に着く。山頂からは南に向かって踏み跡道がつけられている。北の吾野園の裏に降りることもできるが、引き返して森坂峠から国道に出た方が無難である。

本陣山山頂

⑰ 小床峠から吉田山

西武秩父線・西吾野駅～小床橋～小床峠～吉田山～秩父御嶽神社～吾野駅

小床峠　西吾野駅から国道二九九号に出て左に行く。小床橋を渡り、子ノ権現への沢沿いの道に入ると対岸に巨岩がある。小床自治会館を過ぎると右にがっしりした六角の石柱に六地蔵が浮彫されている。宝暦五（一七五五）年。まもなく左へ小床峠への山道が分かれる。沢沿いを進み、源頭部が近付くと道も緩やかになり小床峠に達する。道は三方に分かれ、右へ子ノ権現、左へ吉田山、下りは青場戸への山道である。

子ノ権現への道を確認のため右に入る。尾根道を行き、小鞍部から四五六メートルの峰に取り付く。左へ浅見茶屋への下り道を分けてから急登して達する。幾つかの起伏を超えつつ登るとしっかりした正規のルートに出る。子ノ権現は左へ一〇分

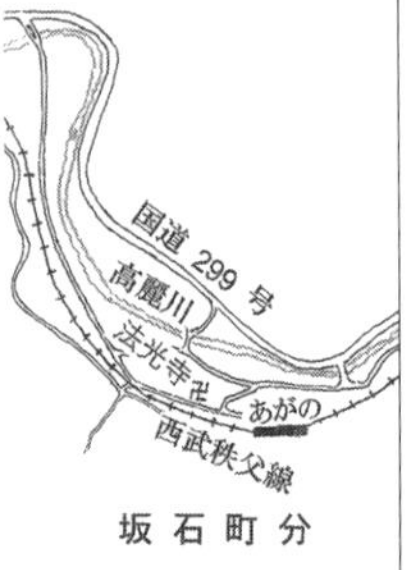

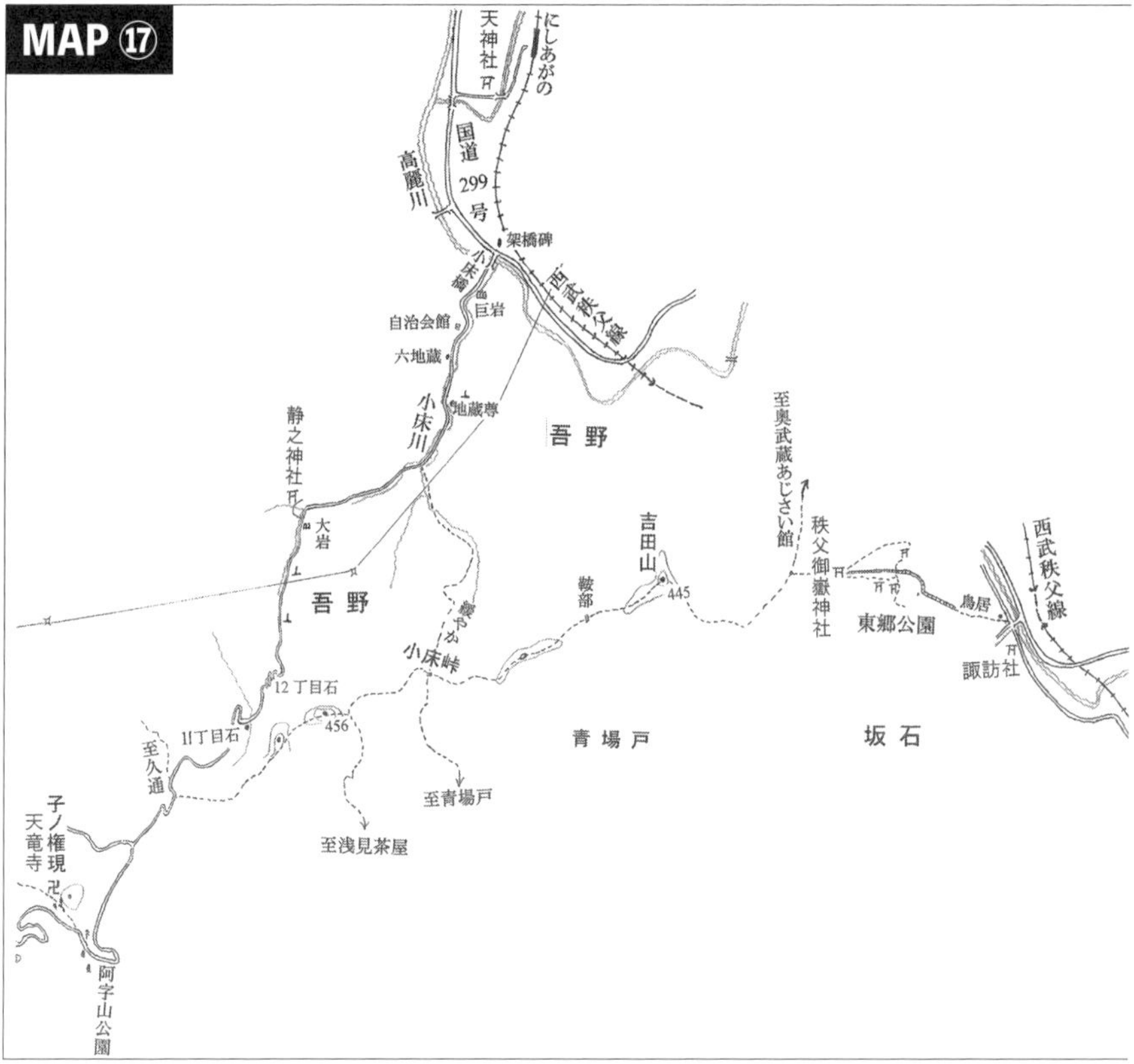

ほどである。

吉田山　小床峠から吉田山へはしっかりした尾根道が付けられている。山頂のなだらかなピークを越えて、鞍部から一登りで吉田山に達する。杉の幹に「吉田山四四五メートル」と墨書されているのみである。山頂から東へ下る。左の**奥武蔵あじさい館**（編注・現休暇村奥武蔵）への分岐を過ぎると、**秩父御嶽神社**の裏に着く。

浅見茶屋

⑱ 吾野駅から八徳・高山不動

吾野駅～瀬尾～八徳～傘杉峠～関八州見晴台～高山不動～三社峠～西吾野駅

瀬尾　吾野駅から国道二九九号バイパスに出て**吾野中学校**、続いて西川小学校の脇から**長沢川**に出ると**二十三夜塔**が半分埋まるように路傍に立つ。高さ一メートル、幅八〇センチほどの自然石で、「嘉永五年」（編注・一八五二年）と刻まれている。長沢川沿いを上流へ進むと、右に**金比羅様**の小社がある。石灰岩の**地蔵尊**と**百番供養塔**が建てられている。

瀬尾ののどかな集落を見ながら行く。**浄水場**を過ぎると**分岐**になる。ここには「高山不動参道」の石標、増上寺から移築の石灯籠や地蔵尊が置かれている。**橋**を渡り**八徳川**沿いに入ると小さな**雌滝**、対岸に**聖天様**がある。近くにいた大野さんから話を聞く。

「うちの屋号は滝ノ前で金子さん宅が滝ノ上と言うんだよ。滝はもっと立派だったんだがねぇ」。

まもなく**男滝**（**不動滝**）になる。石灰岩の断崖に四メートルほどの滝を懸けるが、道からでは見過ごしてしまう。滝の落ち口には苔むす**不動尊**の石標が立つ。

八徳　八徳川沿いの林道から離れ山道を五分ほど登ると、緩やかな斜面に開かれた花の桃源郷、**八徳集落**に着く。再び**林道**をとると、自治会館を兼ねた**薬師堂**になる。裏手には八徳

傘杉峠

八徳集落

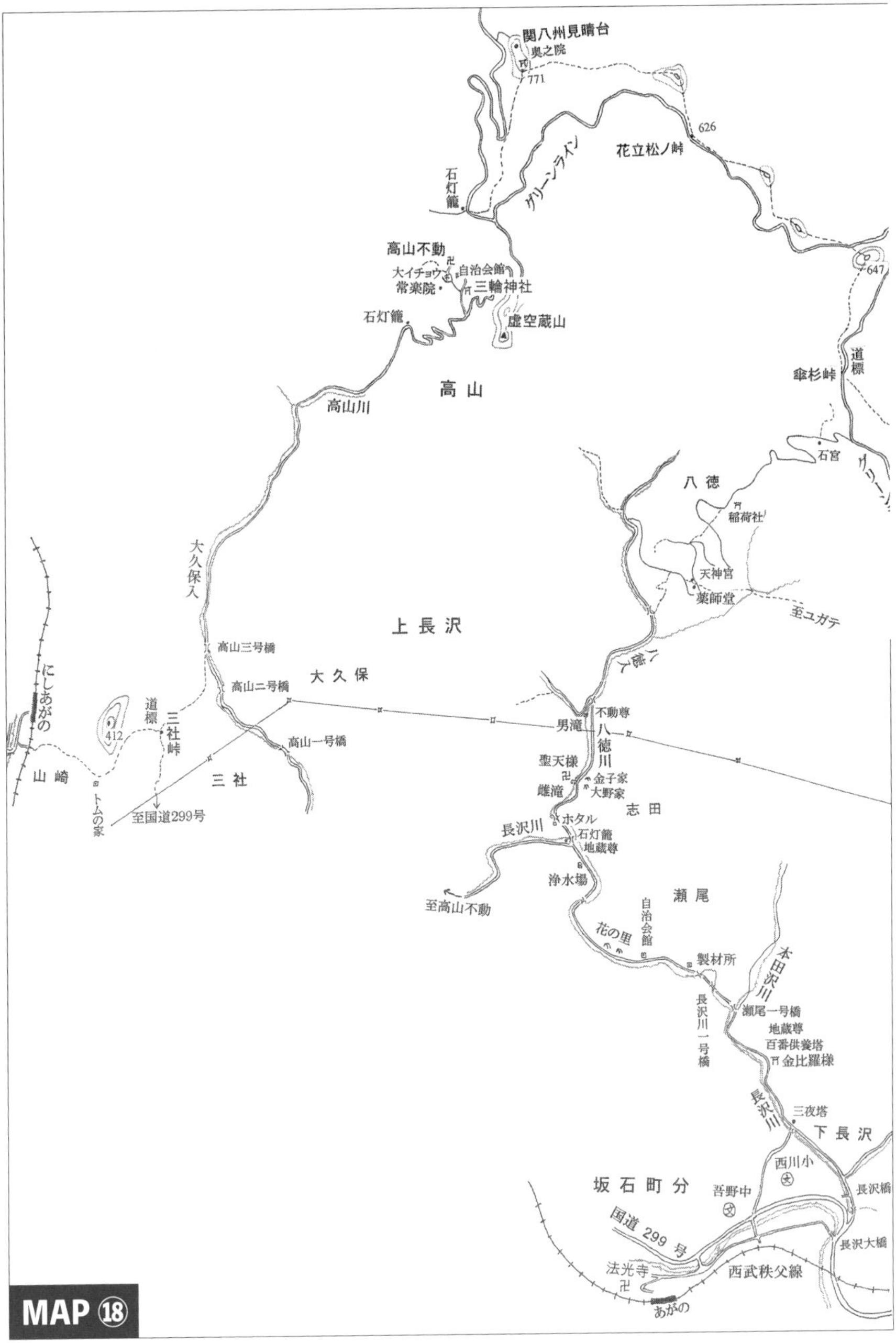
関八州見晴台
奥之院
771
626
花立松ノ峠
グリーンライン
石灯籠
高山不動
大イチョウ
自治会館
常楽院
三輪神社
虚空蔵山
石灯籠
647
道標
傘杉峠
高山
高山川
石宮
八徳
稲荷社
天神宮
薬師堂
至ユガテ
大久保入
上長沢
高山三号橋
高山二号橋
大久保
高山一号橋
にしあがの
道標
三社峠
412
山崎
トムの家
至国道299号
三社
八徳入
不動尊
男滝
八徳川
聖天様
金子家
雌滝
大野家
志田
ホタル
長沢川
石灯籠
地蔵尊
浄水場
至高山不動
瀬尾
自治会館
花の里
製材所
本田沢川
長沢川一号橋
瀬尾一号橋
地蔵尊
百番供養塔
金比羅様
長沢川
三夜塔
下長沢
西川小
坂石町分
吾野中
長沢橋
国道 299 号
長沢大橋
法光寺
西武秩父線
あがの
MAP ⑱

地蔵尊と青石塔婆、道を隔てて天神宮と猿田彦の石碑が立つ。ここからはユガテへの山道が分かれている。

傘杉峠　グリーンライン（林道奥武蔵二号線）に出て左折し**傘杉峠**へ。峠には顔振峠一・八キロ、花立松ノ峠一・一キロ、黒山三滝一・五キロの道標が立つ。尾根道を通って**花立松ノ峠**でグリーンラインに降りる。

関八州見晴台　再び尾根道を登り、**関八州見晴台**の高山不動尊奥の院に着く。広々とした七七一メートル山頂からの展望は名前に恥じず良い。標識は飯盛峠一・九キロ、刈場坂峠五・三キロ。山頂から南へ伸びる尾根を下って高山不動尊へ。

高山不動尊　堂内から高い天井を見上げると、太い自然木を利用した骨組みがすごい。**高山不動尊**は奈良時代の創建で、修験道場だった**常楽院**と一体のもの。戦国時代までは山頂の関八州見晴台にあったという。高幡不動、成田不動と共に関東三大不動で、軍荼利明王立像（国）の他にも文化財が多い。絹本着色不動明王画像（県）は縦二・八メートル、幅一・二メートルの大軸物。毎年七月に公開したので「七夕不動」とも呼ばれた。無間の鐘は非公開で、鐘を撞いた者は無間地獄へ落ちると言われている。

関八州見晴台

石段を下りると**大イチョウ**（県）がそびえる。樹高三七メートル、目通り一〇メートル、樹齢八〇〇年。文政年間（一八一八～一八三〇）の高山一山焼失の火災の跡を幹に残す。「子育てイチョウ」とも呼ばれ、たくさんの樹液が垂れ下がっている。常楽院前から林道をとって**長沢川**の谷を下る。

高山不動尊

三社峠　高山三号橋を渡った先から右へ三社峠への山道に入る。**峠**には石灰岩の道標が一基あるのみで展望はない。そのまま下れば国道二九九号へ出る。三社峠から西吾野駅へは右へ四一二メートルの峰を南から巻いて行く。道は不整備で危険箇所にはロープが渡してある。

大イチョウ

⑲ 西吾野駅から高山不動尊と飯盛峠

西武秩父線・西吾野駅～萩ノ平茶屋～高山不動～白滝～不動滝～飯盛峠～柏木～全昌寺～西吾野駅

萩ノ平茶屋　西吾野駅から北川沿いを正丸方面に進むと、大正と昭和の新旧二つの**道路記念碑**が立つ。西武秩父線のガードをくぐると左の崖に、浮彫りの**馬頭尊**が祀られている。まもなく右に**高山不動尊**への道標がある。橋を渡り住宅を抜けて登山道に入る。すぐにシバハラ坂の急登で、尾根の先端に着く。これよりゆるやかな尾根道を行き**萩ノ平茶屋**へ。

高山不動尊　茶屋からすぐに天保年間（一八三〇～四三）の**石地蔵**のある分岐になる。右の道は「パノ**ラマコース入口**」と示す。尾根の南を巻いて**高山不動尊**に向かうと**大山祇命**の祀られている分岐になる。右折して行くと高山不動石段下の広場に出る。四月一五日にはここで「紫燈大護摩供の火渡り」が行われる。

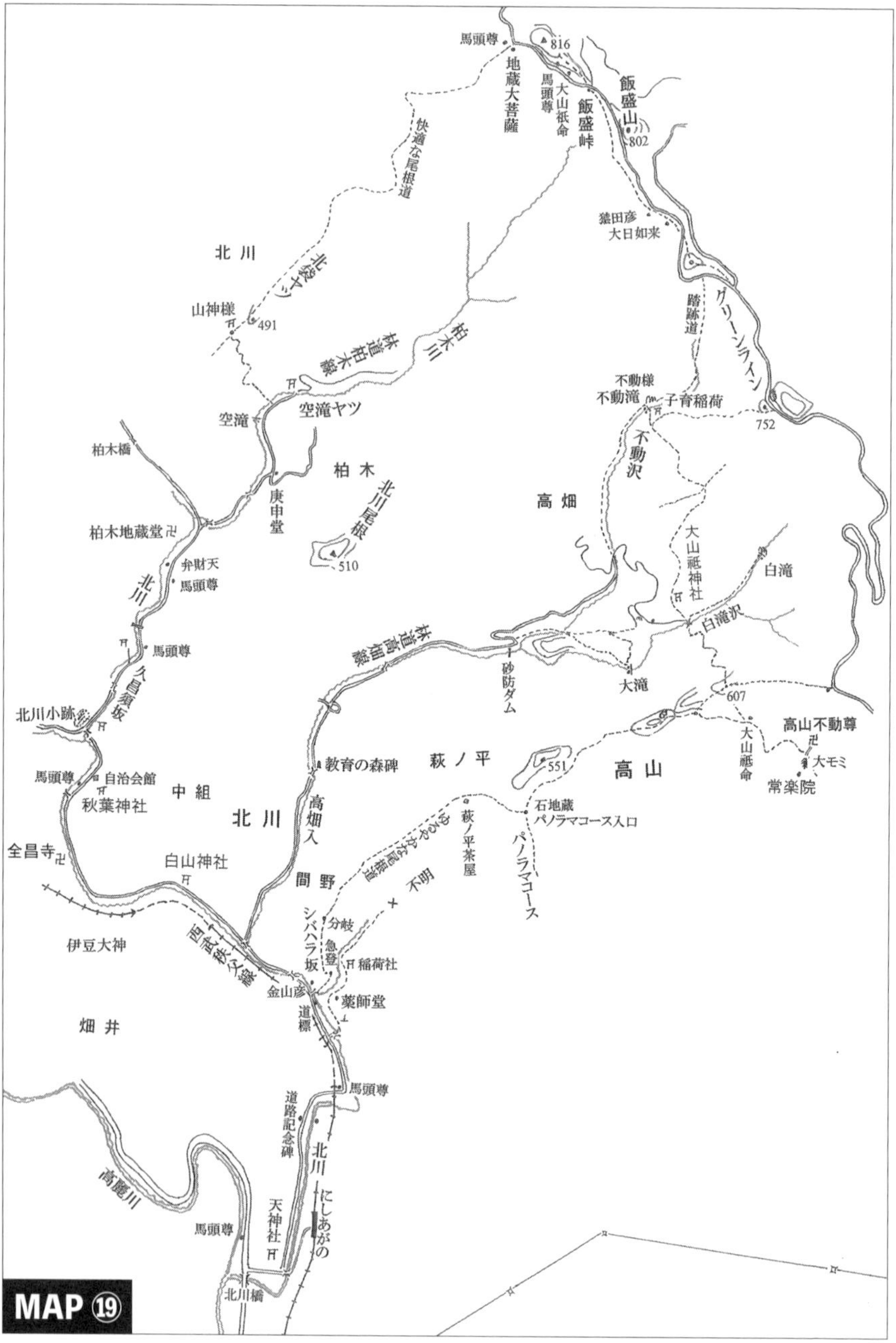
馬頭尊
816
地蔵大菩薩
馬頭尊
大山祇命
飯盛峠
飯盛山
802
快適な尾根道
猿田彦
大日如来
北川
北後ヤツ
山神様
491
柏木川
林道柏木線
グリーンライン
踏跡道
不動様
不動滝
子育稲荷
752
空滝
空滝ヤツ
柏木橋
柏木
庚申堂
北川尾根
不動沢
高畑
柏木地蔵堂
510
弁財天
馬頭尊
北川
大山祇神社
白滝
白滝沢
馬頭尊
林道高畑線
砂防ダム
大滝
久目須坂
607
北川小跡
高山不動尊
大山祇命
大モミ
馬頭尊
自治会館
教育の森碑
萩ノ平
551
高山
常楽院
秋葉神社
中組
北川
高畑入
萩ノ平茶屋
石地蔵
パノラマコース入口
全昌寺
白山神社
ゆるやかな尾根道
パノラマコース
間野
不明
伊豆大神
西武秩父線
分岐
シバハラ坂
急登
稲荷社
金山彦
薬師堂
畑井
道標
馬頭尊
道路記念碑
北川
高麗川
天神社
にしあがの
馬頭尊
北川橋
MAP ⑲

不動滝　大山祇命の**分岐**へ戻ってから白滝への道をとる。急な下りで白滝沢に降りる。**白滝**は二〇〇メートルほど上流に、二段になって落下していた。次の**不動滝**へは、一度尾根道を登ってから谷底へ降りる。二〇メートルの落差のある一筋の滝で、水量が少ないので「**ミタレの滝**」の別称がある。大滝様、子育の滝とも呼ばれている。断崖の岩庇には**不動様**が祀られ、昔は行者の修行場だった。滝の落口には子育稲荷の小社が祀られている。踏跡道をたどり谷を詰めて**グリーンライン**（林道奥武蔵二号線）に出る。（※この道は登山上級者以外は勧められない。）

飯盛峠　これよりグリーンラインで飯盛峠に向かう。尾根には山道もあるが、幾度も車道に出てしまう。尾根道には**大日如来**や**猿田彦**を祀る小社もあり、古くから利用されていた信仰の道でもあった。**飯盛峠**付近には**大山祇命**、**馬頭尊**が置かれている。

白滝

柏木　地蔵大菩薩の石碑からグリーンラインと分かれ、快適な尾根道を**柏木集落**へ向かう。柏木からはのどかな集落と路傍の石仏などを見ながら車道を下る。平成五年に廃校になった**北川小学校**は桜が満開であった。対岸に全昌寺が見える。

全昌寺　全昌寺は昔、地区で最高所のツジ山（八三六メートル）にあったともいう。次第に下方に移り現在地に落ち着いた。境内の地蔵様は明治四三（一九一〇）年

全昌寺山門

飯盛峠

の大洪水で流されて行方不明になった。この時、一人の子供も流されたが幸い木の枝にひっかかり助かった。その後、夜になると子供が救出された川の付近から泣き声が聞こえるようになった。川底を掘ってみると地蔵様が出てきた。子供の身代わりになった地蔵様は**夜泣き地蔵**として親しまれるようになった。**白山神社**のベンチで休息して西吾野駅へ戻った。

〈近隣の高畑、間野集落を歩くコースも参考に載せておく。萩ノ平へは急な下りになる。分岐に大モミがそびえる。右は白滝、大滝、不動滝のある三滝コース。帰りは左へ橋を渡り西吾野駅へ。〉

全昌寺地蔵尊

⑳ 北川尾根から不動三滝

西武秩父線・西吾野駅～中組自治会館～秋葉大権現～四六〇峰～五一〇峰～石物分岐～高畑～不動滝～白滝～大滝～西吾野駅

中組自治会館　西吾野駅から北川沿いを進み、大きな昭和の**道路開削記念碑**を過ぎて西武秩父線をくぐる。左の崖下には**馬頭尊**が置かれている。地元では歯の神様として信仰されている。まもなく右へ橋を渡ると**高山不動尊**への道が分かれる。橋のたもとには古い小さな**道標**が立つ。

続いて高畑川沿いの林道高畑線を見送り、対岸に**全昌寺**を見ると、**秋葉神社**の祀られている**中組自治会館**前に着く。

秋葉大権現　一息入れてから、会館脇の林道に入る。少し登ると左へ北川岩場

ロッククライミング

への山道が分かれる。この道を五分余り登ると上方にオーバーハングした巨大な岩壁が現れる。**北川岩場**と呼ばれ、ロッククライミングを楽しむ人も見られる。岩壁を右から回り込み、岩峰の頂きに立つと展望が開け、**北川集落**がよく見える。ここには願主中組村中と刻まれた**秋葉大権現の石碑**が立つ。もう一つの石碑は中央から二つに割れている。秋葉神社の奥の院に当たるのだろう。これより良く踏まれた北川尾根道を行く。小鞍部から**四六〇峰**に向かって杉林の中を急登するとすぐに緩い尾根道の続く山頂になる。再び小鞍部から急登してなだらかな尾根道を行く。小笹が現れ**五一〇峰**に着くと、森林公社の石標（五一〇メートルグリーンライン）が埋められている。

なだらかな尾根道を行き、まもなく尾根の南を巻いて小さな沢の**ヌタ場**を過ぎると、大杉の下に、**大日如来**と**庚申塔**、文久元（一八六一）年高畑講中一一軒が建てた百万遍供養塔の**石仏**がある。

不動滝　ここから左へ登って行く道は**グリーンライン**（林道奥武蔵二号線）へ。右の道をとって**高畑**へ下る。竹林が現れ、**大モミジ**の所からのどかな数件の集落へ降り立つ。斜面の茶畑では二人ほど茶葉の刈り取りをしていた。**林道高畑線**へ下り、林道を少し上ってから左の山道を行き、**不動滝**の見学をする。不動滝から**大山祇神社**の脇を通り**白滝沢沿い**の道に出る。左の**白滝**へ行く。戻って今度は林道を下って、芝生のある展望の良い民家の庭先から山道を少し下ると左へ**大滝**への道が分かれる。**白滝沢**の谷底に降りると、高さ一〇メートルほどの大滝が、静かな音を立てて岩壁を流れ落ちている。大滝からは白滝沢沿いを下り、分岐で分かれた道と合して不動沢を**鉄製の橋**で渡る。しばらく沢沿いの山道を行くと、**砂防ダム**の手前で上方の**林道高畑線**に合わさる。あとは林道沿いに西吾野駅へ向かう。

㉑ 北川からぶな峠

西武秩父線・西吾野駅～柏木地蔵堂～喜多川神社～馬頭尊～ぶな峠～岩井沢観音堂～三田久保峠～正丸駅

柏木地蔵堂　柏木地蔵堂内の厨子には高さ二〇センチほどの地蔵尊と不動尊が収められている。境内には高さ一・二メートルほどの自然石に彫りかけの不動様がある。この不動様は近くの橋の一部に使われていた。度々大水が出るので占ってもらうと、**柏木地蔵様**が粗末にされている**不動様**を呼んでいるという。さっそく地蔵堂の境内に移すと大水は出なくなった。不動様が使われていた橋のそばには**記念碑**がある。明治四三（一九一〇）年の大洪水で橋梁流失、道路破綻で交通遮断した。その年の道路改修碑である。

藤原大尽

藤原大尽　柏木橋手前の右上にお堂が見える。堂内には自然石の**八幡様**と**弁天様**が祀られている。**藤原橋**を渡り、**自治会館**前から立派な石垣を見つつ坂を上がると、藤原集落に着く。藤原四家のうち吉田家は**藤原大尽**と呼ばれている。集落口の**十王堂**には、閻魔様を中央に十王の石像が納められている。

喜多川神社の境内は大杉に囲まれ夏でもひんやりとしている。八月の祭日には獅子舞があり、岩井沢観音堂や柏木地蔵堂の境内でも舞う。森田家の裏山には大杉の下に大山祇命、三峯、浅間の小さな三社が置かれている。

渓流に沿う**林道柏木線**を行く。大山祇命を祀る**山神様**を過ぎると、めぼしきも

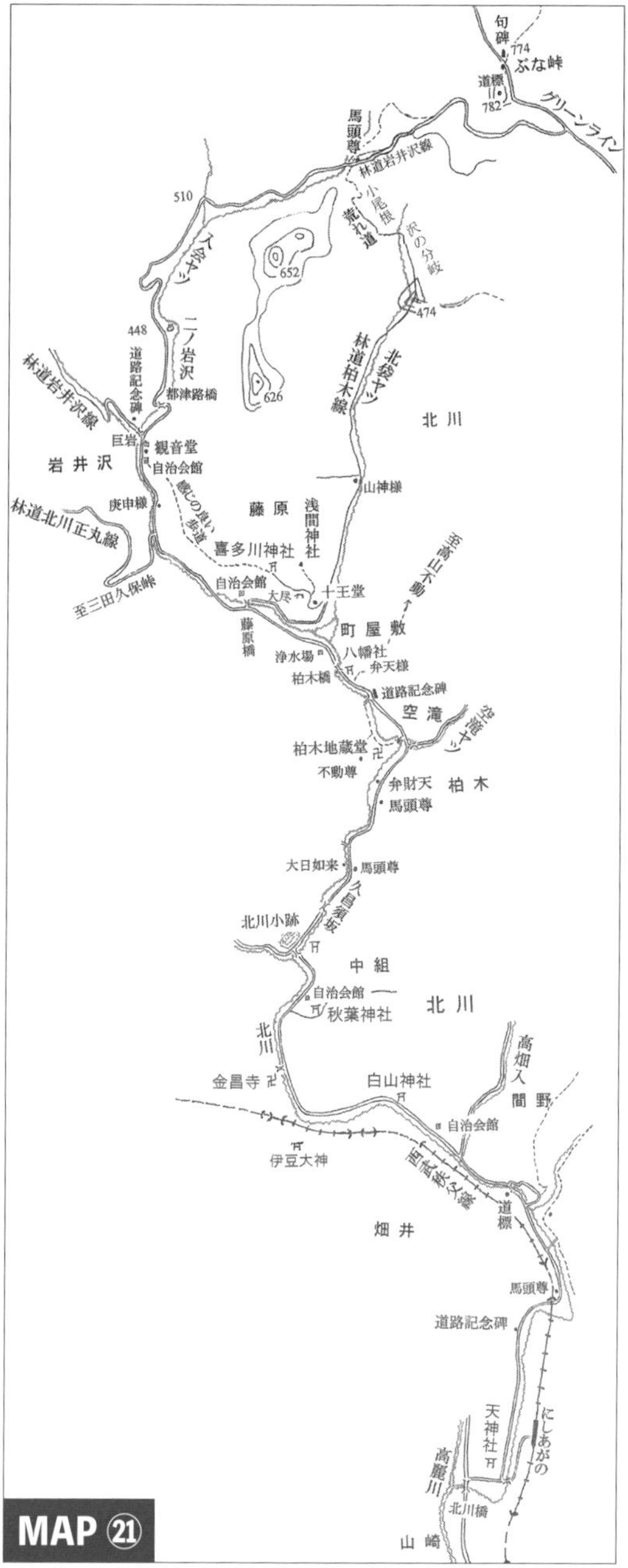

MAP ㉑

喜多川神社

のは何もないが、渓流は小さな滝や滑床の連続で飽きさせない。

ぶな峠　沢の**分岐**を過ぎてから沢と離れ、左手の小尾根の鞍部を登る。しっかりした**林道岩井沢線**に出ると、ぶな峠への山道がある。寛政九（一七九七）年の**馬頭尊**には「右ちかうしみち」と刻まれている。峠道をしばらく登ると再び林道に出合う。林道を進むと舗装されたグリーンライン（林道奥武蔵二号線）に接続する。ぶな峠へは左へ五分ほどである。

ぶな峠

ぶな峠には**石田波郷**の句碑がある。「万緑を顧るべし山毛欅峠」。昭和一八（一九四三）年五月のハイキングで、峠の展望に魂を奪われ即刻にこの句を為した。波郷と親交のあった飯能の俳人吉良蘇月の建立である。句碑前の道標には四面に「ち、ぶ・志こうじ・たかやま・子の山」と刻む。

岩井沢観音堂　峠から山道を下って谷底の道へ降りる。この道は**馬頭尊**のすぐ下方で林道岩井沢線に接続する。林道を右にとって下る。**都津路橋**を渡ると民家が現れ、左に**岩井沢観音堂**がある。背後の大岩の岩庇には、稲荷様や各種の石仏が安置されている。隣接の自治会館脇から**喜多川神社**まで、山裾を通る感じの良い歩道がある。

岩井沢観音堂

三田久保峠　**庚申様**の先から右へ分かれる車道は林道北川正丸線。**三田久保峠**を越えて正丸の国道二九九号へ接続している。この道は岩井観音堂から約一時間で正丸駅へ行くことができる。

4　正丸方面

① 正丸峠から伊豆ケ岳

西武秩父線・正丸駅～馬頭尊～正丸峠～小高山～五輪山～伊豆ケ岳～泣き坂～馬頭尊～正丸駅

安産地蔵尊　**正丸駅**からすぐ右折して階段を下り、トンネルで西武秩父線をくぐる。右手の荒地は**宝泉寺跡**で、諸仏供養塔が立つ。大蔵山の集落に入ると安産地蔵尊の**観音堂**がある。地蔵尊には金の胎内仏があるといわれ、宝泉寺の本尊として古くから霊験あらたかだった。明治の神仏分離で正蔵院に移されることになったが、重くなり運び出せなかったので子育観音のお堂に安置した。四月二四日の縁日には、妊婦が仏前の旗をいただき腹帯にして出産を待つ風習がある。

安産地蔵尊

登山口　集落を抜けると**馬頭尊**が祀られている**伊豆ケ岳の登山口**になる。馬頭尊が大正五（一九一六）年と比較的新しいのは三代目だからである。モミジと椿に抱えられるように岩庇の**大岩**がある。元は谷の方まで伸びる巨岩だったが火薬で破壊した。対岸の斜面には囲炉裏の切られた**精進小屋**がある。近くの畑にいた古老に聞く。「小屋には牛頭天王や愛宕様が祀ってあるんだよ。昭和三〇（一九五五）

精進小屋

伊豆ケ岳の登山口

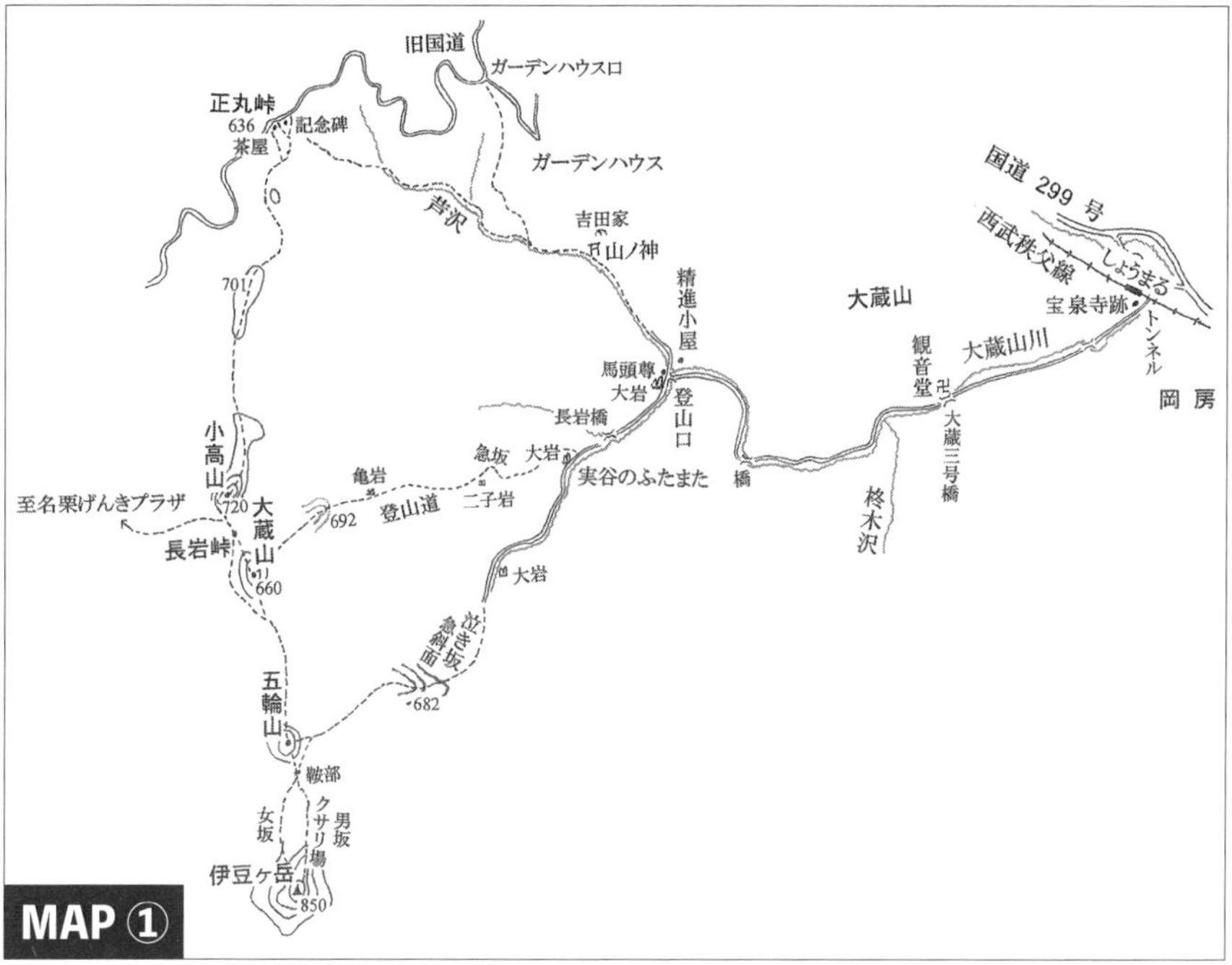

年ごろまでは七月一五日に、当番が集めた米を炊いて一日中小屋で過ごしてたんだ。昼はうどんだったが、夕食には酒も出てねぇ」。精進小屋は各地の集落にあったが、残っている小屋はほとんどない。

正丸峠　登山口から右の道をとり、**山ノ神**を過ぎると正丸峠とガーデンハウスへの分岐になる。一五分ほど登るとガーデンハウス口の**旧国道**に出る。ハウスからの展望は良い。旧国道を一五分ほどで**正丸峠**に着く。昭和天皇が昭和三〇年に峠を越えられ、それを記念して**御展望記念碑**が建てられた。

伊豆ケ岳　奥村茶屋の裏手から伊豆ケ岳への**登山道**に入る。幾つかの小起伏を越えて**小高山**へ。山頂から下ると**長岩峠**で、右へ名栗

正丸峠

げんきプラザへの道が分かれる。次の大蔵山から今度は左へ正丸駅への道が分岐している。**五輪山**への丸太の階段を登ってから下ると、伊豆ケ岳との鞍部となる。正丸駅への**下山道**は左、右は**女坂**から山頂へ。正面は鎖場の岩壁を直登する**男坂**である。「落石注意・事故は自己責任」の看板の立つ鎖場を登り、ごつごつした岩場のやせ尾根をたどり展望の良い**伊豆ケ岳**山頂へ。

馬頭尊　帰りは女坂から鎖場下に戻り、正丸駅への道をとる。しばらく尾根道を下ってから、左へ**泣き坂**の急斜面を下る。ロープが渡してあるが雨後は滑りやすい。谷底まで下り小さな流れに沿って行く。**大岩**が現れると**大蔵山**からの道が合わさる「**実谷のふたまた**」である。**長岩橋**を経ると登山口の**馬頭尊**になる。ここからは来た道を戻って正丸駅へ。

泣き坂

伊豆ケ岳山頂

〈大蔵山川沿いから伊豆ケ岳へのルートは、伊豆ケ岳登山口から左の大蔵山川沿いを登る。長岩橋を過ぎると、実谷のふたまたで右に登山道が分かれる。谷の水が尽きると滑りやすい急坂が待っている。ロープに掴まりながら尾根上に登り、大蔵山へ。ここから五輪山を経て伊豆ケ岳へ登る。〉

馬頭尊

② 正丸駅から虚空蔵峠と正丸峠

西武秩父線・正丸駅～八阪神社～福生寺～山神社～源流碑～虚空蔵峠～旧正丸峠～正丸峠～正丸駅

純道顕彰碑　正丸駅から国道二九九号を秩父方面に少し進み、左の旧道に入って高麗川を渡ると**八阪神社**がある。自然石の石灯籠が立ち、脇には子育て地蔵堂もある。寛政十一年、念仏供養塔と刻まれている。すぐ先に「右大野左ち、ぶ・道」と刻む古い**道標**がある。大野への道に架けられていた橋桁が峠ノ沢に残る。近くには水車があった。

　この先で**峠ノ沢**を渡り、上方に登ると左の奥に**不動堂**が見える。小さな沢を渡ると大ヒノキのそびえる自治会館を兼ねた**西善寺**になる。寺から高麗川に下って対岸へ行くと、左に山ノ神を合祀した**観音堂**がある。

道標

　国道に出ると左に、「本邦帝王切開術発祥之地記念碑」の標識が立つ。**伊古田純道の顕彰碑**で、純道と岡部均平のレリーフがはめ込まれている。嘉永五（一八五二）年六月二二日、日本最初の帝王切開術により難産の本橋みとを救った。

虚空蔵峠　正丸トンネル口に近づくと、対岸に日蓮宗護法道場の**福生寺**がある。平成元年に勢子是随氏が当地をやすらぎの里とすべく創立した。**林道苅場坂線**に入り、高麗川沿いに上流へ進む。対岸に渡ると、大杉に囲まれて大岩の上に**山神社**がある。点在する刈場坂の民家を見つつ、さらに上流へ進んで**高麗川原流保全之碑**へ。記念碑の脇を細くなった清流が下っている。尾根を南へ回り込むようにして**虚空蔵峠**へ。峠には虚

虚空蔵峠

空蔵様と休息所がある。秩父側へは山道が下っている。

虚空蔵峠から正丸峠方面へ伸びる尾根道を行く。**関東ふれあいの道**で整備されている。三三四《メートル》の峰を下ると、峠道は消滅している**サツキョ峠**である。いくつかの小さな峰を越えて**旧正丸峠**の狭い鞍部に降り立つ。峠からは**川越山**《かんぜ》への急登が待っている。**正丸山**から下ると東屋とベンチがある。右へ**正丸神社**へ踏跡道が分かれる。このまま下れば正丸峠の車道に降り立つ。

正丸駅へは**奥村茶屋**の裏手から芦沢の谷底に下る。しばらくは小流の中を行く。**ガーデンハウス**への分岐を過ぎると、大杉に囲まれて**山神社**がある。二月の初申に山神様の祭典「お申講」が行われる。まもなく車道になり、**伊豆ケ岳登山口**の馬頭尊、続いて**安産地蔵尊**のお堂を過ぎて正丸駅へ。

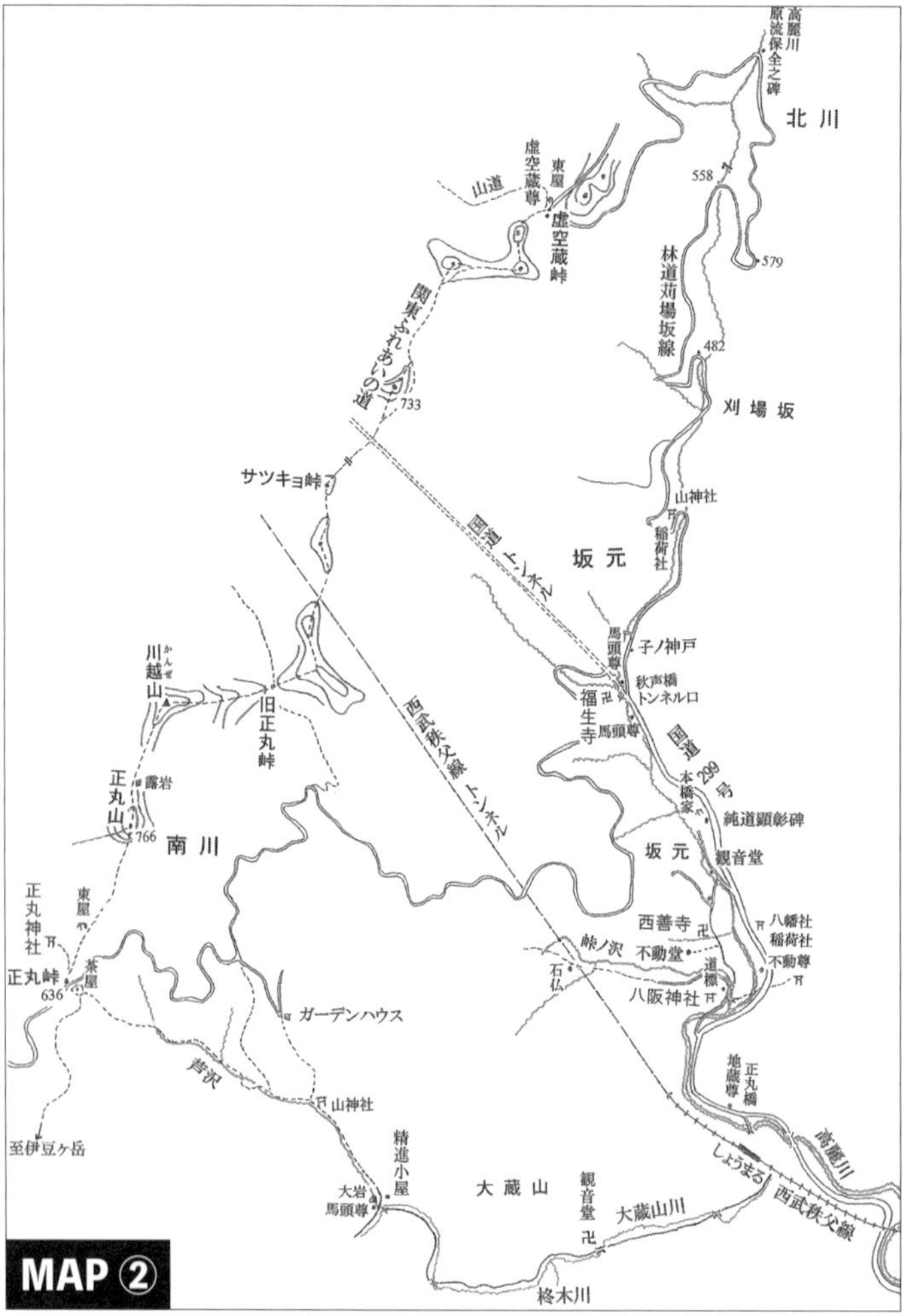

③ 旧正丸峠と長岩峠

西武秩父線・正丸駅〜旧正丸峠〜追分の道標〜松枝橋〜げんきプラザ前〜長岩峠〜馬頭尊〜正丸駅

旧正丸峠　正丸駅から一度国道二九九号に出て、左の旧道に降りて**坂元集落**へ。**八阪神社**を過ぎるとすぐ左の垣根の中に道標がある。「右大野左ちゝぶ」。峠ノ沢沿いに行くと対岸に**不動堂**がある。これより旧峠への山道に入る。杉林の中の道を進み小流を渡ると左に、苔むす石灰岩の**石仏**が台石に祀られている。この先で峠ノ沢の左岸に渡り、**小滝**の懸かる沢を過ぎると一〇メートルほどにも切り立つ樹木の生えた**大岩**がある。沢を渡り返しつつ行くと二股に分かれる。右の沢を詰めつつ登ると**旧国道**に出る。五〇メートルほど旧国道を行ってから再び右へ**旧峠道**へ入る。数回ジグザクに急登してから、ゆるやかに直登すると、何の変哲もないU字状の**旧正丸峠**（六六五メートル）であった。尾根道は**関東ふれあいの道**として整備されている。左へ一・三キロで正丸峠、右へ一・八キロで虚空蔵峠である。吾野側は杉林、秩父側はやや明るい雑木林で展望はない。

坂元集落

長岩峠　峠から下地にササが密生している雑木の中を下る。すぐ涸谷が現れ、まもなく右に沢音を聞きつつ下ると、間伐材を利用して造られた**砂防ダム**が現れ林道終点に降り立つ。**南沢第二橋**を渡ると追分の道標に着く。大木の根元に三体の石仏と高さ一メートル程の道標が立つ。左へ八王寺道をとり小尾根を二つほど越えて**松枝集落**へ。

名栗げんきプラザの駐車場を過ぎて、車道は丁字路になる。正面の林道に入るとすぐに左へ**伊豆ケ岳**への登山道がある。この山道をとり沢を渡って急な丸太の階段を上る。ツガの木台の小ピークになると、一息で**長岩峠**に達する。峠から右へ**大蔵山**の頂きを経て左の急な下りにかかる。岩比のある巨大な**亀岩**、続いて**二子岩**脇を過ぎる。小流を渡ると伊豆ケ岳への一般登山道に降り立つ。ここは**実谷のふたまた**と呼ぶ。左へ下れば、**馬頭尊**の立つ最奥の**大蔵山集落**の車道に出る。

伊豆ケ岳山頂

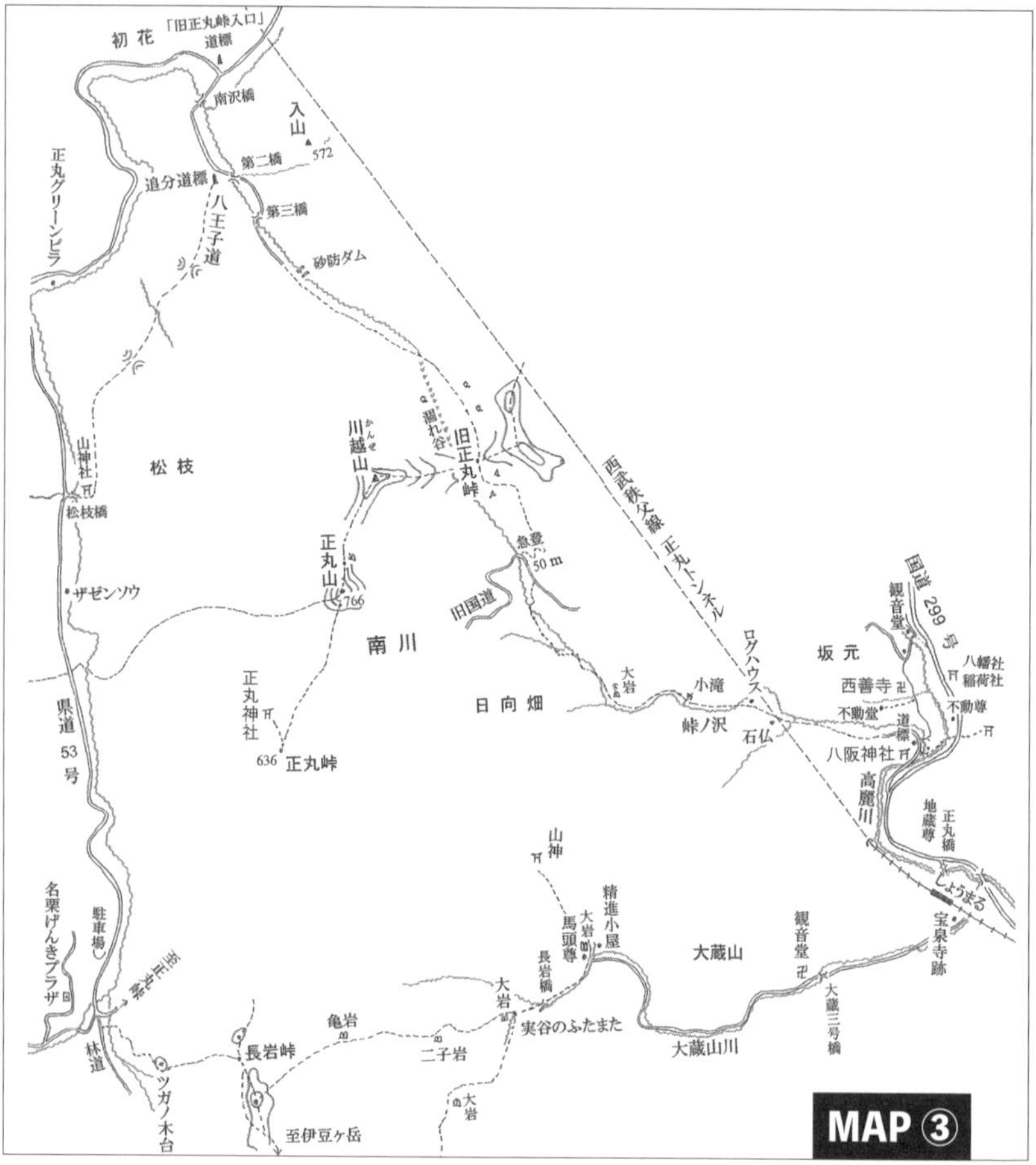

④虚空蔵峠から刈場坂峠

西武秩父線・正丸駅～トンネル口～高麗川源流保全之碑～虚空蔵峠～刈場坂峠～ツツジ山～小都津路山～旧三田久保峠～正丸駅

虚空蔵峠までは、【②正丸駅から虚空蔵峠と正丸峠】を参照。

刈場坂峠　虚空蔵峠から車道を行くと左に「関東ふれあいの道」の道標があり、刈場坂峠への山道が分かれている。最初の峰に登ると大樹がある。次のピークは巻いて行き**牛立久保**の源頭部へ。広々とした感じの良

刈場坂峠

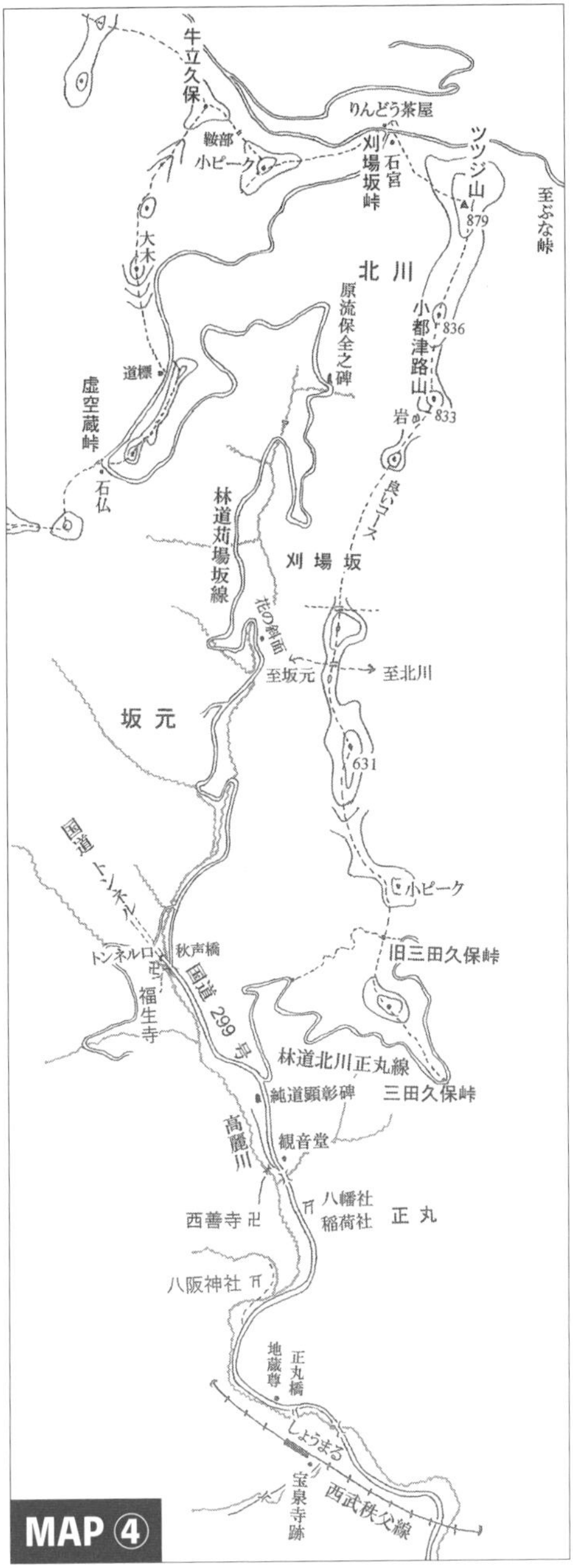

い窪地を縦断して尾根上の鞍部へ達する。ピークを越えて車道の**刈場坂峠**へ着く。**りんどう茶屋**があり、堂平山方面の展望がよい。

ツツジ山　峠から三角点のある**ツツジ山**に登り、南へ伸びる長大な尾根道で正丸駅方面へ向かう。この道は一般コースではないが、所々に道標があり道もしっかりしている。**小都津路山**からは露岩を見ながら下る。次のピークを越えた鞍部には北川、坂元への頼りない道が乗り越している。右下方に車道が見えてくると峠の鞍部になる。このまま尾根道を行くと林道北川正丸線の乗っ越す**三田久保峠**へ。**旧三田久保峠**から右へ一〇分余り下って国道二九九号へ接続する林道北川正丸線に出る。

ツツジ山

⑤ 三田久保峠から西吾野駅

旧三田久保峠～新三田久保峠～正丸駅分岐～秋葉大権現～天久保山～車道～西吾野駅

三田久保峠　旧三田久保峠までは他で紹介したコースを行く。**旧三田久保峠**から北川への道は不明瞭だが、下方に見える林道を目指して下ればよい。そのまま尾根道をとって行く。一ピークを越えて少々岩場の急な下りで林道北川正丸線の**新三田久保峠**に降りる。林道を横断して西吾野の天神様まで続く長い**尾根道**に入る。この道は道標もなく読図力が必要な中級コースである。主脈尾根を外さぬようにすればよい。諸処に赤テープが目印になっている。健脚家向きのコースである。

天久保山　新三田久保峠から**岩場の山頂**を経て正丸駅へ下る分岐へ。西吾野駅方面への主脈は左手の踏み跡道である。四五四㍍を過ぎると痩せ尾根になる。急な下りで岩場の小ピークを過ぎて下った鞍部には**心細い峠道**が越えている。三八九㍍を過ぎ、次のピークには岩壁の上に、安永四(一七七五)年の**秋葉山大権現**(石碑)が祀られている。

下った鞍部には峠道が乗り越している。急登で前方のピークに達すると緩やかになり、わずかの登りで**三角点**のある広い天久保山山頂に着く。しばらく平坦な尾根道を行き、急な下りにかかる。道はかなり不明瞭になるが左下に車道が見えてくるので、**鉄道のトンネル口**

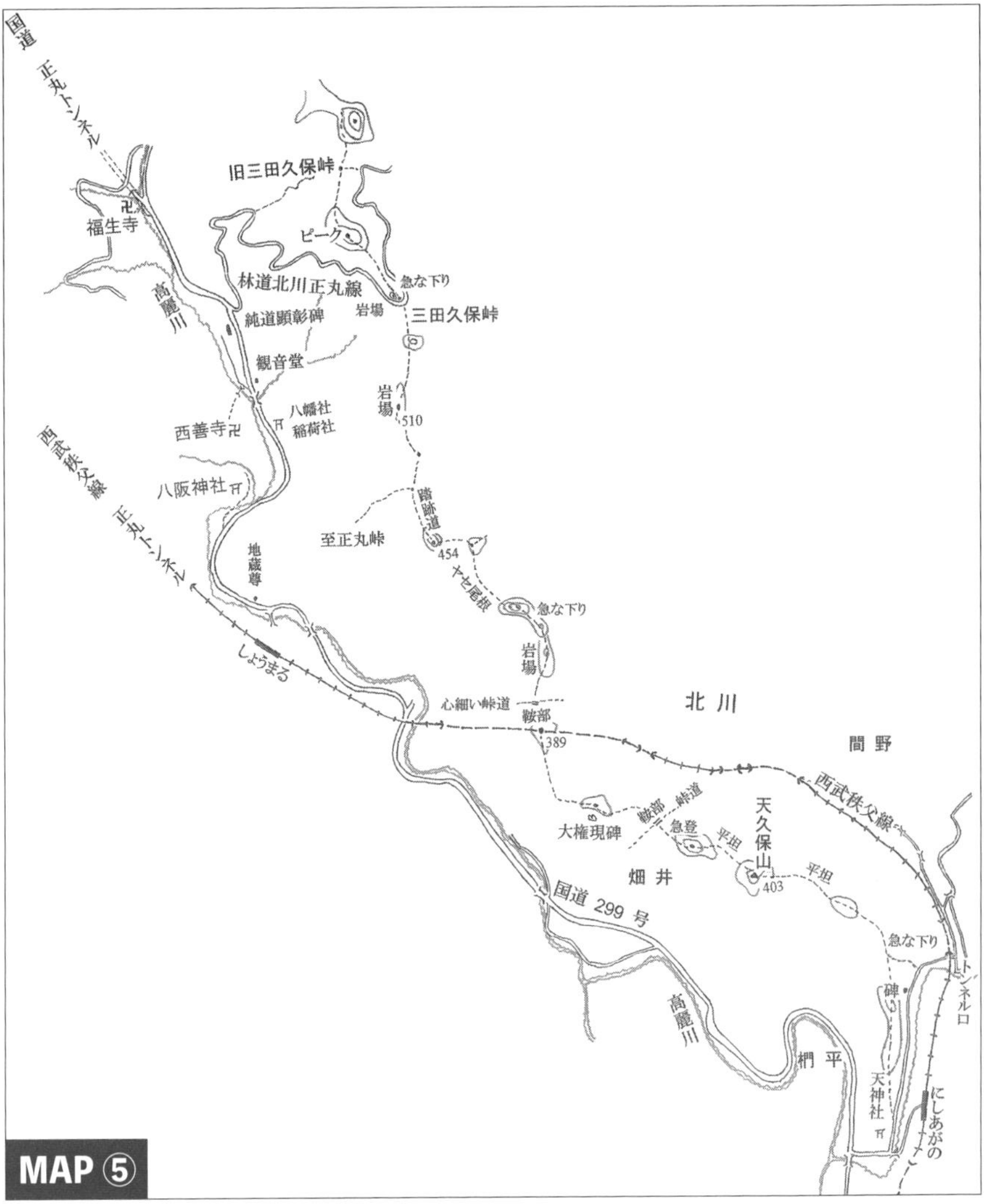

に向かって北川沿いの車道へ降り立つか、そのまま尾根を進んでから車道に出てもよい。すでに西吾野駅は上方に見えている。

第三部　毛呂山・越生編

1

毛呂山方面

① 葛貫地区巡り… 宿谷ノ滝まで

八高線・毛呂駅〜栄橋〜大寺廃寺跡〜六角塔婆〜宿谷ノ滝〜毛呂山総合公園〜住吉四所神社〜嘉元の板碑

大寺廃寺跡　毛呂宿は幕府の巡見使の通路で宿所だった。伝馬の引き継ぎを命じられ、八高線とほぼ同じ道筋で八王子から毛呂、寄居を経て上州へ通じる八王子往還であった。

毛呂駅から埼玉医大病院前の県道三〇号（飯能寄居線）に出て南下し、鎌北湖入口、柳橋、宮脇橋、埼玉医

大寺廃寺跡

科大学日高キャンパス（編注・現国際医療センター）を過ぎる。**栄橋**の先を右折し、宿谷川沿いの車道を行く。ヒノキ林帯に入り夏でも涼しい。橋を渡ると右へ、近年発掘調査された**大寺廃寺跡**《おおでらはいじ》（県）への道が分かれる。草原に礎石が残り、建物跡五棟、中世の遺構一基、各種の瓦、鉄釘、青銅製風鐸などが出土した。八世紀前半に創建され中世まで存続。高麗氏の私寺と思われる。

戻って里山風景の広がる**上大寺**へ。

六角塔婆　最後の紫藤家から宿谷川沿いの心細い山道に入る。ヒノキ林帯を進むと民家が現れ、**馬頭尊**と**猿田彦**の石碑のある丁字路に出る。右折して更に山道を行くと、**山根六角塔婆**（県）がある。貞和二（一三四六）年建立の珍しいもので、六枚の板碑が六角の台石に筒形に立っている。その上に

山根六角塔婆

は六角の笠石が乗っている。高さ一メートル余り、六面のうち一枚を欠いている。六角塔婆は県内に三つだけ（他には岩殿正法寺・小川町大聖寺）。
　道を挟んで**百観音供養塔**と並んで「左宿谷瀑」の**道標**がある。
　道標の後ろには**宿谷地蔵尊**が祀られている。説明板を要約すると、宿谷氏は武蔵七党の児玉党の系譜。田波目城に居住していた北条氏の重臣、宿谷本重は天正一八（一五九〇）年の北条氏の滅亡後、先祖ゆかりの宿谷に身を潜める。孫の重本は川越城主松平信綱に仕えた。寛文一二（一六七二）年、重本はこの地蔵尊を建てて民衆の安楽を願った。

宿谷地蔵尊

宿谷ノ滝　車道に出て宿谷川沿いを西へ行く。左の集会所を経てさらに進むと右に鎌北湖への車道を分ける。ここに宿谷ノ滝への案内板。**宿谷ノ滝**は、武蔵風土記稿に「信多瀧」として挿絵がある。毛呂山三滝（他には獅子ケ滝・塩沢ノ滝）の一つで、近くに日高市笹井観音堂配下の明覚院**金剛寺**があって明治維新まで修験の行場だったという。往古、不動堂があったが、今は不動尊の石像のみ。
住吉四所神社　車道で山根六角塔婆まで戻り、さらに北へ進む。ゴルフ場があるので付近は環境が良い。

宿谷ノ滝

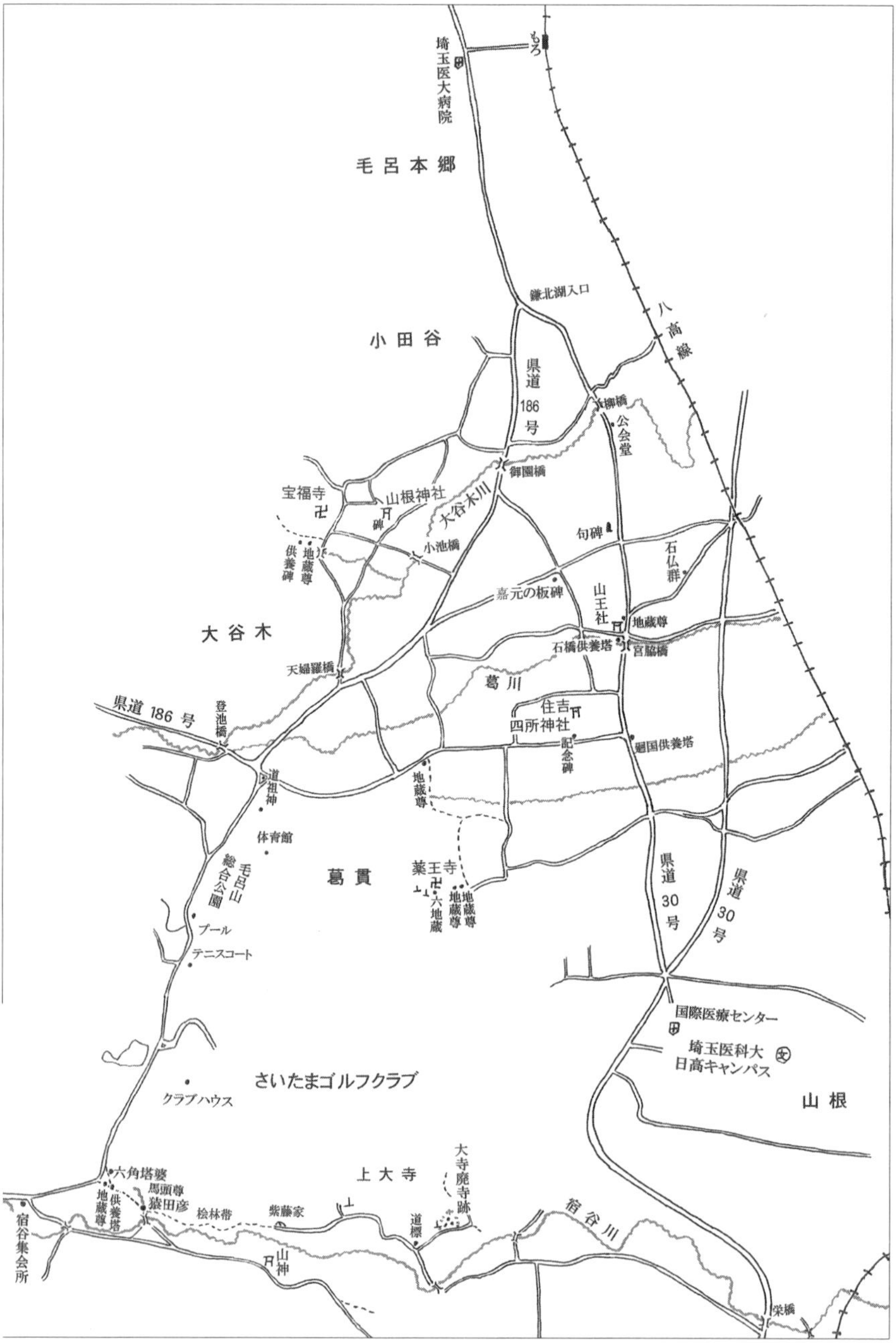
埼玉医大病院
もろ
毛呂本郷
鎌北湖入口
八高線
小田谷
県道186号
柳橋
公会堂
御園橋
宝福寺
山根神社
碑
大谷木川
句碑
小池橋
供養碑
地蔵尊
石仏群
嘉元の板碑
山王社
地蔵尊
大谷木
石橋供養塔
宮脇橋
天婦羅橋
葛川
県道186号
登池橋
住吉
四所神社
記念碑
廻国供養塔
道祖神
地蔵尊
体育館
毛呂山総合公園
薬王寺
葛貫
六地蔵
地蔵尊
地蔵尊
県道30号
県道30号
プール
テニスコート
国際医療センター
埼玉医科大
日高キャンパス
さいたまゴルフクラブ
クラブハウス
山根
六角塔婆
上大寺
大寺廃寺跡
馬頭尊
猿田彦
地蔵尊
供養塔
桧林帯
紫藤家
道標
宿谷川
宿谷集会所
山神
栄橋

ゴルフ場には室町時代の築城と推定される竜ケ谷城跡があり、空堀の一部が残る。まもなく右手はテニスコート、プール、立派な体育館のある広い**毛呂山総合公園**になる。鎌北湖への車道を右折して、**薬王寺**を回って**住吉四所神社**に向かう。

嘉元の板碑

薬王寺

四所神社は森に囲まれた立派な神社で、境内には各種記念碑に並んで、元治年中の山石坊句碑「さけさけと山石坊もいふ桜」がある。鳥居前には漢文の住吉四所神社記の記念碑が立つ。古社で秩父能隆、鎌倉公方基氏らが関係している。

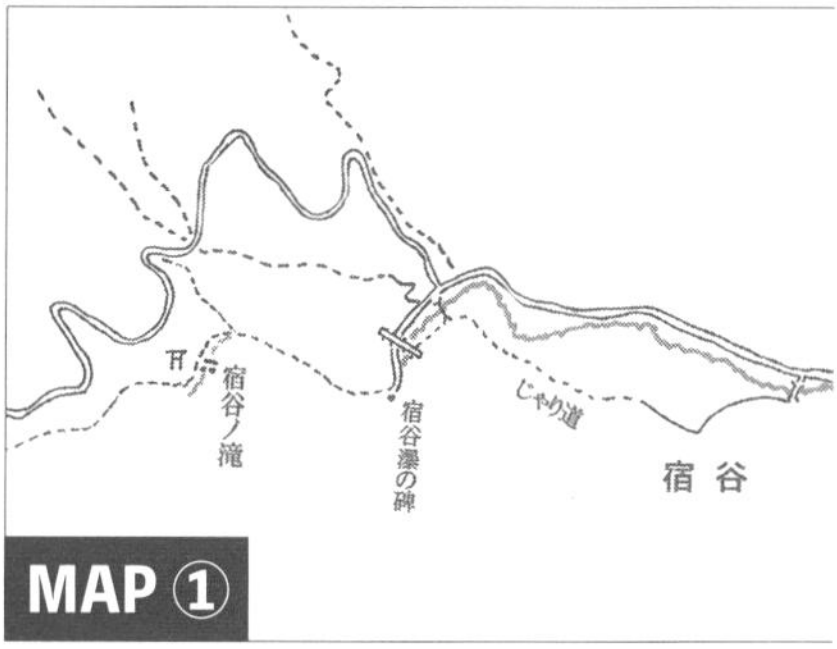

嘉元の板碑　四所神社から県道三〇号（飯能寄居線）に出ると、道脇に天明元（一七八一）年の廻国供養塔が立つ。傍に石橋供養塔や地蔵尊のある**宮脇橋**を渡り左折して**嘉元の板碑**へ。嘉元四（一三〇六）年の建立、下幅七五センチ、高さ三・四メートルと見上げるほど大きい。当地の字名も「大石佛」で、大谷木の宝福寺は当初ここにあったという。

② 鎌北湖からスカリ山

八高線・毛呂駅～鎌北湖入口～季光公之碑～十王堂～車地蔵～鎌北湖～エビガ坂～スカリ山～北向き地蔵～自然歩道～鎌北湖

季光公之碑　毛呂駅から県道三〇号（飯能寄居線）に出る。**鎌北湖入口**から県道一八六号（毛呂停車場鎌北湖線）を進む。大谷木家の奥さんから所在を聞いて、当家の栗畑を通り山裾にある**箱根権現社**へ行く。境内に明治一五（一八八二）年建立の大きな**季光公之碑**があった。この碑は明治時代に毛呂氏の末裔たちが祖先の栄光を讃えて建てた。

毛呂氏の活躍は鎌倉時代初期、『吾妻鏡』に少し登場する。藤原氏の血筋を引く高貴な武士。一族が東国へ下り丹党と姻戚を結び、毛呂郷に土着した。この付近が毛呂氏の城址という。

毛呂氏の墓　大谷木家の墓地前方に**毛呂氏の墓**がある。三基のうち、二基の宝篋印塔と五輪塔が町指定。文禄年間（一五九二～九六）に毛呂顕純がここに真福寺を創立。大谷木箱根権現社の別当だった。

季光公之碑

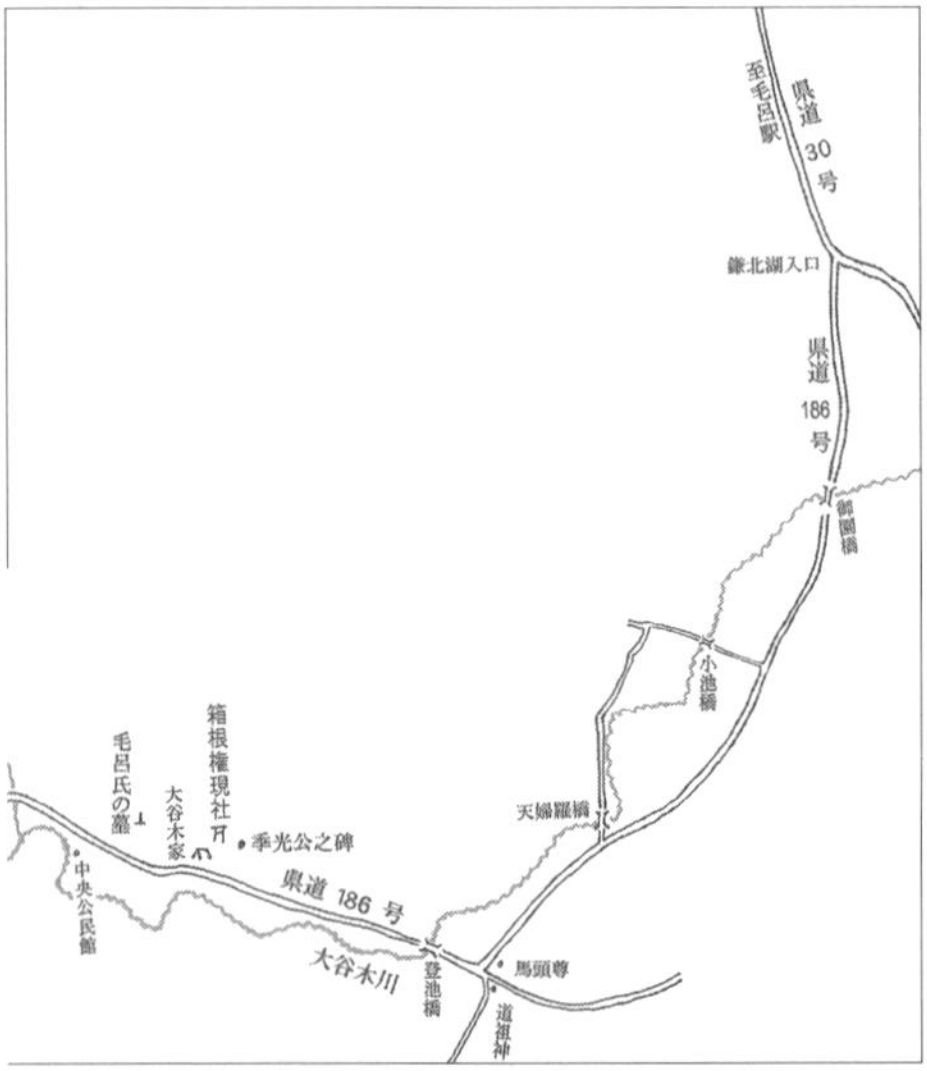

箱根権現社

十王堂　町内に現存する唯一の十王堂。堂内中央の厨子に地蔵尊、両側に十王、奪衣婆などの木造仏が安置。堂内の資料によると、開眼から二〇年後の文久三（一八六三）年に十王諸仏の彩色塗り替えが行われた。今は彩色が著しく剥げ落ちている。

コラム・硯石

宿谷から大谷木へ越える道の東側丘陵にある。岩の窪みはいつも水をたたえ、日照りの時はこの水を借りて雨乞い祭りをした。

毛呂氏の墓

十王堂

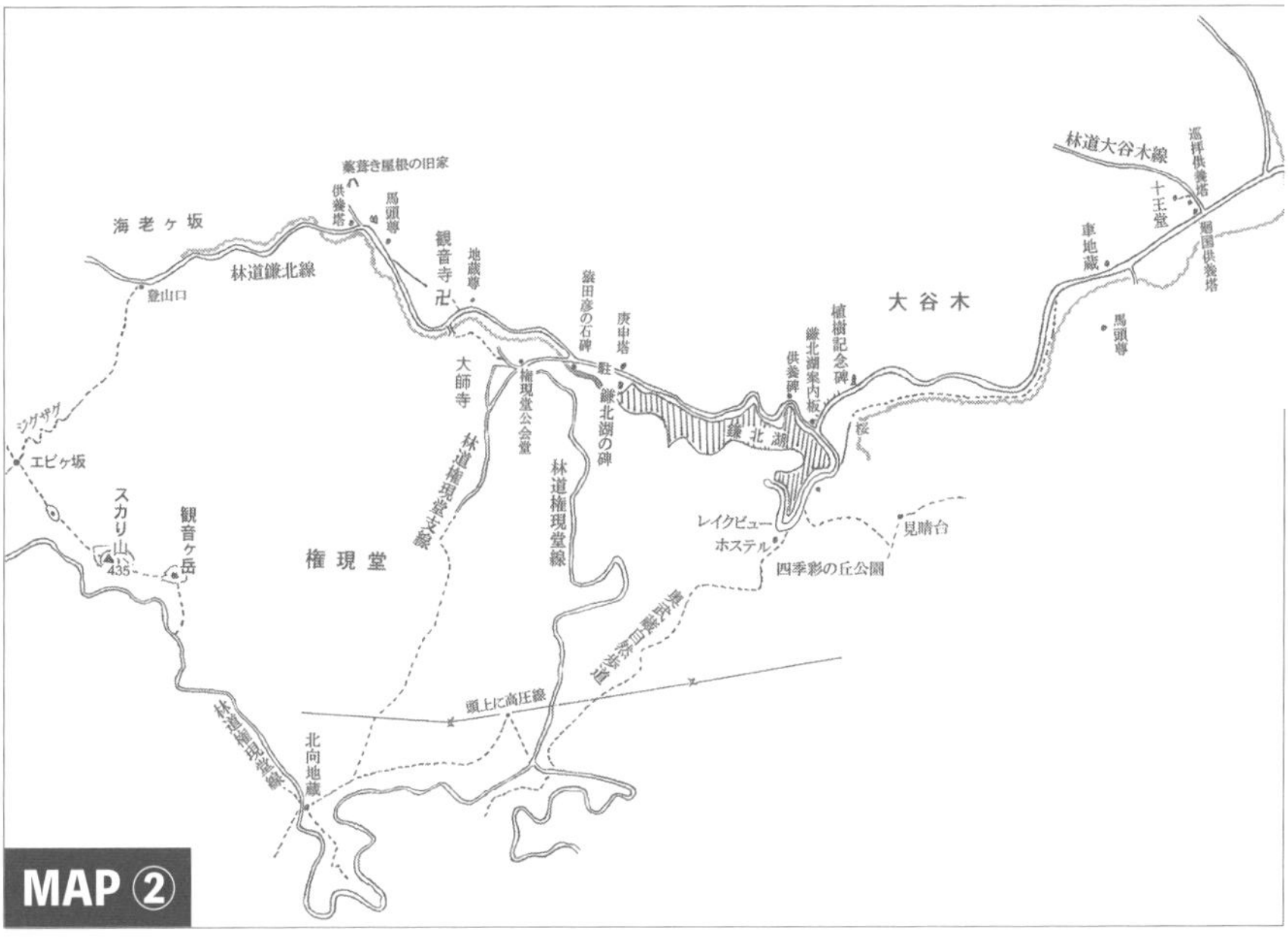

MAP ②

車地蔵　大谷木の車地蔵（町）は、文政六（一八二三）年に造立。明治四三年の大洪水で流失後、旧在地の旧道に復興。平成一六年、車地蔵の石供養が行われ県道脇へ移設された。現在は上屋の中に安置されている。

植樹記念碑　昭和一一（一九三六）年、桜、カエデ、イチョウ、ヤマブキを植えた**記念碑**。

鎌北湖　鎌北湖の正式名は「山根貯水池」。昭和四年着工、昭和一〇年に完成。当時は不況時代で、公共事業で雇用をはかる目的があった。地元の延べ労働力は一一万人とも言われている。昭和三九年の**鎌北湖の碑**には、完成するまでの年譜が記されている。高さ三・五メートルと町内一の大きな碑である。湖畔には桜が植えられ花見時には賑わうが、普段はへら鮒の釣師たちが糸を垂れている。へら鮒供養の石宮がある。

鎌北湖

エビガ坂　右上に**観音寺**を見て行くと分岐、右の獅子ケ滝方面には**藁葺き屋根の民家**が見える。左の林**道鎌北線**を行くとエビガ坂への**登山口**になる。山道に入り沢を左下に見つつ行き、最後はジグザクのわずかな急登で**エビガ坂の峠**（鎌北湖へ二・六キロ）に達する。

藁葺き屋根の民家

エビガ坂の峠

スカリ山　エビガ坂から**スカリ山**へは小ピークを一つ越えてから、わずかの登りで四三五メートルの三角点を持つ山頂に達する。ベンチがあり東方に展望が開けている。次の観音ケ岳は小さな頂だが、展望もあり憩うのに良い。山頂から尾根を五分ほど下ると林道に降り立つ。

北向き地蔵尊　さらに林道を五分余り行くと**北向き地蔵尊**（町・平成二七年指定）である。天明六（一七八六）年建立。天明飢饉の時、権現堂村の市川勝豊は夢のお告げで下野の岩船地蔵尊を勧請した。天地人を守護する三体の地蔵尊は北方に向いている。

自然歩道　北向き地蔵尊から鎌北湖への道を下る。頭上に**高圧線**が近づいたところで、右へ下って一度林道に出る。**奥武蔵自然歩道**に入り、谷沿いを下ると**鎌北**湖畔のレイクビューホステル前になる。右へわずかで桜の堰堤に着く。

スカリ山

北向き地蔵尊

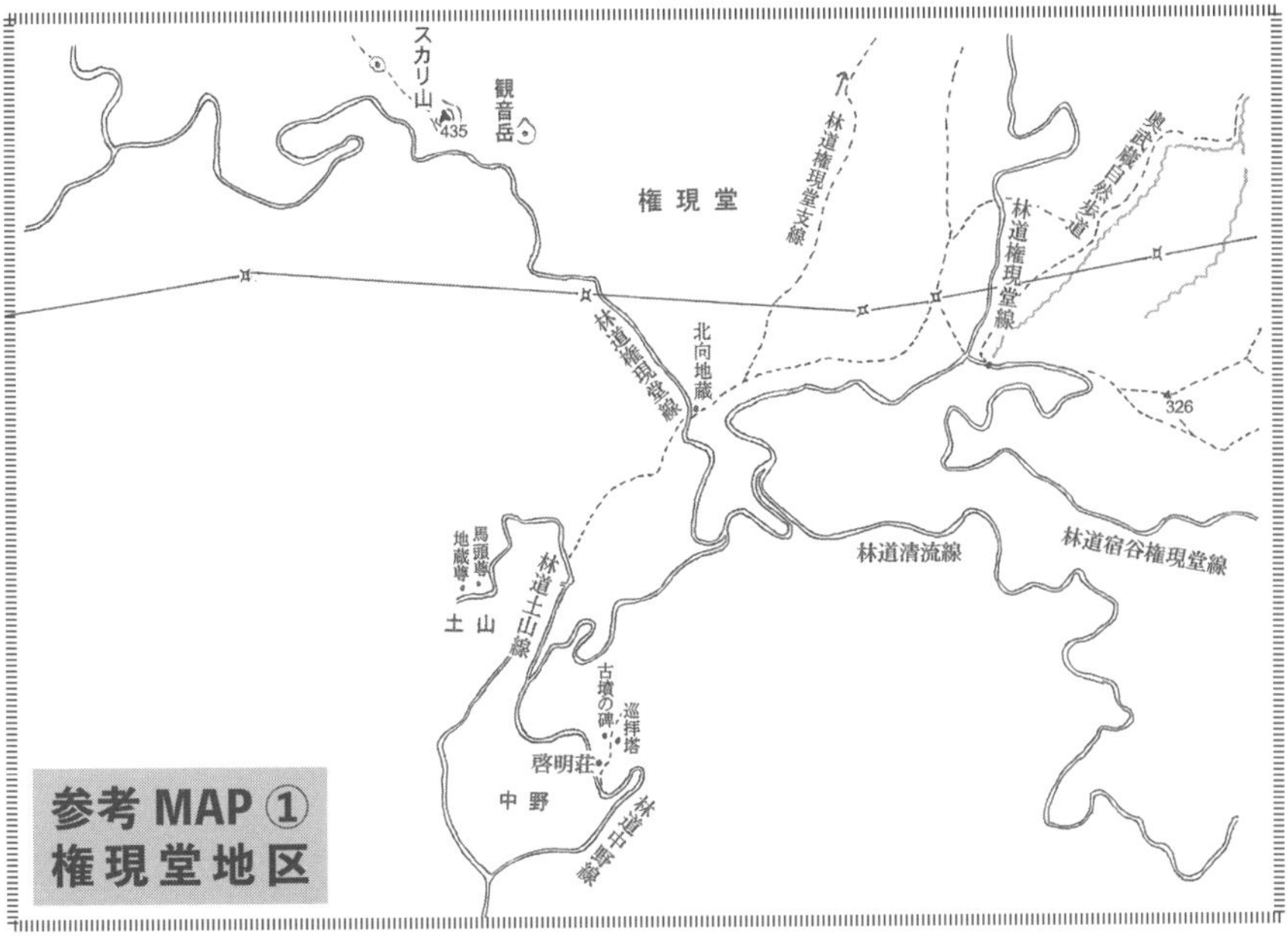

③石尊山周辺

八高線・毛呂駅〜柳橋〜碩布の句碑〜山根神社〜宝福寺〜長栄寺〜石尊山〜長栄寺〜毛呂駅

碩布の句碑　毛呂駅を出て埼玉医大病院前の県道三〇号（飯能寄居線）を南に進む。鎌北湖入口を過ぎて**柳橋**手前を左折すると、旧家の門前脇に**地蔵尊**と**馬頭尊**が並んで立つ。安永三（一七七四）年の馬頭尊は長瀬村の寒念仏講中により建立。彫りの深い三面八臂は珍しい（一般には六臂）。

県道に戻り少し行くと、右に川村碩布《せきふ》の**句碑**「色かえぬかはりやまつに秋の声」（町）がある。碩布（一七五一〜一八四三）は江戸時代の俳人で、老松を見て即興で詠んだとされる。当時は松があり「一本松」と呼ばれていた。

山根神社　県道から右に折れ西に行くと**山根神社**がある。元は八幡神社。明治四〇（一九〇七）年に周辺地域の各社を合祀して現社名とした。本殿の左に日露戦争の「戦利兵器奉納之碑」がある。奉納した戦利品は弾丸四個他。

宝福寺　神社の西に、創建は嘉元年間（一三〇三〜〇六）という**宝福寺**がある。口碑では葛貫の大石佛にあったともいう。墓地の斜面は芝生で展望がよい。文政三（一八二〇）年の供養碑がある。

長栄寺　宝福寺から北方に向かう。左の**毛呂山霊園**の墓地口に多数の地蔵尊、右に文化二（一八〇五）年の「不許葷酒入山門」と刻む結界石。長栄寺**山門**前になると小さな滝に不動の石像があり、その上方に**不動堂**が建つ。**長栄寺**は毛呂氏の館跡に建てられ

長栄寺山門

長栄寺

ている。毛呂顕季は大永五（一五二五）年、館を廃し、龍隠寺七世の大和尚を招いて長栄寺を建立した。江戸時代は家光から寺領二〇石を賜った。顕季はまた**龍穏寺**の執事職でもあった。現在の寺は昭和四六（一九七一）年焼失後、再建された。

長栄寺の背後にある**毛呂氏の墓**には古い五輪の供養塔が立つ。毛呂氏は源頼朝の挙兵以来の側近だった。毛呂郷の地頭職として、勢力は越生や比企の一部にまで及んでいた。戦国時代は北条氏に仕えていたが、小田原落城と共に四〇〇年の幕を閉じた。

石尊山　不動堂境内の稲荷社の脇から、杉桧林の尾根を登る。一〇分ほどでゴルフ場との金網が現れ、道も緩やかになる。最後はわずかの急登で**冨士浅間大菩薩**の前に着く。石碑は富士遙拝の祓所の位置にあり、万延元（一八六〇）年、長栄寺住職が建立した。ここは**鳥峠**とも呼ばれ、毛呂病院への山道が分かれる。二二五メートルの**石尊山三角点**は鉄塔の先で、山頂からは眼下にゴルフ場、武蔵野の広大な平野が見渡せる。下りは鳳谷を挟んだ西の尾根をとる。途中で毛呂病院方面への道を分けて下ると**毛呂氏の墓**の脇へ出て一周が終わる。

毛呂氏の墓

冨士浅間大菩薩

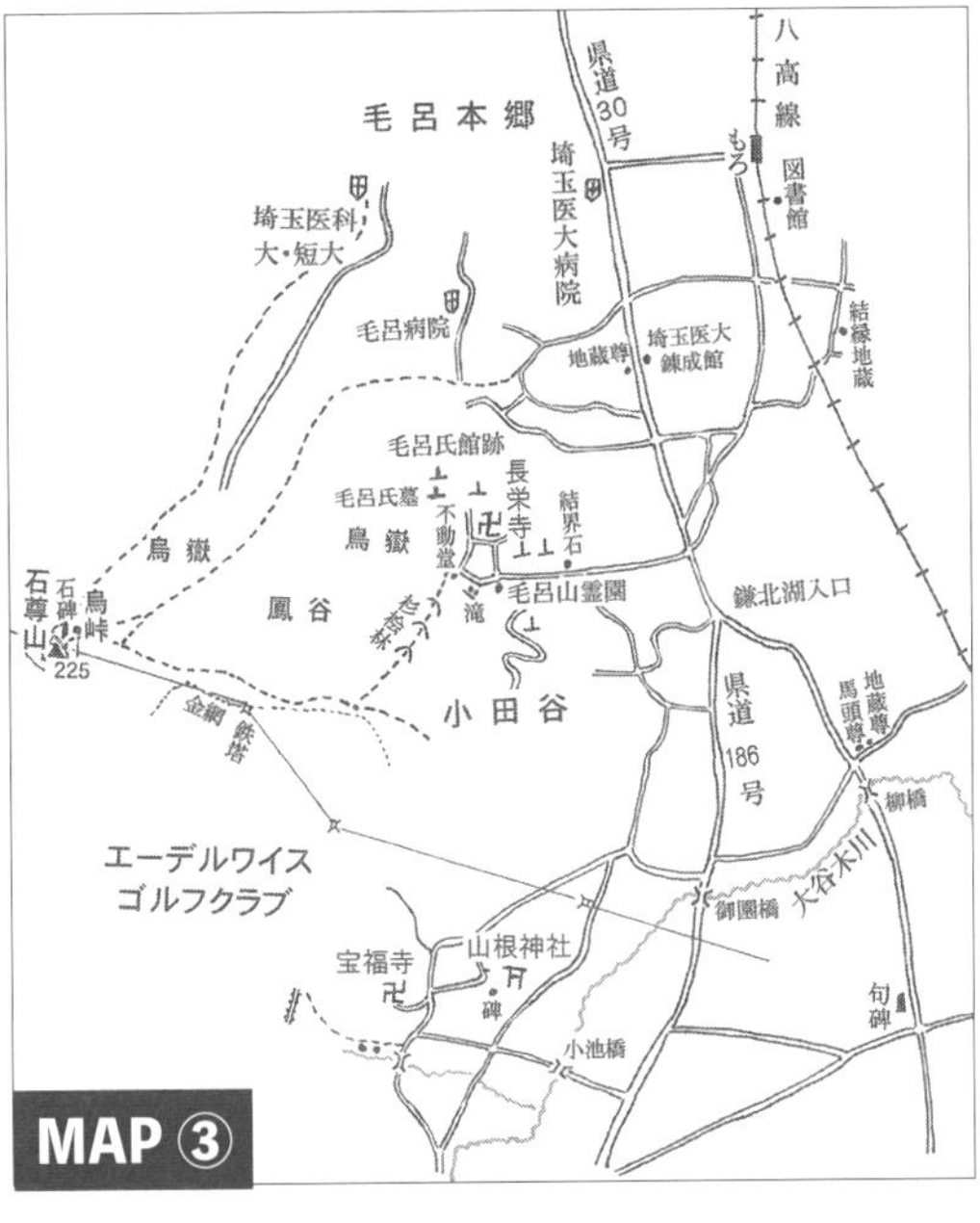

④阿諏訪地区巡り

八高線・毛呂駅～金塚の庚申塔～地蔵尊～雷電神社～獅子ケ滝～中山の薬師堂

金塚の庚申塔　毛呂駅から埼玉医大病院前に出る。県道三〇号（飯能寄居線）を北に行き左手の車道に入る。麻原酒造先の分岐に**金塚の庚申堂**が立つ。**庚申塔**はお堂の中に安置されていて、自然石に「庚申」と刻む。右は龍穏寺へ、左は子の権現、高山不動尊への道である。

かつて妙玄寺前にあった山根城（城主は北条家の重臣毛呂豊

金塚の庚申堂

庚申塔

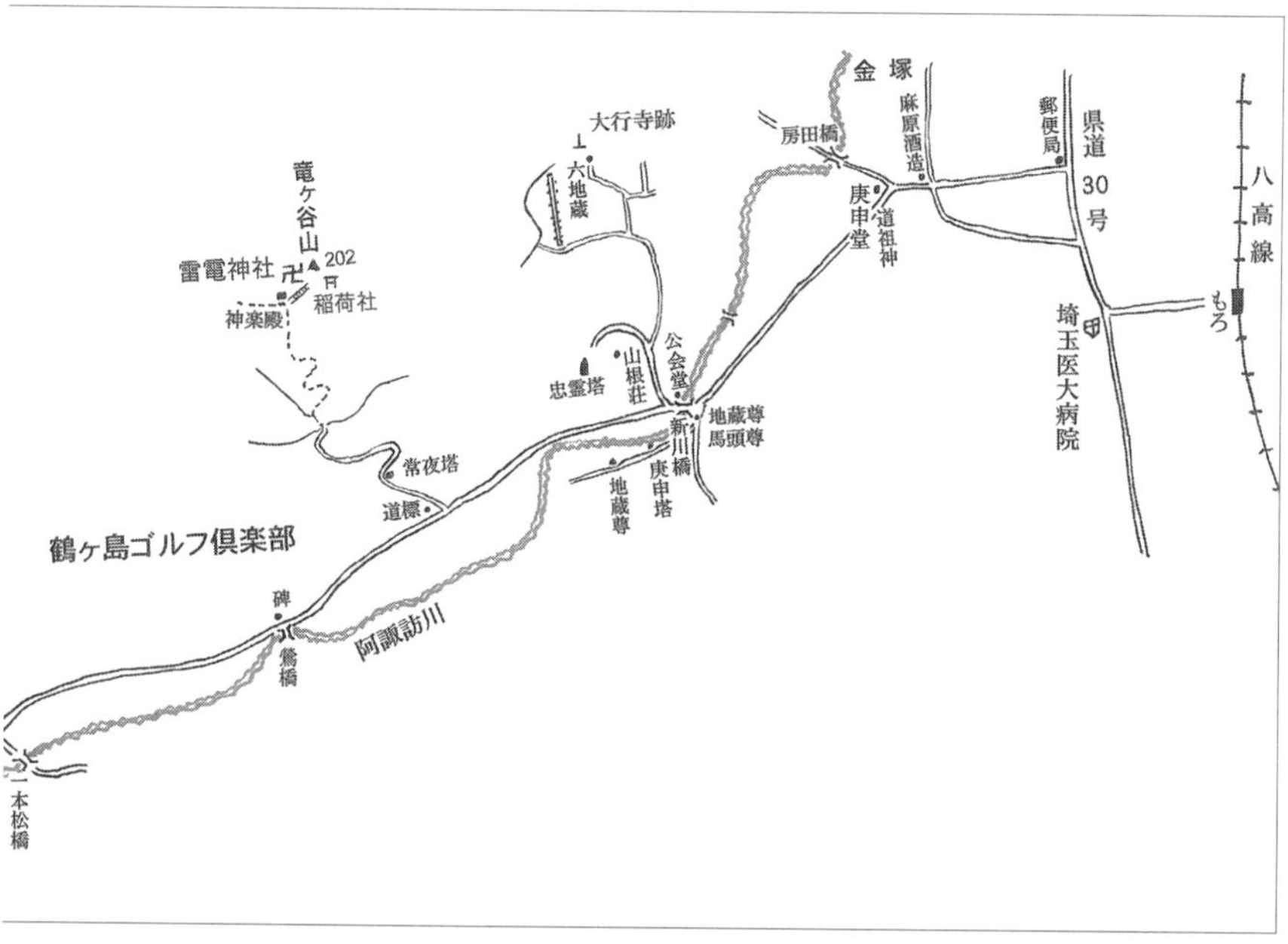

後の守）から西の庚申にあたる所に庚塚があった。江戸時代に祠を建てるため塚を崩したところ、一一の壺が出てきて、壺の中には「金塚」と書いた金色の文字と小判が沢山入っていた。この祠は道しるべの神として、地名も「金塚」と改称した。

天保五（一八三四）年の**道祖神**の台石の前後左右には「高山・ち、婦・くろやま三たき・我の・子のごんげん」などたくさんの地名が刻まれている。その他に地蔵尊、経典供養塔などが立つ。

大行寺の地蔵尊　金塚の庚申堂分岐から左の車道を進む。新川橋のたもとに**地蔵尊**（町）が馬頭尊と並んで祀られている。室町時代の作と伝え、ずんぐりした素朴な地蔵尊である。元は北方の大行寺にあったが、明治三（一八七〇）年に廃寺になり当所に移された。寛正六（一四六五）年開基の大行寺は地蔵院といい、地蔵菩薩を本尊としていた。寺跡の墓地入口にも

素朴な六地蔵

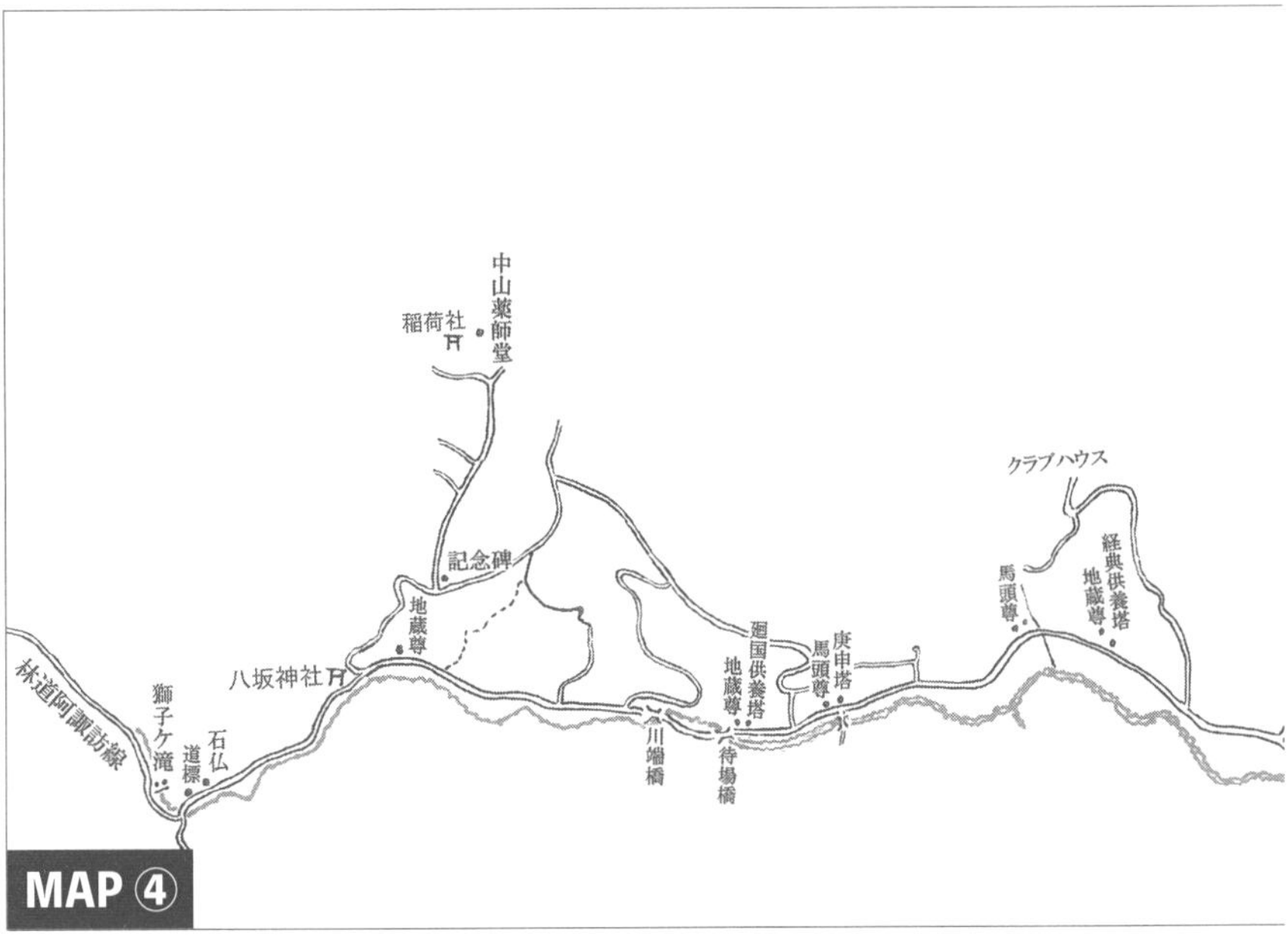

素朴な六地蔵が並んでいる。

雷電神社　新川橋を渡って車道を行く。右の**竜ケ谷山**（二〇二メートル）の山頂に鎮守の**雷電神社**と瘡守稲荷神社が祀られている。車道から三〇分ほどで達する。「雷電神社入口」の石標に従い右折した奥の分岐に、「金比羅大権現・山王大権現・秋葉大権現」と刻まれた文政年間（一八一八～三〇）の常夜塔の石柱がある。一度ゴルフ場に入ってから登ると神楽殿に着く。山頂へはさらに**階段**を上る。雷電神社境内は清掃されていて雰囲気がよい。嘉永年間（一八四八～五四）の稲荷神社の狐像も素朴でよい。大きな石灰岩を利用した手洗い場には圧倒される。東方に展望が開け、毛呂方面の街並みが広がっている。

雷電神社

八坂神社　元の車道に戻り西へ進む。左に阿諏訪川が接近、鶯橋が架かる。さらに道なりに行くと、右にゴルフ場への車道を分ける。ここからは車道の右側に供養塔、地蔵尊、馬頭尊、庚申塔などが多く見られるようになる。待場橋、川端橋を過ぎると分岐で、**八坂神社**がある。

獅子ケ滝　左の車道を進むと**獅子ケ滝**。滝の入口に四体の**石仏**があり、そのうち摩滅した一体を除き、三体には「子のごんげん」の文字が読み取れる。**道標**のすぐ奥には五メートル弱の小さな獅子ケ滝が懸かる。右手の不動明王を祀る岩窟には、小さい一対の獅子像が置かれている。「**毛呂山三滝**（獅子ケ滝・宿谷ノ滝・塩沢ノ滝）」の一つで修験者の行場であった。

獅子ケ滝

中山の薬師堂　車道を八坂神社まで戻る。左の道に入ってすぐに右へ行き、途中の分岐を左に進む。明治時代中期に廃寺となった行福寺跡に**薬師堂**がある。堂内には立派な厨子に薬師尊が納められている。堂前には石仏を模した一〇基の穴あき石灰岩が並ぶ。堂の西には稲荷神社が祀られている。阿諏訪地区最奥の高所にあり、付近は山村風景が広がっている。

薬師堂

厨子

⑤ 毛呂川沿い

東武越生線・武州唐沢駅〜多門寺〜高福寺〜妙玄寺〜大師堂〜あいあい園〜猿田彦大神の分岐〜ゆず霊園〜住吉神社〜薬師堂

多門寺　武州唐沢駅から五分ほど南下すると**毛呂川**に出合う。付近は雑木林で、小さな小屋に太ったヤギが一頭飼われていた。人なつこく寄ってくる。ここから上流に向かって出発する。毛呂川は清流で川の中には葦や薄が密生している。両岸の土手が歩ける。八高線をくぐると**登戸橋**の架かる県道三〇号(飯能寄居線)に出る。橋から引き続き左岸を行き、右へ坂を上がると**多門寺**である。旧家の斉藤家と吉田家の古い石塔の多い墓地が隣接してある。吉田家の墓碑には、諏訪から当地へ定住し寛元四（一二四六）年に寺を開創建と記す。斉藤氏の宝篋印塔は天明四（一七八四）年と刻む。

高福寺　左岸へ戻り、**上宿橋**から右折すると高台に**高福寺**がある。石仏や供養塔が多くある。展望が良く、毛呂の町が眼下に広がる。曹洞宗の当寺では、毎月第一日曜日に座禅会を行っている。暮れが近く、数名の檀家が寺の周囲の清掃をしていた。本堂前にそびえる巨木の名を訪ねたが誰も知らなかった。

高福寺

妙玄寺　上宿橋を渡り県道三〇号（飯能寄居線）を横切り、対岸の**妙玄寺**に寄る。天文三（一五三三）年、毛呂顕季婦人の創建という。本堂裏の墓地には毛呂氏数代の供養塔（町）、権田直助の墓、境内に埼玉医大献体供養堂などがある。権田直助は、文化六（一八〇九）年、毛呂本郷に生まれ、明治二〇（一八八七）年没。医師、宗教家、

教育者。平田篤胤に入門。古医道を再建。明治に入り阿夫利神社の神官になり、丹沢大山に永住してその興隆をはかった。妙玄寺には慶安二（一六四九）年、寺領八石を下付された朱印状がある。毛呂氏の館は寺南東の堀ノ内付近にあった。

毛呂氏供養塔

大師堂　近くに**大師堂**がある。ここに上野寛永寺の直末寺、圓福寺があったが、明治六年に廃寺となり大師堂だけが残された。天海大僧正の開山印認許状、元三大師の画軸（町）などが継承されており、格式が高く由緒あるお堂である。地元の人々の手で堂宇が補修されてきたが、平成一一年に再建された。今も護摩（札）の修行が続く。

あいあい園　上宿橋手前まで戻り、今度は右岸沿いを西に行く。高徳寺橋を渡りすぐに右の道に入る。**冠水橋**のたもとには安政年間（一八五四～一八六〇）の**金山の石祠**と、慶応年間（一八六五～一八六八）の**猿田彦大神の石碑**が並んでいる。冠水橋を渡り右の細い道に入り**あいあい園**の前を通り**沢橋**で左岸に渡る。すぐに草地の心地よい道になる。誰もいない途中の**小公園**で休んでから**大木田橋**へ。

斉藤義彦　この先の分岐には、天保一四（一八四三）年の**猿田彦大神**が祀られている。碑面には斉藤義彦

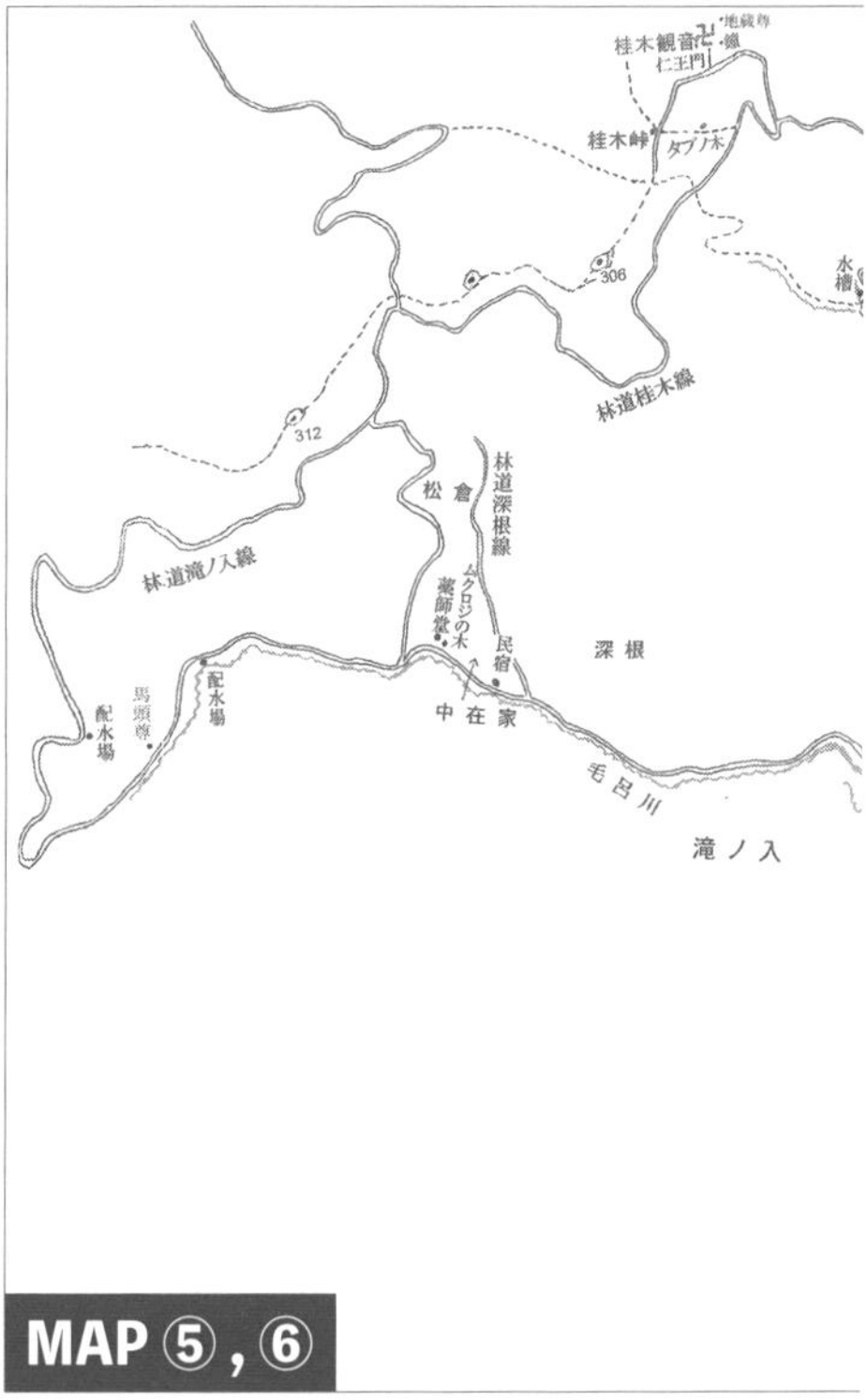

MAP ⑤，⑥

の歌「天地の道のちまたの八ちまたのちまたを守るさ田彦の神」が刻まれている。斉藤義彦は国学者の神官であった。秩父大野原の出身で京都で修行を積み秩父神社の社使となる。出雲伊波比神社に仕え『臥龍山宮伝記』を著している。神道吉川家の学頭にまでも昇りつめ、墓は小鹿野町にあり、神式の墓として県の指定を受けている。

コラム・出雲伊波比神社

小高い臥竜山にあり、本殿（国）は一間社の流造で、室町時代再建の県内最古の神社建築、昭和三五（一九六〇）年に解体修理が行われた。

秋の大祭には県内唯一の三頭馬による「ホイホイ祭」として知られる流鏑馬（県）が行われる。本殿横の馬場で、三つの的を次々に射抜く。源頼義が奥州征伐の途次に戦勝祈願し、凱旋のときに流鏑馬を奉納したと伝える。

出雲伊波比神社

ゆず霊園　分岐を左に行き、塚場橋と中橋を渡ると**天満宮**になる。的額は町指定文化財。天満宮から西へ行き、橋を渡ってまっすぐに進むと、**行蔵寺**である。寺の墓地はユズの植えられた斜面にあり「**ゆず霊園**」と呼んでいる。境内の掃除をしていた人に塩沢ノ滝を聞いたが、「今は住職が留守なんでわからない」という。一万分の地図にも載ってないので、毛呂山三滝の一つだが小さな滝なのであろう。**六地蔵**の所から巨木のスダジイ（町）があるという金比羅神社に上る。スダジイはブナ科の暖温帯の高木で、樹齢二〇〇年以上。古く一帯はこの木で覆われていたともいう。

住吉神社　行蔵寺から戻り車道を西へ進む。対岸にオートキャンプ場、その先に**住吉神社**がある。**古い**

金比羅様のスダジイ

住吉橋（石橋）を渡り境内へ。石橋付近は小滝のある見事な渓流。参拝に来ていた地元民に話を聞く。

「ここの渓谷は昔はもっと深くってねぇ、子供のころはよくここで水遊びをしたもんだ。今は、夏になるとキャンプ場のお客がここまで来て渓谷を楽しんでる。ほとんど広葉樹なんで秋は紅葉がいいよ。一〇月のお祭には獅子舞があるんで、来て下さい。」

「塩沢ノ滝を探しているのですが、ここではないんですか」と質問した。

「塩沢ノ滝は丁度尾根の北側で、桂木川の小さい滝だからわかりにくいんだよ。この滝があるんでこの辺を滝ノ入と言うんだが、わしは黒山の滝へ入る古い道筋から付けられたと思っとるんですがねぇ。」

薬師堂　中在家の**民宿**を過ぎた右上に**薬師堂**がある。二本のヒノキの間に、お堂の正面に途中から二本になった**太いムクロジの木**（町）がそびえる。熟した黒い実は羽根つきに用いられた。

毛呂川の左岸沿いに奥へ進む。配水場を過ぎ、右に**馬頭尊**を見ると、まもなく林道は細くなった流れの谷から離れ、右上方の**集落**へ上がる。林道脇に不動堂がある。中をのぞくと四体の木像と、鋭い剣を握った不動尊が納められていた。

コラム・勝田屋敷

「勝殿領分、毛呂七分」の言葉があり、勝田家の領地の毛呂郷七ケ村にはひょうが降らないとの伝承がある。

毛呂山岩井の勝田屋敷に長者が住んでいた。子宝に恵まれず、榛名山の神社に祈願すると女の子を授かる。七歳になったので御礼参りに娘を連れて榛名山へ行く。娘は湖に飛び込み、やがて底から竜神となって現れた。育ててくれたお礼の印に、毛呂郷にはひょうを降らせないと約束して湖底に消えた。

⑥ 桂木川沿い

分岐～ゆずの散歩道～塩沢ノ滝～吊り橋～水槽～タブノ木林～桂木峠～桂木観音～神社仏閣巡拝記念止碑～分岐

ゆずの散歩道　毛呂川沿いの車道を来て、猿田彦大神の**分岐**から右へ**桂木観音**への道に入る。**権田橋**で桂木川が一度接近する。地蔵尊など四体の石仏を過ぎてすぐに左折して**蟹草橋**へ。ここから桂木川沿いに**ゆずの散歩道**が整備されている。

塩沢ノ滝　一五〇メートルほど行くと、桂木川本流に**塩沢ノ滝**が懸かる。立派な滝壺に比べ、高さ三メートル弱の小さな滝である。昔はこの付近に塩沢薬師堂があって、願い事には塩を供えていた。こんな小さな滝でも修験者の行場だった。僧たちの唱える経や滝の音が、三〇〇メートルも離れた**行蔵寺**まで響き渡ったともいう。

ゆずの散歩道

冬には黄色い実を沢山つけるゆずの散歩道を行く。小さな**吊り橋**もあり楽しい。石橋の**滝見橋**を過ぎると**水槽**の所で終点になる。ここからは桂木川の源流を少し詰めてから、**桂木観音**への道を登る。

一度林道桂木線に出てから**桂木峠**への道に

塩沢ノ滝

桂木峠

入る。途中に埼玉県内で唯一の**タブノ木林**がある。スタジイ、アラカシ、モチノキ、ヤブツバキ、サカキ、アオキが混生している。

桂木観音　桂木峠から再び車道に出て**桂木観音**へ。桂木観音は養老三（七一九）年、行基が紫の雲がかかるこの山に登ると、雲の中から楽の音と共に観音が現れた。大和葛城山に似ているところから探し求めていた聖地と分かり桂木山と名付けた。岩殿観音と同じ木で千手観音像を彫って納めたのが桂木観音の縁起という。素朴な鐘楼があり撞くことも出来る。

当初の観音堂は山頂に建ち、安政六（一八五九）年に現在地に移された。ゆずに囲まれた石段を上がり、小さな仁王門に入ると正面にほどよい形の観音堂がある。春は桜で彩られ、鐘楼付近から南方の展望はすこぶる良い。

桂木観音

神社仏閣巡拝記念止碑　帰路は桂木観音から林道を下る。ユズに囲まれた串田家を過ぎると、最初のヘアピンカーブの所に、射撃場建設記念碑と並んで「**神社仏閣巡拝記念止碑**」がある。明治時代に串田家の先祖が、全国の霊地を巡拝し終えたのを記念して、大正七（一九一六）年に建てた珍しい碑である。伊勢、四国、羽黒などの巡拝した聖地が刻まれている。

さらにヘアピンカーブを三つ過ぎると、行きに通った**水槽**の所に出る。あとはそのまま下れば、猿田彦大神の**分岐**に出る。

桂木集落にはのどかなミカン畑が広がる。おもにユズと上品な甘みのコウジミカン（福ミカン）が栽培されている。

⑦愛宕山から獅子ケ滝

エビガ坂分岐～エビガ坂口～エビガ坂～十二曲峠～一本杉峠～カイ立場～愛宕山～八坂神社～獅子ケ滝～鉄塔～駐車場

愛宕山から獅子ケ滝のコースは、踏跡道をたどったり、途中に枝分かれした道も多く、読図のトレーニングには最適である。できれば一万分の地図で、そのつど位置を確かめながら歩かねばならぬ。小さな山だが、熟達者向きのコースである。

一本杉峠　分岐から林道鎌北湖線を行き、**エビガ坂口**を経て**エビガ坂**に達する。エビガ坂からゆるく登って灌木と雑木の平坦道に達する。下って一度林道に出てからすぐに十二曲峠で尾根道に入る。右へは鎌北湖への道が分かれる。小起伏の尾根道を行き再び林道が接近する。「右へ獅子ケ滝へ一・六キロ」の**標識**がある。

一本杉峠

この先で顔振峠と**一本杉峠**への道が分かれる。右をとるとすぐに一本の大杉のそびえる一本杉峠。

愛宕山　次の**カイ立場**で左の**鼻曲山**への道を分け、**愛宕山**を目指す。たどってきた良い道は愛宕山の南側を迂回している。山頂へは**踏跡道**を登る。すぐに四等三角点の愛宕山**山頂**に達する。展望はあまり得られず、ケヤキと桜の巨木以外にめぼしいものはない。

山頂から踏跡道で急斜面を下る。次のピークを越えて、心細くなった踏跡をたどり尾根道を下る。まもなく左右の谷が狭まり、合流地点に下る。人家が現れ、広くなった道で**八坂神社**脇から車道に出る。石鳥居の側の**地蔵尊**には「右子のごんげん」と刻まれている。

愛宕山山頂

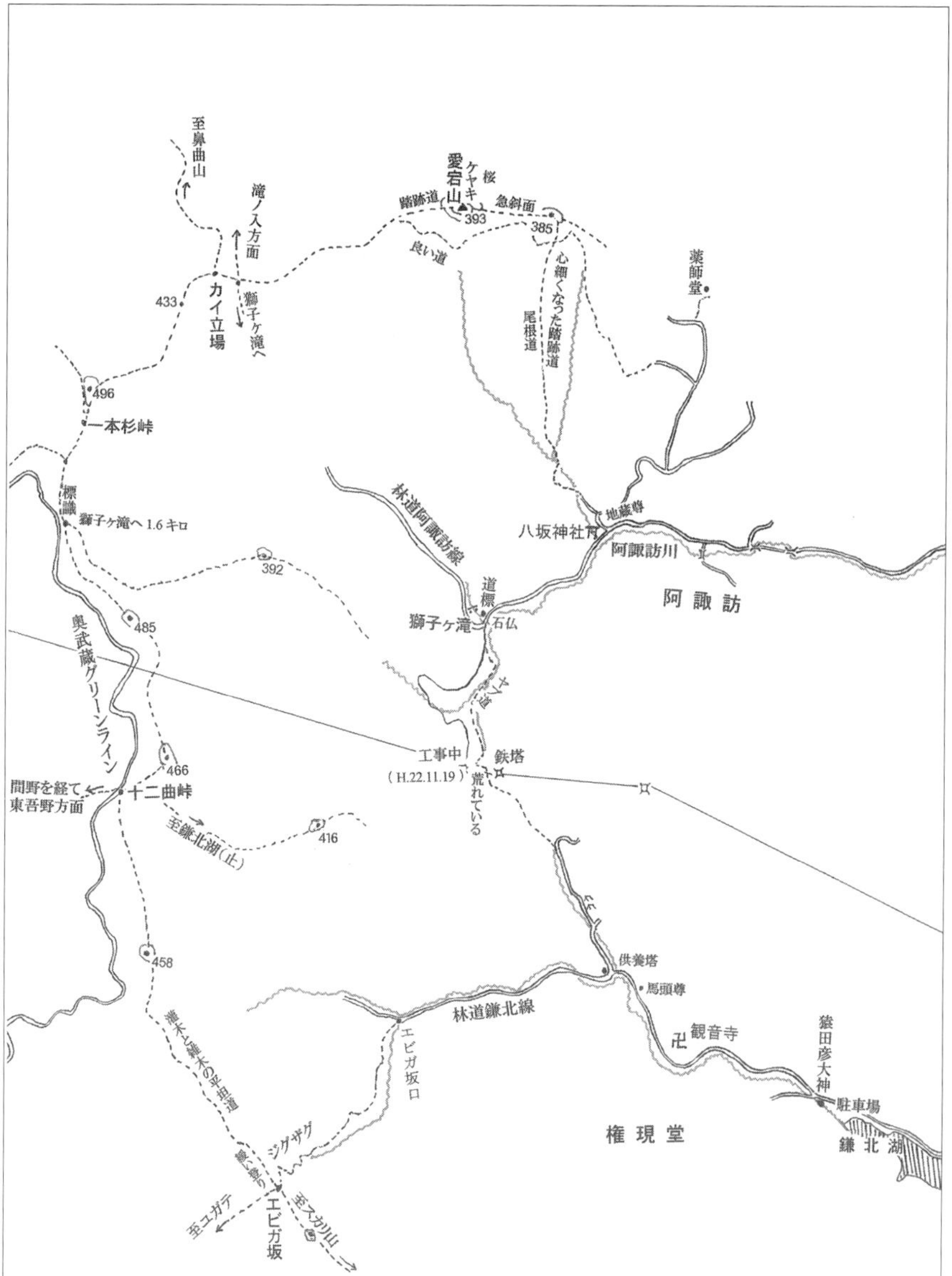
至鼻曲山
滝ノ入方面
愛宕山
ケヤキ
桜
踏跡道
急斜面
393
385
良い道
心細くなった踏跡道
尾根道
薬師堂
433
カイ立場
獅子ケ滝へ
496
一本杉峠
標識
獅子ケ滝へ 1.6キロ
林道阿諏訪線
地蔵尊
八坂神社
阿諏訪川
392
道標
阿諏訪
485
獅子ケ滝
石仏
奥武蔵グリーンライン
ヤブ道
工事中
(H.22.11.19)
鉄塔
466
荒れている
間野を経て
東吾野方面
十二曲峠
至鎌北湖(止)
416
458
供養塔
馬頭尊
林道鎌北線
雑木と植木の平坦道
エビガ坂口
観音寺
猿田彦大神
駐車場
権現堂
鎌北湖
ジグザグ
緩く登り
至ユガテ
エビガ坂
至スカリ山
MAP ⑦

コラム・幕岩

鼻曲山からカイ立場の峠への途中の尾根に幕岩という一枚岩がある。オオカミがお産をする神聖な場所になっている。

獅子ケ滝　右折して車道を行くと**獅子ケ滝**が懸かる。獅子ケ滝から分岐の駐車場へは小尾根を越える。林道工事中で、以前の峠道は荒れているが、小さな谷沿いを**鉄塔**目指して登ればよい。

獅子ケ滝

コラム・越上山

越上山は「古スワ山」とも呼び南側の阿寺に諏訪神社がある。昔は雨乞山だった。干ばつの年は山頂でたき木を集めて火をつけた。黒煙を立ち上らせて、雨乞いの呪文を唱えながら火の周囲を回った。越上沢には龍ケ淵があり、淵の水を山頂にまけば雨が降るとも言われていた。

2 越生方面

① 越生 寺社巡り

◉ 上野地区

医王寺　本尊は不動明王、草創は天平一〇（七三八）年。「行基此の地に来たり霊地なりとて自ら薬師如来一体彫刻、安置せられる」とある。江戸時代末期に薬師堂を境内仏堂とし、本堂には不動明王を安置し本尊とした。

虚空蔵尊と万蔵寺　本尊虚空蔵菩薩。慶安二（一六四九）年、徳川家光より三石五斗の朱印状を賜る。本堂下にある万蔵寺とともに医王寺の末寺となっている。昭和四八（一九七三）年に万蔵寺の屋根の葺き替え中に文政小判一〇九枚が発見されて福の神として話題になった。

大宮神社　口碑に文武元（六九七）年の創立。慶安二（一六四九）年、徳川家光より社領高一〇石の御朱印を賜う。明治五（一八七二）年村社となり、明治四〇年越生町如意に鎮座する白坂神社と熊野神社を合祀。

多門寺　寛元四（一二四六）年創立。慶安二（一六四九）年、徳川家より境内社の毘沙門堂領に五石の御朱印を賜る。境内には平山村から移されたという薬師堂がある。

諏訪神社　字諏訪。応仁二（一四六八）年創立。天和年間の古獅子二個あり。干ばつの際は獅子を社前に供え、祈雨をしたので雨乞獅子という。

コラム・朱印状とは

朱印を押した文書。一般には戦国時代の武将が、江戸時代には将軍が出した。朱印状により領地給付又は承認された土地を朱印地という。

徳川幕府が寺社所有の土地について年貢や課役が免除される特権を認めたもの。家光の時に発給されたものが大部分。越生の寺社での例外は豊臣秀吉が龍穏寺に一〇〇石。徳川家康が法恩寺に二〇石の朱印状を与えている。明治政府は境内地を除く朱印地の返還を命じた。その補償として一定の金額を支給した。（一反で一石の米が収穫でき、一日に三合食べる人一年分の米に当たる。）

東山神社　字北ヶ谷戸。正平五（一三五〇）年の創建。東山天皇の貞享（一六八四〜一六八八）年間に社殿再修。当集落は西山と称する地にあり、対応して神社のある丘陵を東山と通称。

◉如意地区

如意寺の観音堂　如意《ねおい》地区には白坂神社、熊野神社、愛宕神社があったが、大宮神社に合祀された。寺は如意寺、常福寺、永明寺があったが、如意寺の観音堂だけが残る。如意輪観世音は、性空上人の持仏に彫刻した仏体。元は飯能観音寺にあった。太田道灌が本村に移す。

◉西和田地区

山吹の里歴史公園　太田道灌の故事にちなむ里は他に数カ所ある（東京・神奈川）。今も越辺川沿いの河原にはヤマブキの花が咲く。賤ヶ家という水車小屋はヤマブキを差しだした娘の住む家をイメージして造られている。

山吹の里

龍台寺　字東尾崎。応永元（一三九四）年、栄仁法師の開山。境内に不動堂がある。道端には庚申塔。

興禅寺　字後和田。医王寺の末寺で、室町時代の応永二一（一四一四）年に再興と伝えられる。境内の旧釈迦堂跡地に三基の板碑が立つ。中央の板碑は、建武新政（中興）の年（一三三四）に造られた板碑である。

春日神社　字大利。延暦元（七八二）年の創建と伝える。縁起には「元禄四（一六九一）年、春日神社と改称し、越生十六郷の総鎮守と定むる。慶安三（一六五〇）年将軍徳川家光より社領を賜う」とある。昭和四一年まで流鏑馬が行われていた。

◉黒岩地区

八坂神社　字堂前。越生神社に合祀された。

五大尊　字明王谷。石段を登る途中にイナフクミ様（養蚕の守り神）。参道を登ると五大尊堂がある。本尊は木造五大明王像（県）。境内のつつじと、山の斜面に植樹されたつつじ園を合わせて「五大尊つつじ公園」として整備されている。五大尊からつつじ公園を横ぎると右に魔利支天社がある。

◉越生地区

法恩寺　天平一〇（七三八）年ごろ、行基が創建。中門は正徳元（一七一一）年、鐘楼は享保六（一七二一）年の建立とされ、越生町においては最

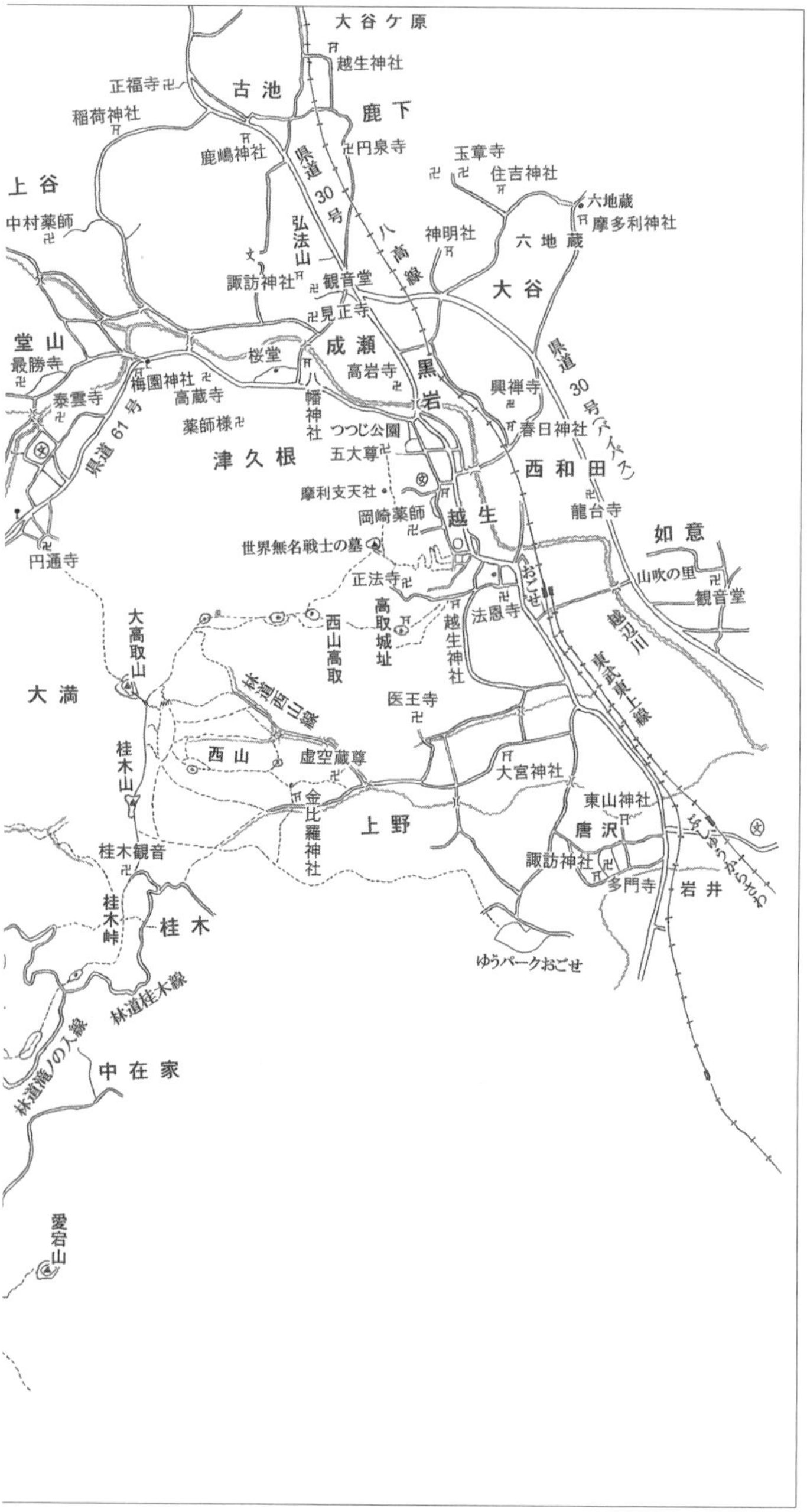

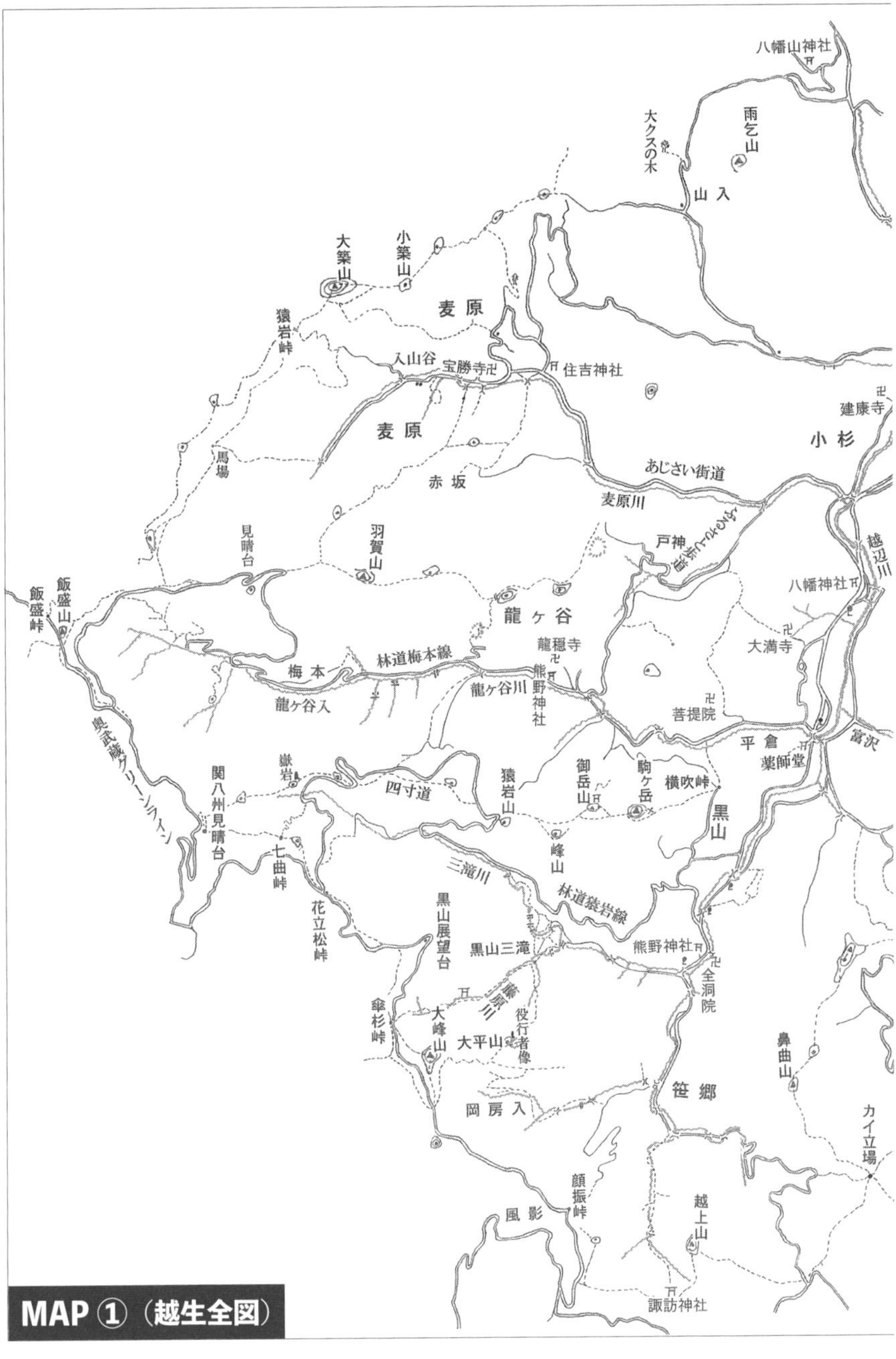
八幡山神社
雨乞山
大クスの木
山入
大築山
小築山
麦原
猿岩峠
入山谷
宝勝寺
住吉神社
建康寺
麦原
小杉
馬場
あじさい街道
赤坂
麦原川
見晴台
羽賀山
戸神
越辺川
飯盛山
飯盛峠
八幡神社
龍ヶ谷
龍穏寺
大満寺
梅本
林道梅本線
熊野神社
龍ヶ谷川
龍ヶ谷入
菩提院
奥武蔵グリーンライン
平倉
富沢
薬師堂
関八州見晴台
嶽岩
四寸道
猿岩山
御岳山
駒ヶ岳
横吹峠
黒山
七曲峠
峰山
三滝川
林道猿岩線
花立松峠
黒山展望台
黒山三滝
熊野神社
全洞院
藤原川
傘杉峠
大峰山
役行者像
大平山
鼻曲山
笹郷
岡房入
カイ立場
顔振峠
風影
越上山
諏訪神社
MAP ①（越生全図）

古の木造建築。境内に阿弥陀堂。

越生神社　元は法恩寺の傍らにあったが、明治六（一八七三）年当地に遷社する。明治四二年に諸社が集められ、越生神社と改称。

正法寺　閻魔堂は龍隠寺の座禅堂を移築したもの。堂内には閻魔の巨像が安置されている。堂前の板碑は文永四（一二六七）年で町内最古。江戸時代から寺子屋が開かれ、明治になっては「正法寺の学校」と呼ばれた。山門と閻魔堂の揮毫は山岡鉄舟。

世界無名戦士の墓　昭和三〇年落成。正法寺裏手の大観山に建てられた戦没者納骨堂。大観山の裾野部分の東斜面には約三百本の桜が植栽され、「さくらの山公園」として散策路も設けられている。公園は町役場の西側、保健センターの奥。保健センター横の広場は「さくら祭り」のメイン会場で、春には露店なども並んでにぎわう。

岡崎薬師　町立図書館脇の細い道を山側に進んだ突き当たりに建つ。途中に郷土資料室。この辺りは越生氏からおこった岡崎氏の本拠地で、その守り本尊を祀ったのが始まりである。

◉小杉地区

梅園神社　元は小杉天神社で、本殿は享保元（一七一六）年に再建。町内最古の木造建築（町）。観応元（一三五〇）年から嘉永五（一八五二）年までの棟札二八枚（町）を有する。スダジイ林（県）は神社の社叢で、丘陵の北西斜面にある。

天神社　字太梅。平安末期越生四郎の左衛門の創立。

円通寺　梅園神社から県道六一号を南に進むと左に円通寺がある。天文年間創立、薬師堂がある。入口の梅園駐在所脇に梅園村道路元標が残っている。大正八（一九一九）年に道路の基準として建てられた。県道を横切って北へ進み泰雲寺へ。

泰雲寺　字堀之内。泰雲寺から月ヶ瀬橋へ出る。ここは水車堰である。小杉の「才車」は越生で最も古い営業用水車で、昭和四〇年代まで稼働していた。才車の堰跡が残る。創業は明和五（一七六八）年。修験の宝鏡院らが始める。明治二九年小林平作が買い受けて営業を始めた。堤の左岸には菅原道真の歌を刻んだ鷹島桂の碑・梅山筆塚と水車組合が建てた水天宮碑が立つ。

建康寺　橋を渡り左へ行くと建康寺になる。文明年間（一四六九～八七）、太田道灌が当郷に居住し当寺を創立。

◉大満地区

八幡神社　本殿は天保四（一八三三）年建立。彫刻は江戸浅草の嶋村源蔵で、川越氷川神社本殿の彫刻も手掛けた。

大満寺　永禄年間（一五五八～七〇）に台間寺を改める。

菩提院　天正年間（一五七三～九二）の創立。本尊薬師如来。

◉龍ヶ谷地区

龍穏寺　格式の高い名刹で曹洞宗関東三カ寺の筆頭。大同二（八〇七）年の創建ともいわれるが、永享二年（一四三〇）に室町幕府の第六代足利義教の命により、上杉持朝が開基。

熊野神社　龍穏寺の鎮守として祀られた。本殿は天保一五（一八四四）年建立。

◉黒山地区

全洞院　越生七福神の布袋尊の寺で全東院とも書く。

熊野神社　平安時代の寛平年間（八八九～八九八）の創建と伝え「将門の宮」と呼び黒山の鎮守。

◉大谷地区

六地蔵　地名にもなっている。嘉暦三（一三二八）年の阿弥陀三尊板碑は現在し、享保五（一七二〇）年の六地蔵がある。六地蔵は六角柱に笠石をのせたもので、各面の地蔵像の下には、「今市」、「あまてら」、「玉川」、「ひきのいわとの」の四方向が示されている。背面の林の中には摩多利神社（小さな祠と石塔）がある。

玉章寺　字中の谷。本尊薬師如来、門前に板碑。

浅間神社　字富士塚。元禄二（一六八九）年、吉田浅間神社の分霊、富士浅間大神と称す。

八幡社　字堀の内。

天神社　字古武の山。社内に一片の欠石。

稲荷社　字大明神。社内に一片の欠石。

◉鹿下地区

円泉寺　字高儘。寛徳二（一〇四五）年創立。

越生神社　字尼ケ谷。元は根本神社と称し、起源は天平年間（七二九～四九）という。「社前に神泉あり、祭事の身潔所という学頭沼これなり」と記す。明治四〇（一九〇七）年、越生神社と改称。

◉古池地区

鹿島嶋社　字鹿島。明応元（一四九二）年創立。石剣を神宝とす。

正福寺　寺のそばに池があり地名の起こり。龍池山池の坊と号す。

◉成瀬地区

弘法山　弘法大師がこの山を霊山にしようとしたが、谷の数が九十九谷に足りないので諦めたという。弘法山は高房山ともいう。山頂に浅間神社を合祀した諏訪神社、中腹に建久年間（一一九〇～九九）創建の妙見寺、山麓に見正寺があり、全山信仰の対象として知られていた。

諏訪神社には神木の巨大なケヤキがある。慶安二（一六四九）年、徳川家光より社領五石の朱印状を賜う。往古は老杉古ケヤキがあり明治五年伐採。妙見寺は明治に廃寺となり、観音堂だけが残る。安産子育て観音で、越生七福神の弁財天を祀る。桜やツツジのシーズンには人出でにぎわう。明和元（一七六四）年鋳造の鐘が時を告げていたが、昭和一八（一九四三）年に軍へ供出。付近の村では「尻あぶり」の風習があり、旧六月一日、麦がらの火でお尻をあぶると腫れ物が出来ないといわれていた。見正寺は字坂下にある。諏訪神社の別当寺。成瀬学校が当寺を校舎にして設立された。

高岩寺　字鍛冶屋。寛文元（一六六一）年創建。天保一四（一八四三）年、徹心尼の再興。

◉津久根地区

高蔵寺　字橋場。本尊の木造地蔵菩薩立像は町指定文化財。

八幡神社　字若宮。社の西北に八幡橋あり。小川、松山への往来。北より西へ三〇間隔て越辺川に八幡淵あり。古くから禊ぎの場で秋季例祭に行う。宝物に額（八幡宮・小野道風筆）、正嘉二（一二五八）年の金剛盤（国立博物館寄託）。

八ツ山観音堂　字八ツ山。慈雲閣は明治維新後のもの。

岩屋神社　字岩清水。足の神で草鞋を奉納。元は岩屋権現。社後に老杉。

桜堂　字北ケ谷戸。観音堂、白衣観音。

津久根の薬師様　字薬師入。

◉上谷地区

中村薬師　越生次郎行家が病にかかった折り、一木で三体の薬師を刻み祈願すると平癒した。元の木で彫った薬師は奥畑村（ときがわ町）、末の木は黒谷村、中の木の薬師を上谷村に安置。中木の薬師は越生中堂と称した。同舎破れて久し。

八幡山神社　字八幡。明治四〇年、字平松の山神社を合祀して現社名。

山入の粟島神社　淡島様。婦人病の神様。島田家の氏神。

馬頭尊　山入の道路脇。明治二八年春。日清戦争後、梅園村から軍馬として牡馬六頭が合格した記念に建てられた。国威発揚の祈願。

◉堂山地区

最勝寺　字中久保。西照寺とも表記。昔は字堀之内に大御堂があってその西に西照寺、東に東福寺があった。境内仏堂に大御堂。

八ツ山観音　字坂下。観音堂を明治年間に八ツ山に移転。

◉麦原地区

住吉神社　戦国時代に城山（大築城）築城の際に土着した人達のうち、戸口、福田両家の祖先が氏神として祀ったとされる。

寶勝寺　曹洞宗の寺院で、地蔵堂には地蔵尊と石幢の六地蔵が納めてある。

② 越生梅林周辺巡り

八高線・越生駅～「梅林入口」バス停～梅園神社～越生梅林～最勝寺～大クスの木～健康寺～越生自然休養村センター～円通寺～「小杉」バス停～越生駅

梅園神社　バスから降りて左の**梅園神社**に寄る。元は小杉天神社で、本殿（町）は享保元（一七一六）年に再建。町内最古の木造建築。観応元（一三五〇）年から嘉永五（一八五二）年までの棟札二八枚（町）を有する。スダジイ林（県）は神社の社叢で、丘陵の北西斜面にある。房総、伊豆半島に多いが県内では珍しい。

神社に隣接して**笛畝《てきは》人形美術館**がある。日本画家の西沢笛畝が集めた御所人形など約七〇〇〇点を収める。

越生梅林　県道六一号線をバス停まで戻り、左の車道に入ると**越生梅林**（県）である。菅原道真を祀る梅園神社（天神社）に植えた梅がこの地に適し、明治末期ごろから梅の名所になった。約一・二㌶に樹齢四〇〇年の老木を含め約一〇〇〇本ある。種類は白加賀系の梅や養老・小梅など。武蔵の「**月ケ瀬**」とも称されている。開花時の梅祭りには梅の粕漬なども売られ観梅客でにぎわう。

田代三喜生地　越生梅林から真っすぐ北に行き、右の橋を渡る。次の橋の脇に**田代三喜生地**（県）がある。三喜は寛正六（一四六五）年生まれ。室町時代の名医。一五歳で臨済宗の寺に入り、二三歳で明に留学、各種の医書を携えて帰国。足利政氏に招かれて古河で医業を開く。足利成氏の侍医を務め「古河の三喜」と呼ばれた。その後は関東一円を巡りながら庶民の医療に従事し、「医聖」「日本医学中興の祖」などとも呼ばれた。天文一三（一五四四）年、七九歳で没す。最勝寺に顕彰碑がある。

最勝寺　梅林に戻り車道を西へ進む。「大豆工房みや」の旗の立つ分岐を右に折れると、右に**最勝寺**がある。字中久保。西照寺とも表記。昔は字堀之内に大御堂があってその西に西照寺、東に東福寺があった。境内仏堂に大御堂。寺前の標識には、「大クス二・

三キロ」とある。

上谷大クス　車道をさらに西へ進む。四体の「**大菅の地蔵尊**」の立つ分岐は左に「あじさい山公園」への道を分ける。さらに進み、「上谷の大クス」の標識で右折して行くと、まもなく左に**大クスの木**（県）への狭い道が現れる。手前にウツギの花が咲く。

高さ三〇《メートル》、目通りは一五《メートル》あり、関東一の大クスという。暖地性の常緑喬木で日本最大の巨木になり、樟脳の原料や家屋、船舶材としても利用される。

三四〇《メートル》の**雨乞山**は大クスの東方に位置する。

水車堰　大クスから元の道を戻り、最勝寺先の突き当たりを右に曲がると橋に出る。右は小林商店。小杉の「才車《さいぐるま》」は越生で最も古い営業用水車で、昭和四〇年代まで稼働していた。**才車の堰跡**が残る。創業は明和五（一七六八）年。修験の宝鏡院らが始める。明治二九（一八九六）年小林平作が買い受けて営業を始めた。堤の左岸には菅原道真の歌を刻んだ鷹島桂の碑・梅山筆塚と水車組合が建てた**水天宮碑**が立つ。

建康寺　先に進むと**建康寺**がある。太田道灌の父道真が、この地に隠居所自得軒を築き隠棲した。道灌の死後、道真が菩提を弔うために寺を建立。

越生自然休養村センター　健康寺からさらに南に進

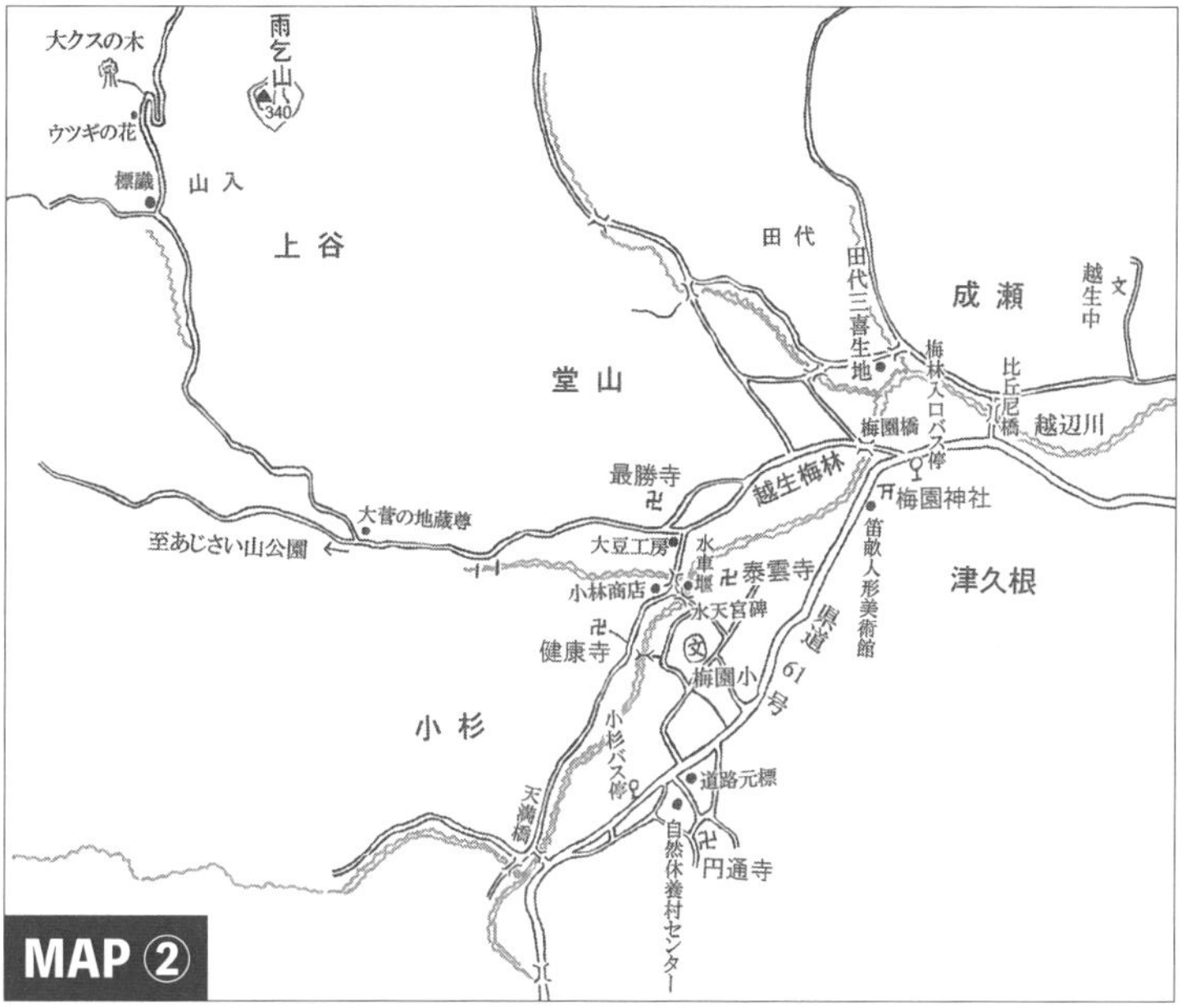

んで県道六一号に出る。県道を左へ北の**越生梅林**方面に戻って行くと、**越生自然休養村センター**がある。特産の梅やユズの加工品、地元で採れた農産物などを販売する。センターに向かって左の梅園駐在所脇に**梅園村道路元標**が残っている。大正八(一九一九)年に道路の基準として建てられた。

円通寺　自然休養村センターの後方。龍隠寺の末寺で天文年間(一五三二~五五)創立と伝える。薬師堂がある。「小杉」バス停から越生駅へ。

③麦原から大築山

八高線・越生駅~「麦原入口」バス停~弁天様~住吉神社~猿岩峠~大築山~小築山~西行杉~寶勝院~あじさい街道

弁天様　「麦原入口」バス停から県道六一号と分かれて、**天満橋**で越辺川を渡り麦原川沿いの**あじさい街道**に入る。**芦ケ沢**を渡り**馬頭尊**を過ぎると左に**弁天様**がある。麦原川に張り出した大岩の上に弁財天の石碑と新しい弁天の石像が置かれている。元は道端にあった。子供の夜泣きを治す。お願いする時は

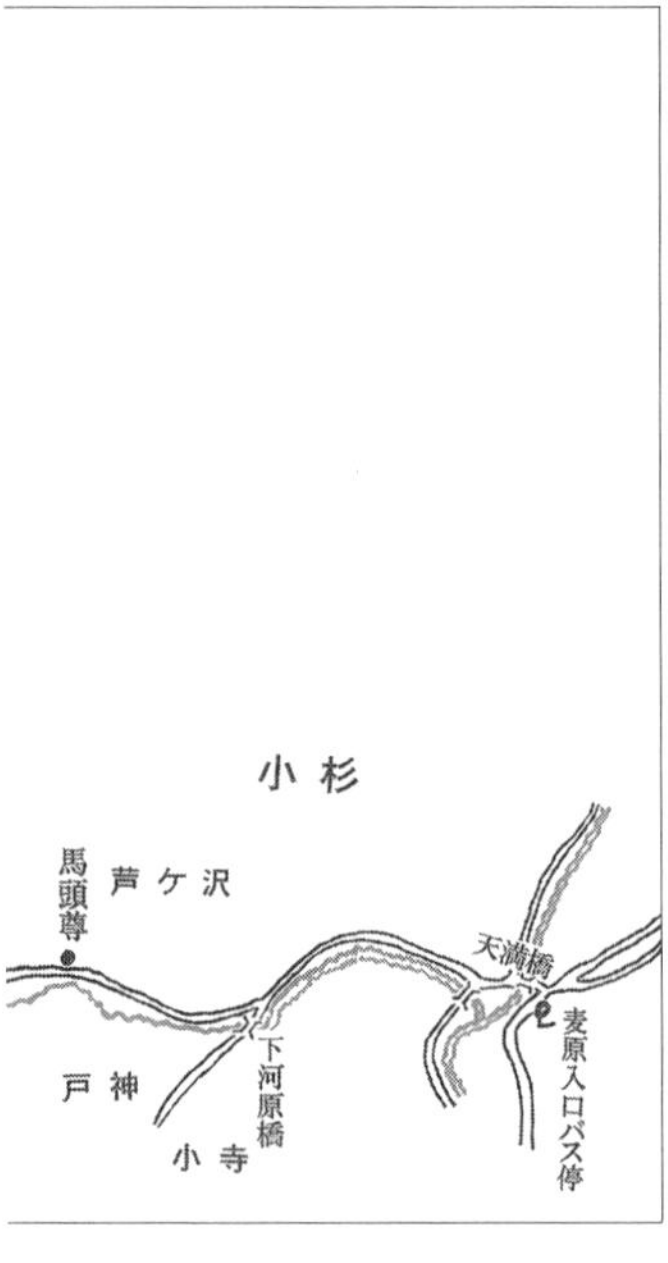

七色の色紙をあげる。

あじさい街道の名に恥じず、沿道のアジサイも増してくる。所々にベンチも設置されている。まもなく麦原の集落に入り住吉神社前に着く。

住吉神社　住吉神社の天明元（一七八一）年の重厚な石灯籠には、比企郡と刻まれている。明治二二（一八八九）年に入間郡に編入。戦国時代に城山築城の際に土着した人達のうち、戸口、福田両家の祖先が氏神として祀ったとされる。城の食料確保のため作物を作った耕地跡も原に残っている。春祭りの「ダンゴマチ」では拝殿から団子が投げられ、参拝者は競って拾いあう。秋祭りの獅子舞は両神の諏訪神社から伝えられたという。

二十三夜堂　字入。勢至菩薩は吉原家先祖の守り本尊として同家にある。天保年間（一八三〇～一八四四）に一八名による講社結成。同家に集まり

あじさい街道

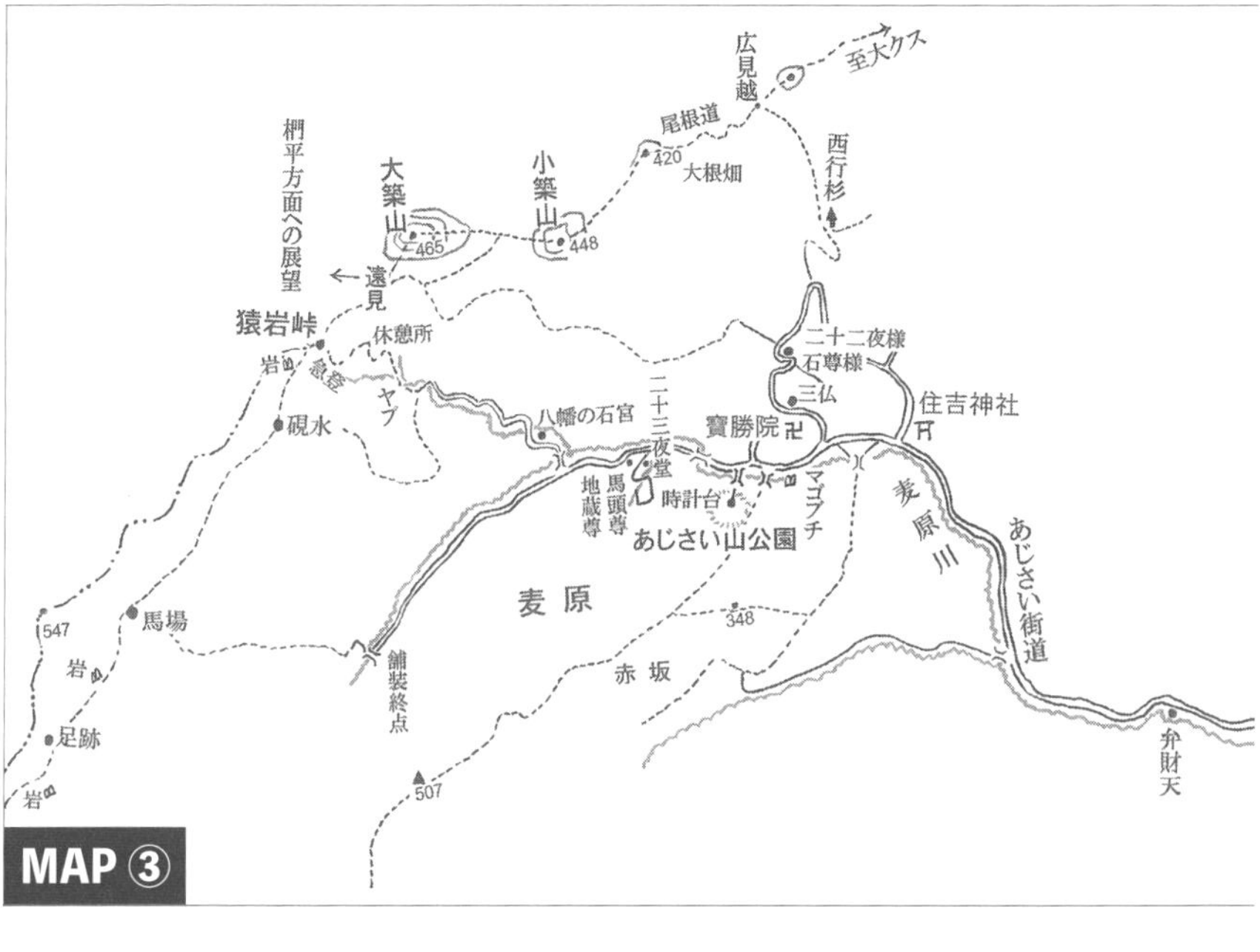

二十三夜待ちを行っていた。明治五年に堂を建てて勢至菩薩を堂内に移し、三夜様の碑を建てたという。

猿岩峠　住吉神社前から上流へ進む。川の中には大岩が目立ち、小さな淵もある。この辺りをマゴブチという。龍が住んでいたとの伝承があり、雨乞い場でもあった。左にあじさい山公園を見ながら行く。並んで立つ馬頭尊と地蔵尊を過ぎると流れは分岐する。右折して橋を渡る。右にある石宮には八幡の古い木札が納めてあった。舗装の狭い林道は終わり、この先で右へ沢沿いの山道へ入る。最後は沢から離れ、ジグザグに急登して猿岩峠へ。

　峠の道標は椚平一・〇キロ、麦原一・〇キロ、硯水〇・七キロ、馬場一・七キロ、城山〇・三キロと表示されている。

猿岩峠

住吉神社

大築山　尾根に付けられたしっかりした道で大築山に向かう。遠見の展望台に着くと西方が開け、斜面に点在している椚平の集落が一望の下だった。展望後、一息の急登で四六五メートルの大築山へ。山頂は細長い平坦地で城山ともいう。展望は植林で遮られている。山頂から五分ほど下ると空堀跡がある。四四八メートルの小築山の山頂は小平坦地であった。山頂から西行杉・大楠と書かれた道標に従い、引き続き尾根道を行く。

大築城址

西行杉　左に大クスへの道を分け、南へ張り出した小尾根を下ると**西行杉**がある。西行が晩年の六九歳の時、麦原、寄居、秩父へ行く途中ここで食事をした。食べ終わった箸を地面に刺して立ち去り、その杉箸が根付いて大きくなったという。元は四本の大杉があったが、今はその一本が残る。西行杉の先で尾根から外れ、小沢を渡って広くなった道を下り車道に出て右折する。

寶勝院　集落が現れると**二十二夜様**と**石尊様**の石灯籠がある。天保一〇（一八三九）年、大天狗・小天狗の文字が読み取れる。すぐ下方に**寶勝院**が見えてくる。曹洞宗の寺院で、地蔵堂には地蔵尊と石憧の六地蔵が納めてある。あじさい街道に戻る。

西行杉

コラム・越生の渋団扇

団扇は越生の代表的な特産物だった。明治四〇年代には年産二四〇万の記録がある。「一文字うちわ」と呼ばれる独特の形で親しまれていた。何軒もの団扇店があったが、現在は島野うちわ店の一軒だけになってしまった。

④猿岩峠から羽賀山・あじさい山

住吉神社～猿岩峠～硯水～馬場～グリーンライン～野末張見晴台～羽賀山～あじさい公園展望台～車道

馬場　**猿岩峠**から左の**硯水**への道をとる（猿岩峠までは〈③麦原から大築山〉を参照）。道は尾根の東腹を緩く登る。左からの道を合わせた先に、木の枠の小さな涸れた井戸がある。これが**硯水**である。

杉の美林の平坦道を行く。尾根が近付き緩やかな斜面が尽きる頃、**馬場**に着く。平坦な円形の窪地で、昔の馬場跡という。

羽賀山　馬場から露岩の尾根上に登る。付近はナラが多く展望もよい。これより尾根道を行き、六一四《メートル》を越えて更に登って奥武蔵の主稜に達する。すぐ下方の林道梅本線を東にとり、**野《の》末張《すばり》見晴台**を経て、ヘアピンカーブの先端から**羽賀山**への尾根道に入る。**あじさい山**への分岐から一登りで、

硯水

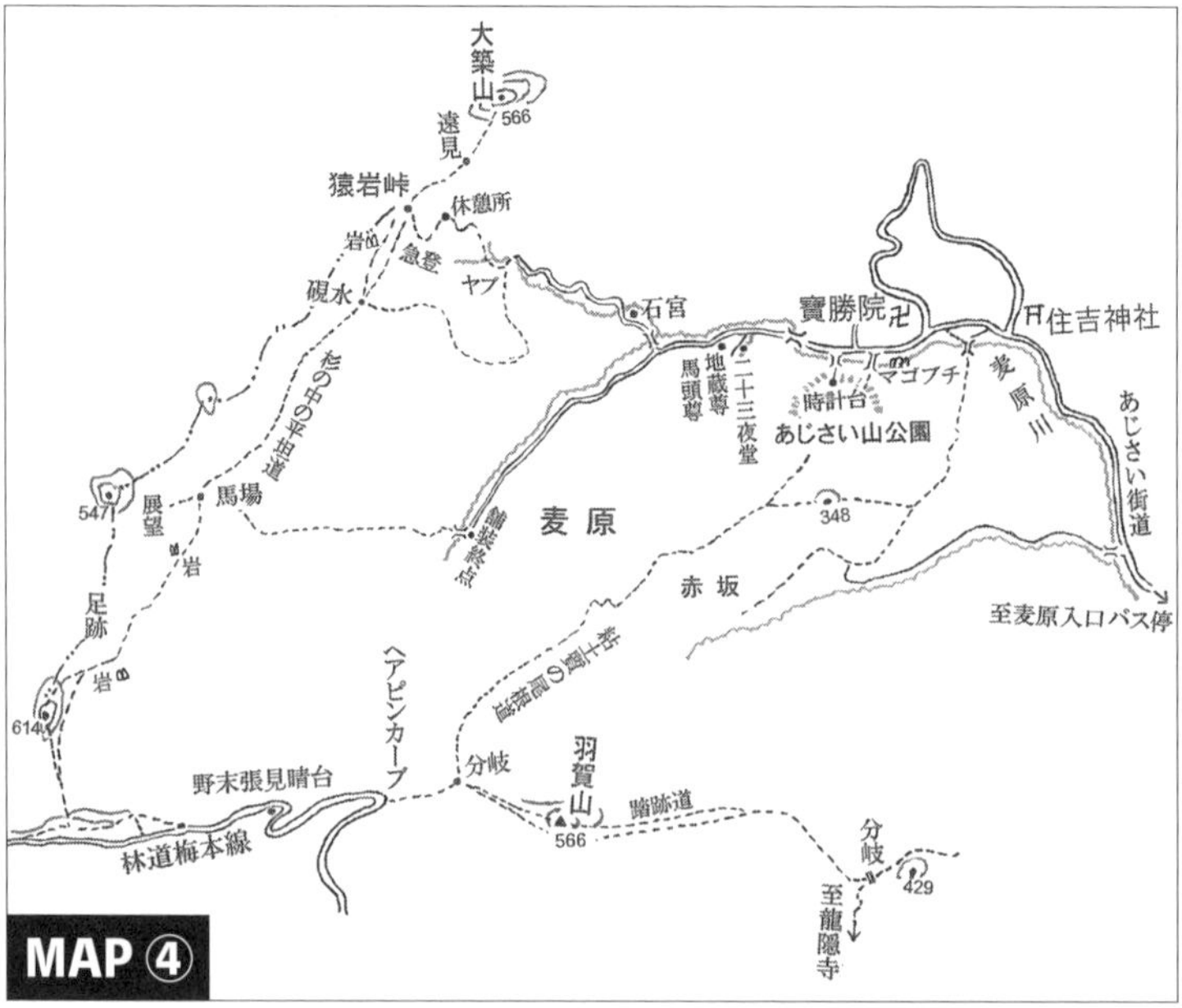

石灰岩の多い羽賀山山頂に着く。山頂から尾根の踏跡道をたどり**龍隠寺**へ下る峠まで行く。**あじさい山展望台**　帰りは尾根の南を巻く良い山道であじさい山への分岐へ戻る。あじさい山への下りは溝のある粘土質の尾根道。しばらく下り、左に露岩を見ると、あじさい山最上部の**展望台**に着く。麦原地区の全貌が見渡せる。アジサイを見ながら階段の道を下り車道に出て一周を終える。

あじさい山からの眺望

馬場

⑤ 龍穏寺から飯盛峠

八高線・越生駅～「上大満」バス停～平倉～龍穏寺～龍渕と滝不動～梅本集落～飯盛峠～龍穏寺～「上大満」バス停

菩提院　「上大満」バス停から右へ龍隠寺への道に入る。**平倉**は戸数四戸の小集落で姓は吉山、島田のそれぞれ二軒ずつ。吉山福義さん宅前を通り**菩提院**へ。天正年間の創立。本尊薬師如来。福義さんの話。「菩提院は龍隠寺の末寺で檀家は平倉だけなんで一番小さなお寺だろうね。もとは龍隠寺は女人禁制だったんで、女姓はこの隠居寺までしか来れなかったんだよ。裏山には稲荷、八幡、山神などが合祀され、平倉だけの氏神様になっているんだよ」。

戸口に三峯神社のお犬様の御札が貼ってあるので訪ねる。

「平倉にキツネつきの人が出たんで、三峰山のお犬様を借りて来て、キツネを追い出してもらってね。それ以来毎年三峰山詣りをしていたんだが、今は途絶えてしまったよ」。

一話終わったあと、「ちょっと来てみて」といわれて母屋の裏に回る。池に使われている大石の説明をしてくれた。

「四代前の吉治郎は力持ちで、この石は川から一人で背負って来たんだよ。相撲も強く、江戸の三段目と取り組んだ時は、土俵際で踏ん張ると寄り切れなかったそうだ」。

長方形の大石は長さ八〇センチ、幅三〇センチ、厚みも六〇センチ程もある。昔は桁外れの強力がいたものだ。

下馬門　左からの地形川の合流点に**下馬門**の**碑**が立つ。**龍ケ谷大橋**下流の左岸に**補陀岩**という、宝篋印塔をのせた大岩が張り出している。大きな**地蔵尊**に迎えられて**龍穏寺**へ。

龍穏寺　龍穏寺は格式の高い名刹で曹洞宗関東三ケ寺の筆頭。江戸時代には十万石の格式で、江戸屋敷を与えられていた。大同二（八〇七）年の創建ともいわれるが、永享二年（一四三〇）に室町幕府の第六代足利義教の命により、上杉持朝が開基。戦火で焼失後文明四（一四七二）年に太田道真、道灌父子が中興し、曹洞宗の大寺院に発展した。境内には太田道真・道灌父子の**墓**や、一切経を収める江戸末期建立の**経蔵**（県）、寛文一二（一六七二）年製作の**銅鐘**（県）などがある。近くには道灌誕生の地と伝える山《さん》芝庵《しあん》跡（三枝庵）もある。

補陀岩

かつては高さ

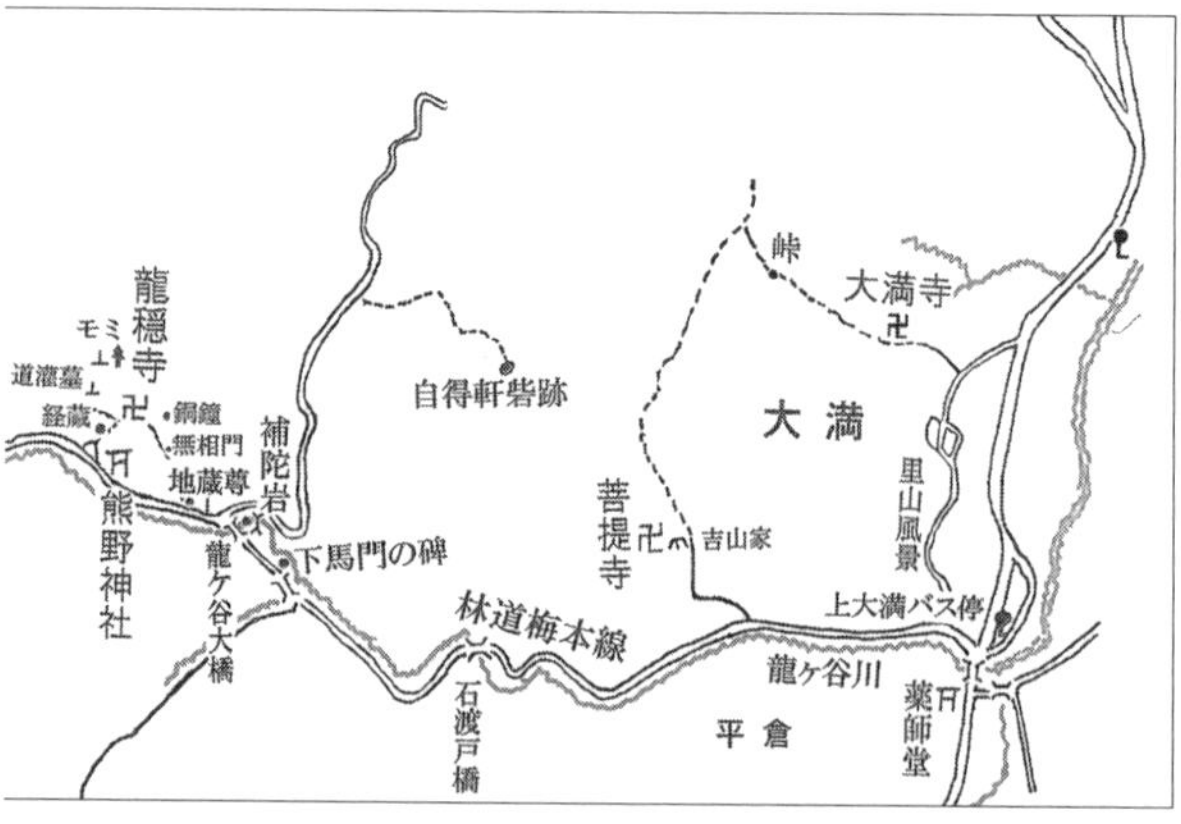

三七メートル、目通り四・五メートルもの大モミの木が本堂左手の南斜面にあり、幹や枝に群生したセッコクとともに「龍穏寺のモミ及び着生植物」として県の天然記念物指定を受けていた（平成二四年三月に伐採）。

杉木立に建つ全体に彫刻が施された山門は風格に満ちている。この山門（無相門）は町指定文化財で、江戸末期に再建された重厚な入母屋造りの二階建ての仁王門である。

寺はもと堂沢にあったが、五世雲崗和尚が現在地に移した。当時

龍穏寺山門

龍穏寺と太田道灌像

は竜の住む深い淵だったが、和尚が山神に祈ると竜は昇天して淵は一夜のうちに埋まって平地になり、飛び去った竜は名栗の有馬山に大池を作って住むようになったという。

一説には太田道灌が竜から十年間土地を借りて寺を建てることになった。竜は約束の証文を持って名栗の龍泉寺の池に移り、

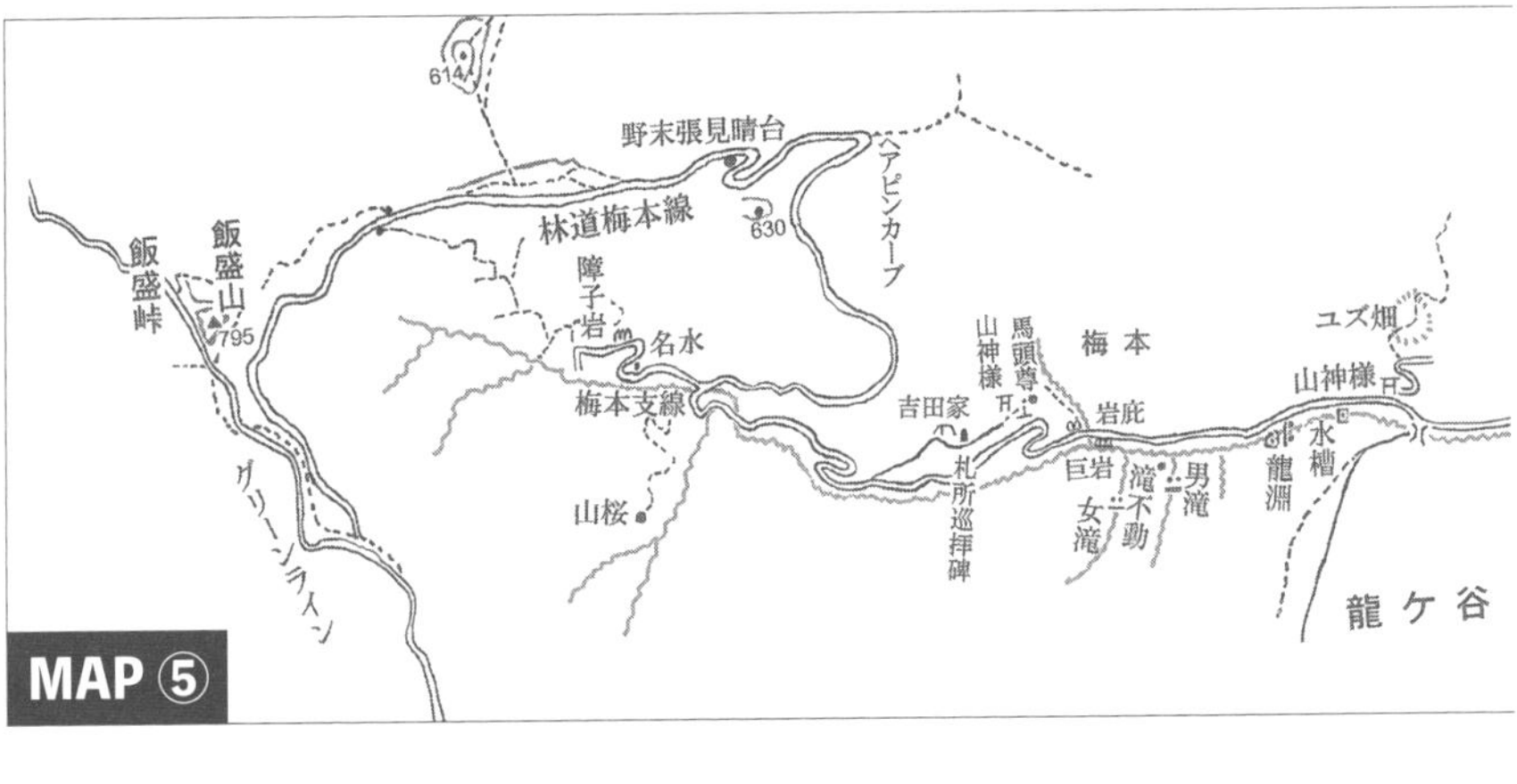

一〇年目に美女となって道灌に返却を求めに来た。道灌は証文の「十」の上に「ノ」を書き入れて千年にしてしまったという。

また、龍ケ谷に雄竜の住む湖があった。時々高山不動尊の上空を飛んで、有馬谷の雌竜に逢いに行っていた。いつも不快に思っていた不動様はある日、飛んできた竜に剣で斬りつけ尻尾を切り落としてしまった。以来不具になった竜は雌竜との逢い引きを諦めたという伝承もある。

龍淵と滝不動尊　古木が生えて張り出した大岩は滝場になっているが、淵はほとんど埋まっている。**龍淵**の上流に滑滝の**男滝**があり、奥に滝を懸けた小流との合流点に大きな**滝不動尊の石像**がある。**女滝**はここから少し上流の右岸の小沢にあるが、水はほとんど落ちていない。

龍淵

本流は巨岩がごろごろしている。

滝不動尊の石像

梅本集落　林道から離れ**梅本集落**の旧道を上がる。沢沿いを登ってから横道に入る。墓地入口に寛政二（一七九〇）年の**馬頭尊**、斜面に**山神様**が祀られている。梅本は日当たりのよい南斜面の数戸の集落。吉田尚男さん宅に寄り、庭先に立つ**札所巡拝碑**のことを聞く。

「この碑はうちの先祖のばあさんが西国、

梅本集落

四国、坂東、秩父の百八十八カ所を巡拝した記念碑だよ。江戸時代なんで当然なんだが、歩いて回ったと伝えられている。死ぬ数年前まで巡拝の旅をしていたらしいよ。」と言いながら位牌を持って来た。

「吉田イワ天保九年八七」と墨書されていた。八〇歳を過ぎても女性が一人で、百八十八カ所歩いた記録は極めて珍しい。縁側でお茶をいただきながら展望を楽しむ。

「あそこに見える家の山林には太い山桜があるんだよ。四月の下旬にならないと咲かないがねぇ。竜ケ谷の山桜として町天然記念物になっているよ」。資料では幹周り三・六メートル、樹高一八メートルと記す。

梅とベニザクラが同時に咲いている梅本集落をあとに林道に戻り、支線に入ると**障子岩名水**、その上方に表面が滑らかな**障子岩**の巨岩がある。この岩山も吉田家の所有という。山道に入ってから五〇分ほどで**飯盛峠**に達する。

障子岩名水

飯盛峠　**飯盛峠**の東隣りの山に稚児の墓と称する石祠がある。今はグリーンラインのため小高いところに。源頼朝が慈光寺参拝の折、高山不動尊から一人の稚児が選ばれて給仕に出た。聡明すぎたためねたまれて屈辱を受けた稚児は高山への帰り、「慈光へは稚児は登るな」と言い残し岩の上から谷へ身を投げて若い命を絶った。それからは慈光寺領中では、子供が丈夫に育ちにくかったという。

帰りは**林道梅本線**をとり、龍穏寺からバス停へ。

飯盛峠

⑥関八州見晴台～龍淵～戸神

関八州見晴台～七曲峠～林道猿岩線～竜淵～戸神～龍ヶ谷

七曲峠　**見晴らし台**から一〇分ほど下ると**七曲峠**。小さな標識には「四寸道分岐・横吹峠まで一時間」。名前のごとく、幾度も曲がり返しながらこの道を下る。左の谷は将門が隠れ住んでいたという**宗ケ入**。**猿岩林道**が近付くと大岩が現れ**隠れ不動**になる。断崖に不動の姿があるからという。寛政年間（一七八九～一八〇一）の**馬頭尊**も置かれている。

林道猿岩線を下る。左の尾根の**嶽岩**と呼ぶ岩山には大正一三（一九二四）年の「**武厳琴宮**」と刻まれた石碑がある。林道をしばらく下ってから山道に入る。踏跡道から一度狭い林道に出て、再び心細い尾根道を下って**林道**に出る。左に曲り山神を見て**龍淵**へ。

戸神　**滝不動尊**から少し戻り、左の林道を少し上がってから山道へ入り鞍部を目指す。踏跡道でしかも分岐が多く、わずかの登りだが迷いやすい。小尾根を外さぬようにすればよい。

登り着いた峠の鞍部にはしっかりした尾根道が通り、飯盛峠と戸神方面を示す古い**道標**が立っている。右の尾根道をとって下ると視界が開けた平坦地が現れる。右手辺りの**坊地**は龍穏寺の旧地という。大泉という池があったので初めは大泉寺と呼び、三十三間堂があったという。

代官屋敷跡

戸神の集落から**龍隠寺**への車道に入ると右手に**代官屋敷跡**がある。龍隠寺の寺代官を務めていた宮崎家屋敷跡である。全村が寺の所領だったので、江戸詰めの住職に代わって寺領を差配、名主も世襲して「戸神のお代官」と呼ばれていた。母家の大黒柱には慶応二（一八六六）年の武州一揆で付けられた傷跡が残る。

小沢を渡り少し登ると左へ山芝庵跡への道が分かれる。五分余り辿ると杉林に囲まれた**山芝庵跡**に着く。当初太田道真が居住していた地で**自得軒砦跡**という。道灌誕生の地ともいわれている。車道に戻り、峠を越えて**龍ケ谷**へ下る。

道灌誕生の地

山芝庵跡

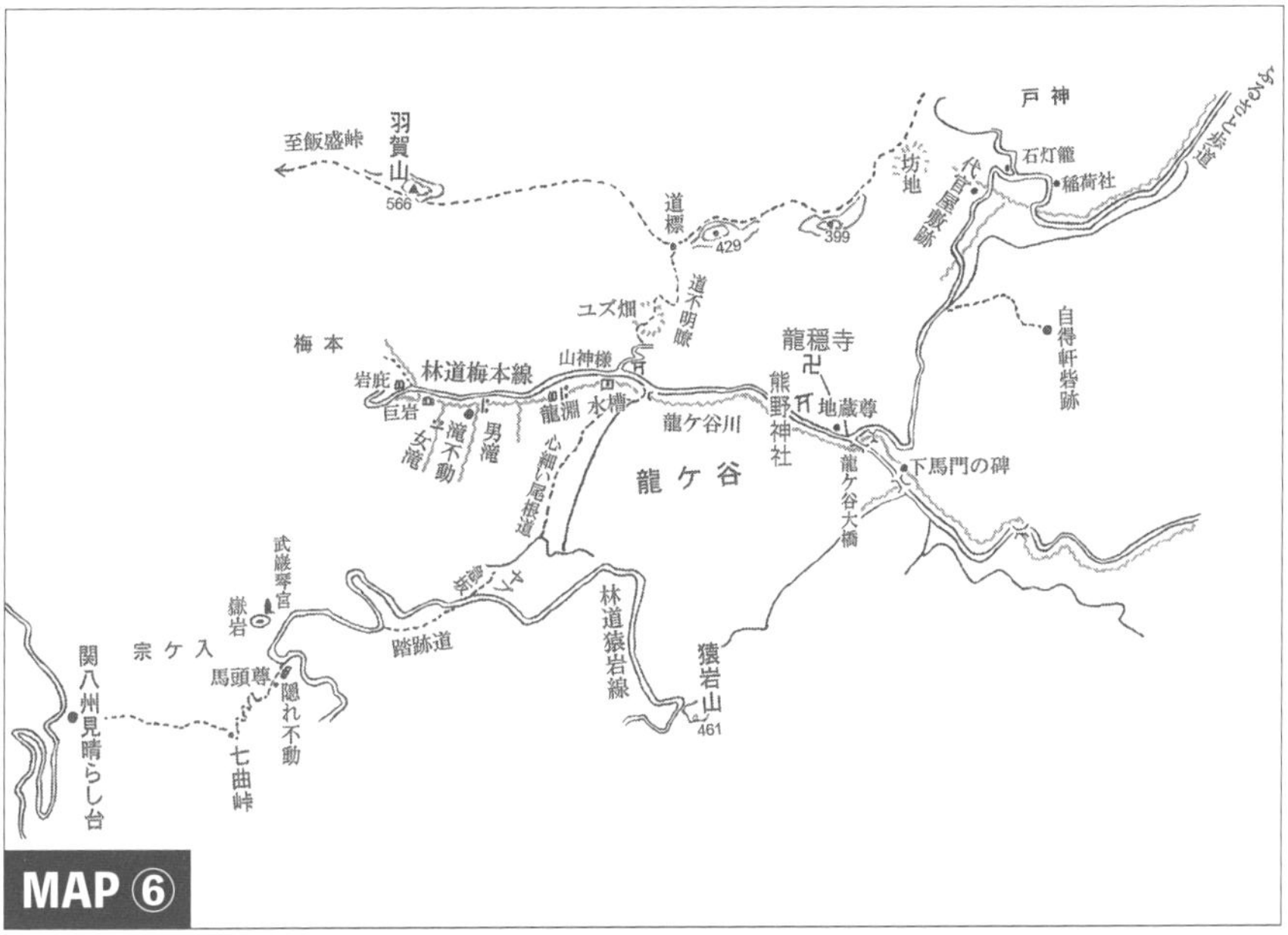

⑦大満から越辺川に沿って上流域へ

八高線・越生駅～「大満」バス停～八幡神社～大満寺～薬師堂～全洞院～熊野神社～龍ヶ淵～諏訪神社～顔振峠～「黒山」バス停～越生駅

八幡神社　**八幡神社**は大満《だいま》の鎮守。神木の大杉がそびえ、自然石を利用した大きな灯籠がある。境内の招魂碑は明治一七（一八八四）年と古く、裏の碑面には西南戦争で戦死した八木原又次郎の慰霊に関する事項が刻まれている。境内社に金比羅神社と八坂神社が祀られている。昭和二〇（一九四五）年代までは獅子舞が奉納されていた。

八幡神社

大満寺　曹洞宗の**大満寺**には、六地蔵の近くに一・四メートルほどの大きな青石塔婆がある。寺から住宅地を抜け、広々とした日当たりの良い里山風景を満喫しつつ越辺川と龍ケ谷川の合流点の**下戸橋**で県道六一号に出る。

下ヶ戸薬師堂　下戸橋から県道を行くと右手の奥に黒ずんだ**薬師堂**がある。堂内には薬師尊（県）と十二神将像（町）が納めてあった。木造薬師如来立像は平安時代の作風で、県内屈指の古彫刻である。現在は県立博物館に寄託されている。古い絵図には薬師堂の近くに山伏塚が描かれている。

戦艦三笠の甲板

秩父御嶽神社

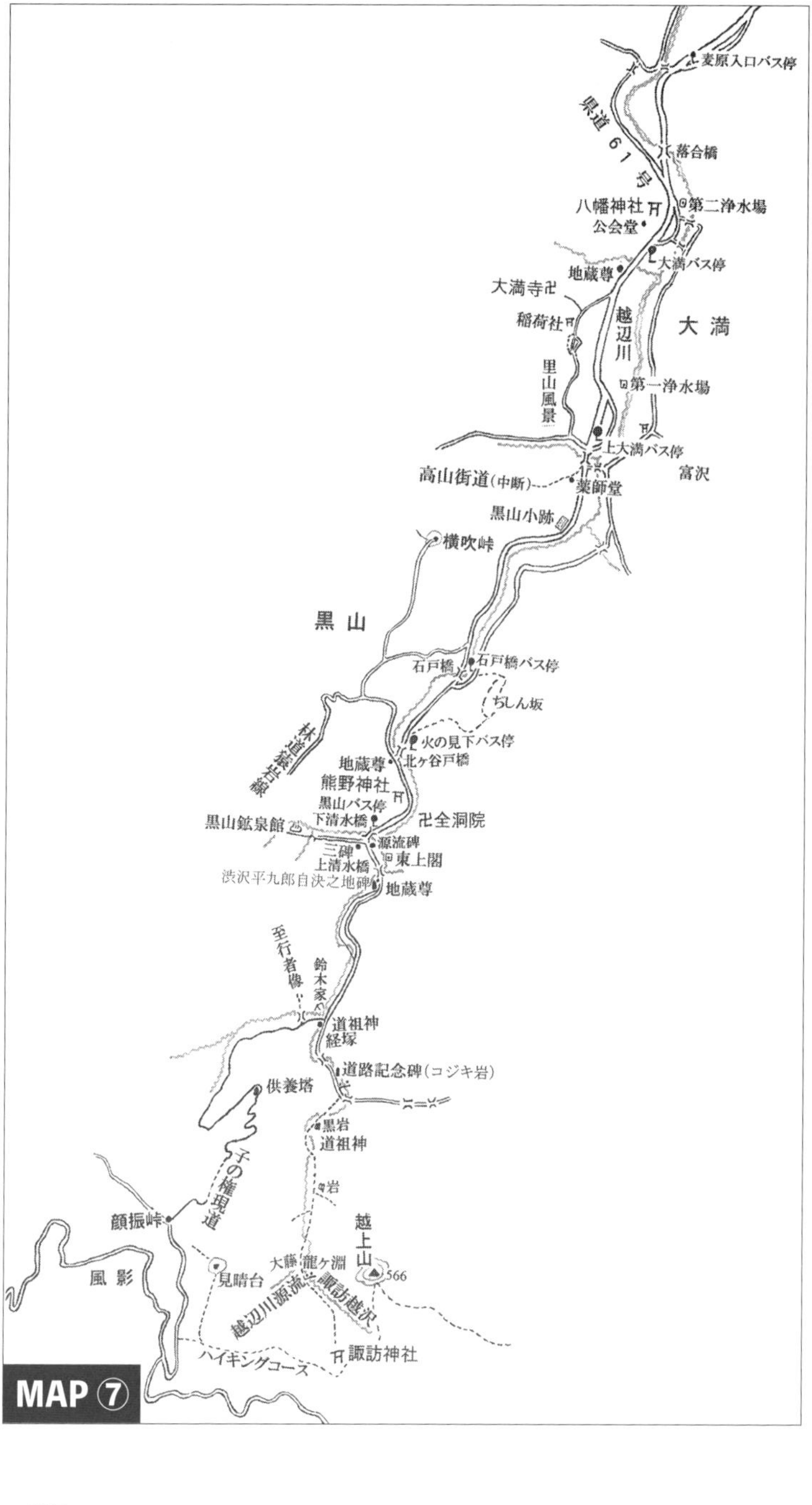

薬師堂からの古道を「高山街道」ともいう。高山不動尊は龍隠寺の奥の院だったからとも。現在は背後の山が採掘場になり、ここから登る横吹峠までの古道は中断されている。

荒れてしまった堂内をのぞくと囲炉裏が切ってある。江戸時代は修験の堂守がいたという。下ケ堂《さげど》は懺悔堂《さんげどう》の意で、参拝者はここで懺悔して心を浄め、新たな気持ちで高山不動尊へ向かった。帰りも謝礼をし家までの守護を祈った。秩父芦ヶ久保の茂林寺も懺悔堂と呼ばれ、秩父札所巡りに先立ち懺悔した。

黒山学校跡　学制にともない明治六（一八七三）年、薬師堂に**黒山学校**が開校した。明治一四年には薬師堂近くの当地に越生で初めての新校舎が落成した。昭和四七（一九七二）年、二宮金次郎像を残して本校に統合された。

全洞院　**北ヶ谷戸橋**を渡ると右の路傍に立派な地蔵尊が立つ。脇には六十六部廻国供養塔も立つ。その奥に**覚浄院**という黒山熊野神社領の支配役僧が住んでいた。この先の対岸に**全洞院**がある。

　全洞院は越生七福神の布袋尊の寺で全東院とも書き、大きなサルスベリが枝を広げている。斜面墓地の最上段にある僧侶の墓前には、渋沢平九郎の胴を埋めた墓がある。「慶応四（一八六八）年五月二三日　歳二二才」。土地では「脱走様《だっそ》」と呼び、虫歯の神様として信仰されている。

全洞院

熊野神社　鳥居の前に二本の大杉がそびえ、森に囲まれた厳かな雰囲気の中に本殿がある。平安時代の寛平年間（八八九～九九）の創建と伝え「将門の宮」と呼び黒山の鎮守。付近に住む将門の子孫の氏子は成田山へは参拝しない。藤原秀郷が成田山に戦勝祈願して将門を破ったからという。榛名神社と愛宕神社が合祀されている。本殿右隣には青梅市御嶽神社の分社があり、大口真神の御札が納められている。地元御嶽講では毎年代参で、御札と農作物豊凶の占い紙を貰い受けてくる。

熊野神社

神社の先で谷が分岐、**越辺川起点**の石標がある。ここから右は三滝川、左は顔振川になる。合流点の山裾には**三碑**があり、その一基には「日本第一大平山三滝入口」と刻まれている。かつては八雲神社があった。周りは天王山といい熊野神社所有の森林だった。

渋沢平九郎自決之地　左折して**新井川**を渡ると右に、渋沢栄一の孫、渋沢敬三書になる**渋沢平九郎自決之地**の石標、裏に平九郎の略歴などが刻まれている。昭和二九年。傍らの岩の上には「**自刃岩**」の碑が立つ。かつては平九郎グミがあり、繁るグミは平九郎の血を吸ったといわれ、毎年真っ赤な実をつけた。

阪本集落　阪本集落に

越辺川起点の石標

渋沢平九郎自決之地の石標

入ると対岸の鈴木家は「タケノワキ」屋号でぢしん番所があったという。自身番所のことと思われ、江戸時代に警護のために置かれた小さな番所だった。ここから大平山方面へ登る坂を**ぢしん坂**と呼ぶ。

当家の墓地には四基程の板碑があり、その一基には応安四（一三七一）年の年号。その裏手には精進小屋があった。すぐ路傍の大岩に「右子の権現道」と刻まれた**道祖神**があり、**顔振峠**（一・七キロ）への分岐点になっている。

コジキ岩　越辺川（顔振川）沿いに奥へ行くと左の大岩には寝泊まり出来そうな庇があり、**コジキ**

ぢしん坂

大岩の道祖神

岩といわれるのはこの岩であろう。岩の上に**笹郷林道開設記念碑**が立つ。大岩の先から林道と離れ、越辺川源流の沢沿いの道に入る。すぐに大きな**黒岩**になり、岩根には道祖神が置かれている。次々に現れる小滝を見ながら遡行する。

笹郷林道開設記念碑が立つ大岩

龍ケ淵　道は次第に険しくなり、小滝のかかる**龍ケ淵**に着く。あまり大きな淵ではないが、淵の岩壁には龍神を連想する大藤がからみついている。龍ケ淵は昔の**雨乞い場**であった。日照りが続くと龍ケ淵をかき回して龍を怒らせ、淵の西方の雨乞塚では薪を燃やして、煙と共に龍を天に昇らせて雨が降るようにと祈った。

　昭和六（一九三一）年に建立した淵の上の碑には、龍ケ淵を詠める歌一首が刻まれている。ここまでは厳しく不安な道であるが、頻繁に小さな板木の道標が導いてくれる。

諏訪神社　龍ケ淵の上部で谷は分岐、右が越辺川の源流。左を諏訪越と呼び、どちらも平凡な谷になる。左の浅くなった谷を詰めて**諏訪神社**へ行く。神社からは西の顔振峠へ。

諏訪神社

龍ケ淵の碑

顔振峠　顔振峠の西の突起には**蚕影神社**が祀られている。峠の道標は「黒山バス停二・五」と記す。峠の風影側の眺望はすばらしく、義経弁慶主従が奥州へ下る途中、何度も振り返った伝説があり、峠の黒山側には「弁慶のねじれ松」という老松があった。

　峠からはしっかりした道を**黒山**へ下る。三回ほど**ヘアピンカーブ**を曲がると大師と刻まれた**石碑**と**石**

仏があり、傍らには寛政一二（一八〇〇）年の「百番四国八十八ヶ所観世音」の**供養塔**が立つ。古くからの峠道だったことを偲ばせる。当時は「**子の権現道**」と呼ばれ、風影の人達は黒山から峠を越えてくる参詣人を権現道者といった。黒山の人達が江戸へ向かうには、主に顔振峠を越えて吾野道を利用していた。

　飯能戦争で敗れた振武軍の一部は毛呂、越生方面に逃れてきた。渋沢栄一の従弟、平九郎は顔振峠を越えて越生黒山へ入った。

経塚　谷筋へ降りるとまもなく分岐で、左へ五分余り行くと、岩庇のあるコジキ岩と巨岩のタテ岩がある。そそり立つタテ岩は迫力十分で、寄り道する価値がある（MAP⑨参照）。戻って下ると**経塚**で県道六一号に出る。

顔振峠

⑧ 黒山三滝から花立松ノ峠

八高線・越生駅～「黒山」バス停～天狗滝～女滝・男滝～猿岩林道～日照水～花立松ノ峠～傘杉峠～天狗滝～「黒山」バス停

天狗滝　「黒山」バス停から下清水橋を渡り、右折して三滝川沿いの車道に入る。黒山鉱泉館を過ぎて滝沢橋を渡ると、対岸の岩壁下の湧水に**弁財天**が祀られている。**マス釣場**を見て行くと、右岸から**天狗滝**の懸かる**藤原川**が流入する。天狗滝は大岩壁から落下する、高さ二〇メートルの豪快な滝。遊歩道で滝の近くまで近付ける。戻ると右に「左三滝右高山不動尊」と刻まれた道標。左に**傘杉峠**への道が分かれる。**茶店**前を通り高さ三メートル余りの**女滝**へ。

　女滝の脇から**男滝**へ登る中間に**東屋**があり、昔はここに蔵王権現を祀

天狗滝

る赤堂があったという。今は岩庇に不動尊が祀られている。このすぐ上方には大きな石剣が立っている。

林道猿岩線　男滝の直上には那智社のお堂があったという。ハイキングコースに入り、**砂防ダム**の近くから**猿岩林道**に登る。林道で三滝川の上流へ進む。**奥武蔵高原画廊**を過ぎてしばらく行くと林道は右にカーブして三滝川から離れる。ここには「**日照水**」の湧水があり、車で水を汲んでいる人を見かける。

女滝

花立松ノ峠　林道から離れ三滝川沿いの山道へ入る。ここには「花立松ノ峠へ一・三キロ」の**道標**が立つ。すぐ左にオーバーハングした「**オオカミ岩**」の大岩壁がある。続いて**三角型の大岩**を見ると、涸れた三滝川を渡り谷から離れる。ここから猿取切の展望の良い斜面を横断し、**花立松ノ峠**まで二〇分余りで

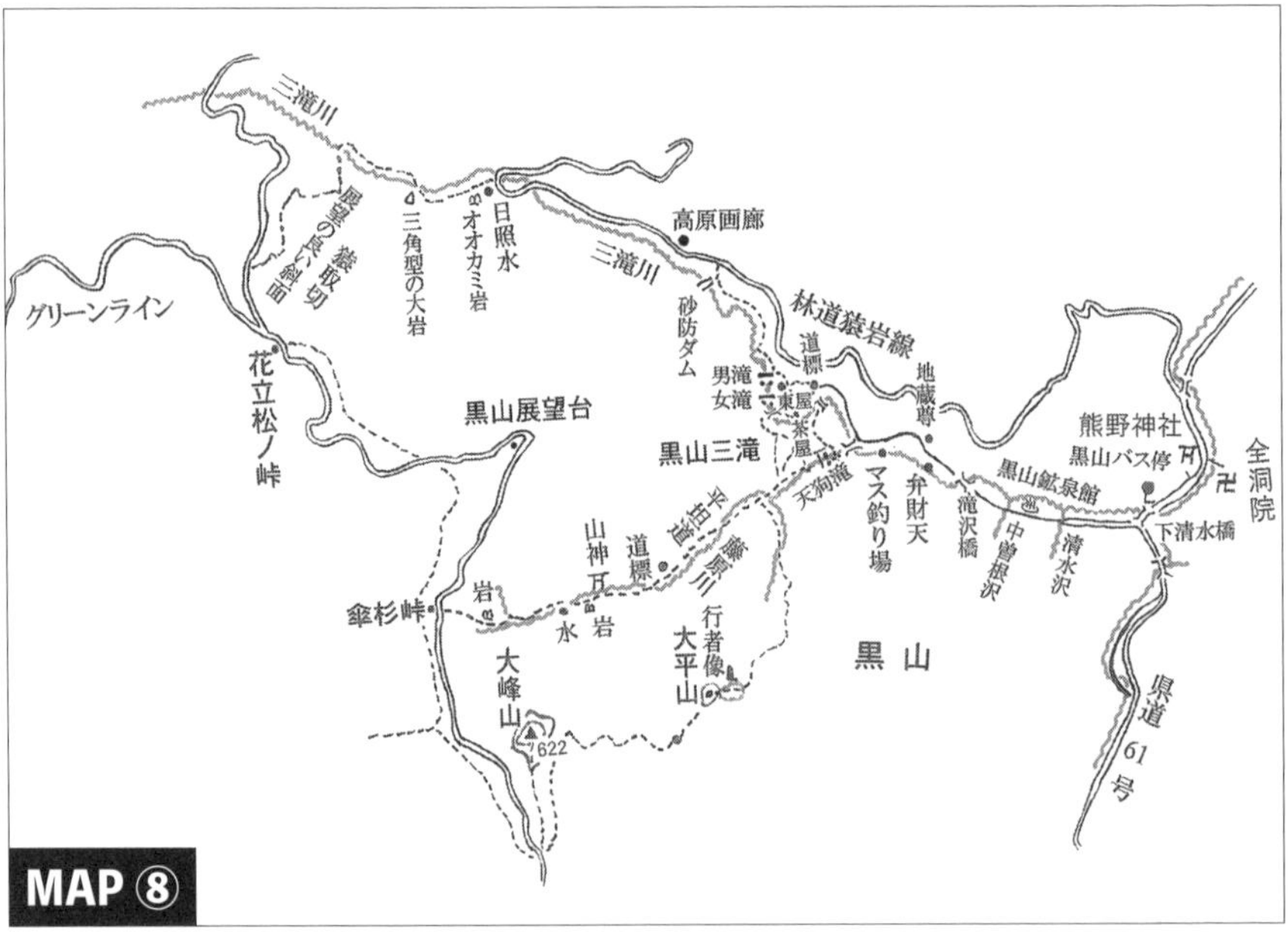

ある。グリーンラインを南へ傘杉峠へ向かう。

傘杉峠　傘杉峠からは林道と離れ黒山への下山道に入る（一・五キロ）。岩場が目に付く斜面を下り、すぐに涸谷沿いを行く。まもなく水が現れ沢を渡る。幾度か藤原川を渡り返しつつ下る。右に役行者像のある**大平山**への道を分けると**天狗滝**の上部に着いて一周する。

傘杉峠

花立松ノ峠

◉黒山三滝付近

黒山三滝　山岳修験霊場として役行者《えんのぎょうじゃ》により開かれた。南北朝の頃、山本坊栄円が隆盛に導いた。左手に高さ二〇メートルの天狗滝を見て進むと、二段に落下する共に落差五メートルほどの男滝、女滝がある。併せて黒山三滝と呼ぶ。

黒山温泉　無色透明のアルカリ鉱泉で二軒の宿がある。

宗ケ入　将門は相馬小次郎とも呼ばれ七人の影武者がいたという。大野の勝負平で秀郷に殺された将門は影武者だった。本人は越生黒山の宗ケ入に隠れ住み余生を送ったという。このため宗ケ入は相馬ケ入とも言った。

河童明神　合掌造りの料理屋の庭にある。御神体として河童の剥製が祀られている（岐阜県の有家ケ原・庄川に流れる支流の沼で妙なものがとれ、それを剥製にして河童明神として祀った分社）。

⑨岡房入から大平山

このコースはかつて大平山への表参道だったというが、今は未整備の山道になっている。道標もなく少々の読図が必要な特殊コースとして紹介する。

岡房入　経塚の岩前から橋を渡るとすぐに分岐で、右は大平山への一般コース。左の岡房入をとり沢沿いに進むと右に**コジキ岩**が現れる。二つの巨岩の岩庇に、浮浪者が住み着いていたのだろうか。対岸は**タテ岩**がそそり立つ。

沢沿いの道は次第に荒れてきて二股になる。左手の沢から右の小尾根に登る。尾根上は小さな切り通しで**鳥居場**と呼び、かつては山本坊の一之鳥居があったという。

大平山　尾根を越えて小沢沿いをしばらく進み、水音の絶えた沢から離れて**大平山**の尾根に取り付く。

尾根の先端に上がるとしっかりした山道に出合う。右が「黒山」バス停への下山道。左の尾根道を行くと再び**分岐**で、右は大平山への道である。左はグリーンラインの奥武蔵主脈に通じ、**大峰山**を経て**傘杉峠**に至る。

大平山は昔、山岳宗教の霊山として栄えていた。山の周囲には天狗ノ森、天狗ノ碁盤石、烏帽子岩などの地名が残る。

大平山の供養塔

山頂付近には絡み合うケヤキとカエデの古木を背にして、前鬼と後鬼を従えた高さ一・六メートル、元治元（一八六四）年の役行者像がある。左右には不動明王と弥勒菩薩像が立つ。近くには五基の供養塔がある。中央の高さ八〇センチ程の五輪塔は開山栄円の供養塔である。「山本開山権大僧都栄圓和尚応永二十年十月」と刻まれている。

黒山三滝　**分岐**から大平山の**役行者像**へは五分ほどである。役行者像の前は広場でベンチも置かれている。**黒山三滝**へは急な尾根道を下り、最後は小沢に降りて**藤原川**の道に合う。下るとすぐに分岐で左が男滝・女滝、右が天狗滝への探勝路である。

山本坊　本山派修験。支配地は入間、比企、秩父、更に越後、常陸にまで及んでいた。開祖は山本大坊栄円。箱根山の別当を辞して、応永五（一三九八）年黒山に移り熊野神社を本宮に、天狗滝を新宮に見立て一帯を「関東の熊野霊場」とした。三滝と太平山を修行地として越生山本坊と称し、最盛期には一五〇もの寺院を配下に治めた。

　慶長八（一六〇三）年、十世の時に本坊を西戸村に移し、黒山村は代理に任せた。二十五世が帰農するまで四七〇余年続いたが、明治の神仏分離で大先達の歴史を閉じた。

役行者像

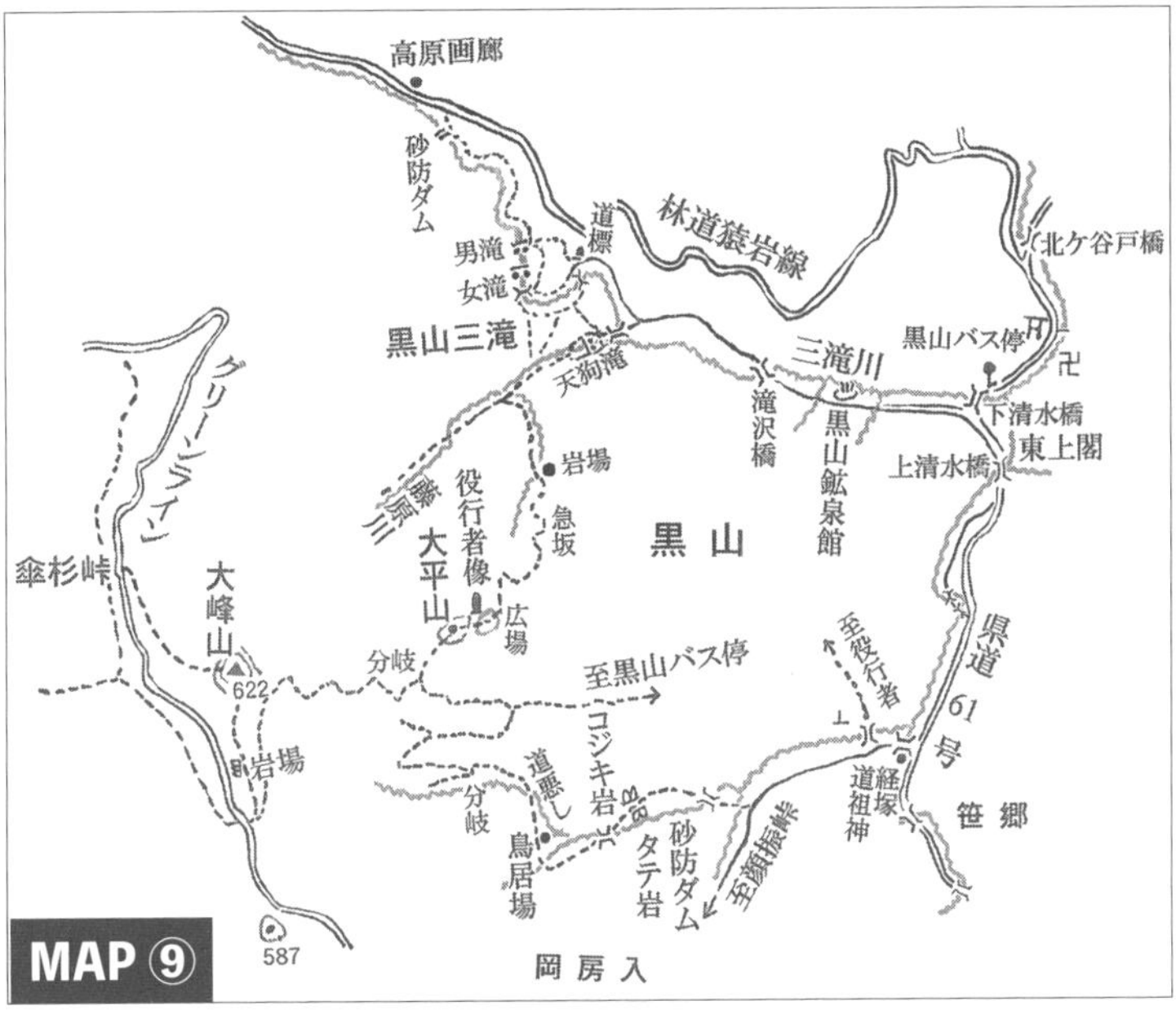

⑩ 四寸道から関八州見晴らし台

八高線・越生駅〜「火の見下」バス停〜横吹峠〜御嶽神社〜嶽岩〜関八州見晴らし台

横吹峠　本来の四寸道《しすん》は下ヶ戸薬師堂から高山不動への道であるが、石灰岩採掘で寸断されてしまい横吹峠から入る。

　バスを降りて橋を渡り林道猿岩線に入り、途中から右の道に入る。**横吹峠**はやや陰気な峠で、切り通しの上に二体の**地蔵尊**がある。弘化四（一八四七）年の一体は道標を兼ねており、「さげど・龍ヶ谷・高山」などの文字が刻まれている。四寸道に入り梅ノ久保への道を分け、駒ケ岳の南を巻いて行く。露岩が現れる。「覗岩」地名起こりの岩であろうか。昔は岩の上から身を乗り出して懺悔したと思われるが…。

横吹峠

越生駒ケ岳　駒ケ岳へは小鞍部から五分余りで、三六九メートルの四等三角点に立てる。地元では越生駒ケ岳と呼んでいるが、展望のない平凡な山頂である。次のピークには、明治年間に講中が建てた**御嶽神社**が祀られている。社前の岩の上からは、丸いドームの駒ケ岳が間近に見える。

四寸道　四寸道は**峰山**の北側を巻き、四方に幹を伸ばした貫禄ある**大杉**に着く。根元には大山祇の小社が置かれている。続いて**猿岩山**の北側を通過すると**林道猿岩線**に出る。林道を右に二〇〇メートル余り進んでから、左へ再び四寸道へ入る。名前に相応しい杉林帯を行く。狭いがしっかりした道である。

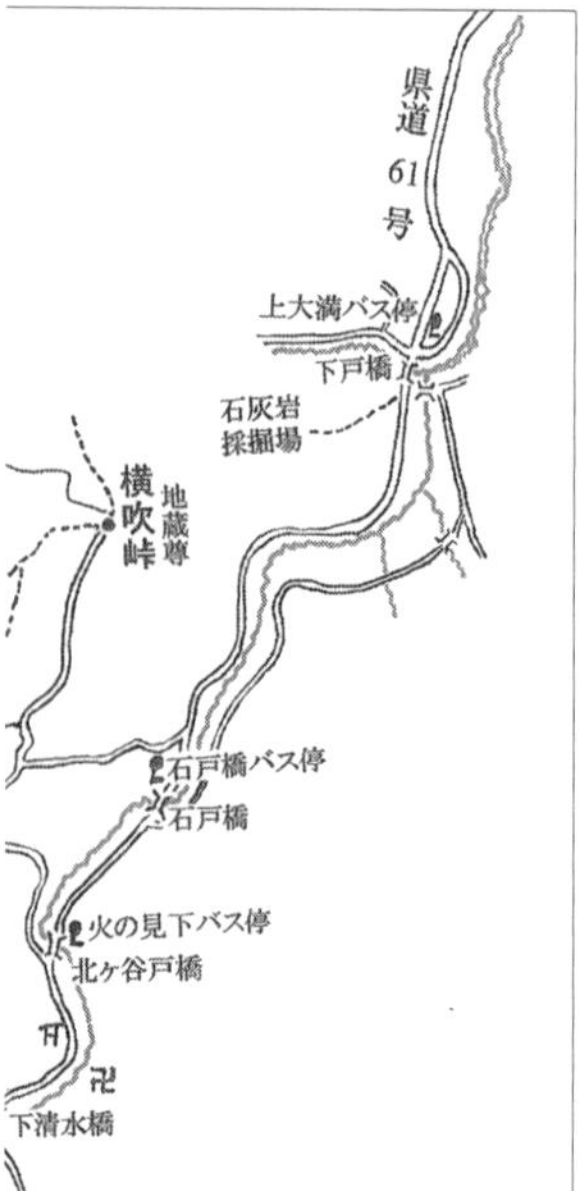

関八州見晴らし台　再び林道猿岩線に出る。四寸道は**隠れ不動**から**七曲り峠**へと続くが、嶽岩への尾根道で関八州見晴台を目指す。切り通しの低い石垣を上り、やや心細い尾根道をしばらく行ってから**嶽岩**に取り付く。熊野ケ岳とも呼ばれ**琴平宮の石碑**がある。露岩の重なる山頂からは関八州方面の奥武蔵主稜が良く見える。

嶽岩からは**蟻ノ戸渡り**と呼ぶ岩壁沿いの急な下りである。鞍部から**七〇五メートルの突起**を経て急登し、ひょっこりアンテナ塔の立つ廃小屋の主稜に出る。**関八州見晴らし台**へは二、三分である。

関八州見晴台

四寸道の大杉

MAP ⑩

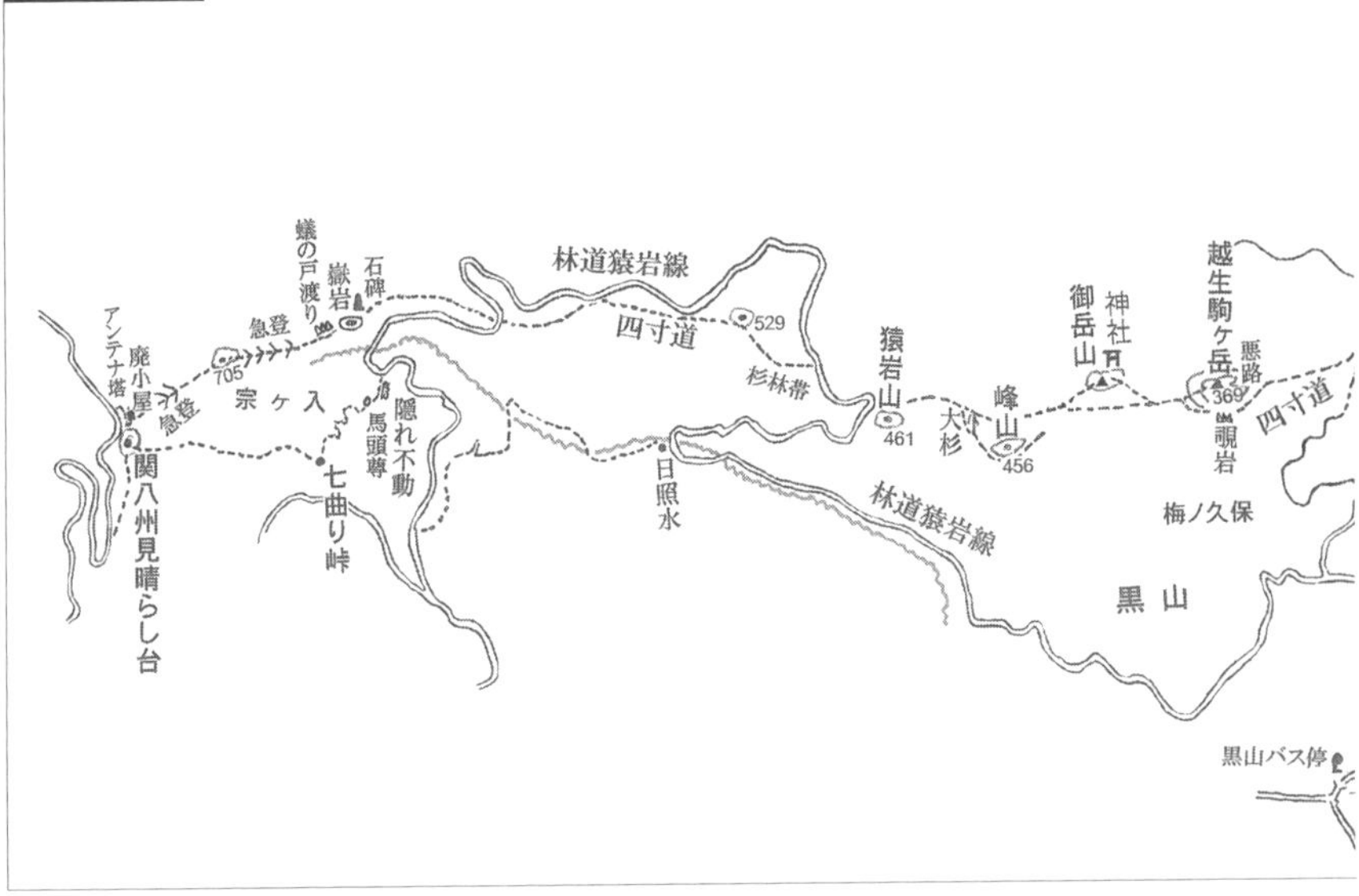

⑪ 五大尊から高取山

八高線・越生駅～法恩寺～岡崎薬師～五大尊～無名戦士之墓～正法寺～越生神社～高取城址～越生駅

法恩寺　越生駅から県道三〇号に出ると**法恩寺**がある。天平一〇（七三八）年ごろ、行基の創建という。その後兵乱に遭うも越生氏により再興された。平九郎の首塚がある。平九郎は渋沢栄一の養子で彰義隊に加わり、振武軍参謀として飯能で官軍と戦い敗れた。顔振峠を越えて黒山へ逃げる途中で自刃した。哀れんだ土地の人が、さらし首を犬がくわえて来たという名目で寺へ運び埋葬した。墓地入口には**渋沢平九郎埋首之碑**が立つ。

法恩寺山門

黒山の自決の地には渋沢栄一の孫、敬三の書になる「渋沢平九郎自決之地」碑が建てられている。

越生生絹発祥之地　法恩寺の先で県道を左に曲がると、右にセレモニー越生生絹《きぎぬ》会館がある。ここは**越生生絹発祥之地**であり、新しい生絹稲荷社を祀る。越生特産生絹の起源は霊亀二（七一六）年、高麗人の移住による。毎年朝廷に生絹を献上。正倉院御物にも記録が残る。

さくらの山公園　北の役場前は**中央公民館**である。明治一九（一八八六）年から三四年まで越辺川小学校、明治三四年から昭和二二（一九四七）年までは越生小学校のあった跡に立つ。隣の図書館前には万葉歌碑が建つ。公民館裏手の山斜面は「**さくらの山公園**」になっている。公民館と保険センターの間から公園への道がある。

岡崎薬師堂　公園の北には**岡崎薬師堂**。車道に出て図書館脇の細い道を山側に進んだ突き当たりに建つ。鎌倉初期、越生氏一族の岡崎有基が興した館跡に建つ。参道の北一帯が館跡。越生氏一族の現存する唯一の遺跡。承元二（一二〇八）年に岡崎有基が守り本尊の薬師尊を祀った。岡崎氏の末裔はのちに石見（島根県）に移り、南北朝の内乱で活躍した。新しい「め」の絵馬もたくさんあり、今も信仰されている。一本の大イチョウがそびえ、薬師堂の左手奥には森に囲まれて**稲荷神社**がある。

岡崎薬師堂

五大尊　江戸時代から大正期にかけての旧道の一部、**黒岩道**が残っている。小学校を過ぎ左折して五大尊へ。**五大尊**は不動明王を中心に木造五大明王を祀る。五体そろった中世の五大明王像（県）は県内唯一。古くから越生氏一族黒岩氏の本貫地、黒岩村の鎮守として崇拝されていた。江戸時代は長徳寺の境内堂で「入比板東二十三番」。明治以降は地元の信徒管理になっている。

五大尊

周囲の**つつじ園**は関東

つつじ園

屈指のツツジの名所。約一万本が生い茂り、五月三日に盛大なツツジ祭がある。斜面いっぱいに多くのツツジが植えられ、種類も多く「五色ツツジ」と呼ばれる。

本堂への参道を登る。両側は五月上旬までツツジで彩られ、藤棚の下が休息所になっている。右に**稲含様**、左に**三峯の小社**がある。つつじ公園を横断して右へ登ると**魔利支天社**がある。

無名戦士之墓　五大尊から**無名戦士之墓**への道をとる。すぐに分岐で右へ登ると一五分程で戦士の墓への石段脇へ出る。ここには昭和四七（一九七二）年に建てられた「**馬魂碑**」が立つ。**墓**は大観山の山頂にあり、第二次世界大戦で亡くなった兵士の霊を慰めるために建立。世界六〇余ヶ国の戦没

無名戦士之墓

者の霊も安置されている。墓からは越生の街並みが眼下に見渡せる。

正法寺　墓から一〇分程車道を下ると**正法寺**になる。本堂脇には越生七福神の大黒天と閻魔様を祀るお堂がある。山岡鉄舟献額の山門は、明治一七（一八八四）年の大火で唯一残った。正法寺から「入山塔」がある。**越生神社**裏の車道に出る。

高取城跡　越生神社は越生氏の館跡という。本殿の右に日吉神社、左に稲荷神社を祀る。神社の裏手から一五分ほどで**高取城跡**へ。登

越生神社

正法寺

り口の分岐に、明治一〇年の「小御嶽神社・富士一山」と刻む**石碑**がある。途中には昭和一五年の「桧苗一千本」の**記念植樹碑**。ここからジグザグに急登して城跡のある**高取山の山頂**へ。越生神社の**奥宮**と二本のスタジイの巨木がある。標高一七〇メートル、土塁や空堀で画された数段の郭跡が残る。物見の砦と思われるが、新編武蔵風土記稿には「越生四郎左衛門屋敷跡」と記す。『太平記』では、越生四郎が南朝の総大将、北畠顕家を討ち取った武将になっている。

高取城跡

⑫ 高取城跡から大高取山、虚空蔵尊

八高線・越生駅～高取城跡～大高取山～桂木観音～虚空蔵尊～越生駅

だいこうじ跡　高取城跡からはピークを南から巻きつつ、西の尾根道を行く。**三二四メートルのピーク**手前には石灰岩の露頭がある。平坦な尾根道を行き大高取山が近付くと、左へ**幕岩展望台**への道が分かれる。

幕岩は高さ一六メートル、幅三五メートル、幕を張ったようにそそり立つ大岩壁。展望台は岩の上なので下へ降りないと見えない。幕岩から五分余りの**だいこうじ跡**は**ふれあいの里展望台**になっている。

大高取山　大高取山は静かな樹林の中で展望はない。中腹の常緑樹

大高取山

林の南斜面に暖地性のコシダ群落（県）が自生している。静岡以北では珍しい貴重な植物である。山頂から桂木観音へは**三七二《メートル》のピーク**を越えて下る。前方が開けるとユズ、桜、ツバキ、ツツジなどに囲まれた**桂木観音**である。参拝後、小さな仁王門から石段を下り車道に降り立つ。車道をとって越生方面に向かうと左に虚空蔵尊への山道が分かれる。

虚空蔵尊　ユズ畑に囲まれた串田家の脇を通り、静かな杉林帯の平坦道を行くと、右に**ゆうパークおごせ**への道を分ける。ゆうパークおごせへの尾根道は、雑木林の多い静かなプロムナードである。

虚空蔵尊

桂木観音

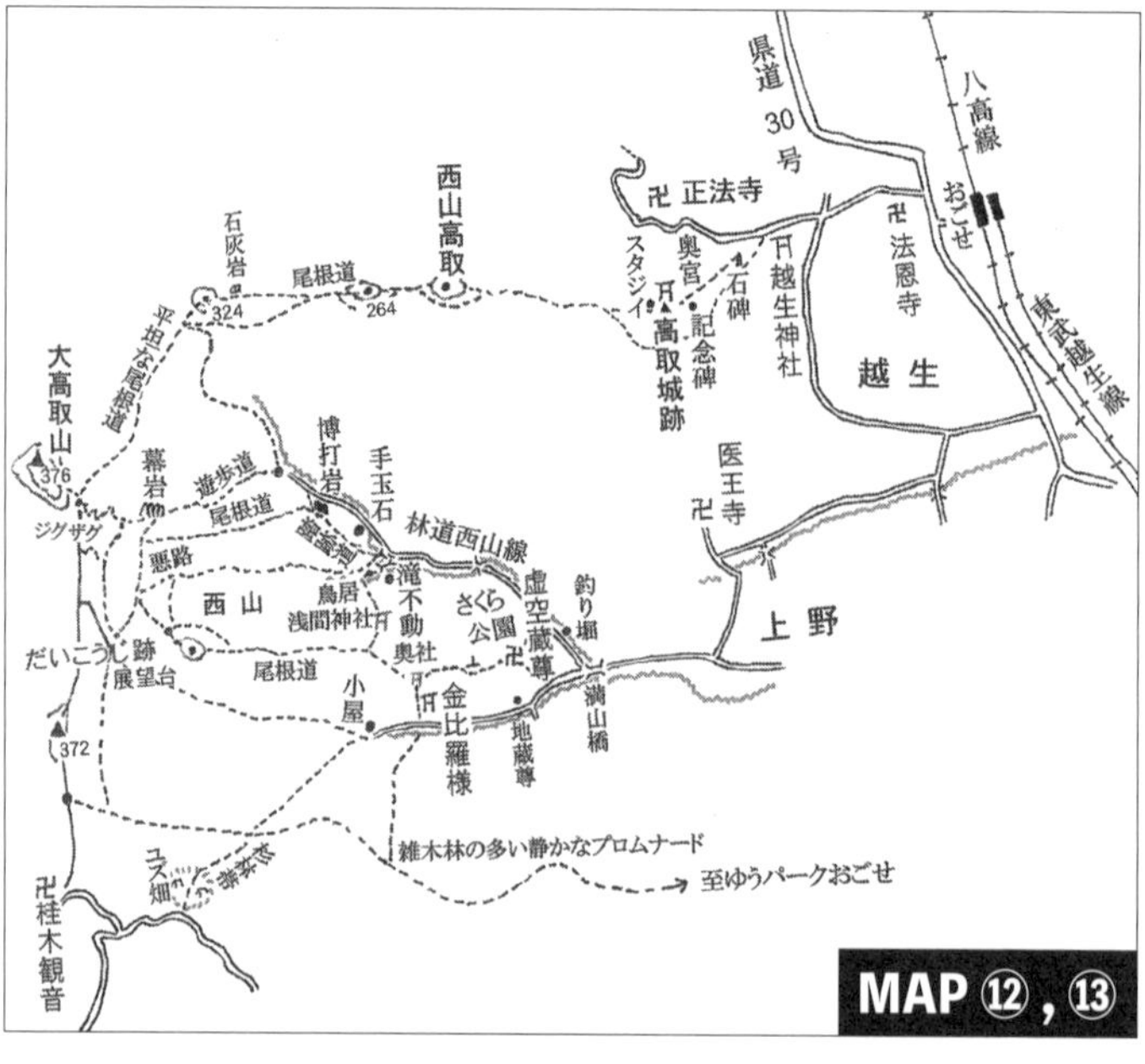

桧の巨木林を過ぎて小流に降りる。谷に沿って下

り、**丸太小屋**からは林道になる。左上の**金比羅様**を過ぎると**虚空蔵尊**に着く。三体（能満・知満・福満）の虚空蔵尊を本尊としているので、三満山という。急な石段を上がり本堂へ。「越生・七草めぐり」の「キキョウ」の寺で、背後はツツジと**さくら公園**になっている。

薬師堂があり、前田利家が松山城攻めの時、軍勢に出した禁制状が保管されている**医王寺**に寄ってから、田園風景を楽しみつつ越生駅へ向かう。

⑬ 虚空蔵尊からだいこうじ跡展望台

1 桂木観音コース

虚空蔵尊～滝不動尊～弁慶手玉石～博打岩～幕岩～大高取山～だいこうじ跡

浅間滝不動尊　虚空蔵尊近くの満山橋から**林道西山線**に入る。**釣り堀**を過ぎると駐車場があり、左手の山は**さくら公園**になっている。すぐに見事な杉林帯になり、**ふれあいの里山**への分岐の手前に**浅間滝不動尊**への道があるが、荒れているので注意しないとわからない。危ない木橋で対岸に渡ると岩の上に、文政一三（一八三〇）年の**石像の不動尊**がある。朽ちかけた鳥居があり、**浅間神社**への道は荒れている。

まもなく路傍に**弁慶手玉石**がある。標識がなければ見過ごしてしまう、高さ二㍍余りの平凡な岩である。次の**博打岩**はそそり立つ大岩壁。浅い溝沿いに登ると岩の上に立てる。小さなテラスもあり、岩上で博打をしたのであろうか。

幕岩　林道の終点からほぼ水の涸れた沢沿いを登り、

幕岩の基部に着く。灌木やツタが絡み、岩の全貌が確認できず、大岩の割には迫力に欠ける。回り込んで**幕岩の展望台**に登る。

幕岩からジグザグに急登して大高取山からの尾根に達する。右へわずかの登りで**大高取山**山頂に着く。

尾根の分岐から左へしばらく行くと**桂木観音**である。

だいこうじ跡展望台　桂木観音へ向かい、左に小流を見ながらしっかりした山道を行く。沢を渡り、左へ少し戻りかげんに行くと虚空蔵尊からの尾根道に合い、**だいこうじ跡展望台**へと続く。

2 尾根道コース

虚空蔵尊～金比羅神社奥社～浅間神社～幕岩～だいこうじ跡～虚空蔵寺

金比羅神社の奥社　**虚空蔵尊**から**さくら公園**に入る。裏山一帯が桜とツツジの植えられた展望公園になっている。石仏の墓石が一基ある公園の最上方はさらに展望がよい。

ここから雑木林に入り、ヒノキ林が目立つようになると**金比羅神社の奥社**（石宮）になる。この先の分岐を右へ入ると**浅間神社**の小社がある。ここからはやや展望が得られる。戻って尾根道を進む。巻き道もあるが尾根道をとる。巻き道を合わせるとまもなく、**幕岩**と**だいこうじ跡**を結ぶ道に合う。

だいこうじ跡展望台　右の幕岩への道をとる。幕岩が近づくと**博打岩**への道が右に分かれる。この踏み跡道は心細いが、尾根を外さぬように下ればよい。

幕岩から戻り**だいこうじ跡展望台**へ行く。展望台からは大高取山と虚空蔵尊への道が分かれる。**大高取山**への主稜に達する。**虚空蔵尊**への道を下ると小谷へ降りて、途中で桂木観音からの道を合わせ、**活動拠点小屋**に着く。ここからは広い道で**虚空蔵尊**へ。

⑭ 桂木峠から鼻曲山

八高線・越生駅～「上大満」バス停～桂木峠～鼻曲山～カイ立場～一本杉峠～黒山～越生駅

桂木峠　バス下車後、**下戸橋**を渡り左折して桂木峠へ向かう。富沢沿いの道を進むと沢は二股になる。右の小流沿いの山道へ入り、再び分かれた沢の右手を直登すると尾根道に達する。左へ平坦な道を行くと車道に出て右へ少し下れば**桂木峠**、車道の先が**桂木観音**である。

桂木観音

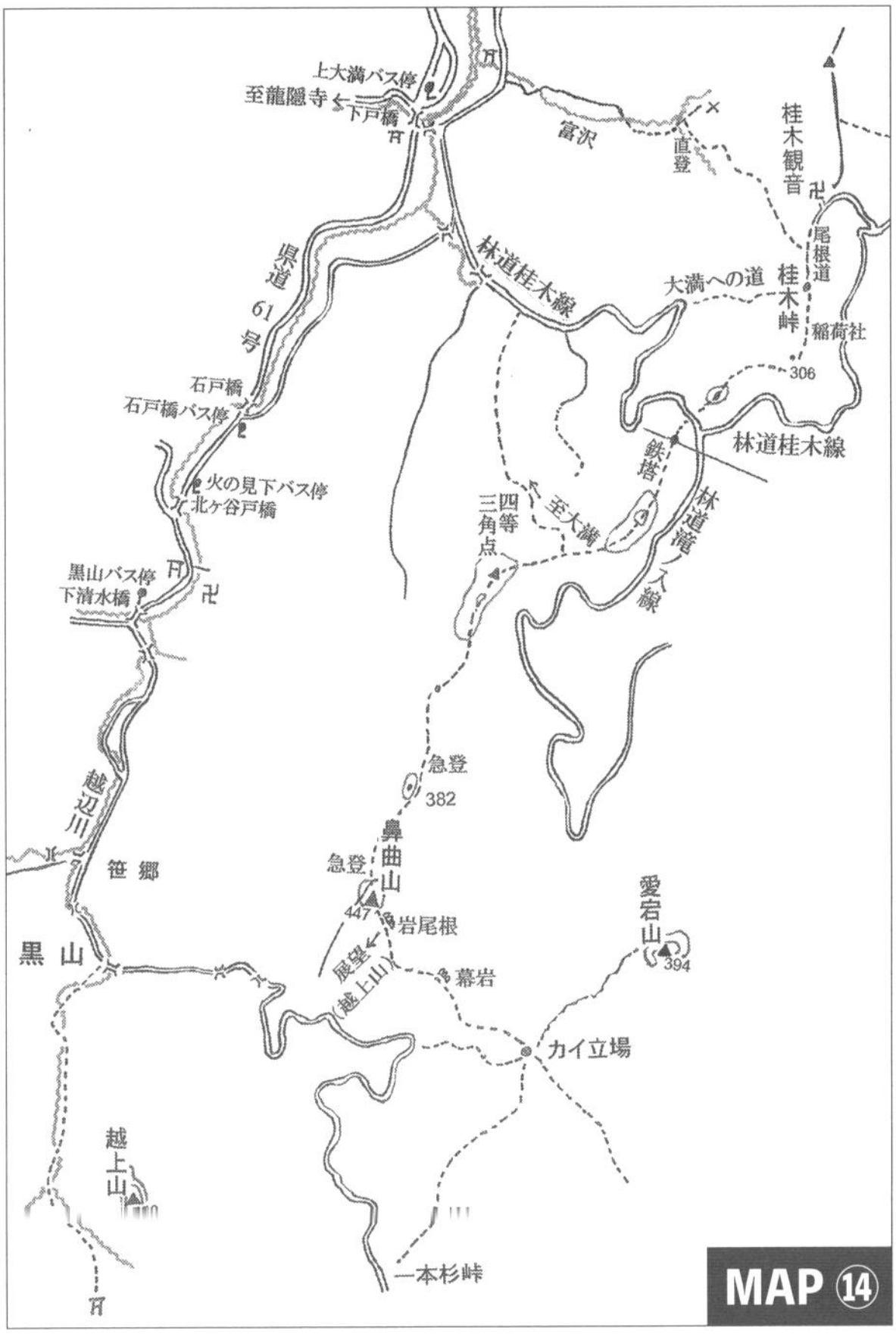

鼻曲山　**鼻曲山**は桂木峠から尾根道に入る。右に大満への道を見送り、石宮の稲荷社を過ぎて三〇六メートルを巻いて行く。次のピークも巻き気味に下ると林道

桂木線に出て、すぐに鼻曲山への尾根道に入る。鉄塔下の**高圧線**をくぐり、なだらかなピークを越える。道はしっかり踏まれている。右に大満への道を分け急登して四等三角点のピークに達する。いくつかの小起伏を越えてから急登して鼻曲山の肩に達する。

鼻曲山への急登はロープが渡してある。頭上に露岩が迫ると**四四七㍍の山頂**である。山頂からの展望はないが少し南の**岩尾根**からは、二つのドームを乗せた越上山が望まれる。

カイ立場　小ピークの先で岩稜の**幕岩**を通過すると**カイ立場**である。道が交差しており、左は愛宕山へ。そのまま尾根道を辿ると一五分ほどで**一本杉峠**へ。右へ下ると**黒山**への林道に降り立つ。鼻曲山の主稜は、迷うことのない一級のハイキングコースである。

鼻曲山山頂

⑮ 越生七福神巡り

八高線・越生駅〜法恩寺〜正法寺〜（大高取山）〜円通寺〜最勝寺〜観音堂〜越生駅

越生七福神巡りは、バスで最奥の全洞院へ行ってから始めるのが一般的であるが、ここでは二日に分けて全行程を歩くことにする。法恩寺から弘法山までの一日目のコースを紹介する。

二日目の龍穏寺（毘沙門天↓⑤コース参照）と全洞院（布袋尊↓⑦コース参照）は他のコースと合わせて行くとよい。

法恩寺　越生駅西口前通りの正面に**法恩寺**の黒門が見える。がっしりした山門は鐘楼と共に正徳四（一七一四）年の再建。行基による創建は天平一〇（七三八）年と古い。その後は保元平治の乱などにより荒廃。源頼朝が越生次郎家行に命じて再建。越生氏や毛呂氏などの保護を受け、徳川家康からは寺領二〇石を賜っている。住職は将軍に拝謁を許されていた。明治三四（一九〇一）年、山門と鐘楼を残して焼失した。本尊は大日如来座像で、平安時代後期の作という。大きな鯛を抱えた**恵比寿神**が祀られている。

正法寺　次の正法寺の途中にある越生神社に寄る。越生氏の氏神で神社一帯が館跡という。背後の高取山には砦があった。

足利尊氏中興の**正法寺**は鎌倉建長寺の末寺。寺格が高く建長寺の高僧の隠居寺で「入定場」だった。死期を悟った僧が食を絶ち活仏となる聖地とされた。境内には二体の地蔵と並んで「入定塔」と刻まれた石塔が立つ。**大黒天**は本堂脇のお堂に閻魔大王と共に祀られている。この堂は龍穏寺の座禅堂を移築したもの。堂前には文永四（一二六七）年、町内最古の板碑がある。明治四年、寺は越生で最初の小学校にもなった。

円通寺　正法寺から世界無名戦士の墓へ行く。墓前は「さくらの山公園」で展望が良い。長い石段を上がり昭和二九（一九五四）年に建てられた慰霊塔へ。ここから尾根をたどり**西山高取**を経て**大高取山**へ登

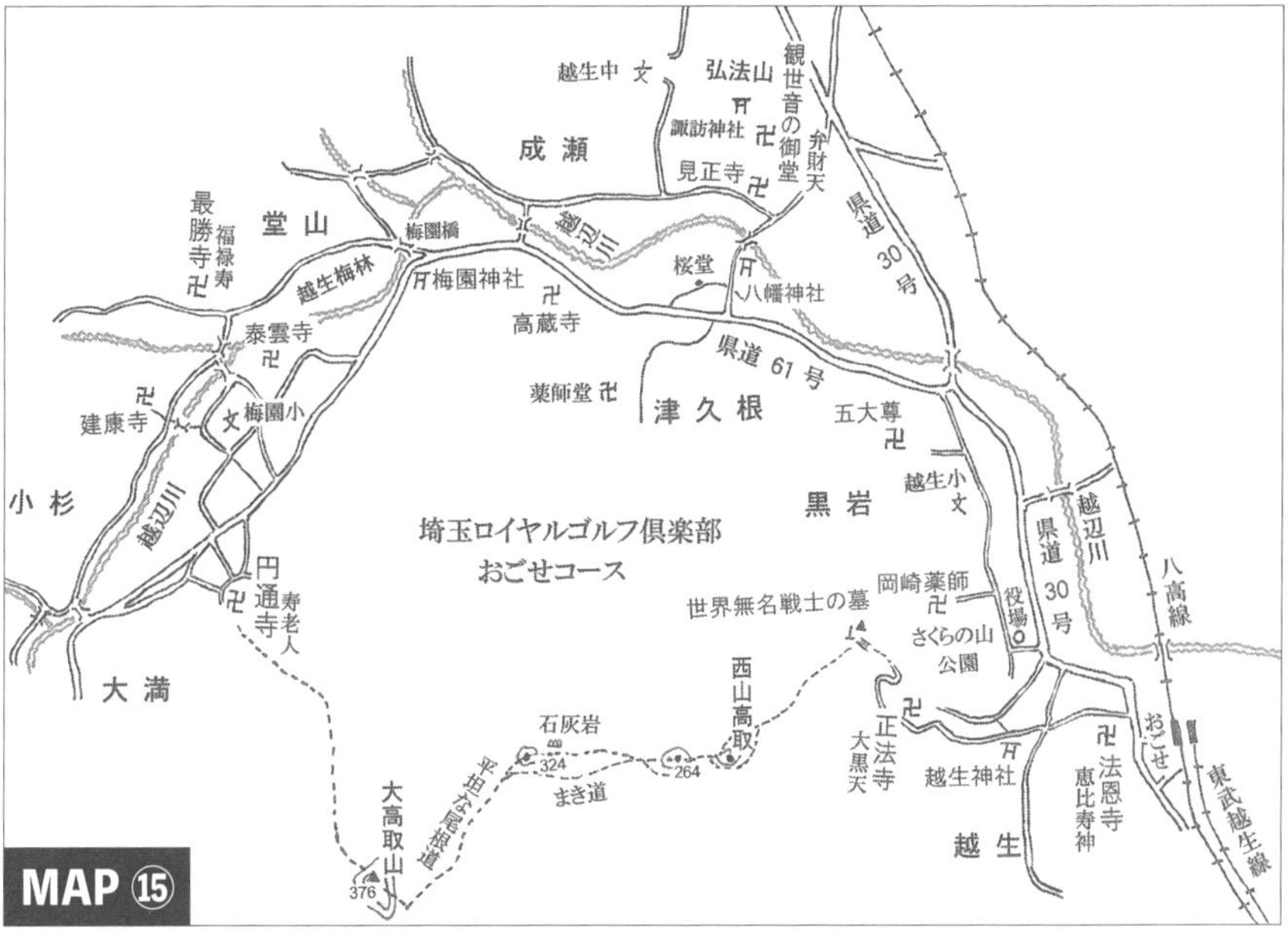

る。大高取山は山頂からの展望はない。山頂から北へ張り出した尾根をとり**円通寺**へ下る。寺は龍穏寺の末寺で寛文年間（一六六一〜七二）の創建と伝える。「運のよくなる寺」の表札を掲げた本堂前には、**寿老人**と石仁王像が立つ。

寺近くの休養村センター前の県道六一号を横断して山裾の建康寺に寄る。小さな無住寺だが、暗殺された太田道灌の菩提を弔うために父の道真が建立した。付近には、砦、陣屋、馬場、道灌橋などの地名があり、「太田道真退隠の地」として県史跡になっている。

最勝寺　**最勝寺**には「源頼朝公の祈願所」の碑が立つ。建久三（一一九二）年、頼朝が家臣の児玉雲太夫に命じて創建させた。寺は頼朝の参詣路、慈光寺道の要地だった。山門の龍は左甚五郎の作と伝える。堂山の地名起源とされる境内の大御堂には釈迦如来や阿弥陀仏、四天王像が安置されている。**福禄寿**を祀る。

観世音の御堂　寺をあとに梅園橋手前で左折して**弘法山**へ向かう。山頂に諏訪神社、山麓に見正寺、中腹には「高房山」の扁額を掲げる**観世音の御堂**が建ち**弁財天**を祀る。堂内にはたくさんの縫いぐるみ人形が納められており、安産子育ての信仰が厚い。参拝後、越生駅へ戻る。

調査日一覧

第一部　飯能・原市場・名栗編

1　飯能市街地周辺

①市街地から天覧山…平成一九年五月一六日(水)
②市街地から加治神社…平成一九年五月一八日(金)
③天覧山から多峯主山…平成一九年五月一八日(金)
④高麗峠から宮沢湖…平成一九年五月二四日(木)
⑤美杉台から矢颪…平成一九年五月二六日(土)
⑥美杉台から朝日山…平成一九年五月六日(日)
⑦川寺から落合・岩淵…平成一九年六月一日(金)

2　原市場方面

①岩井堂から赤根ケ峠…平成一九年六月二七日(水)（猛暑）
②南高麗巡り…平成一九年六月二七日(水)
　富士浅間神社付近…平成二〇年五月一日(木)
③永田・大河原巡り…平成一九年六月五日(火)
④久須美・小岩井・小瀬戸…平成一九年一〇月五日(金)
⑤中藤から天覚山…平成二〇年四月二〇日(日)
　久須美坂峠から釜戸山へ…平成二〇年五月二三日(金)
⑥原市場巡り…平成二〇年四月二五日(金)
⑦原市場から赤沢…平成二〇年九月一七日(水)
⑧四十八曲峠から大仁田山…平成二〇年一〇月一二日(日)
⑨小沢峠から大仁田山（特殊コース）…平成二二年四月一九日(月)
⑩倉掛峠から長久保坂…平成二〇年一〇月一七日(金)（快晴）
⑪周助山から仁田山峠…平成二二年一月一〇日(日)
⑫権次入峠から黒山・小沢峠…平成二二年二月二〇日(水)
⑬龍谷山から天神峠…平成二二年五月二日(日)
⑭仁田山峠から楢抜山…平成二二年四月三〇日(金)
⑮小殿から竹寺…平成二二年五月二一日(金)
⑯下中沢から竹寺…平成二二年六月一二日(土)

3　下名栗方面

①久林観音から名栗川橋
　赤沢橋から名栗川橋…平成二〇年一〇月二日(木)

4　上名栗方面

①名栗川橋からさわらびの湯…平成二〇年一〇月二七日(月)
②名栗湖と龍神淵…平成二一年六月二七日(土)
③白谷沢口から棒ノ嶺…平成二〇年六月一〇日(火)
④鳥居観音から山王橋…平成二一年四月八日(水)
⑤穴沢峠から豆口峠…平成二二年六月一五日(火)
⑥山王橋から名郷橋…平成二一年七月一三日(月)
⑦名郷・湯ノ沢から八ケ原…平成二一年九月一〇日(木)
　町田泰子（語り）…平成二二年四月九日(金)
⑧旧山伏峠道…不明
⑨名郷から鳥首峠…不明

白岩地区名栗・白岩探訪
：平成二二年七月一七日㈯（梅雨明け）
町田泰子、新井勝男・糸子（語り・電話）
⑩妻坂峠から武川岳：平成二二年八月二二日㈰
〈参考コース〉
①中藤川（種木橋から旭橋）：平成二三年一月一三日㈭
②名郷から蕨山～河又：平成二三年八月三〇日㈪
③ウノタワから大持山：平成二三年八月二七日㈮

第二部　高麗・吾野・正丸編

1　高麗川駅周辺
①高麗川駅周辺
高麗川・新堀・北平沢：平成二一年三月二一日㈯
②滝沢の滝から物見山：平成二一年一二月二七日㈰

2　高麗駅周辺
①高麗本郷周辺：平成二一年三月一五日㈰
②聖天院と高麗神社付近：平成二一年三月一九日㈭
③多峯主山から高麗峠：平成一九年五月二二日㈫
④日和田山とその周辺：不明
⑤日和田山から北向地蔵：平成二二年一月二九日㈮
⑥武蔵台団地・飯能日高団地の公園巡り：不明
⑦高麗駅から横手へ：平成二一年二月一六日㈪
⑧黒尾根から駒高へ：平成二一年一二月二五日㈮

3　吾野方面
①深沢山から五常滝：平成二一年一二月二〇日㈰
②カマド山から東吾野駅：平成一九年八月二七日㈪
③久須美坂峠から多峯主山：平成二一年一二月二〇日㈰
④久須美坂峠からカマド山：平成二〇年五月二三日㈮
⑤深沢探訪：平成一九年九月二〇日㈭
⑥屋船山から高指山：平成二〇年五月二一日㈬
⑦ユガテと天文岩：平成二〇年六月七日㈯
⑧天覚山と大高山：不明
⑨東吾野駅から吾野駅：平成一九年九月一五日㈯
吾野駅から西吾野：平成一九年一〇月一一日㈭
⑩東吾野駅から顔振峠：平成一九年一二月三〇日㈰
⑪虎秀山から阿寺：平成二二年一月二五日㈪
⑫吾野駅から正丸駅：平成一九年一〇月二三日㈫
⑬吾野駅から子ノ権現：平成二〇年四月九日㈬
⑭前坂からスルギ・子ノ権現：平成二一年一二月六日㈰
⑮西吾野駅から子ノ権現・天目指峠
：平成二二年四月二二日㈭
⑯イモリ山と本陣山：平成二〇年五月二七日㈫
⑰小床峠から吉田山：平成二〇年一一月四日㈫
⑱吾野駅から八徳・高山不動：平成二〇年四月五日㈯
⑲西吾野駅から高山不動尊と飯盛峠：不明

⑳北川尾根から不動三滝
：平成二六年五月三〇日㊎（著者急逝の一ヵ月前）
㉑北川からぶな峠：平成二〇年五月六日㈫
〈参考コース〉
①古道　飛脚道：平成二三年一二月一八日㈯
②顔振峠ハイキングコース：不明

4　正丸方面
①正丸峠から伊豆ケ岳：平成二〇年五月八日㈭
上久通から伊豆ケ岳・天目指峠：平成二二年九月六日㈪
②正丸駅から虚空蔵峠と正丸峠：平成二〇年四月二九日㈫
③旧正丸峠と長岩峠：平成二一年六月二日㈫
④虚空蔵峠から刈場坂峠：平成二〇年六月一〇日㈫
⑤三田久保峠から西吾野駅：平成二〇年六月一四日㈯

第三部　毛呂山・越生編
1　毛呂山方面
①葛貫地区巡り：宿谷ノ滝まで
：平成二二年九月三日㊎（猛暑）
②鎌北湖からスカリ山：平成二二年九月二二日㈬（残暑）
③石尊山周辺：平成二三年二月一九日㈯
④阿諏訪地区巡り：平成二二年一二月六日㈪
⑤毛呂川沿い：平成二二年一二月二四日㊎
⑥桂木川沿い：平成二三年一月四日㈫
⑦愛宕山から獅子ケ滝　：平成二二年一一月二九日㈪

2　越生方面
①越生　寺社巡り：平成二三年一月四日㈫
②越生梅林周辺巡り：不明
③麦原から大築山：平成二三年一月二〇日㈭（大寒）
④猿岩峠から羽賀山・あじさい山：平成二三年六月二四日㊎
⑤龍穏寺から飯盛峠
竜ヶ谷川上流から飯盛峠：平成二三年四月七日㊎
龍穏寺〜戸神：平成二三年一月二四日㈪
⑥関八州見晴台〜龍淵〜戸神：平成二三年一月四日㈫
⑦大満から越辺川に沿って上流域へ
越辺川上流域：平成二三年一月一七日㈪
越辺川源流から顔振峠：平成二三年二月五日㈯
⑧黒山三滝から花立松ノ峠：平成二三年四月四日㈪
⑨岡房入から大平山：平成二三年六月二二日㈬
⑩四寸道から関八州見晴らし台：平成二三年六月一〇日㊎
⑪五大尊から高取山：平成一九年五月七日㈪
⑫高取城跡から大高取山、虚空蔵尊
虚空蔵尊から大高取山：平成二三年五月九日㈰
虚空蔵尊付近：平成二三年六月一四日㈬
大高取山付近：平成二三年四月三〇日
⑬虚空蔵尊からだいこうじ跡展望台
：平成二三年六月一五日㈬

⑭桂木峠から鼻曲山… 平成二三年五月四日㈬
⑮越生七福神巡り

「参考図書」

一．名栗の民俗（下）飯能市教育委員会　平成二〇年三月
二．氷川の里

東秩父村風土記

地図で歩く里山19コース

二〇〇九（平成二一）年七月二〇日、『野外研叢書2　地図で歩く里山19コース　東秩父風土記』（発行所・NPO法人　野外調査研究所）として発行。実質的には私家版で、一〇〇部を制作し、希望者に頒布した。

今回は初版を底本とし、著者が「訂正用」として保管していたものに書き込まれていた修正点を一部反映し、参考文献を整理した。なお、初版には大判の地図「東秩父全図」が別刷で挟み込まれていたが、今回は見開きで本文内に収載した。

はじめに

東秩父村は、なだらかな外秩父山地に抱かれた埼玉県唯一の村である。槻川最上流域で、山腹や川沿いに集落が開けている。人口は三五〇〇人余り、面積約三七平方キロ、三角形状の山村で山林が八割を占めている。槻川沿いの主要道は秩父往還「川越通り」と呼ばれ、江戸時代には秩父へ入る最も重要なルートだった。当時の坂本村から粥新田峠を越えて三沢に下り、曽根坂峠から秩父大宮へと通じていた。今も秩父郡の一村として残る理由の一つである。

もとは安戸村、御堂村、奥沢村、大内沢村、坂本村、皆谷村、白石村の七カ村だった。明治二二（一八八九）年に安戸、御堂、奥沢の三村が合併して「大河原村」。大内沢、坂本、皆谷、白石の四村が合併して「槻川村」になった。昭和三一（一九五六）年、大河原村と槻川村が合併して現在の「東秩父村」が誕生した。人情にも厚く眺めのよい原風景の集落が点在していて、カントリーウォーク・里山歩きの最適地である。

東秩父村は秩父盆地からはやや不便との印象もあるが、定峰峠、粥新田峠、二本木峠などには車道が通じている。車を使えば容易に村へ入ることができる。東上線、八高線の小川町駅からバスを利用すれば、県北や東京からでも余裕の日帰りが可能である。小川町駅から村の入り口の安戸まで一〇分、終点の白石車庫まで三五分と近い。主要道には三〇近い停留所がこまめに設置されている。途中の落合から分かれた大内沢方面へは和紙の里から寄居行の村営バスが運行している。

拙書はこれらのバス停留所を基点に日帰りで巡るコースの案内書である。参考としてコースごとにおよその距離を示した。歩行時間は、歩く速度や見学などにより大きく異なるので省略した。地元の方々からの聞き取り調査を基に、旧村ごとの風土、歴史、民俗などを中心に紹介してゆく。

＊文化財は次のように表記（県）：県指定（村）：村指定

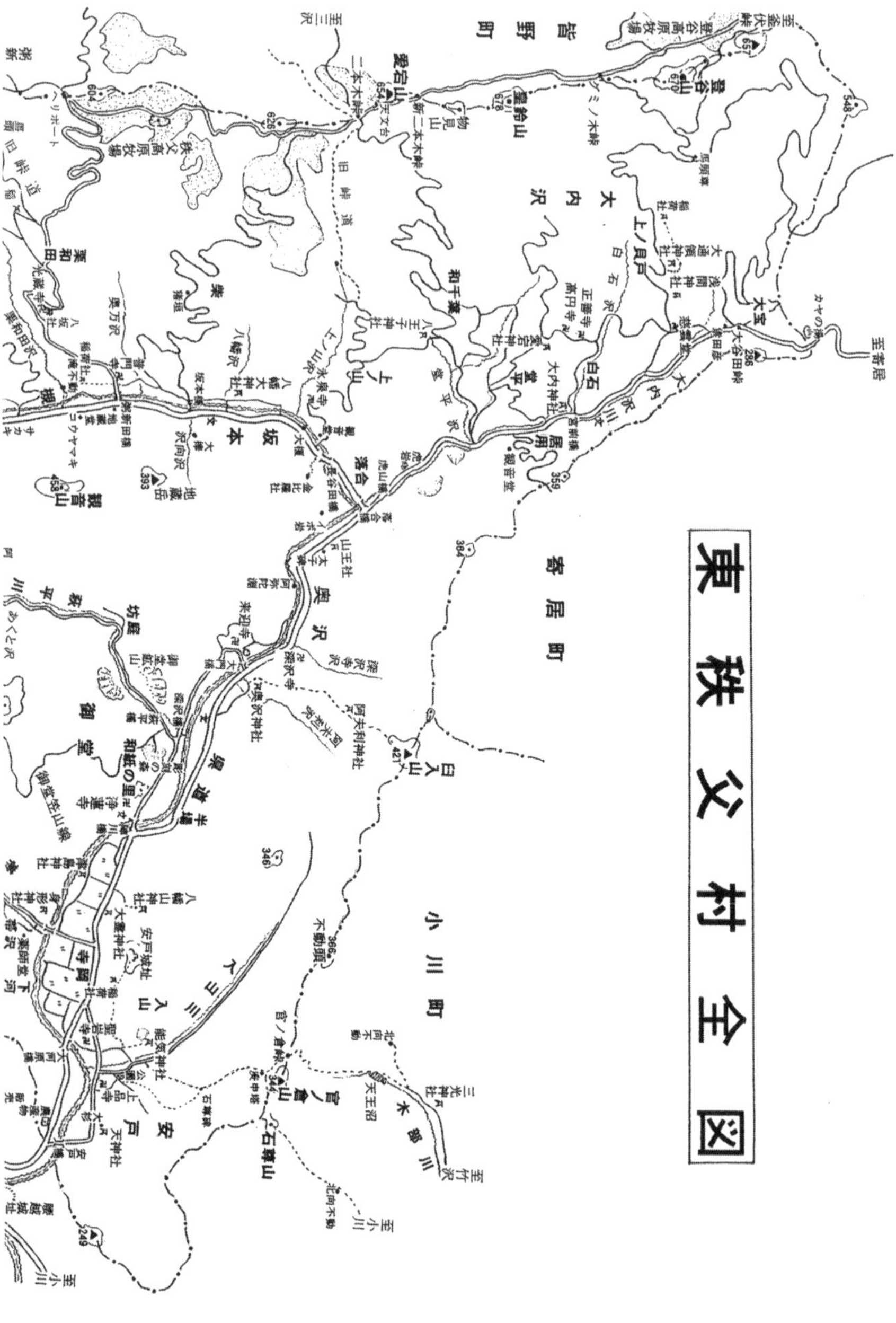
東秩父村全図
皆野町
寄居町
小川町
大内沢
上ノ貝戸
白石
大宝
坂本
落合
奥沢
御堂
和紙の里
寺岡
入山
安戸
東和田
皇鈴山
登谷山
愛宕山
観音山
白入山
官ノ倉山
石尊山
槻川

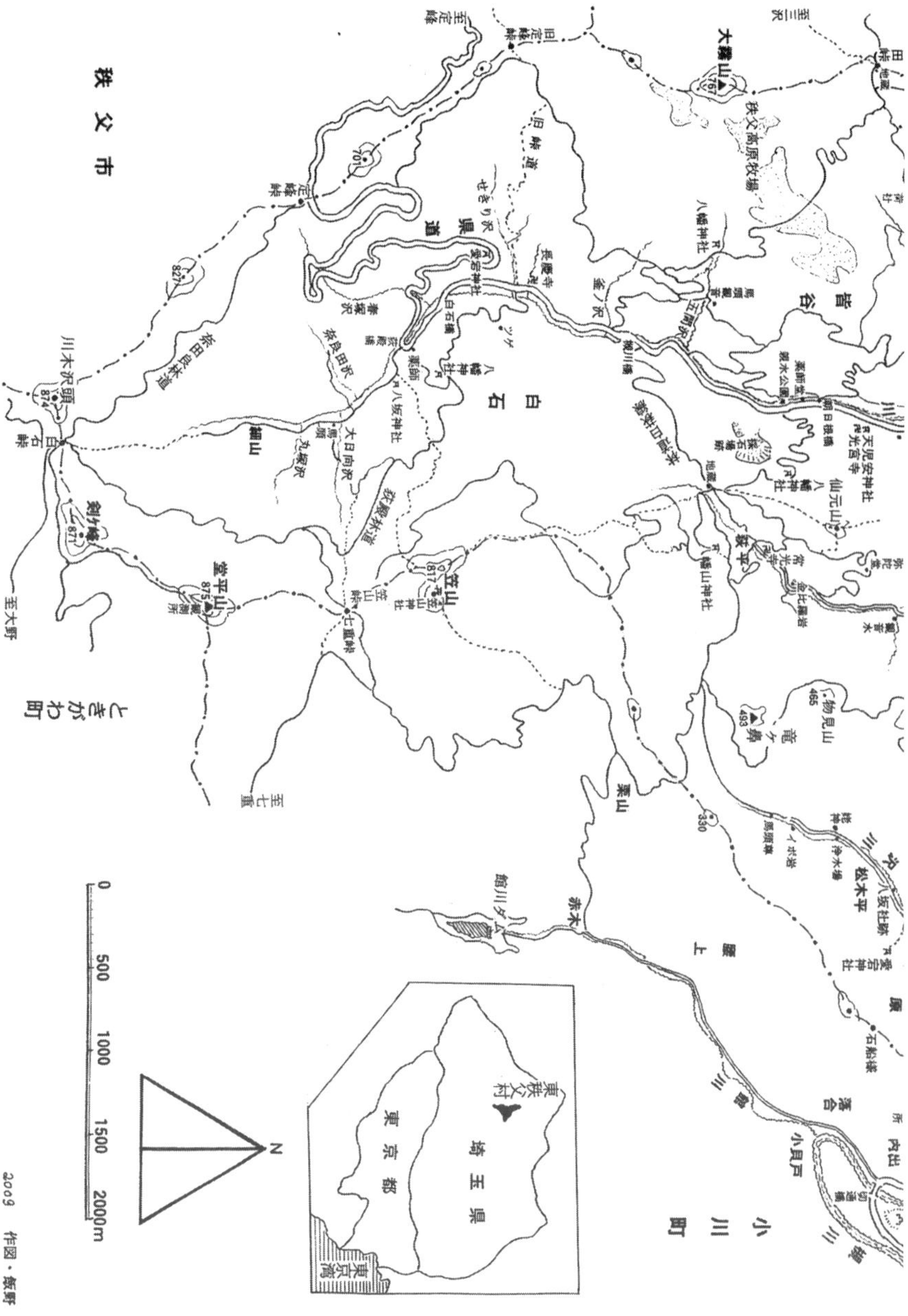
秩父市
ときがわ町
小川町
東秩父村
埼玉県
東京都
東京湾
皆谷
白石
県道
大霧山
767
秩父高原牧場
堂平山
875
笠山
817
剣ヶ峰
871
701
827
874
465
493
330
仙元山
物見山
萩平
松木平
落合
内出
小貝戸
赤木
槻川ダム
栗山
至大野
至七重
至三沢
至定峰
定峰峠
旧定峰峠
白石峠
七重峠
笠山峠
川木沢頭
八幡神社
愛宕神社
笠山神社
八坂神社
八幡山神社
大日向沢
丸嶋沢
奈良田沢
五明沢
釜ノ沢
長慶寺沢
旧峠道
萩殿林道
奈良田林道
白石橋
N
0
500
1000
1500
2000m
2009 作図・飯野

一　安戸

①　安戸・寺岡巡り

安戸橋～八幡山神社～安戸／歩行距離　四・五キロ

安戸宿　安戸は休み場の「休戸」の意味である。江戸時代の東秩父は七つの村に分かれ、大久保長安配下の玉川陣屋代官が支配していた。貞享三（一六八六）年には安戸村が代官の逗留場になり、秩父往還の馬継場として上宿、中宿、下宿と約四町の宿場が形成された。毎月五と十の日に市が立つほどにぎわったが、享保年間（一七一六～三六）には小川との間に市を巡る訴訟が起こった。天明期（一七八一～八九）に入ると小川に繁栄を奪われて市も廃され、宿場は次第に衰微した。

「安戸橋」バス停の民家入り口には馬頭尊、大黒天、庚申塔、弁財天などの石仏がまとめて祀られている。「秩父山稜郷菓」の看板を掲げる大きな構えの**小松屋**本店前から安戸宿になる。当店は寛政三（一七九一）年創業の製造所がある老舗である。奥さんに話を聞いているときも、地元民が注文しておいた菓子を箱で大量に購入して行った。「うちの主人が丁度十代目で、もう十一代目がいるんですよ。小川町にも数店の支店があってね。つるという菓子の人気が高いんです。古いお店の写真などあるから見ていって下さい」。小松屋製菓舗の看板を掲げる店頭に、家族たちがセピア色に写っていた。持ち帰った「すまんじゅう」がおいしかったので近所へ分けたら、「素朴な味ねぇ」と大変喜ばれた。

天神社は安戸宿の鎮守で、参道口付近には市神様があったという。天神前のバス停から参道に入ると、そびえる天神社の**大杉**（村）が目に入る。天神社の創建時の植樹といわれ高さ三九メートル、目通り六・五メートル、樹齢七〇〇年。神木としてしめ

現在の安戸宿

縄が張られている。天神社の祭礼には三層の安戸笠鉾が曳かれていたが、大正時代（一九一二〜二六）に小鹿野上町へ売却された。改修されて現在も小鹿野夏祭りの上町二丁目笠鉾として曳行されている。

　県道に戻り上品寺へ向かう。寺は真言宗智山派で、応永三（一三九六）年の開山。元亀二（一五七一）年、安戸城主山田伊賀守が梅ケ岡に堂宇を移転建立した。鎌倉期の木造薬師如来立像を保有。赤い扉の山門から境内へ入ると、左手に石仏や地元の医師宮崎通泰の頌徳碑などがある。寺の裏手は広い墓地になっている。

山田屋敷跡　上品寺脇の小道から北へ向かうと、右手に大きな構えの平野家がある。母家の左手裏に**山田稲荷神社**が祀られている。個人の氏神様としては立派な木造造りである。平野タカさんから話を聞いたり屋敷周辺を案内していただく。

「毎年初午には神主さんを招いて、うちだけで稲荷様をお祭りしてるんですよ。特に無くしものにご利益があってねぇ。拝んで頼むと不思議と見つかるんです」。稲荷様の前には古井戸があり、今も動力で汲み上げて外用に使用している。母家の右手の木戸から裏の斜面に出ると、畑の中に「旧稲荷社跡」の標柱が立っていた。「元の家は上方の山田屋敷跡にあったんだが、稲荷様と一緒にだんだん下へ移って今ん所へ落ち着いたんだそうだよ」。山田氏は松山城主上田氏の重臣で、平野家の祖先はその山田氏の有力家臣だった。

　平野家のミカン畑を右に見ながら山裾へ登る。タカさんは目の治療ミスで脊髄を痛め、ようやく歩けるようになったと言いながら、急な坂道を登って当家の墓地まで案内してくれた。古い順にたくさんの墓石が並んでいる。一番奥の高所の岩庇には、五基の**山田氏五輪塔群**（村）と一〇枚ほどの青石が

山田氏五輪塔群

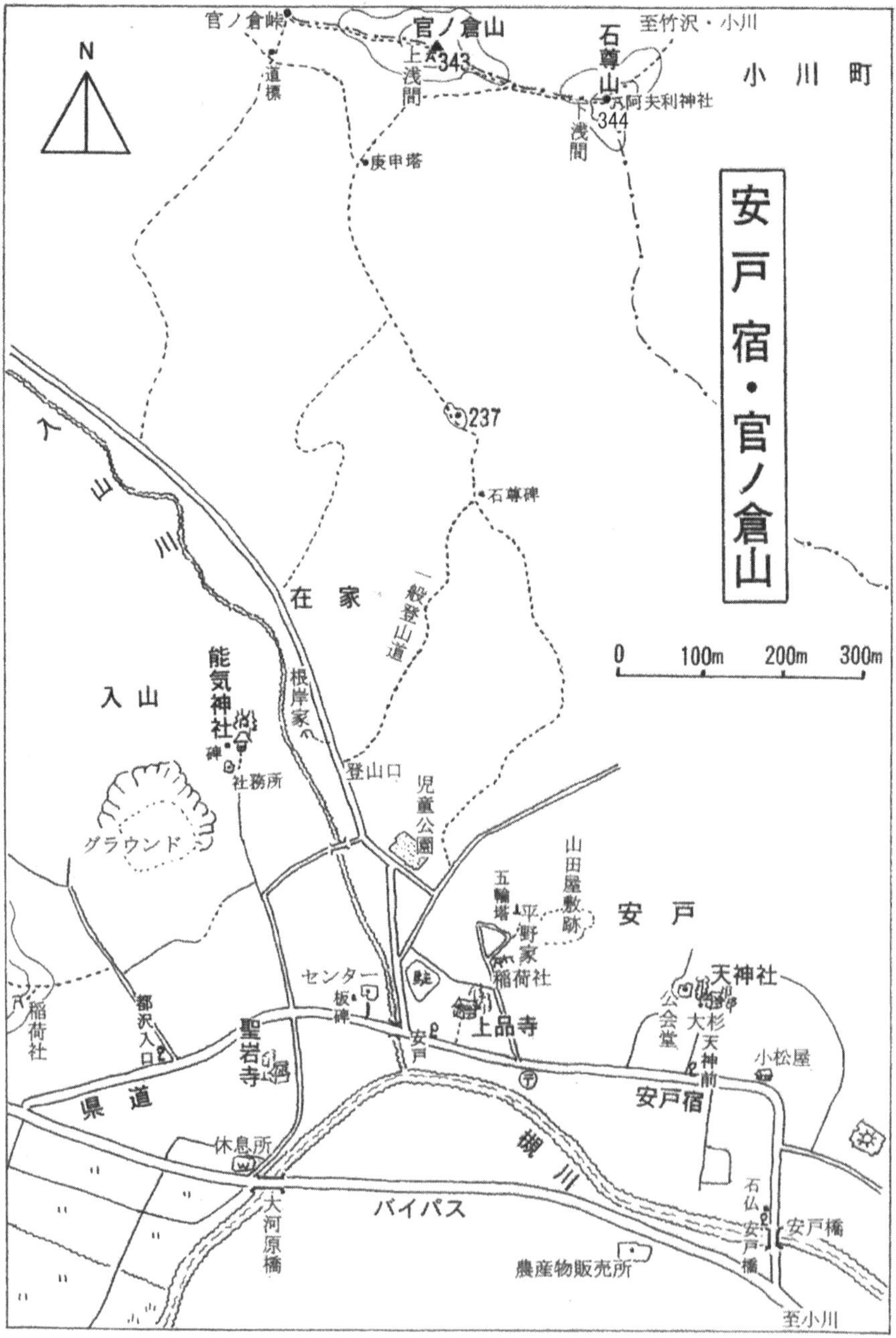
安戸宿・官ノ倉山
N
0 100m 200m 300m
官ノ倉峠
官ノ倉山
343
石尊山
344
至竹沢・小川
小川町
阿夫利神社
上浅間
下浅間
道標
庚申塔
237
石尊碑
一般登山道
入山川
在家
能気神社
入山
碑
社務所
根岸家
登山口
児童公園
グラウンド
山田屋敷跡
五輪塔
平野家稲荷社
安戸
センター
板碑
天神社
公会堂
大杉
天神前
上品寺
稲荷社
都沢入口
聖岩寺
安戸
小松屋
県道
安戸宿
槻川
休息所
バイパス
大河原橋
石仏
安戸橋
安戸橋
農産物販売所
至小川

まとめられていた。大永四（一五二四）年をはじめ戦国期の五輪塔群である。

能気神社　タカさんと別れ児童公園前を通り、入山川を渡り右折して**能気神社**へ行く。満開の桜を眺めながら石段を上がると右に「戦利兵器奉納ノ記」と刻む変わった石碑がある。日露戦争で村の兵士が持ち帰った敵の兵器を神社に奉納したときの記念碑だ。社務所では毎年桜の時期に戦争体験者たちの同窓会が開かれ、戦友をしのんだり思い出話などを語りあっている。丁度一〇人ほどでその開始準備をしていたので、社務所内に保存されている二〇センチほどの砲弾四発と小さなシャベルを見せていただく。「小さい砲弾だが重いよ、持ってみな。シャベルが小さいのは狭い塹壕掘りに使ったからだよ」と教えてくれた。

境内隅には明治二九（一九五四）年の彰徳碑が立つ。日清戦争には大河原村と槻川村から一二人出征したが、全員無事に帰還した。碑の裏には出征軍人名が刻まれており、その功績をたたえて建てられた。一〇年後の日露戦争では、両村併せて一〇五人が出征し一四人が戦死している。本殿脇には稲荷、御嶽、榛名の三社が祀られている。村にはまだ御嶽講があり、代参者が木曽まで行っているそうだ。

安戸城址　赤い鳥居をくぐり**安戸城址**（村）への山道へ入る。稲荷神社の手前から右手に登る。小ピークを越えて更に踏み跡道を行き、樹木に覆われて展望のない平坦な山頂の城址に着く。「城山大権現」と刻まれた延宝三（一六七五）年の石碑が立つのみ。安戸城址は戦国時代の上田氏ゆかりの城で、松山城争奪合戦の折り松山城主上田朝直の退路とされた。城山の山頂部には二郭を主体とした郭配りが認められる。三方が切り落としによって防御され、小規模ながらも中世城郭としての構造を備えている。浄蓮寺と腰越城とをつなぐ役目を持った詰の城で、物見の城（砦）的な簡単な造りだったと思われる。

城址から西方へ下ると**八幡山神社**に降り立つ。当社の創建は定かではないが、寛政三（一七九一）年の棟札が残る。明治年間（一八六八～一九一二）には御堂村総社の八幡神社として大祭が行われていた。大正三（一九一四）年に山神社を合祀して八幡神社から八幡山神社に改称された。本殿に掛かる「八幡山神社」の額は秩父神社薗田宮司の書で、境内には赤石の「延命長寿石」が置かれている。この石をなでてから祈願すると、より健康が得られるご利益があるという。県道から神社への参道口には馬頭、弁天、庚申の三塔が立つ。

安戸城址

聖岩寺　県道を少し東へ行くと左に、乃木希典書の忠魂碑が立つ大霊神社がある。旧大河原村の日露から大東亜戦争までの戦没者一一四柱を奉祀している。昭和二七（一九五二）年、講和条約成立後、奉安殿を社殿として創建された。境内には鳥居と並んで大きな五基の**千部供養板碑群**（村）がある。戦国時代末期の供養塔で、多数の僧俗名が記されている。浄蓮寺の僧たちが一体となり、日蓮上人、日朗上人たち一門供養のために千部読誦して建立した。上部の欠けた建武五（一三三八）年の青石塔婆もある。神社裏の高台は城山保育園になっている。

八幡山神社参道口まで戻り水田地帯を南下すると、公会堂脇に津島神社がある。神輿蔵があるので祭日には神輿が担がれるのであろう。左手に安戸城址を見つつ、水田地帯を横断すると大河原橋へ出る。橋のたもとには安戸バイパス沿いに休息所を兼ねたトイレが設置されている。北へ向かい、玉川代官の諸星氏開基の**聖岩寺**へ。

千部供養板碑群

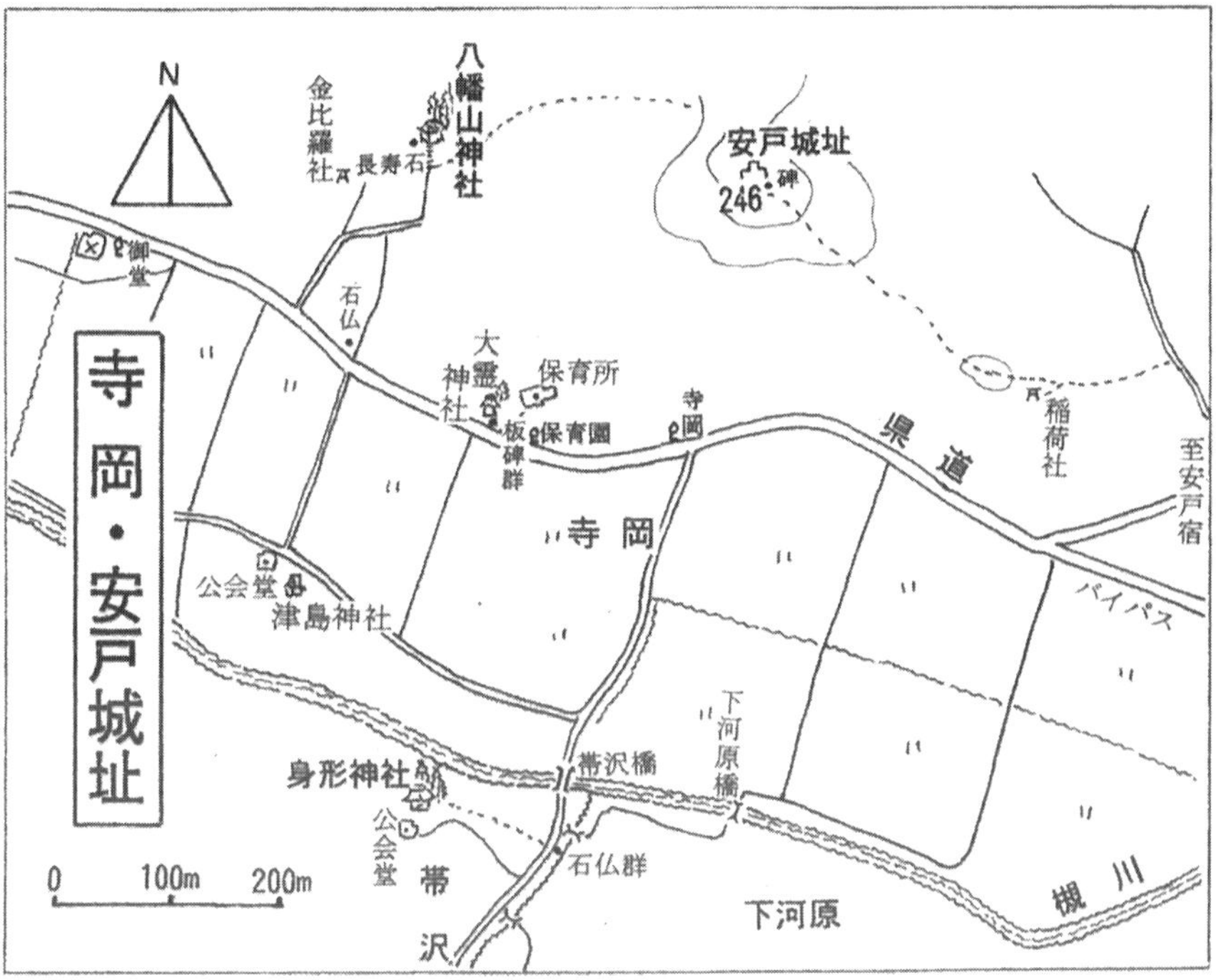

享保八（一七二三）年に奉納された**山門の額**（村）は縦七四センチ、横一八一センチの檜板に細井広沢の書で「長谷山」と刻す。山門脇には赤子を抱いた女人講の建てた石仏がある。寺宝の**釈迦仏涅槃の軸**（村）は縦一二尺、幅九尺の大幅仕立てで正徳三（一七一三）年寄進の銘がある。他に家光から家茂までの**御朱印九点**（村）を所有している。

県道に出ると生きがいセンターのそばに貞治七（一三六八）年の青石塔婆がある。この先で上品寺の山門になり一周を終える。

コラム・農産物販売所

小川方面から安戸バイパスに入るとすぐに農産物販売所があります。地元の人たちの他、ドライブの観光客も立ち寄って、新鮮な野菜や果物などの農産物を

買って行きます。手作り饅頭やおやきにも人気があります。
私は干し椎茸を購入することにしています。近所の人にもあげると喜ばれます。手の平ほどもある大きな生椎茸を買って帰り、家族をびっくりさせたこともありました。

② 官ノ倉山と石尊山　　安戸〜官ノ倉山〜安戸／歩行距離　三・六キロ

細川紙技術保持者　安戸バス停から上品寺の脇を通り、入山川沿いに入るとすぐに安戸児童公園に突き当たる。公園脇を行くと右に官ノ倉山への登山口がある。すぐ先方の家は国指定重要無形文化財・細川紙技術保持者の根岸光一氏宅である。縁側で干し物をしていた婦人に「和紙はいつ頃まで漉《す》いていたんですか」と尋ねた。「うちだけになっちゃったがまだしてるよ。今工場で作業中だから見ていったら」と言われた。個人の自宅で手漉き和紙をしている人がいたことに驚き、作業中の根岸さんから話を聞く。

「昔は大河原村じゃ二〇〇軒以上の家で和紙を製造してたんだよ。それが今じゃ村でわしだけになった。うちの子は継がないんで伝統を絶やさぬように、よその四人ほどに教えているんだがものになるかどうか。仕事となると興味だけじゃ続かないからねぇ」。「原料の楮《こうぞ》はどうしてるんですか」と尋ねると、「小川からも取り寄せてるんだが、うちの畑にも植えてあるよ」と言いながら、仕事を中断して側の畑に案内してくれた。楮は桑に似ていて、一年に一度基幹から伸びる枝を切り、約二〇年間も使えるそうだ。以前は和紙

細川紙技術保持者・根岸光一氏

を天日乾燥していたので、天候で収入が左右された。晴天なら紙の仕上がりがよく「ピッカリ千両」といわれた。

東秩父中学校では八月の学校行事として、三年生全員が和紙の里で根岸さんの技術指導のもとに、校名の透かし入りの卒業証書の和紙作り体験学習をしている。

石尊山　登山道に入り、右に小谷を見つつ杉林の中を登る。粘土が露出していて雨後は滑りやすい。急な道はまもなく終わり、児童公園の方から上がってくる道と合う。分岐には「小御嶽石尊大権現・大天狗小天狗」と刻む青石の板碑が立つ。ゆるやかなピークを巻いて左の分岐を見送り、次の分岐には萬延元（一八六〇）年の庚申塔がある。

二人連れの婦人が左の官ノ倉峠の方からやって来た。官ノ倉の山頂は展望が良いと案内書にあったのに何も見えなかったので、諦めて小川方面へ向かう所だという。「こちらは安戸側で反対ですよ。多分山頂に登らずに峠から下ってしまったんでしょう」と言って、山頂への道を教えてあげた。

右の道をとり杉林の中を急登すると鞍部に着く。右へ五分ほど登ると下浅間の先が岩の露出した**石尊山**（三四四メートル）だった。山頂には板石に囲まれて石尊様の阿夫利神社が納められていた。昔は二本の松があって根元に石尊様が祀られていたが松は枯れてしまった。石尊様の祭りには麓から村人が大勢登ってきてにぎやかだったそうだ。

官ノ倉山　石尊山の露岩に腰を下ろし小川方面の展望を楽しんでから、「神ノ倉」とも呼ばれた官ノ倉山（三四四メートル）へ登る。山頂には先ほどの婦人たちがいた。「お陰様で素晴らしい景色が見られてよかったわ」とお礼を言われた。山頂直下の岩陰には

石尊山山頂

安戸側に向いて上浅間と呼ばれる、木花佐久夜媛を祀る浅間神社の石宮が置かれていた。

山頂から杉林の中の官ノ倉峠へ降りる。薄暗く陰気な感じの峠で展望はない。この先の尾根道もハイキングコースになっており、二時間ほどで臼入山に達する。右へ下ると天王沼を経て竹沢、小川方面へ出られる。安戸側へ下るとすぐに「右よりい左やまみち」の自然石の道標がある。左へたどれば庚申塔の立つ分岐に達する。婦人たちはこの道に入ってしまったのだろう。正面の尾根道を下る。道は少々悪いが二〇分ほどで民家の脇へ降り、車道に出て入山川沿いを下るとまもなく登山口へ戻る。

コラム・石船様（石船明神社）探索行

大河原橋たもとの休息所にいた地元民から、「石船様」という興味のありそうな話が出て思わず身を乗り出しました。「ここから見える前の山には石船様という船に似た石があってねぇ。日照りの時にはその石を切通し橋の所まで担ぎ下ろし、槻川に沈めて雨乞いをしていたそうだ。石船様は二つあって一つは不明だが、もう一つはまだ山にあると思うよ」。

農産物販売所の裏から石船様に登れるからと教えていただき、今日の予定だった官ノ倉山は後日に延ばし、興味津々で登り始めました。尾根上の墓地脇から尾根道を進み、アンテナ塔を過ぎると石宮の前に長さ四五チセンほどの石船が一つ置かれていました。

その後調べてみると、石船様は小川側の腰越にある関根家の氏神様であり、もう一つは関根家の水神様として保存していました。お祭りや雨乞いには、安戸側からも信者たちが参加していました。雨乞いの時には関根家に保管されている石棒を石船様まで持ち上げます。一緒に神主が祈禱した後、石船様も担ぎ下ろして槻川に沈めて雨乞いをしたそうです。

③ 帯沢から竜ヶ鼻

寺岡～竜ヶ鼻～寺岡／歩行距離　八キロ

身形神社　寺岡バス停から水田地帯を南下して帯沢橋で槻川を渡ると、左に大国神、馬頭尊、庚申塔などの石仏群がある。天保五（一八三四）年、女人講の建てた如意輪観音像もある。右へ**身形神社**の参道に入る。元の社名は妙見社で安戸、御堂境の街道筋にあったという。今も拝殿に立派な「妙見宮」の額を掲げる。本殿前には三基の石棒が並んでいる。倉庫には二つの笠鉾車輪が保存されている。

神社近くで山崎高治氏とあき子さんの立ち話に加わる。

「昔三姉妹の妙見様が秩父へ向かう途中、姉神は疲れて竹沢と当地に留まり、元気な末娘神だけが秩父の妙見様になったということだ。三月三日の春祭りは『どうするマチ』といって、他所へ働きに出てた若者が祭りで帰って来て、今年はどうするかのお伺いを立てた祭りだったんだ。昔は旧暦の三月で奉公の区切りだったからねぇ」。

身形神社の対岸には**薬師堂**がある。石段下には地蔵尊と百番供養塔が立ち、堂の軒には小さな釣鐘がつり下がる。裏手は墓地になっており昔は常福寺があった。本尊の不動様が上品寺に移されて廃寺となり、薬師堂だけが残された。眼病の他に神経痛にも霊験あらたかとの信仰が残っている。

薬師堂から愛宕山の登り口まで散歩中の婦人に案内してもらいながら話を聞く。「愛宕様の祭りは四月第四日曜日で、腰が痛いんだが登ってきました。この日は榛名様と古峰様も一緒の祭りで、各家から集めたお米で紅白のテング団子を作り、祭りに来た子供たちに神社の前でやります。講員には本社からいただいた御札と一緒に団子も配るんです」。

身形神社

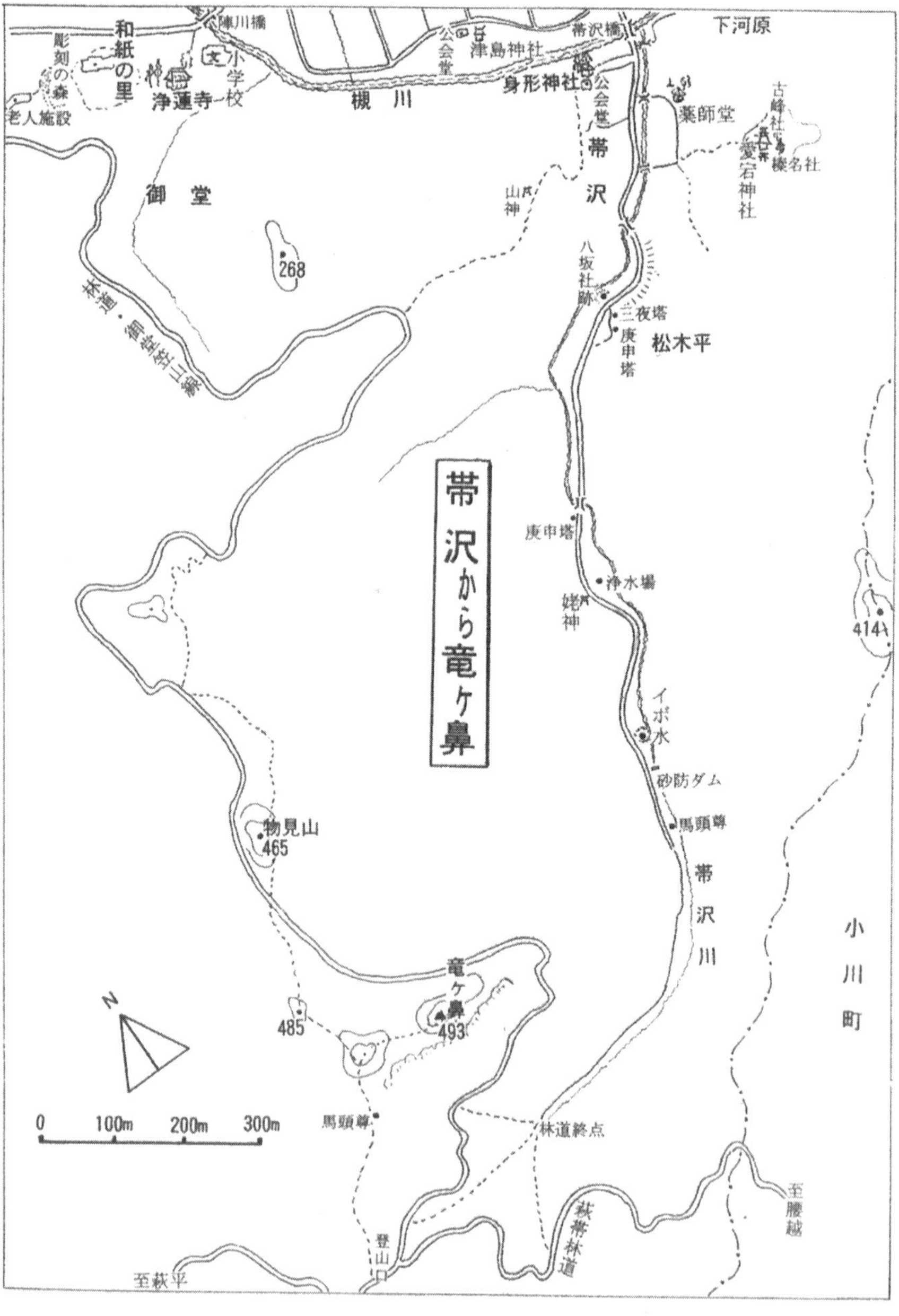
帯沢から竜ヶ鼻
陣川橋
和紙の里
彫刻の森
老人施設
小学校
浄蓮寺
槻川
公会堂
津島神社
帯沢橋
下河原
身形神社
公会堂
薬師堂
古峰社
愛宕神社
榛名社
帯沢
御堂
山神
268
八坂社跡
三夜塔
庚申塔
松木平
庚申塔
浄水場
姥神
414
イボ水
砂防ダム
馬頭尊
物見山
465
帯沢川
小川町
竜ヶ鼻
493
485
馬頭尊
林道終点
至腰越
萩帯林道
登山口
至萩平
N
0
100m
200m
300m

登り口から一〇分で杉林に囲まれた**愛宕神社**に着く。左右には榛名様と古峰様の石宮が置かれていた。帯沢は五〇軒ほどだが榛名講は一五軒、古峯講は二〇軒ほどで両方を兼ねた家もある。毎年お祭前に二人の代参が群馬、栃木の本社に出向き御札をもらい受けてくる。

八坂神社跡　松木平に入ると帯沢川に張り出した大岩の上に**八坂神社跡**がある。そそり立つ断崖の中ほどの岩庇には岩井神社が祀られている。八坂神社は昭和九年に身形神社へ合祀されるまで、祭りには笠鉾が曳かれていた。車輪だけが身形神社の倉庫に残されている。近くで道の草取りをしていた山崎サイさんの話。

「昔は大きなケヤキがあってねぇ、それを売って身形神社の修復に充てたということだよ。川には岩がごつごつあって滝も落ちてて不動様が祀られてた。何でも北向きの不動様はご利益があるとかで、遠くからも拝みに来てたよ。今はコンクリで川が良くなって滝も無くなったんで、神主さんが北向き不動様を岩井神社にしてしまったのよ」。

山崎家の前には旧道の一部が残り、馬頭尊、二十三夜塔、庚申塔が立っていた。二人で石仏をタオルできれいにすると安政、宝暦、弘化の年号が読めるようになった。サイさんにいただいたあめをなめながら、教えてもらったイボ岩を目指した。

浄水場のすぐ先に石灰岩の姥神様が祀られていた。今も風邪を治す神様として信仰されている。まもなく**イボ岩**に着く。長径五メートルほどの石灰岩で、窪みに天然の雨水が溜まっている。サイさんの話ではイボ神様として信仰され、最近もこの水をイボに付けたら二週間で取れた人がいたという。

イボ岩のイボ神様

竜ヶ鼻　砂防ダムを過ぎると岩の上に「安政二年・安戸村馬持講中」と刻まれた馬頭尊が立つ。更に奥へ進むと林道の終点になる。荒れた山道を登り、御堂笠山線の林道に出て左折するとすぐに萩帯林道に接続する。すぐに林道と離れ山道のハイキングコースに入る。小ピークを巻いて赤松の多い鞍部へ。次のピークも巻いて鞍部に着くと青石の馬頭尊がある。**竜ヶ鼻**へは一度登山道から右へ分かれて踏跡道を行く。「ツルキリ山」とも呼ぶ山頂には四九三メートルの三角点と、「リュウゴッパナ山」と書かれた標識が立木に取り付けてあるだけ。展望はない。帯沢集落から見ると山頂付近が竜の鼻に似ている。

　山頂から下り、御堂笠山線の林道を横断して再び山道に入る。登山道から左へ外れ、わずかな登りで**物見山**に達する。展望はないが、以前は赤城山も見えたほど見通しが良かったという。物見山から一度林道に出てすぐに山道へ入る。四〇〇メートルの山頂部を越えると再び林道に出る。大カーブの地点から帯沢への尾根道を下る。小澤家の山神様を過ぎると民家の屋根が見えてくる。すぐに身形神社の脇へと降りて一周を終える。

コラム・秩父七妙見

　秩父の妙見信仰は平将常が妙見菩薩を勧請したと言われています。妙見とは北極星と北斗七星を祀った軍の神とされ、主に武士たちの信仰を集めました。妙見の星は夜間の海路を知る第一の目標になり、妙見様も海亀に乗った姿で描かれています。陸上では方向の目安となる特徴のある峰を妙見山と呼んだりしていました。

　秩父神社を中心として旧秩父郡の境界付近には妙見様を祀る神社が点在していました。次の地域の七社を「秩父七妙見」と呼びました。

一　秩父大宮郷（秩父神社）
二　出牛村（所在地不明）
三　末野（波久礼の畑）
四　大野村（大野神社）
五　南川（我野神社）
六　名栗村（星宮神社）
七　安戸村（身形神社）

二　御堂

④ 浄蓮寺と和紙の里

御堂～和紙の里～半場／歩行距離　二キロ

浄蓮寺　陣川橋を渡るとすぐに浄蓮寺参道で、大きな青石に南無妙法蓮華経と刻む石標が立つ。参道の左は東小学校、右のコミュニティーセンターの図書館に寄ると数名の子供たちが絵本を見ていた。司書さんに探してもらった村の資料などに目を通してから、山門をくぐり**浄蓮寺**の境内へ。**境内林**（村）が鬱蒼と茂り、一家族が墓参をしているのみで静寂が漂う。境内林五八本の内訳は樹齢六〇〇年の杉四三本、五〇〇年のヒノキ一二本、他にモクエ、カヤ、イチョウ各一本である。

　文永一一（一二七四）年、日蓮が佐渡から鎌倉へ向かう途中当地に寄り、法華堂を建立したことによるという。『新編武蔵風土記稿』では正和年間（一三一二～一七）に大河原氏が法華堂を比企ケ谷から移し、日蓮の御影を安置したと記す。日蓮の弟子日朗の開山、池上本門寺末で寺名の浄蓮は開基大河原光興の法号である。応永四（一三九七）年、上杉氏家臣の上田朝直が菩提寺として寺格が高まり、家康からは二〇石の朱印状を賜る。

　本堂と**祖師堂**（村）が高い鐘堂でつながれている珍しい造り。**銅鐘**（県）は県内には数少ない南北朝の古鐘である。裏手には日蓮関係の報恩塔、七蓮碑の**板石塔婆**（村）がある。文禄四（一五九五）年の造立、

浄蓮寺本堂

上田朝直の墓

一枚の片岩に七基連立して塔婆が刻された全国唯一のものである。**上田朝直の墓**（県）は谷間の墓地に少し入った所にあった。その他に**木造釈迦誕生仏立像**（県）、絹本着色鬼形鬼子母神画像（村）、木造大河原神冶太郎光興座像（村）、木造日蓮上人座像（村）、鰐口（村）など多数の文化財を有する。

和紙の里　浄蓮寺に隣接して東秩父**和紙の里**があり、こちらは観光客でにぎわっていた。奥沢の江原家を移築復元した**細川紙紙漉き家屋**（県）は寄棟造り、茅葺きの一般的な中規模農家。建築年代は一七世紀末と推定されている。

当村は古くから家内手工業の手漉き和紙が盛んで、文化年間（一八〇四〜一八）には安戸、御堂、奥沢、坂本だけで二〇〇軒の紙漉き屋があった。土佐、美濃と並ぶ「和紙三大生産地」と呼ばれ

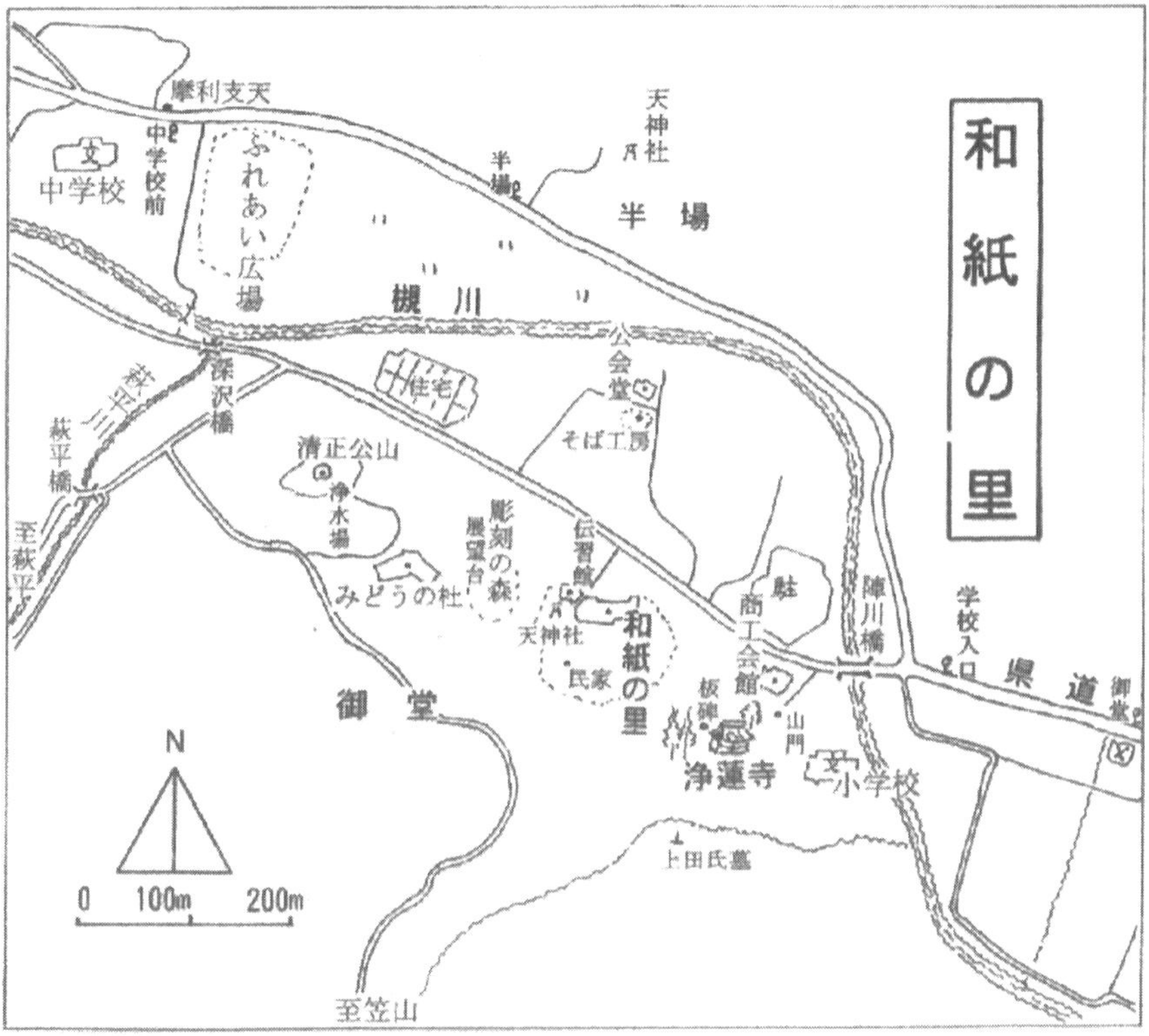

たこともあり、一時は安戸の宿に紙市が立った。現在伝統の手漉き和紙は小川と当村の数工場で生産している。

「細川紙」と呼ぶのは、紀州高野山麓の細川村で漉かれた細川奉書を範としているからという。小川町を中心に槻川流域の村の副業として発達した。技術保存のため「細川紙技術保存会」が組織されている。紙漉き家屋で用具の説明を受けてから和紙製造所を見学する。ちょうど子供連れの家族が紙漉きの実習をしていた。文化伝習館には関場遺跡や昭和二年、アメリカから贈られた「青い目の人形」一体が展示されている。東小学校で保管していたもので、日本からは黒い目の人形が返礼としてアメリカへ渡った。二階には民具と和紙漉きの用具類が展示されていた。天満天神社の脇には各種の記念碑が立ち、その中に立派な天保年間（一八三〇〜四四）の馬頭尊があった。元は御堂村境の寺岡に建てられていた。

和紙の里付近は鎌倉時代初期まで、武蔵七党**大河原氏**の根拠地で安戸、御堂、奥沢一帯は「大河原郷」と呼ばれ、浄蓮寺は大河原氏の館跡だったともいう。和紙の里では五月下旬に文化フェスティバルが開かれる。平成一九年は五月一九、二〇日の土日に実施され、周辺の広い駐車場がいっぱいになるほどの人出でにぎわった。

文化フェスティバル

和紙の里に隣接した**彫刻の森**には現代彫刻家の作品が並ぶ。季節の花々を見ながら遊歩道を登った山頂には平和祈念碑が立ち、安戸方面の展望がすこぶる良い。近くの清正公山の山頂からは九世紀の土師器が出土している。硅石の原料山で昭和二九（一九五四）年に秩父鉱業が御堂鉱山として開鉱、硅石は日高の日本セメントへ送られた。現在は浄水場が設置されて立入禁止になっている。

ふれあい広場を右に見て県道に出ると、中学校前に小さな摩利支天堂がある。まだ四月に祭りをしている。

県道を陣川橋方面に戻ると、左手の福島家には「国指定・手漉き和紙」の看板が掛かる。庭にいた奥さんの話。
「うちの主人は病気をしたりもう年なので漉かないが、この辺じゃあ最後までしていたんだよ。わたしも漉いてたんだが、だんだん原料の楮が地元じゃ手に入らなくなってねぇ。四国から取り寄せたりしてたんだよ」。

コラム・大河原氏と名刀

大河原氏は丹党中村氏の一族で、承久の変（一二二一）後に播磨国へ移住しました。大河原氏は元亨三（一三二三）年に短刀を、正中二（一三二五）年に太刀を故郷の秩父神社へ奉納しています。短刀は上杉謙信の愛刀となり「謙信兼光」だったこともあります。どちらも「秩父大菩薩」と彫られた備前長船の名刀です。現在、御物太刀は宮内庁が所蔵、国宝の短刀は県立歴史と民俗の博物館にあります。

奉納当時は本家の中村氏が中心となり、秩父妙見宮（大菩薩）の再建が行われていました。その造営記念に奉納したものと思われます。

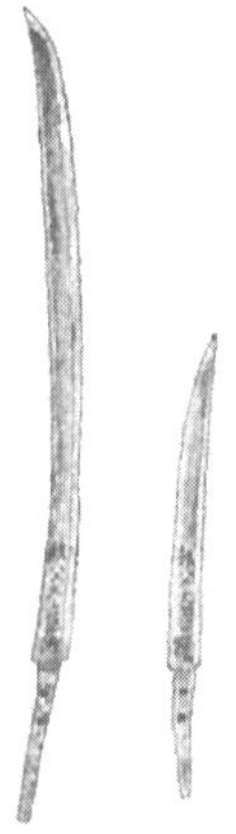

⑤ 萩平巡り

中学校前～常光寺～中学校前／歩行距離　九・三キロ

御堂鉱山　深沢橋から萩平川の谷へ入るとすぐに**御堂鉱山**がある。事務所に伺い主任の方から鉱山の様子を聞く。
「当社は昭和二九年に秩父鉱業所の硅石山として開設しました。おもにセメント材料の硅石を観音山鉱床を中心に採掘して、トラック輸送で高麗川のセメント工場まで運んでいます。観音山は地元では歴史のある象徴的な山なので、周囲に緑を残すようにしていますよ」。採掘跡地にはクヌギの苗木を植林しているとのことだった。

坊庭を過ぎ、右に採掘の原石山を見ながら萩平川沿いの車道を行く。通りがかりの地元民と立ち話をする。「観音山へ登ろうとして来たんですが、鉱山の人から入山出来ないと聞いてがっかりしているんです」。「登山道は少し荒れてるかも知れんが、そんなことはないよ。山道は会社のものじゃないんだから、立入禁止だなんておかしいよねぇ」。会社と地元民との間には考え方に違いがあるようだ。

四五八㍍の**観音山**は中山とも言い、山頂に観音様に似た巨岩が直立。「中山馬頭観音」の号があり、昔から信仰の対象にしていた。中腹には松の古木が多く、「天狗の腰掛け松」と言って切らなかった。ある若者が切り倒したら、夜中に男の陰茎が切り取られ、裏山の天狗松に掛かっていたそうだ。**ヒカゲツツジ**（県）の自生地で、多数の群落は県内でも珍しく貴重である。

御堂鉱山

常光寺　高橋のたもとには「名水観音水」がある。地元の関根尚一氏が水飲場を設置し、ベンチのある休息所になっている。最近は知名度が高まり汲みに来る人が多くなった。まもなく右手に高さ二〇㍍ほどの巨岩が切り立つ。**金比羅岩**と呼ばれ、岩登りの対象になっている。付近は岩がちで杉、ヒノキの良く育たぬ悪山という。金比羅岩を過ぎると右の路傍に馬頭尊がある。文字塔の頭部に馬の浮彫が見られるがほとんど摩滅している。このすぐ先に**常光寺**への石段があり、延享四（一七四七）年の大きな一千部供養塔を見つつ境内へ。本堂内をのぞくと獅子舞、笠鉾などの写真がたくさん展示されていた。

萩平の獅子舞（村）は毎年一一月三日、八幡山神社の秋祭りに舞われる。「鎌形ざさら」で舞は一二庭からなる。延享三（一七四六）年に奉祭と伝え、別当寺である常光寺住職が疫病退散を願って始めたという。

昭和三（一九二八）年に八幡山神社に合祀されるまでは萩平の山神社に奉納されていた。

祭りには一台の萩平笠鉾も曳かれる。高篠の山田から購入した明治期に製作の笠鉾で、昭和二五年ごろまでは三層だったが、電線架設により今は一層笠鉾になっている。笠鉾は常光寺で組み立てられ、「笠鉾道」という神社への急坂を曳き上げられる。夕方になると「ひきかえし」と言って神社から降りてくる。かつて秩父には急な山道を曳行する笠鉾がいくつもあったが、現在は萩平笠鉾のみとなってしまった。常光寺の先で道は分かれ、左の八幡山神社へは獅子舞当日に行くことにして右の道を上る。

萩平の獅子舞

竹縄造り　常光寺近くの畑で囲いの修理をしていた若林利明さんと話をする。

「下の馬頭様はうちで祀ってるんです。馬の彫られたんは珍しいかねぇ、今も新萩平笠鉾年には竹を立てて幣束をつるすんですよ。この辺じゃ一〇年ほど前からイノシシが畑を荒らすんです。鹿やハクビシンも現れるようになって困っとるんです」。よく見ると畑の周囲には、イノシシが倒した樹木や掘った穴がいくつもあった。山林の手入れがなされていないので、やぶを好むイノシシが増えたらしい。

若林家の上方の萩原家では奥さんが庭の草取りをしていたので、「今下から上がって来たんですが、途中の金比羅岩はすごい岩ですねぇ」と話しかけた。「あの岩の金比羅様はうちで管理してるんです。きれいにしようと岩の周りの木を切ったら次々病人が出てねぇ。怒らすと怖い神様なんで、付近が荒れても手入れしないでほっとくんですよ」。

萩原さんに仙元山の登り口を教えてもらい竹林から山道に入り一五分ほどで展望のない山頂に着く。仙元

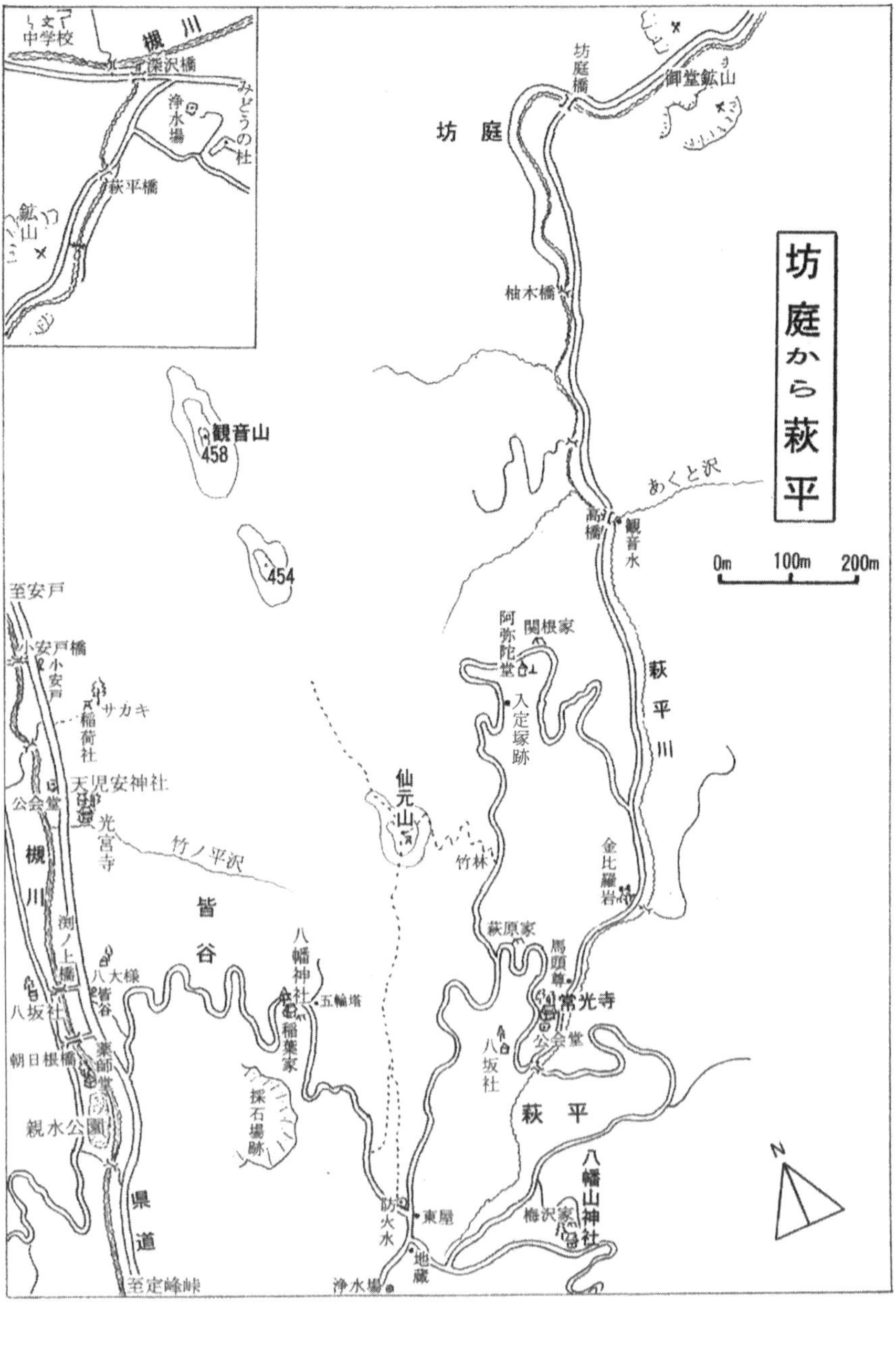

坊庭から萩平
0m 100m 200m
N
坊庭
坊庭橋
御堂鉱山
柚木橋
あくと沢
高橋
観音水
観音山
458
454
阿弥陀堂
関根家
入定塚跡
萩平川
仙元山
竹林
金比羅岩
萩原家
馬頭尊
常光寺
八坂社
公会堂
萩平
八幡山神社
梅沢家
東屋
防火水
地蔵
浄水場
八幡神社
五輪塔
稲葉家
採石場跡
皆谷
竹ノ平沢
至安戸
小安戸橋
小安戸
サカキ
稲荷社
天児安神社
公会堂
光宮寺
槻川
渕ノ上橋
八大様
皆谷
八坂社
朝日根橋
薬師堂
親水公園
県道
至定峰峠
中学校
槻川
深沢橋
浄水場
みどうの杜
萩平橋
鉱山

山から尾根通しに観音山に登る予定だったが、途中で立ち入り禁止になりそうなのでふもとの竹林へ戻る。萩平は竹林が多く**竹縄造り**の伝統が残っている。昭和二〇年代までは皆谷、白石でも作られていた。教育委員会の野村智さんの話。

「一度途絶えたものを復活させて竹縄技術保存会を組織したのですが、今は高齢者ばかりになり中断しています。萩平だけで伝統を守るのは無理なので、村全体で保存継承することも考えているんですがねぇ」。

阿弥陀堂　林道を北に進み再び民家が近付く道の脇には、小高く盛土された入定塚があった。**入定塚**とは生きたまま即身成仏するため自ら棺に入り埋めてもらう。外の人はお経が聞こえなくなるまで、水や粥を筒で流し込んだとも。空洞の内部には地蔵と如意輪観音の石仏が安置され、入口の地蔵尊には「元禄二年一〇月二二日定入」と刻まれていた。現在は管理者の転居や道路拡張などで破壊され、地元でも忘れ去られてしまっている。

入定塚跡の下方の墓地には小さな**阿弥陀堂**がある。中をのぞき込んでいると管理者の関根武雄さんがやってきた。

「ここの阿弥陀様は忠臣蔵ごろの古い仏像なんで、大学の先生が調べたこともあるんだよ。たまには阿弥陀様にも日光浴をしてもらわんと」と言いながら鍵を開けて安置してある仏像を取り出してくれた。高さ三〇㌢ほどの木座像の裏には寄付者名と共に「元禄一六年二月」の年号が墨書されていた。もとの阿弥陀堂は地区の避難所になるくらい大きかったが、火事で焼かれ阿弥陀様だけは持ち出せたという。

「萩平は広々としていて日当たりも良くて花もいっぱい、住みよさそうな所ですねぇ」。と言うと、「いやいや良いことばかりじゃなくて、特別な風が

元禄の阿弥陀様

吹くんでね。台風が来ると谷から吹き上げる強風と上空の風がぶつかって渦巻きが起こるんだ。寝ていた時に屋根ごと巻き上げられて、回転まぶしも裏山に吹き飛ばされてねぇ。そんときは繭から一斉に蛾が大発生したこともあるんだよ」。

昔は安戸から帯沢川沿いを進み、萩平を経て白石へ下り、定峰峠を越えれば秩父へ出る最短コースであったという。萩平の集落をあとにして歩いていると、後ろから車が来て停車した。午前中に観音山の山道について話を聞いた人だった。役場まで乗せてもらったものの、名前を聞かずに降りてしまった。

春の萩平

三　奥沢・落合

⑥ 奥沢から臼入山　　役場前～臼入山～奥沢／歩行距離　四・三キロ

鋳物師屋敷跡　役場前バス停から大門橋を渡ると右に東秩父村役場、正面に女人講中の建てた石灯籠の立つ**来迎寺**がある。軒先には半鐘がつるしてあり、鰐口と拝殿天井には大きな龍が描かれている。寺と神社を兼ねている感じである。県道に戻り、裏の畑で農作業中の足立眞平さんから話を聞く。

「畑の前の狭い道が旧秩父往還だったんだよ。畑一帯は**鋳物師屋敷**と言っている。家は島根から来た鋳物師だったんだ。付近は砂鉄が多くて、子供の頃は磁石で砂鉄を集めて遊んだもんだった。今だってたくさん吸い付くはずだよ。ここは**関場遺跡**と言って、平成九年に大規模な発掘をしてねぇ。和紙の里の伝習館に発掘品が展示してあるんで見るといいよ。数軒の住居跡が見つかって、縄文後期から石器工房の村があったことがわかったんだ。槻川沿いの段丘には石器によい原石が多かったからねぇ」

足立鋳物師は寛政七（一七九五）年、鋳物師免許を受けている。浄蓮寺、光蔵寺の銅鐘や鉄瓶などを製作しており、足立家の**鋳物師関係品**は村の文化財指定である。

奥沢神社　鋳物師屋敷跡から臼入山登山口の**奥沢神社**へ上がる。神社の建物は古いが立派な造り。本殿の少し下方には**妙見神社**が祀られている。昔三姉妹の妙見様が当地へ来た。疲れていた姉は帯沢に留まり、次女が奥沢の妙見様に、元気な末娘は峠を越えて秩父の妙見様になったと伝える。

奥沢神社

奥沢神社左脇の稲荷の石宮から臼入山目指して尾根道を登る。最初の竹林帯を急登するとすぐ緩やかになる。杉林に赤松と山桜の老木が混じる。麓ではすっかり散ってしまった桜の花びらが山道を白く覆い、まだチラチラ舞い落ちている。「吹く風を勿来の関と思えども道も背に散る山桜かな」。源義家になった気分で登ると**阿夫利神社**に着く。しめ縄につるされた幣束も新しく、まだ信仰されていることがわかる。

臼入山　再び杉林の中を登り、山頂が近付くと雑木が増えて緩い尾根道になる。三角点のある**臼入山**（四二一メートル）山頂の標識には「細窪山」と併記されている。単に「臼入り」とも呼び、安戸側では「天の峰」とも呼んでいるらしい。ただし詳しい地図にも無記名が多く、山名については一考を要するが一応「臼入山」としておく。山頂で休んでいると、本格的な山菜採りの三人連れが官ノ倉峠方面からやって来た。先端に小さい鎌を付けた長い竹竿を持っている。「奥さんのおみやげにどうぞ」と言いながら、タラノメやハリギリをたくさん差し出した。

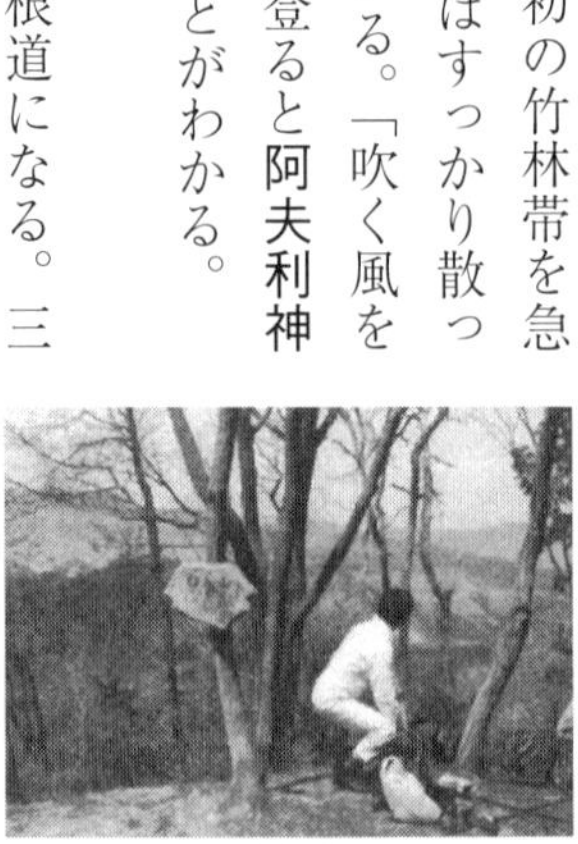
臼入山山頂

山頂を下るとすぐに重なり合って垂直に切り立つ「トンビ岩」があった。傍らに桜の巨木が一本そびえる。次の峰には東秩父、小川、寄居の三境界を示す小さな標柱が埋め込まれてあった。小鞍部へ下ると左へ深沢寺沢への道が分岐していた。なだらかな尾根道を行き、根元から六本の幹に分かれた山桜のある峰に着く。桜にもたれて昼食、広げた弁当に花びらが舞い落ちてきた。

三八六メートル峰から下り道になる。石宮の山ノ神を過ぎ、尾根道沿いに高さ八〇センチほどの**防火線石垣**が延々と続く。高田群次郎村長時代の昭和六年、失業対策事業として大河原、槻川両村の共同奉仕で積まれた。石は現地調達した。しばらく急な下りが続き分岐の小鞍部に着く。ここから左へ竹林を抜けると、まもなく廃屋の脇から県道に出る。

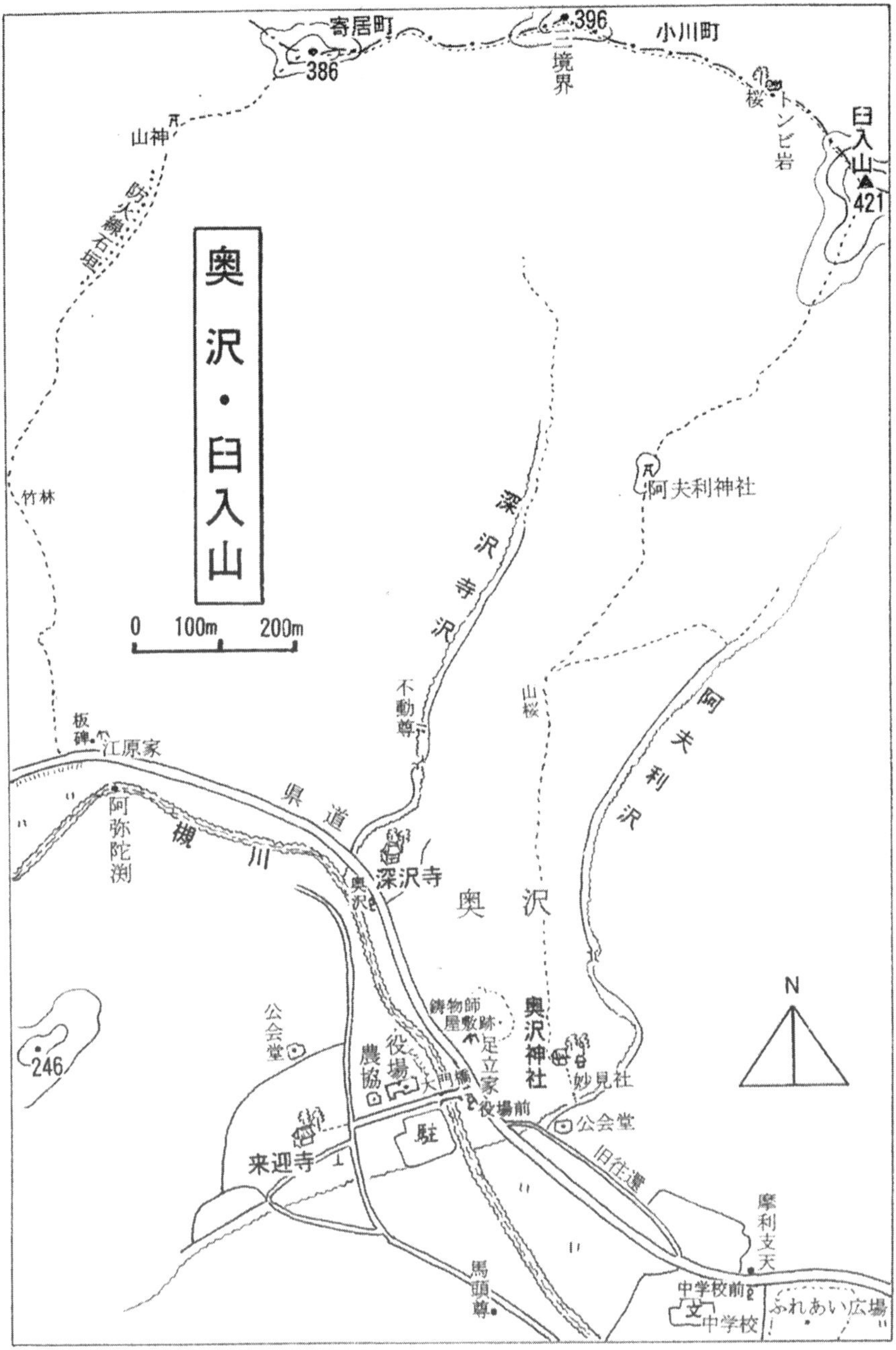
奥沢・臼入山
0　100m　200m
寄居町
396
小川町
386
三境界
桜
トンビ岩
臼入山
421
山神
防火線石垣
竹林
阿夫利神社
深沢寺沢
不動尊
山桜
阿夫利沢
板碑
江原家
県道
阿弥陀渕
槻川
深沢寺
奥沢
奥沢
鋳物師屋敷跡
足立家
奥沢神社
妙見社
公会堂
役場
農協
大門橋
役場前
公会堂
246
来迎寺
駐
旧往還
摩利支天
馬頭尊
中学校前
中学校
ふれあい広場
N

五輪塔　近くの江原邦三さん宅へ立ち寄る。玄関を入ると上がり框まで左右に江原さんが作った彫刻や飾り物が並ぶ。優れた作品と評価され「商品として出したら」と人には勧められるが、趣味でしているだけなのでその気は無いという。

「うちの脇に板碑があるよ」と言って、数枚の板碑と一基の古い五輪塔へ案内してくれた。「ここには阿弥陀堂があったという話もあるんだが、昔サツマイモの室を掘ってたら七枚もの板碑が出てきてねぇ。前からあった五輪塔と一緒に祀ってるんだよ。毎年一月の一五日の小正月には、ミズクサでケズリ花を作りマユ玉と一緒に供えてるんだ」。今では秩父全体でもケズリ花を製作できる人はまれになったが、紙漉きの伝統を持つ当村にはまだ何人かいるようだ。

板碑と五輪塔

阿弥陀淵　江原家前を流れる槻川の深みを「**阿弥陀淵**」と呼んでいる。以前は子供たちの水浴び場で背が立たなかった。昔、泥棒が光り輝く阿弥陀様を風呂敷に包んで盗み出した。ところがだんだん重くなって歩けなくなり、川の淵へ投げ込んでしまった。一ヶ月後、川遊びの子供が淵の底で光る阿弥陀様を見つけ近くの寺へ納めた。その後、太平洋戦争の供出で行方不明になってしまった。

江原家をあとに県道を行くと左に、二体の地蔵尊と各種の供養塔が立っている。参道奥の小さな**深沢寺**には、一本の赤松とツバキの大樹が目を引く。境内の石塚には稲荷神社が祀られている。寺脇の深沢寺沢を少し奥へ入ると不動様を祀る小さな滝場がある。滝の見物後、深沢寺前の奥沢バス停へ。

コラム・関場遺跡

関場遺跡は縄文時代後期から晩期にかけての石器工房の集落遺跡です。標高一五〇㍍余り、槻川左岸の河岸段丘上にありました。六軒の住居跡が確認されています。土器類の他、石棒や石剣製作に利用した石材片、砥石など加工道具が数多く出土しました。

石棒、石剣の製作遺跡の発見は県内初で、全国的にも珍しく極めて重要な遺跡だそうです。

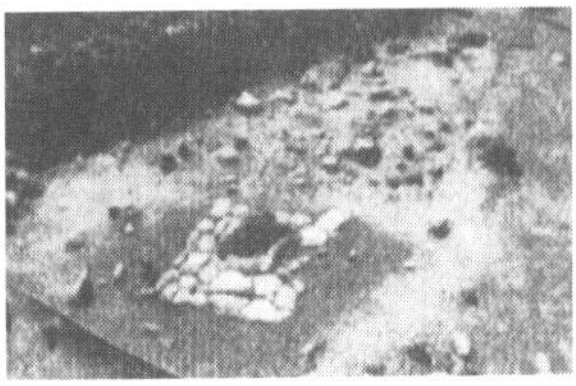

⑦ 落合周辺　奥沢～虎岩～打出／歩行距離　四・二キロ

イボ岩　奥沢バス停から県道を落合方面に向かい、途中にある聖徳太子碑を見る。大正八年に建てられた大きなもので、毎年五月に碑の前にしめ縄を張り職人、商店主たち二〇名ほどで祭典を行っている。居合わせた小宮弘行さんから、対岸にある**イボ岩**を案内してもらうことになった。今では地元でも知る人は少ないという。聖徳太子碑のすぐ先で槻川を小橋で渡り、高田家の庭先を通って右へ五分程登ると、尾根の先端にいくつもの巨岩が重なり合っていた。その一つに上部が平坦で岩に二〇㌢程の窪みがあり、そこに溜まった天水をイボ水と呼んでいる。今ではイボ取りの信仰は廃れ、落ち葉ですっかり埋まっていた。落ち葉を取り除いてから引き返す。高田家の近くには小宮さんの畑がありフキノトウ、ラッキョウ、ミツバなどを持ちきれぬ程いただいた。

県道まで戻り、大岩の岩壁を背に鎮座している坂本山王社へ。落合橋手前の右側にあった高田家は馬方宿を営んでいた。かつては荷駄の往来が多かったことが偲ばれる。すぐに県道は二つに分かれ落合橋になる。

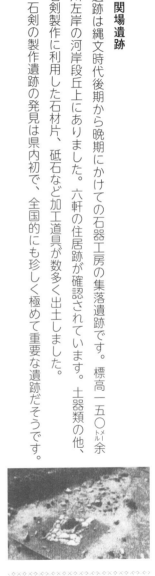

虎岩　落合橋を渡らず大内沢川沿いの車道を行く。右手の岩峰には山ノ神が祀られている。虎山橋を渡ると左に**虎岩**の巨岩がそびえる。虎岩付近の「チックビ山」には、落城した忍城の宝物が埋めてあり、掘ると血の雨が降るという。近くで畦《あぜ》の草刈りをしていた婦人に虎岩について話を聞く。

「ここからは切り立っているが、裏側の方から簡単に登れるんです。てっぺんは平らで、学校帰りの子供たちがよく遊び場にしてましたよ。道路を挟んで虎が寝そべっている姿に似ている小虎の岩もあったんですが、道を広げるんで壊してしまったんです。この先にも道の両側に大小の獅子岩があって、小さい方は壊されて今はありません。虎岩は一〇回、獅子岩は四回、その周りを回ると虎や獅子が出ると言われていたんです」。

熊野様　獅子岩から戻り落合橋を渡ると、右奥に高田群次郎の頌徳碑がある。高田氏は明治四（一八七一）年坂本村に生まれ、昭和七（一九三二）年「槻川村塾」を開き、二六年間槻川村の村長を務めた。晩年は内村鑑三門下生としてカトリック教徒になっている。

落合から県道を進む。長谷田橋手前右の保泉家は「**坂本の熊野様**」の伝承を持っている。保泉家の先祖が紀州熊野へ参拝に行った。草鞋《わらじ》に石が入り家に持ち帰り裏山へ氏神様として祀ると、だんだん大きく成長して立派な石になった。ある年隣家が火事になったとき、石へ降りてきた一匹の大蜘蛛が巣を張って火を止めてくれたという。

若奥さんに熊野様を祀る当家裏手の墓地へ案内していただく。岩庇に氏神様と並んで熊野様の小さな社があった。中をのぞくと熊野神社と墨書された新旧の御札と一緒に、高さ五〇センチほどの石灰岩の御神体が納められていた。

「わたしは嫁に来たものですから、こんな蜘蛛の良い話があったなんて今まで

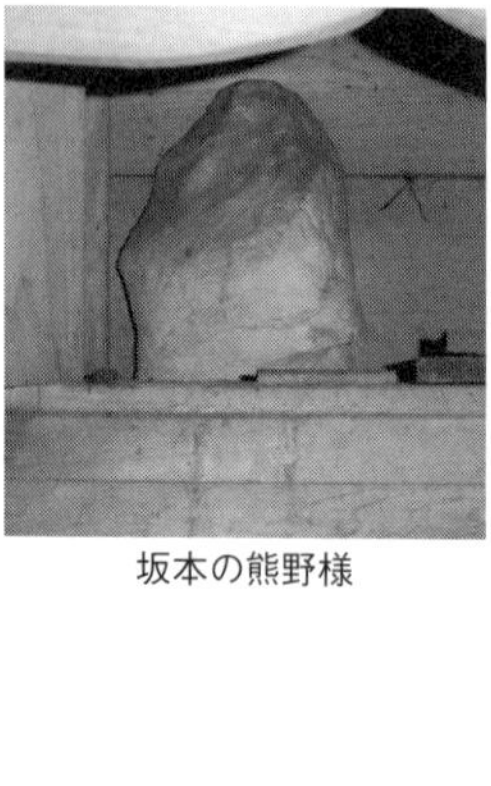

坂本の熊野様

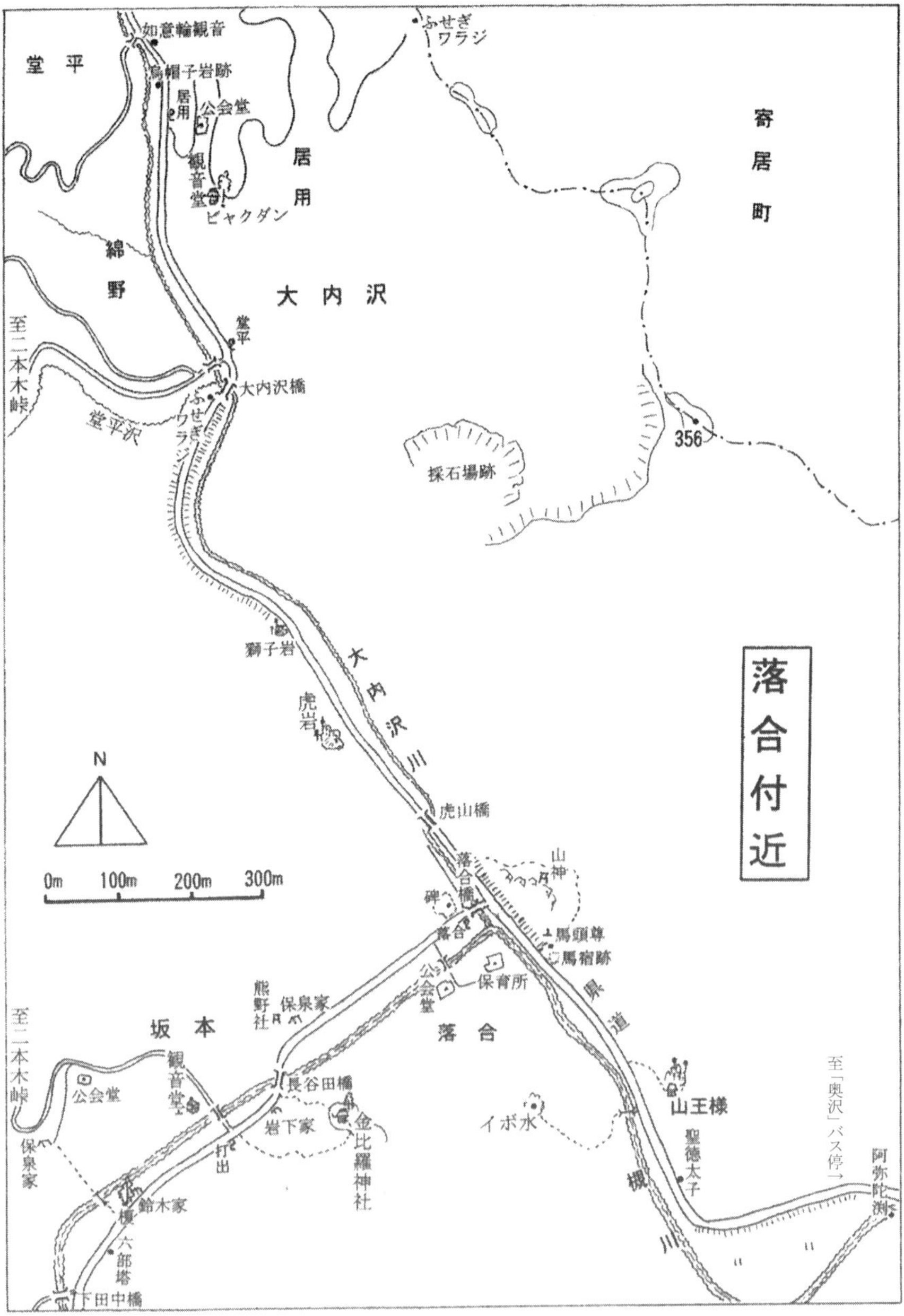
落合付近
N
0m 100m 200m 300m
如意輪観音
堂平
烏帽子岩跡
居用
公会堂
観音堂
ビャクダン
居用
ふせぎワラジ
寄居町
綿野
大内沢
堂平
至二本木峠
大内沢橋
ふせぎワラジ
堂平沢
356
採石場跡
獅子岩
大内沢川
虎岩
虎山橋
落合橋
山神
碑
馬頭尊
馬宿跡
落合
公会堂
保育所
県道
熊野社
保泉家
坂本
落合
至二本木峠
観音堂
公会堂
長谷田橋
金比羅神社
岩下家
イボ水
山王様
聖徳太子
至「奥沢」バス停→
阿弥陀渕
保泉家
打出
鈴木家
槻川
六部塔
下田中橋

知らなかったわ。教えていただいてありがとうございました」。逆に感謝された。

金比羅神社　長谷田橋を渡り庚申塔を見て正面の鳥居をくぐり、一〇分ほどの急登で大岩の上に祀られている**金比羅神社**に達する。神社には天狗礫《つぶて》の伝承があり、ある時天狗の呼ぶ声に「オーイ」と応えた男がいた。すると大岩が飛んできて男の家を押し潰してしまった。神社の裏山奥にはイボ石がある。岩の窪みにたまっている水をイボに付けるといつの間にかイボが取れたという。

金比羅神社を下り、県道を横断して橋を渡ると、左の墓地に観音堂がある。山裾の集落に入り田んぼを見渡せる好位置に旧名主の保泉家がある。田仕事の休息時に、奥様にお茶をいただき縁側で保泉さんの話を聞く。

「昔は金比羅様の山の方まで、ここから見える所はみんなうちの地所だったんだ。金比羅様は先祖が讃岐から持って来たもので、元はうちの氏神様だった。祭日は旧暦の一〇月一〇日で朝の早い祭りだったが、今は一一月中旬の休日にしている。にぎやかにするためにくじ引きなどするんで、子供たちも楽しみに待ってる。近年まで宿屋をしていたふもとの家は、金比羅様の天狗が岩を落としたとかで、屋号も苗字も岩下さんていうんだよ」。

鈴木家の大エノキ

保泉家から水田を通って県道に出ると鈴木家の屋敷内に**大エノキ**（村）がそびえる。樹齢三五〇年、目通り三・八六メートル、樹高二四メートル、根元に神明社が祀られている。樹勢盛んで根張りがあり、四方に広げた枝振りも見事である。大エノキから打出のバス停は近い。

四　大内沢

⑧大内神社付近　居用～正善寺～神社前／歩行距離　四キロ

観音堂　「居用」バス停から**居用観音堂**への道を上る。観音堂の木造聖観音立像は室町時代の作で、宗風彫刻の特色が見られるという。堂脇には一本の**ビャクダン**（村）がある。樹高一六メートル、目通り一・五五メートル、樹齢三〇〇年の常緑樹で、香木として利用されると共に香油が採取される。居合わせた古老の話。

「観音堂には馬頭様も祀ってあるんで、昔の祭りには馬を連れてやって来た信者が、馬と一緒にお堂を回って祈願したんだよ。ここは居用といって、沢向こうは綿野というんだよ。昔高貴な旅人がこの先にあった岩に烏帽子を置いて休み、『居ようか、渡ろうか』とつぶやいたんでこれが居用、綿野の字名になったというんだが。その烏帽子岩は子供が飛び乗れそうな小さな岩だったんで、道が広がったとき壊してしまった。岩の上に祀ってあった地蔵様だけはまだそこに残っているよ」。

大内神社　烏帽子岩跡の地蔵尊を過ぎると、右の路傍に弘化三（一八四六）年、女人講が建てた浮彫の如意輪観音がある。まもなく大内神社になり、神社前には**野口氏紀功碑**が立つ。明治二三（一八九〇）年建立、西南の役で戦死した野口留吉の碑である。政府軍は農民中心の軍隊で、野口氏は東京鎮台上等卒として出征した村で唯一の戦死者だった。碑のそばには、小堂に二体の木彫り地蔵が納められた交通安全地蔵が祀られている。昭和三八（一九六三）年、当地区で連続して三名の交通事故者が出た。駐在警察官の浅見氏が居用観音堂の折れ枝を利用し、交通安全の守護地蔵として自ら彫り上げた。

神橋を渡って**大内神社**境内に入る。別名「恒望神社」といい、現在の本殿は流れ造り柿葺きの一間社。納額から明治三二年ごろの造営と推定されている。**本殿の彫刻**（村）には巻竜や虹梁上の竜などの優れた彫刻が施され、江戸末期の写実的な技法が見られる。本殿の左に稲荷の石宮、右には古峰様と**金比羅様**が祀られている。大正一三（一九二四）年の線刻大黒天の石碑もある。金比羅様は地域の雨乞場だったが、石材の採掘で山が崩され当社に合祀された。昔は金比羅様の松の木の下にボンゼンを結わえ、太鼓を叩いて祈願した。

神社の左手から小尾根を登りツツジの咲く林道へ出る。林道のカーブ地点から畑道を横切って森の中へ入ると**愛宕神社**がある。大正一〇年の大山祇神社と織姫大神の石碑が立つ。愛宕神社から**二十二夜堂**に行く。堂内には如意輪観音像が納められている。当地は「堂平」と呼び戦前までは寺領も広く、高所には鐘撞堂を建てる計画もあったとか。一帯は九農園が経営する広い**大内沢みかん園**になつている。一〇月になるとみかん狩りが楽しめる。

大内神社

正善寺と弁天様　高さ一・八メートル、立派な文政年間（一八一八～三〇）の馬頭尊を過ぎて高円寺へ。次の**正善寺**は、恒持王が左遷された時の居跡とも葬り所ともいう。境内の小社には金剛様とも言われる、恒持王を思わせる貴人の木座像が安置されていた。

白石沢を渡って右折して行くと公会堂脇に、頭に鳥居をいただいた県内では珍しい石仏が祀られていた。地元では**弁天様**として信仰されている。ここからは採石場が一望される。弁天様から南へ下って白石沢を渡り車道に出ると、正善寺への登り口に吉祥地蔵、車道を挟んで石宮の水早姫神社（水姫社）が祀られている。

正善寺

大内神社に向かうと左に、**御嶽山大神**の大きな青石の碑があったので、近くにいた農夫に話を聞く。「今は御嶽山に登っていないが、以前は七月に講員が登っていた。昭和六三年に丸尾講の建てた、木曽御嶽山登拝碑もあるよ。わしは講員じゃなかったんだが誘われて、平成四年にバスで王滝口から登ったことがあるんだよ」。

白石沢が接近すると大内神社になり一周を終える。

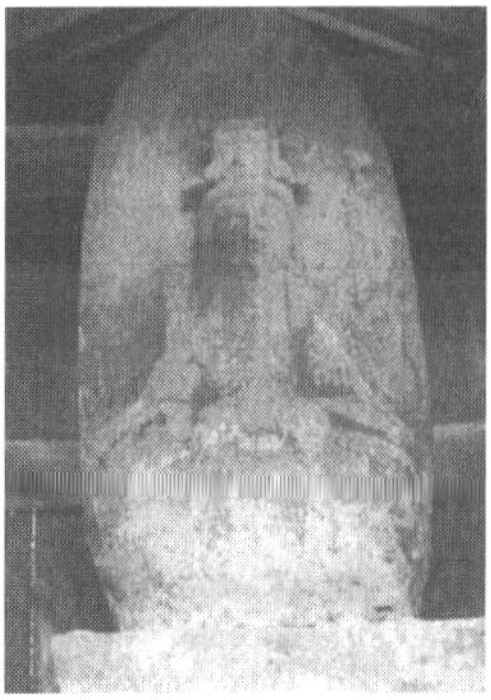

弁天様

コラム・恒望王伝説

大内沢は昔、遠流された恒望王・高見王の居所があり、皇居を大内というところから「大内」と称したといわれています。皇子を葬った所へ御堂が創建され御堂村になりました。

恒望王は桓武天皇の曾孫で、太宰府にいたとき懺悔により解官されて武蔵に左遷されました。後に罪の潔白が認められ、武蔵権守となり付近を恒望（持）庄と言いました。本来大内とは、谷川の入口は狭いが内部の広い川の意味です。当地も奥は広々として幾つもの集落が点在し、かつては一村をなしていました。

⑨上ノ貝戸・大宝巡り

神社前～稲荷神社～大宝／歩行距離　六・五キロ

稲荷神社　大内神社から車道を北に進み右手に分校（＊）を見て、上所沢を渡ると左に上ノ貝戸へ登る道が分かれる。この付近には八堂の一つの十王堂があった。分岐先の公会堂の向かいには北向地蔵尊が祀られている。「ふるさとの山に向ひて言うことなし…」。傍らには近年、石川啄木の歌碑が建てられた。

上ノ貝戸への道を登って車道に出ると、八堂の一つ**慈雲堂**がある。車道を西へ進み白石沢を渡って上がると、新装間もない諏訪神社になる。次の分岐には林道開発記念碑と浮彫の馬頭尊が立つ。稲荷神社への途中には森の中に板碑の御嶽山大神が祀られている。裏には明治二六（一八九三）年の年号と講中たちの氏名が刻まれている。

立ち並ぶ赤い鳥居のトンネルをくぐって**稲荷神社**へ。「とうか穴の稲荷」と呼び、昔は狐の住む穴があった。社殿は小さいが千余体もの白狐が奉納されている。洗濯物を干していた近くの奥さんに話を聞く。「二月の初午には近在から沢山の参拝者が来ますよ。借りた狐は次の年に倍返しなんで増えるんです。その日が三隣亡のときには二の午になるんですが。普段でも近所のお年寄りはよく参拝してますよ」。

＊分校…大内沢分校。明治一一年、正善寺に開設。平成二二年度に休校、本校に統合された。取材時、埼玉県唯一の分校だった。

稲荷神社

大通領神社　稲荷神社から今度は東へ向かって**大通領神社**へ。社殿には明治三七年に奉納された寄居の絵師による天井絵が描かれており、境内には不動尊も祀られている。神社下の真下昉身さん宅へ寄り込み、話を聞く。

「神社には日本武尊が祀られていて、武尊がグミノ木峠を越えて村へ来たとき休まれたそうだ。そこに祀ったのが大通領神社です。大内沢には七貝戸、八堂という言葉があってねぇ。貝戸は地名なんだが、八堂の方はもう半分なくなってしまった」と言って、七貝戸八堂の分布地図を探し出して、丁寧に場所を指摘していただいた。

大内沢獅子舞　獅子舞の行われる**浅間神社**へは、車道から離れて墓地の所から神社の森へ入る。御神木は空のある大杉である。昔、地元の人が富士山へ参拝した帰り草鞋に小石が挟まり、何度捨てても挟まってきた。

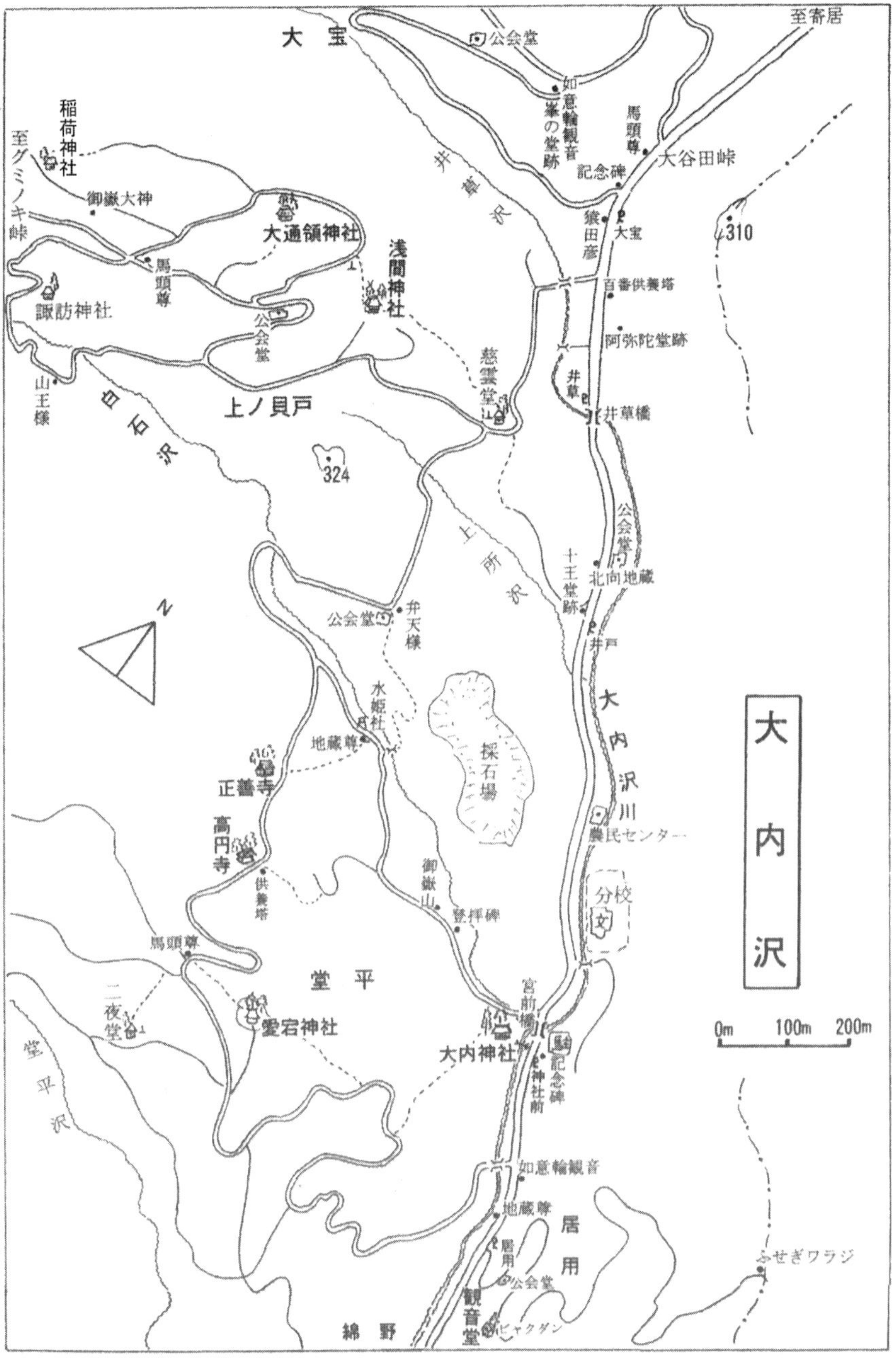
大内沢
大宝
公会堂
至寄居
如意輪観音
峯の堂跡
馬頭尊
大谷田峠
記念碑
猿田彦
大宝
310
稲荷神社
至グミノキ峠
御嶽大神
大通領神社
浅間神社
馬頭尊
諏訪神社
公会堂
井草沢
百番供養塔
阿弥陀堂跡
山王様
白石沢
上ノ貝戸
慈雲堂
井草
井草橋
324
上所沢
公会堂
十王堂跡
北向地蔵
公会堂
弁天様
井戸
水姫社
地蔵尊
採石場
大内沢川
正善寺
高円寺
農民センター
供養塔
御嶽山
登拝碑
分校
馬頭尊
堂平
三夜堂
愛宕神社
宮前橋
大内神社
記念碑
神社前
堂平沢
如意輪観音
地蔵尊
居用
居用
公会堂
観音堂
ヒャクダン
綿野
ふせぎワラジ
0m
100m
200m

小石に霊魂がこもると感じ、高台に浅間神社を造り御神体として祀った。その後、小石は大きくなったという。

浅間神社の**獅子舞**（村）はツシマ流とも称され、昔は真剣を用いる舞もあった。室町時代、当地に悪病が流行した時、竜頭を用いて悪病退散の祈願をしたのに始まるという。浅間神社は明治四三年に大内神社に合祀されたので、大内神社の秋祭に三頭の獅子で七庭舞われる。浅間神社から歩道をとって慈雲堂に戻ってから県道に出ると、「**花桃の郷**」の大きな標柱が立っている。当村は花木の生産が盛んで、特にハナモモは上ノ貝戸を中心に県内一の出荷額を誇っている。

大宝の伝承　大宝は大内沢最奥の集落で、かつては「峰」と呼び石蔵と大宝の小字に分かれていた。大宝の阿弥陀堂の仏像には宝のありかを書いた巻物が内蔵されていて、見ると目が潰れると言われていた。

登谷山の中腹にあった長者屋敷の裏山にはケヤキの大木がそびえ、忍の殿様領の田んぼに影を落として稲の実りを悪くしていた。伐採の触れが出て村人総出で切り倒そうとしたが倒れず、風の神に祈り大風が吹いてようやく倒れた。長者屋敷は弘仁一〇（八一九）年に逝去した恒望王の居住地であったともいう。一説には忍城主持ちの屋敷で、忍城が危なくなったとき宝物を持ってきてここに埋めた。「見ずの穴」という。

皇鈴山東の大見山には大蛇の住む大沼があって、長者の娘に大蛇が恋をした。村人に正体を見破られると、雲を呼びいずこかへ飛び去った。水の無くなった沼は「大蛇ノ久保」の名で残っているそうだ。

大宝の石碑類　左に猿田彦大神の大碑や昭和九年の道路開削記念碑を見ると分岐になる。ここにも昭和四八年開通の大宝林道開設記念碑がある。上方の民家裏には**絵馬入馬頭観世音**（村）が立つ。馬頭観世音と刻まれた高さ一・八五メートルの石碑の上部に、絵馬額が彫られている珍しいもの。寛政三（一七九一）年に当所講中が建立した。

ここは大内沢から寄居へ抜ける**大谷田**《おやのだ》峠で、**善知鳥**《うとう》ともいう。長者が寄居の町を見下ろしながら三味線に合わせて歌ったとの伝承がある。峠を五〇〇メートルほど下ると寄居町境で、ここにふせぎの草鞋がつるされる。左手には鉱泉民宿の素朴な**かやの湯**がある。湧水には弁天様が祀られている。鉱泉の歴史は古く、鉱泉宿は昭和五〇年ごろに営業を開始した。鉄分が多く神経痛、胃腸病などに効く。

峠に戻り大宝林道に入ると、分岐に女人講の建てた三夜様を中心に五体の石仏が祀られている。この付近に八堂の一つといわれる峰の堂があった。公会堂前を通り「大宝」バス停へ。

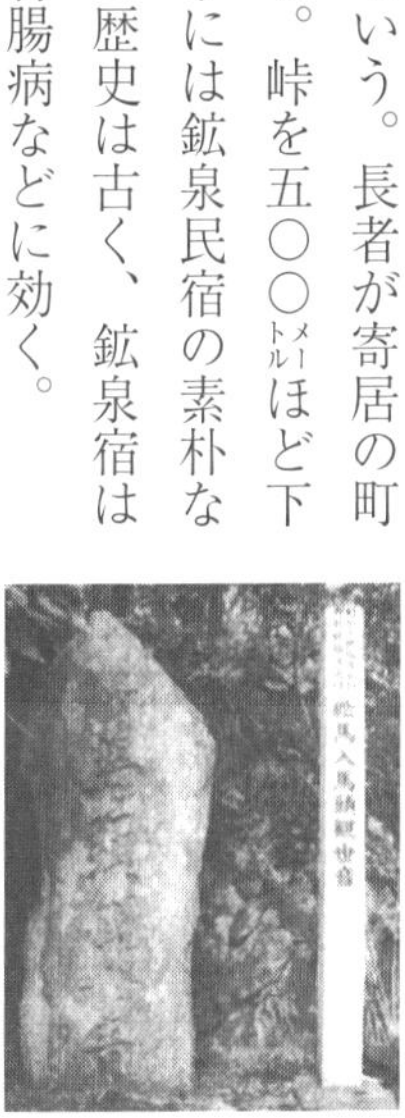
絵馬入馬頭尊

コラム・大内沢の七貝戸・八堂

大内沢には「七貝戸・八堂」の言葉があります。七つの貝戸地名と八つのお堂があったからです。七貝戸とは、程貝戸、北貝戸、細貝戸、御堂貝戸、上ノ貝戸、名貝戸、日影貝戸です。

お堂の方は、観音堂（居用）、慈宝堂（居用）、地蔵堂（堂平）、慈雲堂（井戸）、十王堂（井戸）、阿弥陀堂（白石）、阿弥陀堂（大宝）、地蔵堂（大宝）。よけい堂（堂平）、峰の堂（大宝）を加えることもあるようです。

今はお堂は半分も消滅してしまいました。

⑩皇鈴山と登谷山

井戸～登谷山～井戸／歩行距離　八・五キロ

皇鈴山　上ノ貝戸から皇鈴山に登り、登谷山を経て上の貝戸に戻るコース。上の貝戸へは井戸バス停から車道を上がる。集落を過ぎると馬頭尊の立つ分岐になる。文化一四（一八一七）年の道標を兼ねた高さ一・八メートルの青石で、「右のがみ秩父」と刻まれている。左の舗装路を行くと再び分かれる。右はグミノ木峠へ。直接**皇鈴山**へ続く左の道をとって、比較的広い芝生の山頂へ着く。休息所の他に小社と、三沢の俳人持田紫水の句碑がある。「以つしんに鷹みてありぬ萱は穂に」。

山頂から引き返し、尾根道でグミノ木峠へ向かう。石宮を経て、寄居方面の展望が良い尾根を下り車道に降りる。この先が車道の乗り越しているグミノ木峠であった。峠にはふせぎの草鞋が笹につるされていた。

登谷山　グミノ木峠から尾根道をたどり、展望の良い六六〇メートルの**登谷山**の山頂へ。大モミジの傍らには二宮神社の石碑がある。山頂から急坂を**登谷高原牧場**へ下る。降り立った車道が交差する鞍部には「夕虹やにれがむ牛の睦おり」、昭和五五年の大きな牛魂慰霊碑が目に留まる。売店はあるものの、動物たちの畜舎は空で休業中。

北に延びる車道は釜伏峠に通じている。東秩父側に砂利道を下ってグミノ木峠への車道に戻り、往路と同じ車道を上ノ貝戸の集落へと下る。車道を歩く距離が長いので、馬頭尊付近まで車を利用してもよい。

皇鈴山山頂

コラム・大内沢・ふせぎの草鞋

五月になると地区の代表が大内神社に集まり、大内沢四方の集落境に青竹にふせぎの大草鞋をつるしています。草鞋は地区の古老が編みます。中央に穴を開けるので編むのが難しく、古老の跡継ぎはまだ育っていません。

つるす場所は次の四カ所です。東・居用の東方尾根の鞍部、西・グミノ木峠、南・大内沢橋の袂、北・かやの湯入り口の県道脇。

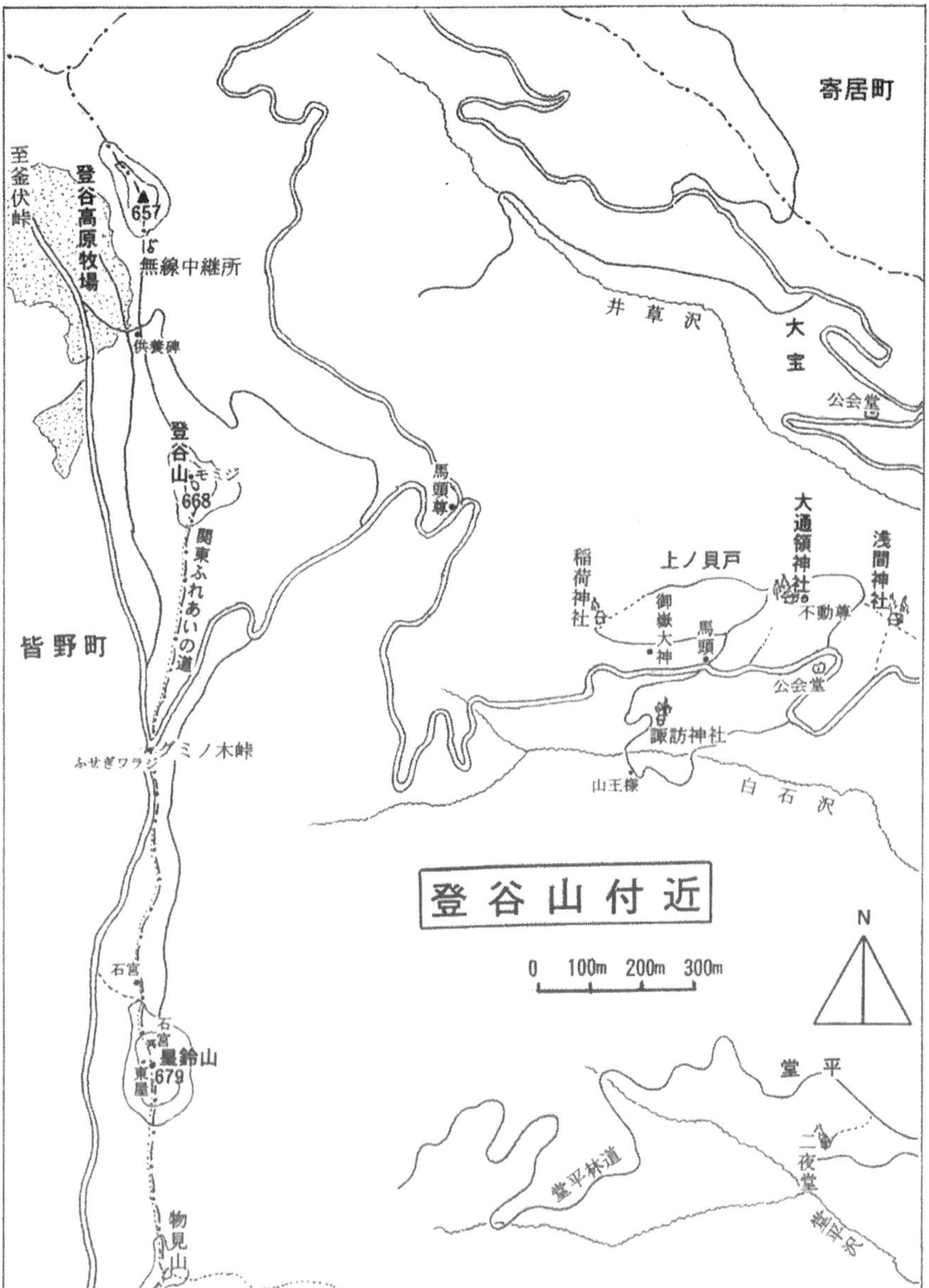
登谷山付近
寄居町
皆野町
至釜伏峠
登谷高原牧場
657
無線中継所
供養碑
登谷山
モミジ
668
関東ふれあいの道
馬頭尊
井草沢
大宝
公会堂
大通領神社
浅間神社
稲荷神社
上ノ貝戸
御嶽大神
馬頭
不動尊
公会堂
諏訪神社
山王様
白石沢
ふせぎワラジ
グミノ木峠
石宮
石宮
皇鈴山
679
東屋
物見山
至二本木峠
N
0 100m 200m 300m
堂平
二夜堂
堂平林道
堂平沢

五　坂本

⑪坂本巡り　診療所前～柴の猪垣～診療所前／歩行距離　五・五キロ

八幡大神社　「診療所前」バス停から県道を北へ進み、下田中橋で対岸へ渡ると馬場家一族の守り神、八大様の小社が山際にある。八幡大神社へ向かう途中、ふれあいセンターの庭でゲートボール中の高橋ヨネさんに話しかける。「神社は昨年八四歳で亡くなったうちの主人が中心で管理してたんです。一一月三日の祭りはにぎやかでねぇ。神楽殿から餅をまくんでぜひ見にいらして下さい」。

八幡大神社は鎌倉時代に畠山重忠の創建と伝える。御神体の銅鏡には十一面観音像が鋳造され、裏に貞治四（一三六五）年と刻む。慶安二（一六四九）年、五石一斗の御朱印を賜る。元境内には両尊寺があった。釈迦堂に安置されていた約二メートルの釈迦仏は神仏分離で本尊の阿弥陀如来像と共に打出の観音堂へ一時移された。**懸仏十一面観音坐像**（村）は八幡神社に保管されている。青銅製で径一一・八センチ。裏面に貞治二（一三六三）年の陰刻がある。

神代里神楽　境内には重忠公のお手植と伝える七本の樹があった。現在はタマグス、イチョウの二本が残るのみ。**タマグス**（村）はクスノキで樹齢四五〇年、目通り二・六二メートル、樹高二五・五メートル。七色カエデ、シダレ桜、タラヨウなどは見ることができない。

安政年間から続く**神代里神楽**（村）は一一月三日の秋祭りに神楽殿で奉納されている。舞方六人、囃子方三人で行われ一八座からなる。祭礼には花火が打

八幡大神社

ち上げられていた。明治の頃が最も盛んで「坂本の花火」と呼ばれ、大勢の見物客でにぎわった。昭和に入り火薬統制で断絶になり、現在は花火打ち上げ場跡と木製の筒三本が神社に保管されているだけである。

神社脇の高橋家の墓地内には**二連板石塔婆**（村）がある。一枚の板石に二基の塔婆を刻んだ連碑である。高さ七五チセン、幅は三二チセンあり、明徳四（一三九三）年の年号を刻す。今は他の板碑と共に鉄網で保存されている。

八坂神社　八幡沢を渡り薬師堂を見て先へ進むと左へ坂本橋への道が分かれ、右には柴集落へ上がる旧道がある。以前は今の坂本橋の下流に土橋が架かり、ここが粥新田峠への古い道だった。今の松井酒店は饅頭屋と呼ばれ、道を隔てて松井旅館がありにぎわっていた。橋を渡った先に、「登戸《のぼっと》三軒」などの名が残されている。奥万沢を少しさかのぼり白山神社前に出て、峠口の堂庭へと通じていた。

旧道上り口の馬頭尊は近年、田中文夫氏宅の庭から移された。先祖の田中菊次良が明治一五（一八八二）年に建立した。柴への旧道を登ると**八坂神社**がある。狭い境内にはブランコや滑り台が設置されている。地元では天王様と呼んで、七月二〇日にお祭りをしている。元は上方の田中則夫家の裏山に祀られていたが、地域住民の要望で大正年代に当所へ移した。

すぐに道が分岐する手前に三基の馬頭尊、道を挟んで月待供養塔、立派な庚申塔、新しい御嶽山の石碑がある。石碑は田中武一氏の建てたもの。武一さんの話「わしは三〇年も木曽御岳山の先達をしていて、毎年五月の祭日には秩父の大滝へ出掛けとる。近年火事を起こしてしまい家は全部燃えちまったが、御嶽教の呪文を唱えて気合いを入れながら、火の中を脱出して命だけは助かった。不思議にも着ていた衣類のどこにも

神代里神楽

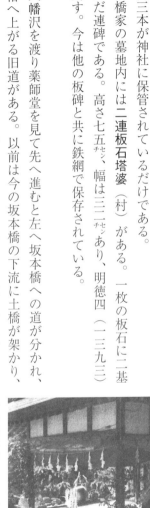

焦げ目がなかったんだよ」。

柴の猪垣　車道に出て上がると柴では一番高所の田中則夫氏宅前になる。当家を囲むように保存状態の良い**柴の猪垣**（県）が残っている。全長二四〇メートル、高さ四〇センチから一八二センチ、大部分は原形を保っている。江戸時代中期ごろ、田中氏の先祖が畑や屋敷を取り囲むように構築した。石材は現地から調達した「ゴンベイ石」と呼ぶ緑泥片岩の平石を積み重ねて使用している。県内では他に例がないほど優れた猪垣で規模も最大級である。

　則夫さんの案内で猪垣に沿ってほぼ一周してみた。一番高い部分は二メートル近くもあるが、一メートル前後の部分が多い。「こんな低くては跳び越えてしまいませんか」。質問をすると「昔の人がこれで大丈夫だと計算して造ったんだからねぇ。今のイノシシはどんどん入ってしまって困ってるんだが、その頃のイノシシは本当の野性だったんで警戒心が強く、少しでも鼻に障害物がぶつかると引き返してしまったらしいよ。今は里の方でもイノシシの被害があるが、当時はこの猪垣より下方には出なかったんだ」。

柴の猪垣

柴の大蛇伝説　柴には「六部屋敷跡」の伝承があり、高貴な六部巡礼が小屋を建てて移り住んでいた。坂本打出にあった供養塔はこの六部が建てたという。その六部屋敷跡の場所を数人の地元民に聞いたが分からない。「美知夫さんなら知っているかも」と言われ、田中美知夫氏宅を訪問した。「わしは若い頃から好きなもんで、先祖からもいろいろ地域のことは聞いてるんだが、話だけで六部屋敷のあった場所は知らないねぇ。その代わりおもしろい大蛇の話があるんで」と言いながら大蛇伝説の話になった。

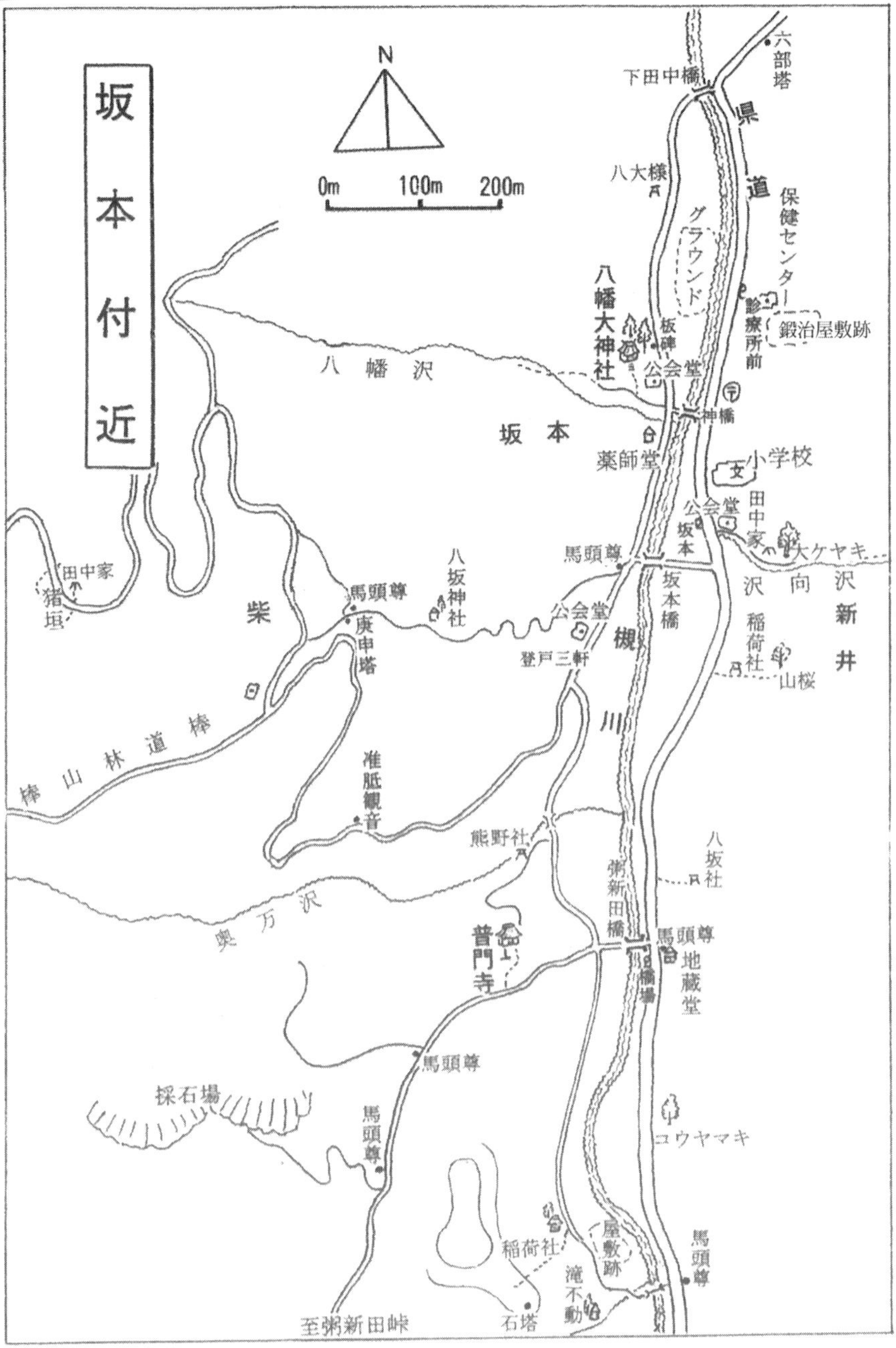
坂本付近
N
0m
100m
200m
六部塔
下田中橋
県道
八大様
保健センター
グラウンド
八幡大神社
板碑
診療所前
鍛冶屋敷跡
八幡沢
公会堂
神橋
坂本
薬師堂
小学校
公会堂
田中家
坂本
大ケヤキ
馬頭尊
八坂神社
沢向沢
新井
坂本橋
田中家
猪垣
柴
馬頭尊
庚申塔
公会堂
槻川
稲荷社
山桜
登戸三軒
棒山林道棒
准胝観音
熊野社
八坂社
奥万沢
粥新田橋
普門寺
馬頭尊
地蔵堂
橋場
馬頭尊
採石場
馬頭尊
コウヤマキ
稲荷社
屋敷跡
馬頭尊
滝不動
石塔
至粥新田峠

「昔、柴から二本木峠へ向かう上方の湿地に大蛇がすんでいた。その辺りは宿の平という名で、小さい田もあってじめじめしてた所だからねぇ。人々が怖がって難渋していたのを知って、坂東札所一〇番岩殿山の武将だか修験者だかが退治してくれた。大蛇が暴れて崩れた所は今も蛇崩、しっぽの部分は尾先と呼んどる。その日は旧暦六月だというのに雪が降った。人々は麦わらの火で武将を暖めてやり、小麦の餅をあげたそうだよ。近年まで柴では尻あぶりといって、夏の初めに麦わらの束を燃やして尻を火に向け身体を温めていた風習があったんだ。こうすると疫病にもかからずにひと夏を過ごせると信じられてたからねぇ」。

美知夫さん宅の戸口には釜山神社のお犬様の御札が貼ってあった。「元は宝登山神社の講だったんだが、荒川の渡し舟の船頭がいなくなってしまった時、川を渡らなくても済む釜山様にしたんですよ」。

沢向の大ケヤキ　車道を下り准胝観音前を過ぎて旧道口に戻る。坂本橋を渡って県道を右折した先に樹齢一一〇年、目通り一・七《メートル》、樹高二〇《メートル》の**ヤマザクラ**（村）がある。場所は稲荷社の脇を通り、竹林の山斜面を少し登った福島家の山林西斜面である。戻って県道からも見える**沢向の大ケヤキ**（村）に行く。根元に若宮八幡を祀り、一本の杉を赤子のように抱いて沢向屋号の田中叔郎氏宅内にそびえる。樹齢八〇〇年、目通り五・七《メートル》、樹高三一《メートル》。アカケヤキに属し、主幹は三本に分かれ東西三〇《メートル》、南北四〇《メートル》に枝を張っている。

昭和五五（一九八〇）年に県では、「県の木ケヤキ」制定一五周年を記念して、ケヤキの大木コンクールを行った。一〇六本の中から審査の結果、一〇本が選ばれた。秩父からは東秩父村の田中家と秩父市桜木町の浅賀家所有のケヤキが入選した。田中家のケヤキは母家脇の山裾にあり大人四人が一抱えするほどの巨木。個人所有では「埼玉一

沢向の大ケヤキ

の大ケヤキ」との折り紙がつけられた。当家の屋号に因み「沢向のケヤキ」と呼ばれ、村人からもあがめられている。
田中さんの話。「長瀞の野村樹木医さんに手当をしてもらったら元気になり、皮がはげ落ちるほど幹が目に見えて太くなった。わしが統計をとってみたら、若葉が一斉に芽吹く年は雨が多く、北側が遅れる年は少ないことがわかった」。

鍛冶屋遺跡　県道に戻った右は西小学校である。現在は児童数が少なく、分校が統合されても平成一九年の一年生は八人である。校庭隅に東秩分校記念碑が立つ。小川高校の定時制東秩分校として昭和二六年から昭和五八年まで三二年間、夜間の普通科が開校されていた。存続させるため、当時は生徒たちも積極的に生徒勧誘に協力した。
坂本保健センター前の畑一帯は**鍛冶屋遺跡**で、チャートの塚周辺からは羽口片が出土する。当村は砂鉄の産地として知られ鍛冶集落があった。今も八幡神社前には一一軒の集落に鍛冶屋の字名が残る。「診療所前」バス停に戻り坂本巡りを終える。

コラム・坊主講の話
一〇年ほど前まで、新井地区一二軒には珍しい坊主講がありました。講の起こりは昔、新井沢口のお堂に坊主が住んでいました。今もそこは堂ノ入の名で残っています。故あって罪を着せられた僧は住民に殺され、新井沢（沢向沢）奥の坊主岩に葬られました。すると地区に疫病や悪いことが起こるようになったので、災いを鎮めるため坊主講が生まれました。
回り宿で八月一六日に神主を招いて行っていました。一二年に一度巡ってくる当番宿でしたが、宿になった家が止めたいと言い出して四年ほど中断したことがありました。ところがその家に不幸が重なったため、再び復活させました。近年は講の存続に疑問を抱く雰囲気を感じた田中叔郎さんが、当番宿になったのを機に止めることにしました。一九九九年の最後の講は大盤振る舞いで締めくくりました。

⑫二本木峠道

打出～二本木峠～打出／歩行距離　八キロ

永泉寺と不動堂　打出のバス停から槻川を渡り左に観音堂を見て山裾に入る。稲荷神社前を過ぎると開けた斜面になり、左上に**永泉寺**がある。鎌倉時代後期の様式を有する**木造如来形立像**（村）は、ヒノキ材の寄木造で像高一六〇センチ、元は両尊寺（廃寺）の釈迦堂に安置されていた。境内の地蔵尊は堀口定吉氏が昭和一五（一九四〇）年に妻の供養に建てた。寺前の畑で農作業中の方に二本木峠への道を聞く。

林道沿いの旧道を拾いながら登る。堀口家の墓地を過ぎて一度林道に出てから再び沢沿いの旧道を行くと、左の岩の上に祀が置かれている。この上方で林道を横断してさらに旧道を登ると、立木にしめ縄が張られたその奥に、「七滝祓戸大神」の額を掲げた**不動堂**がある。大岩からは滝が落下し太い藤が御神木に絡まっている。不動堂をあとに、なおも沢沿いの峠道をしばらく登る。次第に道も緩やかになり、「関東ふれあいの道」のコースにもなっている二本木峠に近付く。

二本木峠　和知葉林道に出ると、すぐ上方が車道の交差する五九〇メートルの**二本木峠**である。粥新田峠と同様に、平野部と秩父盆地とをつなぐ重要な峠であった。峠には大正七（一九一八）年の山神を祀る石宮が置かれ、台座には「寄付者・槻川村坂本大河原村安戸三沢村玉川耕地一同」と刻

不動堂の大藤

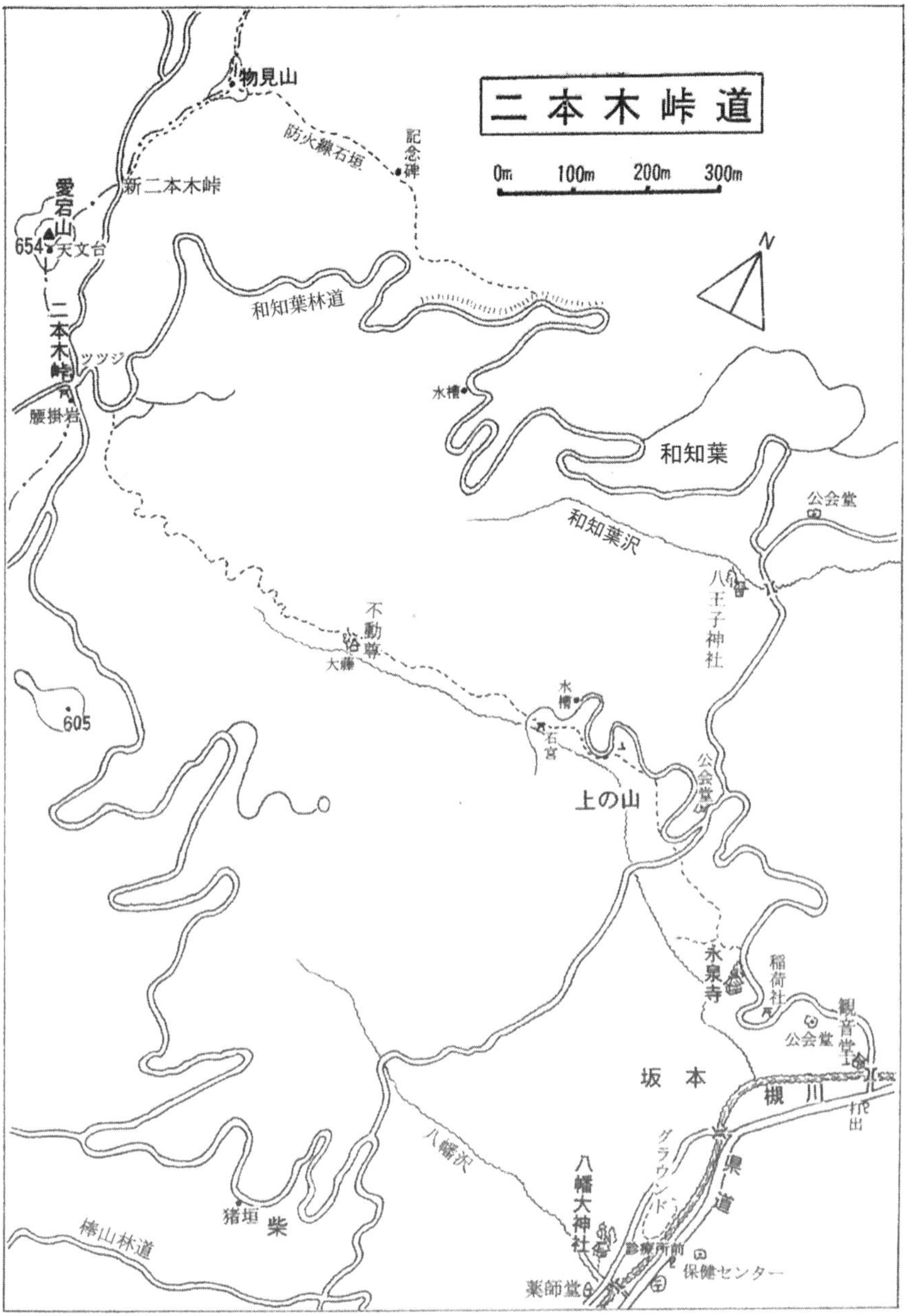
二本木峠道
0m 100m 200m 300m
N
物見山
防火線石垣
記念碑
新二本木峠
愛宕山
654
天文台
二本木峠
ツツジ
腰掛岩
和知葉林道
水槽
和知葉
公会堂
和知葉沢
八王子神社
不動尊
大藤
水槽
石宮
公会堂
上の山
605
永泉寺
稲荷社
観音堂
公会堂
坂本
槻川
打出
八幡沢
グラウンド
県道
八幡大神社
診療所前
保健センター
薬師堂
猪垣
柴
棒山林道

まれている。日本武尊が食事に使った箸を立てたのが二本の大木になったという。石宮近くにある岩は伝説の「腰掛岩」かと思われる。日本武尊かダイダラボッチという大男が腰を下ろして休んだ伝承がある。

峠一帯は手入れのされたツツジがたくさん植えられ、毎年五月五日は満開の花の中で山開きの祭りが行われている。峠から三沢側へ少し下ると展望が開ける。秩父市街地の後方には奥秩父連峰の山々が見渡せる。

愛宕山　二本木峠から車道と離れ**愛宕山**へ直登する。小さな天文台があり、山頂には「愛宕神社」と刻まれた昭和六年の防火線造設記念碑が立つ。愛宕山を下り新二本木峠で林道を横断して、再び物見山への登山道に入る。物見山の山頂からは右へ和知葉へ下る尾根道が細々とつけられている。この道をとり防火線の石垣沿いを行く。この石垣は、高田村長時代に失業対策と森林保護のため構築した。造設記念碑を過ぎて右方へ下ると林道が近付く。林道に降り立ち、和知葉の八王子神社を経て上の山の林道へ戻る。

永泉寺前の畑には、登るとき峠道を聞いた人がまだ畑にいたので、「おかげ様で道を間違えずに峠から一周して来ました」とお礼を述べてから県道の「打出」バス停へ向かった。

二本木峠のツツジ

二本木峠の山神

コラム・ダイダラボッチ

外秩父山地の東秩父には、ダイダラボッチと呼ぶ巨人（一説に日本武尊）伝説にちなむ地名が多く見られます。かぶっていた笠を取って置いた所が「笠山」。定峰峠に腰を下ろし槻川に足を付けて米をとぎ、粥を煮たので「粥新田峠」。粥の湯気が霧のように立ち上った所が「大霧山」。粥を食べ終えて二本の箸を立てた場所が「二本木峠」。空になった釜を伏せた所が「釜伏山」になったと言われています。定峰峠付近にあった大沼や二本木峠付近の窪地は、ダイダラボッチの足跡だとも。

⑬粥新田峠道

橋場～粥新田峠～橋場／歩行距離　八・五キロ

粥新田峠　今昔粥新田峠道は小川と秩父方面を結ぶ物資の重要な運搬路であった。昔の峠道は、西小学校辺りから柴を経て奥万沢に沿って登り、堂庭に出て峠に達した。冬場の奥万沢付近は寒気が厳しく、結氷などで通行困難だった。そのため、南面で暖かく傾斜も緩やかな新道と呼ばれる現在の峠道になった。

明治末期まで農家の多くは馬を飼い、峠越えの小荷駄で賃金を得ていた。秩父夜祭の日は終日、長蛇の列が絶えることなく続いた。沿道の農家は柿、ユズ、ミカンなどを道端で直売し収入を得、松井家や奈良家などは旅籠屋経営で繁盛していた。

昭和初期、秩父鉄道が三峰口駅まで開通。国道の整備も進み、次第に峠越えの利用者は減少していった。昭和三〇年には定峰峠に車道が開かれ、粥新田峠道はその使命を終えた。現在は粥新田峠にも車道が開通している。

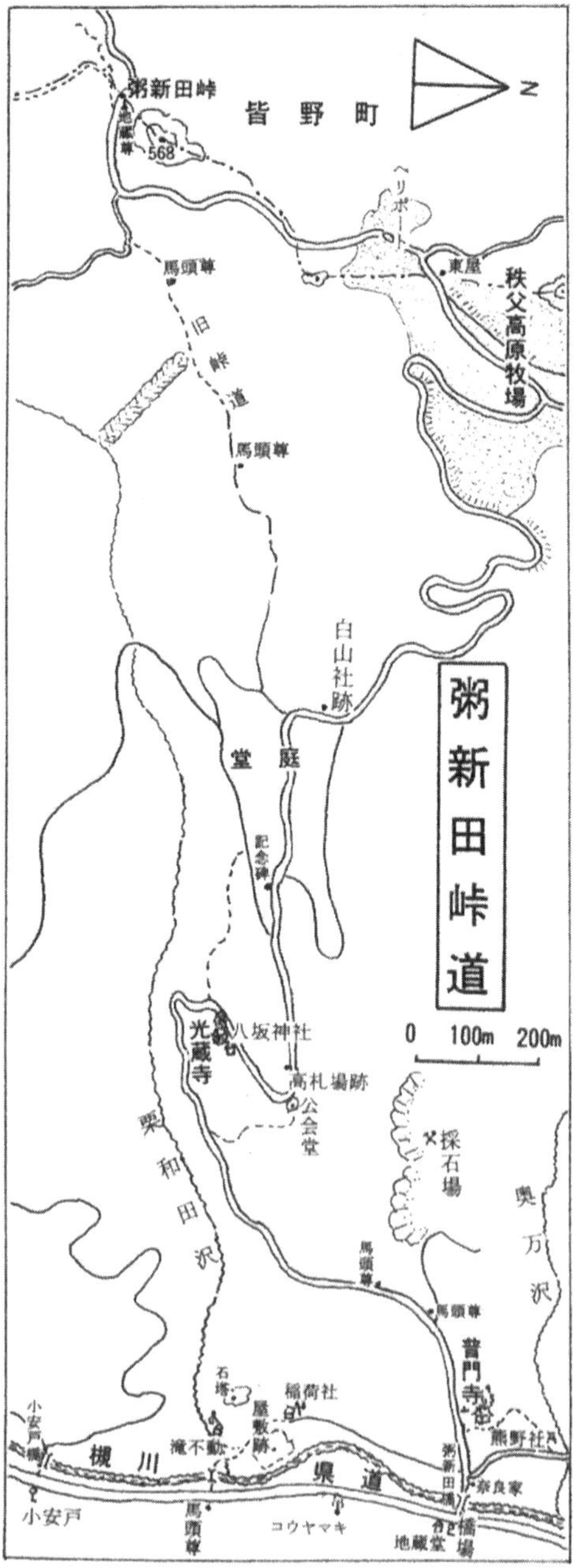

橋場　粥新田橋に入る県道沿いのバス停脇に皆谷地蔵堂がある。今は木造地蔵尊に代わり、新しい石地蔵が祀られている。お堂の近くには文化一三（一八一六）年の馬頭尊や、元禄七（一六九四）年の「右志ゆんれい道・左あまでら道」と刻まれた観世音菩薩供養塔がある。粥新田橋を渡ると右に奈良家がある。橋場の屋号で大正年代まで宿屋をしていた。当主の奈良実市さんの話。

「曾祖父の佐吉の代は栄えていてねぇ。もっとも本人は伊勢参り三回、熊野方面にもよく出かけ、物見遊山なんぞしていたようだったが。秩父鉄道が影森のセメントへ入る頃までは、小荷駄の馬方がよく休んで行ったよ。家の前には馬をつなぐ杭棒があって、うどんの上げ汁にふすまを混ぜて馬に食わした。対岸には同じ橋場屋号の保泉さんが酒や駄菓子などを商っていたんだ。すぐ上の普門寺にはオセキさんという祈祷師の老婆がいて、拝んでもらうと蚕が当たると大評判になり、春や秋には多くの人たちがやって来た。遠方の人は家に泊まったりしてにぎやかだったんだよ」。

光蔵寺　粥新田峠道に入ると右上に都幾山**普門寺**がある。天文年間の創建で本尊は千手観音。明治初年から無住寺で荒れているが、季節にはアジサイが趣きを添える。蛇紋石の砕石場を過ぎて左に「世界一小さい釣り堀」の看板を見ると、右に文化一二（一八一五）年の馬頭尊がある。「右ちちぶみち」と刻む道標を兼ねている。道が右へ大きく曲がると右下に**光蔵寺**がある。創建は応永三三（一四二六）年、本尊は不動明王。境内には虚空蔵堂と八坂神社が祀られている。軒下につるされた文政一一（一八二八）年の**銅鐘**（村）は、地元の鋳物師足立弥兵衛が鋳造。太平洋戦争で供出したが奇跡的に返還され、「文政の鐘」として響かせている。寺宝に大般若経六百巻があり、境内には高さ二・二メートルの大般若経供養塔が立つ。

公会堂を過ぎると水槽の傍らに寛政三（一七九一）年の庚申塔がある。この付近に日向の高札場があったという。

粥新田峠　共有林開設碑を過ぎると広々とした**堂庭**になる。明治末期まで観音堂があり、付近には二本松の巨木や峠越えの人馬の休息所だった立場茶屋があった。古老の話では毎日七、八〇頭もの駄馬が往来していたといい、馬方たちはここで休み飼葉を与える習慣だった。今は一本のイチョウがそびえるのみ。堂庭から粥新田峠への旧道に入り静かな杉林の中を行く。文政五（一八二二）年の馬頭尊を過ぎると峠に通ずる車道に出る。

五八三メートルの**粥新田峠**は粥仁田峠とも書かれ、「かゆにた峠」と呼ぶが、地元で

堂庭付近

は「かいにた」と発音することが多い。古くは甲斐新田、開新田、皆新田とも書かれた。峠には粥新田地蔵尊が祀られている。秩父事件の映画「山襞の叫び」が事件百年目の昭和五七年に完成した。未使用の残されたフィルムは捨てるに忍びず事件と関係の深い峠に埋めた。その上に地蔵尊を建立して全国でも珍しいフィルム供養が行われた。

秩父側への道は東屋の前から縦走路と分かれ、「関東ふれあいの道」にもなっている山道を下る。蛇紋岩の採石場からは車道になり、皆野町三沢の広町で釜伏峠からの秩父往還・熊谷道山通りに出合う。

粥新田峠

白山神社跡　粥新田峠からヘリポートを経て右折して車道を下り、再び堂庭に近づくと**白山神社跡**がある。かつて当地には白山神社が祀られていたが、坂本の八幡大神社に合祀された。元の内宮は光蔵寺境内の八坂神社に移されている。昔土地の人が伊勢神宮に参拝の折、いくら捨てても草鞋《わらじ》に小石が挟まり家まで持ち帰り神社に奉納した。不思議や毎年石は成長して大きな白い石になり、人々は御神体として崇めるようになった。文政年間（一八一八〜三〇）には、当時困窮していた氏子たちが境内の巨杉を伐採して売却したとの記録が残る。

このように由緒のある神社だったが、記憶している地元民もいなくなった。ようやく管理者だった福島家を訪ねあて、キクエさんに神社跡へ案内していただく。「神社は白山権現といって先祖が祀ったものだったが、なにしろ明治の頃に八幡様へ移されたんで、御神体の石は見たことがないねぇ」。神社跡は福島家裏の小平坦地で、今は竹林になっており一切の痕跡を留めていない。マダケの細いタケノコがたくさん顔を出していて、手に持ちきれないほどいただく。堂庭からは往路の車道をたどって普門寺前まで戻る。

コラム・一九と忠敬

十返舎一九の『諸国道中金草鞋』に坂東・秩父・埼玉道中記があります。その第十一編が『秩父順礼』です。道中記では東秩父から粥新田峠を越えて秩父へ入っていますが、一九は実際には秩父巡礼をしたことがなく、札所二五番岩谷堂と二六番岩井堂を取り違えたりしています。次は安戸から粥新田峠までの道中記の一部分です。

「小川より安戸、それより坂本、粥新田峠いたって難所なり。これより山のはじめなり。すべて秩父道中ハ食物いたって不自由の所あれバ、唐辛子味噌、鰹節などハ用意してもつべきなり。

狂歌後世ねがふ心ハ安戸うちすぎて、ほとけをたのむ老の坂本」

『秩父紀行』に「兼ねて聞く、秩父の道、食物不自由也と、よりて其用として梅干、白さとう、梅が香、煮豆の類一つ一つに曲物に入たり」の記述があり、「不自由也と・・・」はこの部分を参考にしたものと思われます。

伊能忠敬は文化一一（一八一四）年、九州方面を測量して中山道から江戸への帰り、秩父大宮の秩父神社に詣で、帰りは曽根坂峠から粥新田峠を越える「川越通り」をたどり、江戸板橋宿へと向かっています。伊能中図にはその時に東秩父を通ったルートが、坂本村、奥沢村、御堂村、安戸村の順に図示されています。

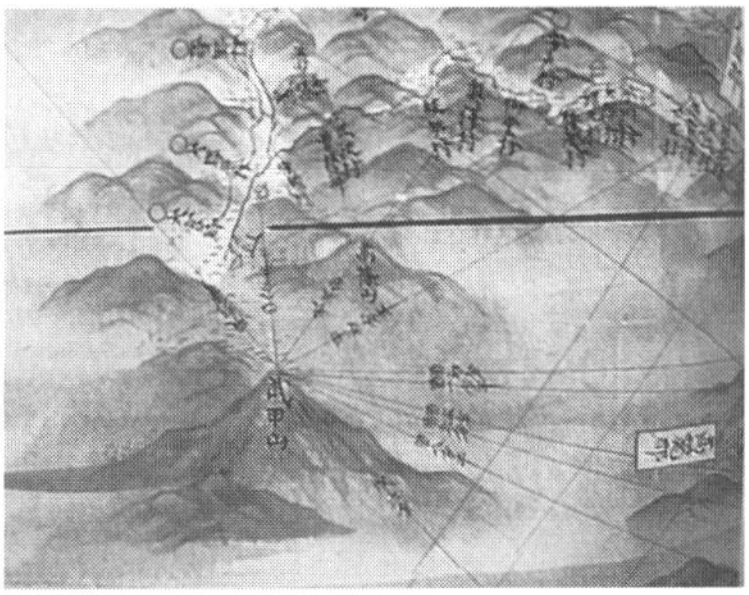

長者屋敷跡　粥新田橋の手前で十字路を右折して行くと、右上に稲荷神社がある。栗和田氏の氏神だったと伝え、現在は栗和田集落で毎年二月一一日に祭典をしている。神社の南一帯は**長者屋敷跡**又は栗和田氏屋敷

跡と伝える。現在は田畑になっているが、後方の山際には寛文年間などの古い墓がある。作業中の農夫に挨拶すると、「畑を借りたんだがそばの墓石の向きがばらばらなんで、何の墓かわかったら調べてくれないかい。気味が悪いんで線香をあげてから耕作したんだ」と言われた。「ここは長者の屋敷跡だったらしいので、心配しなくても豊作間違いなしですよ」と答えておいた。

栗和田沢に面して栗和田氏の守り神だった**滝の不動尊**が祀られている。滝の方は川の改修で消滅してしまっていた。元の不動尊は背後の尾根の先端にあったという。稲荷神社の脇から跡地へ登る山道がある。今は山頂に貞治五(一三六六)年の宝篋印塔の一部が残るのみ。明治末期までは藤のからまるカシの巨木もあった。

小橋で県道に出て左折すると、右の関口家の庭に**コウヤマキ**(村)がある。主に西日本の常緑樹高木で樹齢一二〇年、目通り一・五六メートル、樹高一二メートル。関口家は上田氏の武将で、上田朝直が関口帯刀助に宛てた永禄四(一五六一)年の書状を保管している。当家の先で地蔵堂のある橋場のバス停へ戻る。

六　皆谷

⑭皆谷巡り　小安戸～八幡神社～皆谷　／歩行距離　三・五キロ

光宮寺　小安戸バス停から県道を南に向かい、左へ少し上がると稲荷神社の脇に**サカキ**（県）がそびえる。樹齢三〇〇年、目通り一・二メートル、樹高一六メートル。樹勢盛んで太い藤も目を引く。

県道へ戻り権現鳥居の立つ、嘉応元（一一六九）年創建の**天児安神社**へ。祭神は天児安彦ノ命で、昭和二三（一九四八）年ごろまでは秋祭りに皆谷笠鉾が曳かれていた。現在部品の大部分は社殿内に保管されている。隣接して寛永四（一六二七）年創建の光宮寺があり、神仏習合を今に伝える。本堂は平成九年に改築した。一四世紀後半の**蔵骨器**（村）を所有している。境内には嘉永六（一八五三）年の立派な聖徳太子碑と「抜苦與楽」と彫られた地蔵尊がある。

県道脇に、平成一九年に建てられた馬頭観音を見つけた。近くの婦人に、「最近建てた馬頭様とは大変珍しいですね」と言うと、「近年まで馬を飼っていた石屋さんが、死んだ馬の供養に自分で刻んで建てたんだよ」と教えてくれた。

八大様と若宮八幡　ちょうど訪ねようとしていた偕家久男さんと道で出会う。「うちの先祖は松山城主の家臣で、落城のとき馬を引いてここに落ち延びたと聞いている。元は梅沢姓で総本家なんだが、先祖が地名の皆谷にと申請したら反対者もいたんで漢字を変えて許可してもらった。裏の**八大様**は梅沢一族の守り氏神様で、元は下の田んぼの方に向いてい

サカキ

た。伝説を集めに韮塚一三郎先生も見に来たことがあるよ」と言いながら、八大様からいくつもの木札を取り出した。古いものには「延享二（一七四五）年、八大龍王社塔一宇再興」と書かれてあった。

「孫を迎えに行くまでにまだ時間があるんで、少し付近を案内しようか」。偕家さんから嬉しい言葉をいただく。母屋の一帯はほとんど当家の所有地だったという。県道に面して小さな若宮八幡の石宮があり、その興味深い話を聞く。

「天明三（編注・一七八三）年六月の暑い日、旅の比丘尼がここでのたれ死んだので埋葬して墓を建てた。ところが消防車庫を造るんで邪魔になり墓を端に移動してから、付近では不幸が重なるようになった。そのうちに疎開中の子供たちまでもがいたずらするようになり粗末にしていた。見兼ねたうちの祖父が若宮八幡として祀ったんですよ。暑さで亡くなったんで、せめて供養だけは寒い時期にと、今も一月下旬ごろにお日待をしてるんです」。

八大様

淵ノ上橋は元の朝日根橋で、以前はこの橋を渡り朝日根集落へ上った。橋への分岐の新田辻に往生塚（入定塚）と八坂神社があった。塚はこの地に来て死期を悟った旅の六部が、穴を掘って中へ入り鉦を叩きながら念仏を唱えて往生した。県道建設の際に塚は壊され、塚上の墓碑は旧宝閣寺墓地の薬師堂裏へ移されたが今は不明である。八坂神社は対岸の現在地へ遷座された。

「槻川にはまんじゅう淵があって、子供のよい水遊び場だったんだよ。今はどうなってるか行ってみようか」。淵名となった饅頭に似た大岩は健在だったが、深かった淵はすっかり浅くなり周囲はアシが繁茂していた。

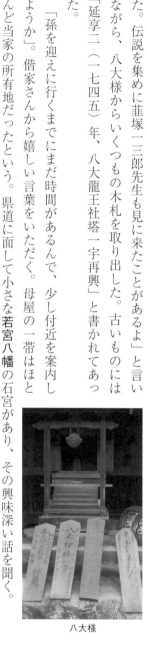

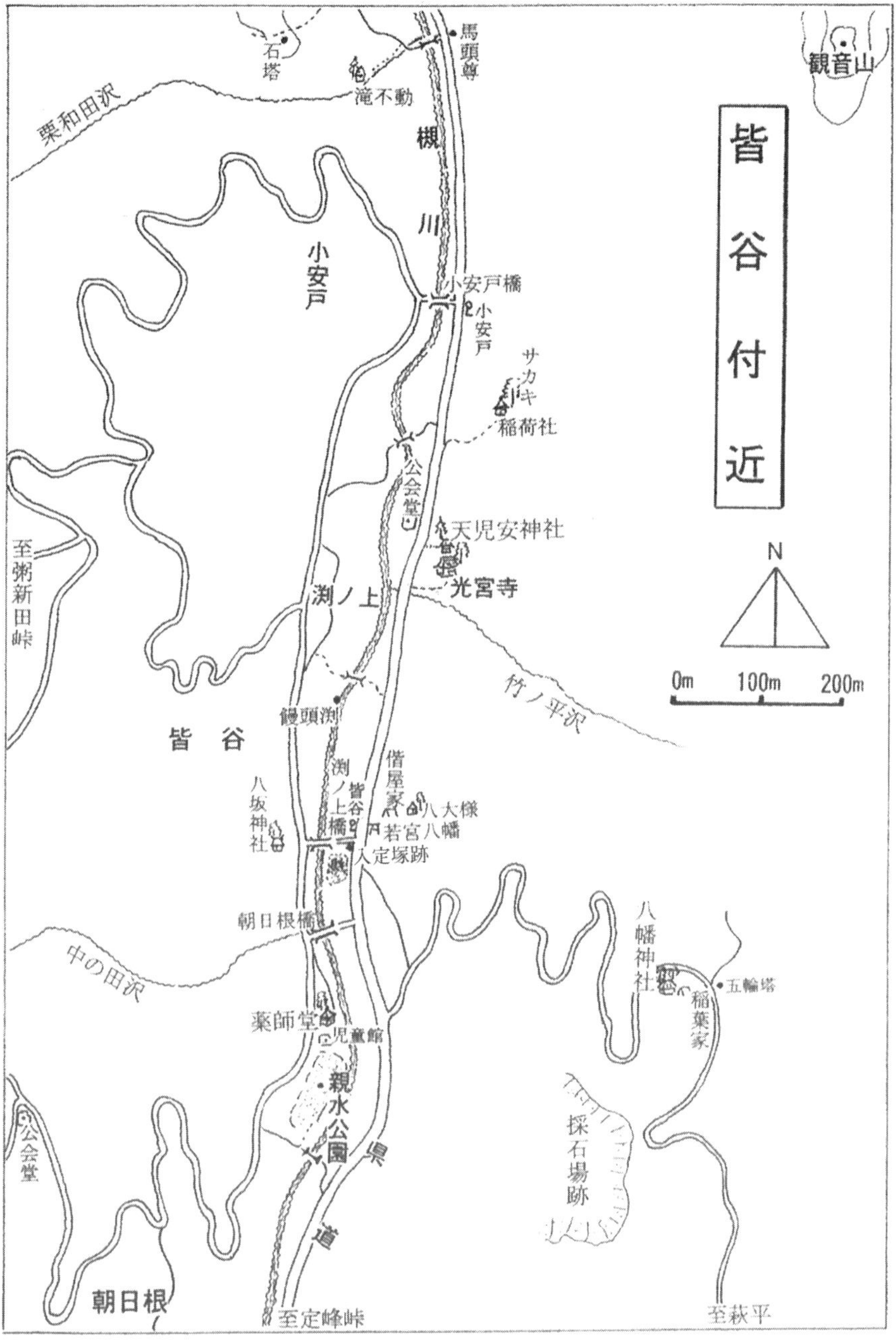
皆谷付近
N
0m
100m
200m
石塔
馬頭尊
観音山
栗和田沢
滝不動
槻川
小安戸
小安戸橋
小安戸
サカキ
稲荷社
公会堂
天児安神社
光宮寺
渕ノ上
至粥新田峠
竹ノ平沢
饅頭渕
皆谷
渕ノ上橋
皆谷
借屋家
八大樑
若宮八幡
八坂神社
入定塚跡
朝日根橋
八幡神社
五輪塔
稲葉家
中の田沢
薬師堂
児童館
親水公園
公会堂
県道
採石場跡
朝日根
至定峰峠
至萩平

八幡神社　偕家氏と別れ県道から左へ林道白萩線を上る。**八幡神社**の宮司をしていた稲葉家に着き、ヒロさんから話を聞く。

「神社の氏子は二五軒程で、今は上の分家の稲葉日出夫さんが宮司になってます。うちの祖先は入間の方から来たとも言うが、もとは修験の明王院だったんで、旧護摩堂が今の八幡神社になってるんです。御神木の黒松は虫にやられたんで近年切ってしまったが、切り株だけは残ってます」。社前で黒松の太い切り株を見た後当家の墓地に行くと、古い五輪塔や板石塔婆があった。

八幡神社南方の偕家氏の持山には皆谷鉱山があった。昭和一一年から昭和三六年まで石灰石を採掘。四・八キロを「ナベッツル」と呼ばれる空中索道で、腰越の根古屋の城山積込場まで運び、小川駅までは引込み線の根古屋線で貨車輸送していた。

八幡神社

薬師堂　八幡神社から県道に戻り左折して、対岸のやまめの里・**親水公園**へ向かう。公園で休息後、仁安元（一一六六）年創建の薬師堂へ。もとは宝桜閣寺もあったが、明治初（一八六八）年に廃寺になった。本尊仏は六二年毎に開帳されていた。お堂前の御手洗井戸の霊水は眼病に霊験あらたかだった。お堂裏から出土した瑠璃の壺は、薬師堂の抹香壺として利用されていた。

土手で草刈り中の西さんに声をかける。

「八幡様の稲葉さんまで登って来たんかい。うちが神社の氏子総代だったんだよ。ここの薬師様は昔、盗み出されたことがあってねぇ。逃げ出す途中だんだん重くなってきたんで、泥棒が捨てて逃げてしまったんで助かったんだ。また盗まれないように、わしが子供の頃はうちで預かってたことがあるんだよ」。

朝日根橋を渡り県道に出ると「皆谷」バス停がある。

⑮大霧山と秩父高原牧場

経塚～大霧山～打出／歩行距離　一二キロ

旧定峰峠　「経塚」バス停で県道と分かれ旧定峰峠道に入り、五分ほど林道を進んでから沢沿いの山道を行く。沢を渡り左下に谷を見つつしばらく進んでから尾根に取り付く。雑木の尾根道が杉林帯になると秩父高原線の林道に出る。

　林道を五分ほどとってから再び旧道に入ると、すぐに六三〇メートルの**旧定峰峠**に着く。小さな切り通しの旧峠には山神様が祀られている。旧峠から七六七メートルの大霧山の山頂に向かう。一〇分ほど急登すると平坦な尾根道になり、わずかの登りで桧平の山頂に着く。ヒノキと雑木で展望は得られないが、ベンチが置かれてあり一息入れるのによい。桧平から次の緩やかなピークを目指す。

大霧山　右に高原牧場の牧草が現れ、牧場の背後に美しい稜線の笠山と堂平山が見えてきた。七二二メートルの頂から一度鞍部に下って急登すると**大霧山**に達した。秩父盆地側に一八〇度の好展望が開けている。眼下には秩父市から長瀞町に至る市街地が広がり、武甲山や両神山をはじめ上州や奥秩父の山々も見渡せる。

　山頂から北方に伸びる登谷山までの尾根は「定峰高原」と呼ばれ、関東ふれあいの道として多くのハイカーに親しまれている。大霧山から急斜面を下り一度平坦道になってから、再び急な下りになる。右手下方には東秩父村の集落が良く見える。緩やかな道になると粥新田峠は近い。

大霧山山頂

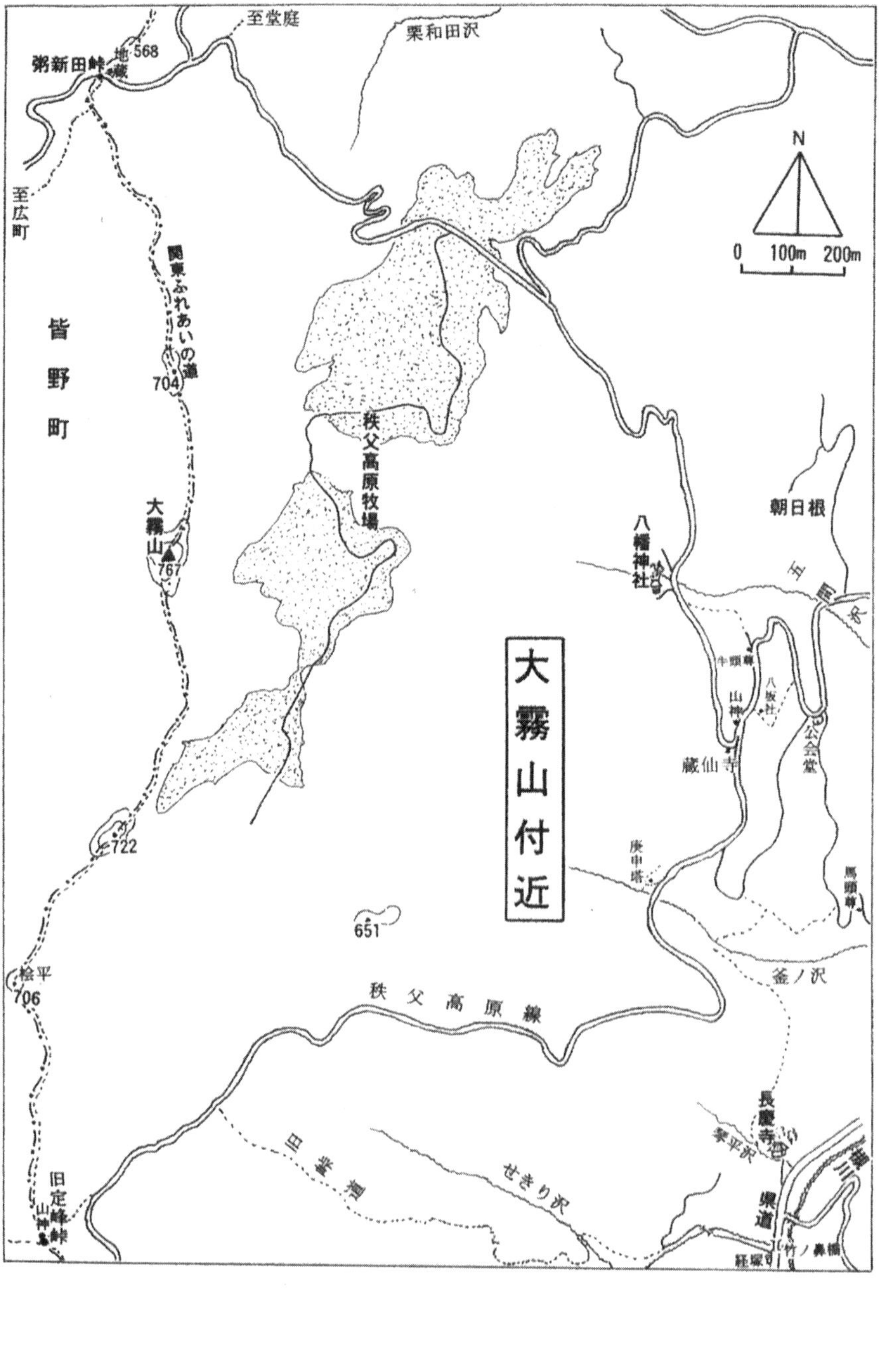
大霧山付近
至堂庭
栗和田沢
粥新田峠
地蔵
568
至広町
関東ふれあいの道
皆野町
704
大霧山
767
秩父高原牧場
722
651
桧平
706
旧定峰峠
山神
八幡神社
朝日根
五
牛頭尊
山神
八坂社
蔵仙寺
公会堂
庚申塔
馬頭尊
釜ノ沢
秩父高原線
長慶寺
旧峠道
せきり沢
県道
竹ノ鼻橋
経塚
N
0
100m
200m

秩父高原牧場　粥新田峠の車道を横断して尾根道を登り、ピークを越えて車道へ降りる。尾根の西側を巻く車道を行くと、広々としたヘリポートになる。この先に東屋の休息所があり展望が良い。六〇四峰の東側を巻いて秩父高原牧場へ。

牧場は昭和四五（一九七〇）年から三年掛かりで埼玉県が開設した山岳牧場である。乳牛飼育や品種改良などを行っている。モーモーハウスには酪農関係の展示室や実習室、研修室がある。牛の他に羊も飼育していて観光にも力を入れている。ふれあい牧場ではヤギの親子とも自由に触れ合うことができ、子供連れの家族たちが子ヤギと楽しく戯れていた。

牧場付近の尾根道には大山祇の石碑があり、「防火線造設・槻川村・昭和六年」の文字が刻まれていた。二本の竹笹にしめ縄が張られ、今も年に一度は幣束をつるしていることがわかる。ここから先はやぶになるので、二本木峠まで車道を行くことになる。峠からは旧峠道をとって「打出」バス停に下る。

ふれあい牧場

⑯朝日根巡り　八重蔵～八幡神社～皆谷／歩行距離　五キロ

巡礼道　「ときがわ町の慈光寺は昔、慈光三山（鐘岳、笠山、堂平）を中心に、七重の方まで勢力が及んでいた。慈光寺周辺には秩父への古い道標も多く、寺から東秩父村へ入り旧定峰峠を越えて秩父札所への裏道があった。その道筋には『順礼』などの地名や屋号の家がある。高篠峠や大野峠も秩父へ入る古くからのルートで、白石峠には自然石の道標が今でもあるはず」。梅沢太久夫さんからこんな話を聞いたあと、朝日根地区を訪問する。

八重蔵バス停の上方に「大日」屋号の飯野家がある。当家前には天保年間の立派な大日尊と明治時代の馬頭尊が立っている。この石碑の脇を萩平からの旧道が通っていた。この道も慈光寺へ通じる旧道の一部と思われる。県道に戻り、槻川橋を渡り右折して朝日根への急坂を上る。坂の途中の吉田家が「順礼」屋号を持つ家だった。吉田好作さんの話。

「家の前の道は**巡礼道**とも呼んで、慈光寺方面から来た順礼者がこの道から旧定峰峠を越えて、札所一番へ出たもんです。うちは順礼宿といってもちゃんとした宿じゃなくて、誰でも困った人を泊めていました。乞食だって泊めたらしいですよ。昔はこんな善根宿だってあったんですねぇ」。

地滑り地形　朝日根は地滑り地帯で、大霧山東麓斜面の下を流れる槻川に平行して象ケ鼻・朝日根断層が走っている。その断層との間に挟まれた地域が**地滑り地形**になっている。明治四三（一九一〇）年には大地滑りが発生して大きな被害をもたらした。再び好作さんの話。

巡礼道と吉田家

「家の裏山の二カ所から性質の違う土砂が押し出して来ました。その時の地滑りで、今もその下には五軒ぐらい埋まってるらしいですよ。ほらよく見て。家の前の畑も半分は粘土質、半分は赤土で色が違うんです。対岸にも地滑りがあって押し出した所は小出と言っています」。地滑りで畑から出た石器は、村の資料館に納めたそうである。

蔵泉寺　巡礼道を登り、朝日根橋から上がってきた林道に出る。左折して八幡神社方面へ向かうと、左に蔵泉寺の荒れたお堂がある。もとは上方の古蔵泉寺という場所にあった。入り口の地蔵尊と並んで「蔵仙法師」と刻まれた、いわくのありそうな小さな墓碑があったので、通りすがりの古老から話を聞く。

「この墓はうちのじいさんが大正三（一九一四）年に建てたもんで。大雪の朝に雪掃きをしてたら、何やら得体の知れぬ物体に当たった。掘り出してみたら、見知らぬ坊さんだった。地元ではじいさんに嫌疑を向ける者もおったんで、供養の碑を建ててやったんだ」。墓碑を良く見ると「旭善造」の文字も刻まれていた。「旭とは珍しい姓ですねぇ」と言うと、「旭と内海のどちらかの姓を選ぶ際に先祖が旭にしたんで、急に判子が必要になった時に売ってなくて困ることがあるんだよ」。

八幡神社への途中、尾石今朝次さんとも立ち話をする。

「元治二年(編注・元治は二年（一八六五）まで)生まれの音次郎じいさんは九三歳まで生きたんだよ。獣医で鍛冶屋もしててねぇ。主に馬の蹄鉄を打ってたんだが、昔はそれだけ馬の往来が多かったんだ」。上がってくる途中で、馬頭尊の脇にあった牛頭尊のことを尋ねると、「あれは比較的新しい碑で、飼ってた牛が死んだんで旭貞夫さんが建てたもんだよ」。

蔵仙法師

八幡神社　わずかの上りで**八幡神社**の鳥居前に着く。神社の獅子舞は**朝日根の獅子舞**（村）として知られている。文政三（一八二〇）年ごろ、当所に悪疫がはやった時、八幡神社に平癒祈願をして獅子舞を奉納したことに始まるという。嵐山の鎌形から伝授されたので「鎌形流ササラ」と名乗るが、三頭の獅子が荒い舞い方をするので「朝日根のあばれ獅子」ともいう。一一月三日の祭礼に一二庭も舞われる。かつては朝日根笠鉾も山坂を曳かれていた。昭和三五（一九六〇）年ごろ電線の架設で中止され、三層花笠の飾置だけになっていたが一〇年ぐらい前（編注・平成一〇年ごろ）からそれも取り止めになった。社殿には天井絵が描かれ、境内の末社には大雷神社や稲荷神社、数枚の板碑が納めてある。雷神様の御神体は白っぽい一〇センチ余りの小さな石で、雨乞いにご利益がある。日照りが続くと境内の大きな杉の木に登り龍王を呼び寄せて祈願した。

獅子舞談義　帰りは八幡神社から旧道をとり、自宅前の畑にいた旭恭治さんに話しかける。八幡神社の板碑は恭治さんが周辺から掘り出して集めて奉納したものだった。「板碑ならまだうちの庭にあるから見るかい」と言って案内され、そのまま当家に寄り込んでしまった。雨乞い祈願はもう村全体ではしないものの、恭治さんは今でも日照りが続くと雷神様に水をあげているという。「蔵泉寺に住んでた親戚の老人が雷神様を五間沢に沈めて祈願しての帰り、おれんちに寄って休んでると、黒雲が湧き出してたちまち雨が降ったことがあったんだよ。」

獅子舞の話になると、たくさんの写真を出してきて熱の入った説明を始めた。今も横笛を吹いている現役だった。

「小学校からだから、もう七〇年近くも獅子舞に関わってるんだよ。うちの庭でも舞うことになっていて、獅子がくわえる真剣の一本はうちで保管してる。今は後継者を育てようとしてるんだが、今の若い衆は根気がな

横笛を吹く旭さん

くて厳しく教えると止めてしまうんでねぇ。割り箸咥えさせて練習するのもいやがるほどだから、獅子舞の質も落ちてくらぁね。」

獅子舞の写真を数枚いただいて旭家を辞した。巡礼道との分岐まで戻り、朝日根橋方面へ下るとすぐに馬頭観音堂があった。以前は、一月の縁日に馬を連れた祈願者たちで大変なにぎわいだった。公会堂を過ぎるとまもなく親水公園が近付き、バス停のある朝日根橋の県道に出る。

コラム・獅子舞と神楽見物

毎年一一月三日は、二つの獅子舞と笠鉾、神楽が一度に見物できる日です。平成一九年の当日に出掛けました。二〇年程前、秩父高校社会部の作美陽一君と見学して以来です。萩平集落に入り、祭り半纏の人に獅子舞は何時頃か尋ねると、一一時過ぎとの返答でした。前方に笠鉾が見えてきました。これから子供を交えた二〇名ほどで八幡山神社へ向かうところでした。以前は「笠鉾道」というもっと急な砂利道を曳き上げていました。

笠鉾と一緒に坂を上がって八幡山神社境内へ。神社口の梅沢家には、床の間前に獅子舞一式が置かれていました。獅子舞の準備は代々当家でしています。居合わせた栃原嗣雄氏と一緒に、神社下の広場で舞われる獅子舞を見ました。祭り行事研究者の栃原氏は、合間にも氏子から聞き取り調査などをしていました。

萩平獅子舞見学後、栃原氏と朝日根の八幡神社へ急ぎました。ちょうど午後の獅子舞が始まるところでした。一二段の全てを演ずるとのこと。白刃をくわえた獅子舞が終わったところで一旦休息。見学者にも甘酒やケンチョン汁が振る舞われました。栃原氏は最後まで見学するとのことなので、ひとりで八幡神社をあとに、

朝日根の獅子舞行列

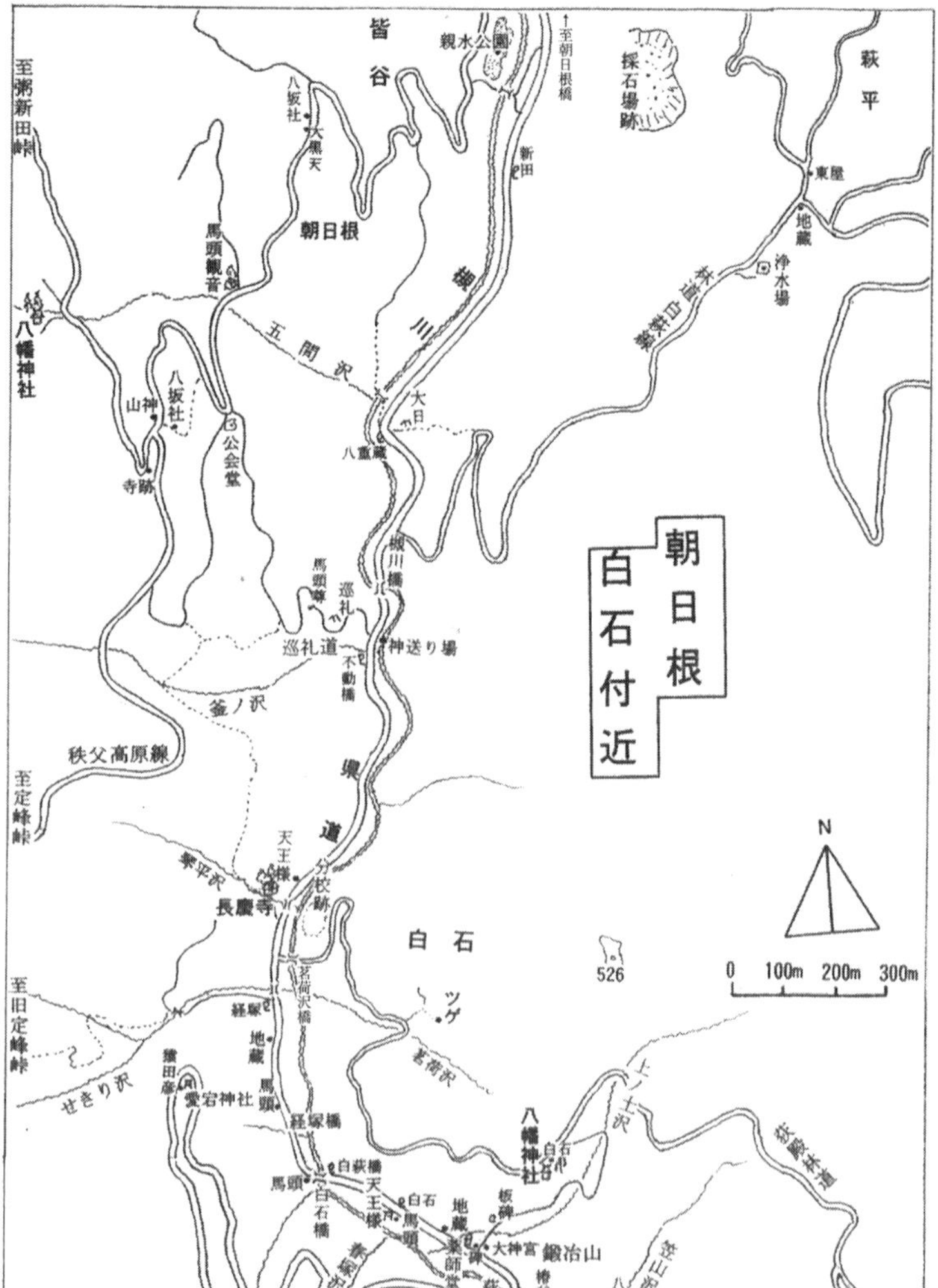

今度は坂本の八幡大神社へ向かいました。神社では滑稽な神楽が演じられており、終わると紅白の切り餅が見物人に向かってまかれました。すばしこい子供たちには敵わず、四個拾うのがやっとでした。最後に白面を付けた貴人が、神楽殿から本殿方向に弓を引いて矢を放ち、神楽は終了しました。

七　白石

⑰白石巡り　不動橋～八坂神社～経塚／歩行距離　四キロ

長慶寺　不動橋下の槻川は皆谷と白石の境で、白石神送りの御輿《みこし》と草鞋《わらじ》をここに置く。ここから上流が白石である。県道を行くと渡辺家の畑の隅に、「八阪神社」と刻まれた碑の立つ下区天王様が祀られている。畑作業中の源蔵さんに話を聞く。

「元は川向こう高台の渡辺家の氏神様だったらしいよ。五月の神送りにはここの天王様の前でお祓いをしてもらい、身体をなでた豆の包みを、御輿と一緒に村境の河原まで持ってって、悪いものを全部流してもらうんだよ。」

対岸に廃校の白石分校が見えてくると、右上には寺のいわれを掲げた長慶寺がある。天正九（一五八一）年、日照りの年に秋田出身の長慶寿年和尚に雨乞いを頼む。雨を降らしてもらったお礼に村人が寺を建ててやった。こんな話もある。昔、寺の和尚が朝日根の某家から葬式を頼まれ、夕方迎えに来た駕籠に乗って出かけた。葬式を済ませ、再び駕籠で帰ってみると法衣は泥だらけ。お布施と思ったのは柿の葉で、和尚はキツネに騙されたことを知った。

経塚　県道に戻り竹の鼻橋を渡ると経塚バス停、続いて経塚橋になる。「京塚」とも書き現在は一帯の字名になっているが、かつてはこの上方に塚があった。上方の見晴らし亭の渡辺家への旧道は廃道になっている。当家は屋号を「経塚」

長慶寺

と言い、堂平にあった観音堂を栃谷へ移すとき、この付近に経文類を埋めたという。この塚から出土した経典八万部のうち、半分の四万部を高篠の寺に納めたのが一番札所の四万部寺の起こりとも。猿田彦の石碑脇から登った渡辺家裏手の森に、中区六軒の愛宕神社が祀られている。

板石塔婆群　白石橋を渡ると左に中区天王様の八坂神社がある。脇に大日尊と天保年間（一八三〇〜四四）の馬頭観世音の文字塔が立つ。夏内沢の手前には地蔵尊と、元禄五（一六九二）年の古い如意輪観音が祀られている。続いて薬師堂があり、左へ八幡神社への道が分かれる。分岐には慶応二（一八六六）年生まれの豊田岩次郎翁の記念碑が立つ。ここには豊田煙火製造所があり道を隔てて火薬庫と八百萬大神宮がある。岩次郎は若くして技術を習得し煙火師の免許を得る。煙火製造と技術の向上に専念し、業界先駆者の一人になった。以来子孫に継承されて「白石の花火」といわれた。

この付近にあるという下野土の板石塔婆群（村）を探したが見つからない。四、五軒の民家にあたってみたが、どの家も留守だった。少し引き返して訪ねた家から出てきたのは、半年前に定峰峠道の整備をしていた浅見光雄さんだった。

「今は山道の手入れをやる人がいなくなってねぇ。そのうち笠山の登山道の方もしなくちゃあねぇ」と言いながら、塔婆群の場所を教えてくれた。渡辺家の裏山から発掘された完形九基、破片七基分で暦応四（一三四一）年の年号が最古。慈光寺の寺侍が落ちてきた所と伝えられている。

板石塔婆群

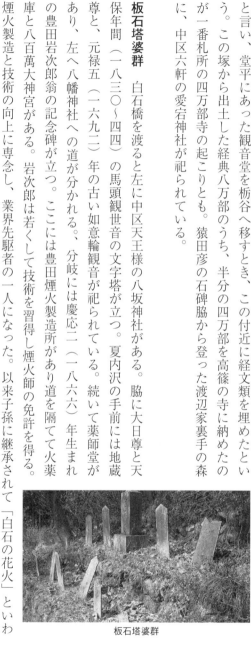

白石の七石　荻殿橋を渡らず白石車庫前を過ぎると、右に大きな構えの白石家がある。振武軍の頭取だった渋沢成一郎は飯能戦争で負傷して敗走の途中、当家に匿われて傷を癒した。白石地名や当家の姓になっている「白石」という大岩がどこにあるのか当家なら分かると思い、同行の田中長光さんと二人で訪問する。応対に出た白石礼子さんからすぐに、白石は慈光七石にちなむ白石の七石を代表する大岩の一つとの話が出た。八幡神社の裏に今もあるとのことだった。礼子さんの話。

「七石のうち二つがうちの山にあったからとても気に掛けていたのよ。独学で和歌を作っているので、七石を和歌に詠み込みたいこともあってね。古い人に聞きながら調べ回り、やっと全部の所在を確かめることが出来ました。そのうちの定峰峠の途中にある光岩は、陽が当たると家からも良く見えていたの」。

七石とは獅子岩、烏帽子岩、恵比寿岩、光岩、蒟蒻石、鞍掛石、白石であるという。

白石の神送り　白石家先の八坂神社は上区天王様で、笠山の登山口と共に神送りの出発場所になっている。古峯神社の御札がいくつも貼られている。話を聞くため神社近くの鈴木理生さん宅に伺う。当家の神棚には、笠山神社の猫の御札がダルマの脇に貼られていた。養蚕農家はなくなったが、白石ではまだ多くの家で御札を神棚に供えている。

「御札の写真を撮らせて下さい」と言うと、さっそく奥さんが踏台に上り御札を剥がそうとした。「神棚に供えてあるそのままの御札を撮りたいのですが」と言って、慌てて制止した。

白石の神送りは五月の中ごろ、第二日曜日に行われている。手造りの神輿に疫病神をはじめ台風や雷など荒ぶる神を封じ込めて、村から追放する行事である。昔、疫病が発生して多くの住民が侵された。そこへやっ

神輿と大ワラジ

て来たひとりの行者に、疫病退散の祈祷をお願いすることになった。煎った大豆を紙に包んで病人の体をさすり、それを青竹に結び道路の三本辻に立てた。さらに「悪病神を送るよ・貧乏神を送るぞ」などと書いた紙幟を立てて祈祷すると、病人は数日後に皆全快したのが起源という。

午後八坂神社で祭典後、神送りの行列は皆谷境へ向かい、槻川の川原の大岩に神輿を安置して終わる。

八幡神社　八坂神社から戻り「白石七石」の一つ、地名由来の石灰岩の白石があるという八幡神社を目指す。県道から分かれた狭い林道を上がると、荻殿林道と接する所に八幡神社があった。渡辺家の屋敷内を通り、鬱蒼とした森に囲まれた本殿に行く。探し求めていた白石の巨岩はすぐにわかった。

八幡神社は永禄一二（一五六九）年、渡辺家の氏神として創建された。明治末期まで一〇月一五日の秋祭りには白石笠鉾が曳かれていた。笠鉾の創建は江戸末期ごろと推定。古老に尋ねてみても記憶している人はいなかった。以前は秋の祭日にオコブという菓子が配られ、神楽も行われていた。白石を見た後、渡辺家の縁側に腰を掛けて茶菓子などをいただく。神棚をのぞくと笠山のお猫様の御札が、何枚も古い順に重ねて貼ってあった。田中長光さんと古い御札を一枚ずつ分けていただいた。毎年、祭りの日に当番が配布していて、版木は小川町青山の歯医者さん宅にあるという。

渡辺家から上ノ土沢を隔てて見える尾根先端部を「鍛冶山」と呼ぶそうだ。椿釜屋号の白石家真後ろに突き出した尾根の先端部で、山麓に金山様を祀り鍛冶の地名がある。

ツゲ　八幡神社から荻殿林道を茗荷沢橋に向かって下る。林道は「アジサイのみち」とも呼ばれ、地元の人たちが沿道にアジサイを植えている。

ツゲ

途中で右の渡辺家に登り、当家所有のツゲ（村）を見に行く。分かりにくいからと、仕事の手を中断した婦人に途中まで案内していただく。

樹齢約四〇〇年、樹高五メートル、枝張り四メートル、枝を四方に広げて繁茂している。目通りは五〇センチとはいえ、ホンツゲとしては県内最大で、早くも昭和二六年に県の指定を受けた。林道に戻り茗荷沢橋で槻川を渡り、県道に出て経塚バス停で白石巡りを終える。

コラム・神送り見物

平成一九年の五月一三日、白石の下区天王様で待っていると神主さんを先頭に、主に大人たち二〇名ほどの行列がやって来ました。行列の後について行くと、午後三時頃に皆谷境の不動橋で行列は止まりました。

担いで来た神輿は槻川の河原まで降ろして大岩に置き、中央に穴の開いた六〇センチ余りの大ワラジを、川を跨いだ綱につるして行事を終えました。

「子どもたちが中心の行事だと聞いて見に来たのですが」と行事の人に尋ねると、「以前は子供が多くいたんで、大人は当番だけ参加してたんだが、近年はする子がいなくなってねぇ。さびしくなっちまったよ。昔は皆谷、坂本、大内沢にも同じ行事があって、それぞれ村境へと送って行ってね、最後は小川の方まで行ったらしいよ。それが今じゃあ白石だけになっちまって、俺たちがやらなくちゃ廃れてしまうからねぇ」との言葉が返ってきました。

⑱定峰峠と白石峠

経塚〜白石峠〜白石車庫／歩行距離　九・五キロ

新旧定峰峠　旧定峰峠へは経塚バス停から旧峠道を登るのが最も近い。旧峠には青石片岩に囲まれた山神の石宮が置かれている。以前は秩父側に展望もあったが今は杉林で暗い。ダイダラボッチ伝説の説明板を見てから新定峰峠への尾根道を行く。左下に林道が接近してくる。小鞍部から七〇一メートルのピークに取り付く。雑木帯で気分が良い。登り着いた山頂からの展望はなく、早々に杉林帯の中を下り、県道が開削されている新定峰峠に向かう。

比企方面に展望の開けた、六一〇メートルの新定峰峠には営業茶屋がある。昭和三〇（一九五五）年に開通した県道が、秩父へ入る重要な峠になっている。また、吾野方面に続く奥武蔵グリーンラインの起点でもある。峠を挟んで沿道には約二千本の桜が植えられ「定峰峠の桜」としてシーズンにはにぎわう。

新峠から展望の良い尾根道を登る。間近に笠山と堂平山、後方には小川町方面の関東平野が広がっている。「日本信号の森」という森林づくり活動の標識が立つ。付近の東秩父側には窪地があり、地元では「ぬま」と呼び大蛇伝説がある大沼跡という。昔、白石の上方に大蛇の住む大沼があった。銃で撃ち殺した男の子孫には、生まれてくる子供の背中に鱗のようなあざがあったという。人々は大蛇のたたりではないかと怖れた。

白石峠　笹で覆われた八二七メートルの緩い山頂を過ぎて、川木沢ノ頭へ取り付く。途中で白石峠への巻き道が分かれる。直登してマイクロウエーブの立つ広い山頂へ。下りは巻き道を合わせ、最後は二〇〇段近い丸太の階段で車道の白石峠

旧定峰峠

に降りる。旧定峰峠から白石峠間は「関東ふれあいの道」として整備されている。七〇〇メートルの白石峠には東屋の休息所がある。以前は「右あまでら・左大の白石村」と刻む、長方形をした自然石の道標があったというが今は見当たらない。峠には平成一三年に「槻川源流の碑」が建てられた。『新編武蔵風土記稿』に言う。「水元に古へ槻の大木ありし故この名あり、世に聞えたる槻川の水元これなり」。

槻の木（村）はニレ科の落葉広葉樹でケヤキの一変種である。剣ケ峰から流れ出る槻川源流部に自生している。樹齢一八〇年、樹高二四メートル、目通り二メートルを筆頭に約一〇本ほどの巨木がある。もう少し上流にあった巨木は長慶寺再建の用材として切られた。

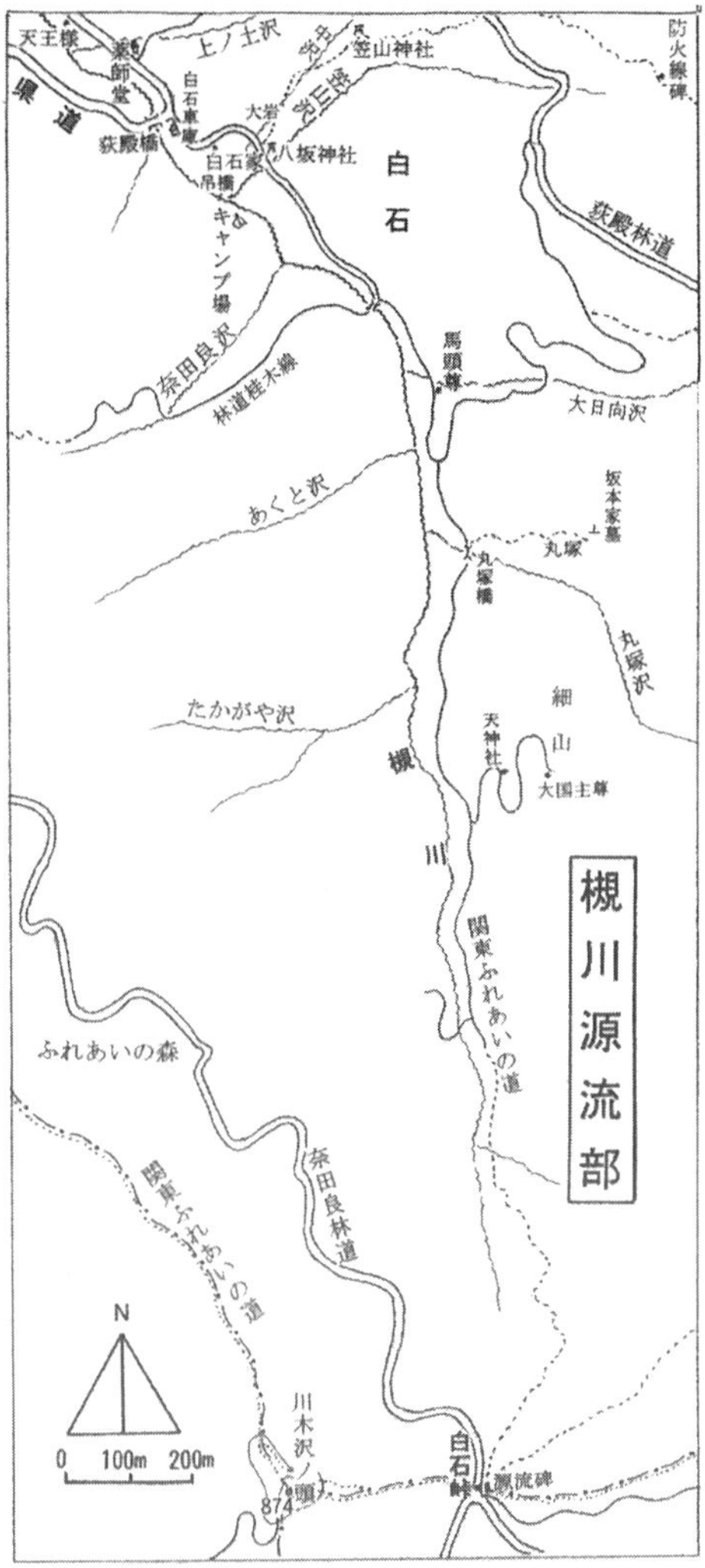

槻川源流の碑

槻川源流部　白石峠から関東ふれあいの道を下る。まもなく涸れ谷のそばに二本の大木はそびえるものの、天然記念物指定の槻の木を探したが見あたらない。「案内者がいないと場所はわからないだろうね」。教育委員会の方に言われていたので諦める。

槻川の源流部に近付き、幾つかの砂防ダムを見つつ流れに沿って下る。道が広くなると程なく舗装の林道になる。右に分岐する道を上がれば細山の耕地で、以前は積善寺という寺もあった。丸塚橋を渡ると右に坂本家へ登る道が分かれる。付近に丸い小塚があったので当家を「丸塚」と呼んでいた。現在は廃屋で当家の墓石が残るのみ。

本道に戻るとすぐに笠山林道に接続する。大日向沢手前の路傍には、安政三（一八五六）年の馬頭尊が祀られている。林道桂木線を分けると対岸に、小さいつり橋の架かる白石キャンプ村がある。笠山沢に出合い、古峯神社の御札の貼られた八坂神社を過ぎて白石バス停へ。

⑲笠山から堂平山

白石車庫〜笠山・堂平山〜白石車庫　／歩行距離　一一キロ

笠山登山道　笠山へは皆谷バス停から車道で萩平へ上り、登山道をたどるのが一般的である。途中には幾つもの山道や林道が交差しているが、ハイキングコースは道標設置の整備された道なので安心して登れる。後半は快適な尾根歩きが待っている。案内書などにはよく紹介されているので、ここでは白石から登るコースをたどってみる。

白石車庫から少し登ると、神送りの説明板の立つ八坂神社がある。ここが笠山への登山口で、嘉永六（一八五三）年の笠山入口碑には五十二丁と刻まれている。登山道に入ると中沢の左岸に稲荷社を祀る大岩、続いて笠山神社の下社になる。笠山まで登れない人がここで参拝して済ませた。林道を横断して右手方向へと登る。
　昭和七年の防火線造設碑を過ぎてまもなく砂利道の林道へ出る。再び横断して登ると、笠山へ直登する稜線の登山道に合う。急登して二峰に分かれている笠山西峰に達する。ここが八三七メートルの笠山山頂である。笠山は昔、ダイダラボッチという大男が笠を脱いで置いたので「笠山」になったとか。別名「乳首山」、「笠塚」とも呼ばれている。

笠山神社　東峰に鎮座する笠山神社は「笠塚大権現」ともいい白石、栗山両集落の持ち分だったので境界争いが起こったという。文治元（一一八五）年、源頼朝が奥州追討祈願で社殿を改修した。昔の笠山権現の御札には「羽黒山権現」とも刷られ、修験者の修業場だった。天保年間に焼失するまでは白石側に位置していたが、その後は比企、秩父に跨がる社になった。笠山様は獅子を嫌うので白石では獅子舞はしない。獅子のおもちゃも子供に与えなかった。笠山は雨乞場でもあった。昭和四八年は九月以降雨がなく、中央気象庁観測以来の大干ばつ。村民は笠山神社で雨乞祈願をし、翌年の一月二〇日に慈雨を得た。境内の「大願成就」の碑はそのときの感謝の記念碑である。

笠山（左）と堂平山

お猫様　笠山神社の裏には猫を祀る二つの石宮があり、「お猫様」と呼ばれている。春秋の祭日には猫の姿の御札を配る。お猫石は一つ借りて神棚へ、お礼に二つ返した。秋祭りには神社裏の土を持ち帰る風習もあった。自分の畑にまくとモグラが出ないと言われていた。次の年には畑の土を倍にして返した。

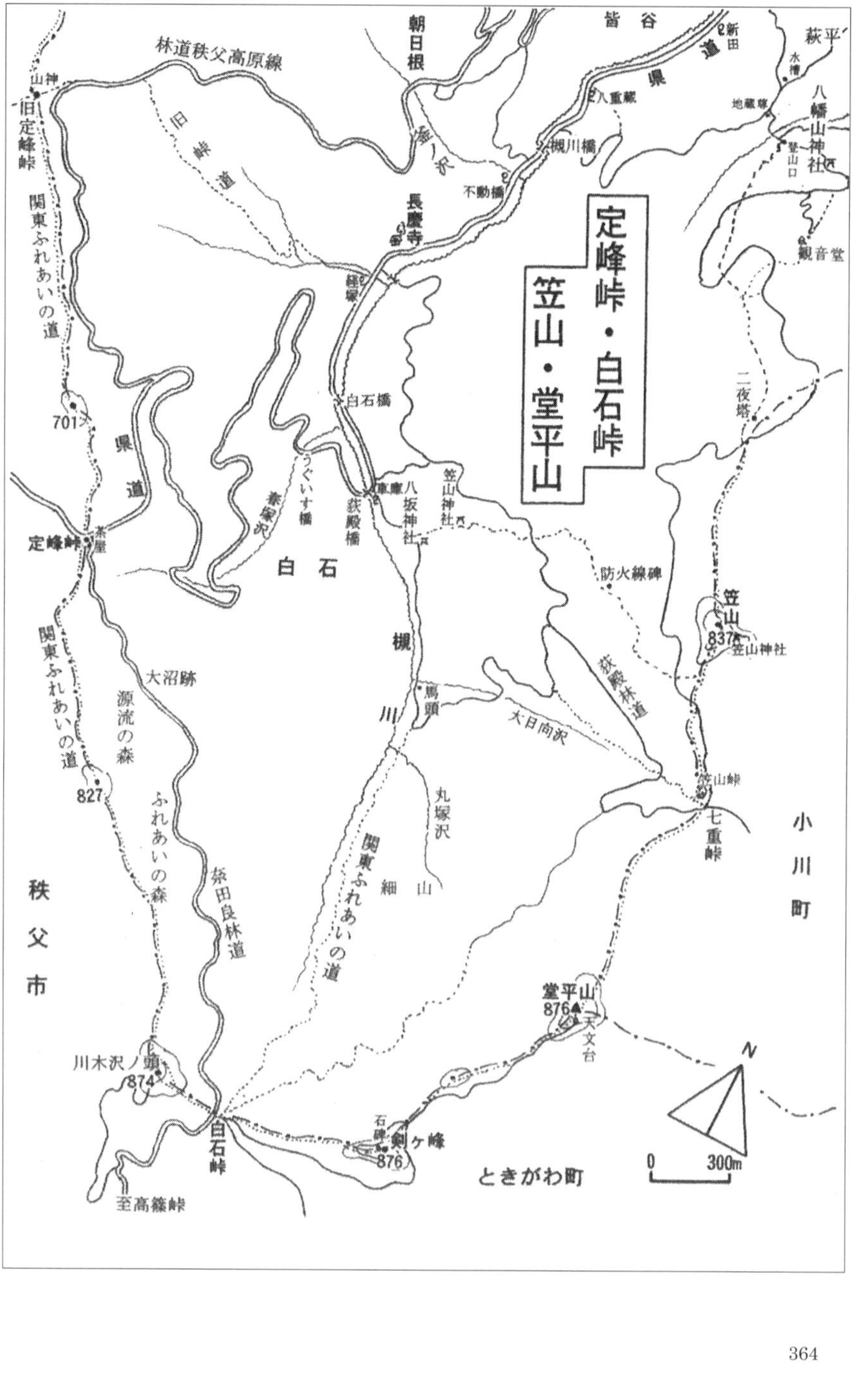
定峰峠・白石峠
笠山・堂平山
林道秩父高原線
皆谷
朝日根
県道
新田
萩平
水槽
八重蔵
地蔵塚
八幡山神社
登山口
槻川橋
不動橋
長慶寺
観音堂
山神
旧定峰峠
関東ふれあいの道
旧峠道
二夜塔
白石橋
うぐいす橋
萩殿橋
八坂神社
笠山神社
防火線碑
定峰峠
茶屋
白石
701
県道
笠山
837
笠山神社
槻川
大沼跡
源流の森
馬頭
大日向沢
萩殿林道
笠山峠
七重峠
827
丸塚沢
細山
小川町
ふれあいの森
奈田良林道
秩父市
堂平山
876
天文台
川木沢ノ頭
874
白石峠
石碑
剣ヶ峰
876
ときがわ町
0
300m
N
至高篠峠

今も二つの石宮には小さなお猫石が積まれている。昔はもっとたくさんあったが風習が廃れ、ほとんど谷へ落としてしまったらしい。一つの石宮の台座には次の文字が刻まれていた。「前建立明治二四年祖父杉山松五郎有志寄付一百名・其後偶然出火ノ為灰尽トナリタルヲ以石材ニテ再建四十四年十一月大字越腰杉山利三郎」。

堂平山　笠山から急なガレ場を下り林道を横断して、再び林道に接近した鞍部が笠山峠である。古い峠道はほぼ消滅している。右から六九五メートルのピークを回り込むと、萩殿林道が乗り越している七重峠である。峠の周囲は高原状で小川方面の展望が良い。七重峠から暗い杉林を過ぎて、明るい雑木帯を緩く登ると、山頂北斜面に広がる芝生のパラグライダーが体験できる「堂平スカイパーク」に出て視界が開ける。八七五・八メートルの一等三角点を持つ堂平山は慈光山、笠山と並んで「慈光三山」と呼ばれる。一番高いので慈光寺の奥の院を祀ったという。山頂には東京大学の天文台観測所がある。申し出れば内部の見学、予約すれば宿泊もできる。親子連れの登山者と一緒に観測所へ入って見学した。

次の剣ケ峰には無線中継所が設置されている。昔この峰の南面の「勝負平」で平将門と藤原秀郷が勝負をした。勝った秀郷は記念に剣を峰に立てて神に感謝の祈りをした。以前は山頂に剣ノ峰大明神の石碑があったという。現在は無線中継所の脇に「剱峯大神・摩利支天大山祇命」と刻まれた大正六（一九一七）年の石碑が立っている。すぐに白石峠に降り立つ。

お猫様

白石峠から槻川沿いに白石へ下るのが「関東ふれあいの道」になっている一般コースだが、尾根の西側を巻いて行くほぼ平坦な脇道に入る。少しやぶの部分はあるが感じの良い隠れた道である。程なく荻殿林道に出て少し行き、大日向沢の源頭部から登山道を下って再び林道に出る。槻川の本流が近づくと白石峠への道と合い、八坂神社の笠山登山口に着き一周を終える。

コラム・お猫様の御札

小川町図書館で、笠山神社の猫の御札の写真を見たことがありました。五月三日の祭日に山頂の神社で配布していることが分かりましたが、手に入れたいと思いつつ数年が過ぎました。午前中は雨の予報でしたが、平成二〇年の祭日に出かけました。

小雨の中を白石側から登り始め、二〇㌢もあるヤマビルに驚きながらも、一時ごろに笠山の西峰に着きました。休んでいると、神社の方から数名の氏子たちが荷物を持ってやって来ました。雨で参拝者も少ないので、神社を閉めて山を下りるところでした。猫の御札の有無を尋ねると、「購入者はあなたが今日の第一号だ」と喜んで、背負ってきた木箱から縦三五㌢、横二五㌢の大きな御札を取り出してくれました。

御札の猫の体には、模様の一部としていくつも繭が描かれていました。この御札を神棚に貼っておくと、蚕を食い荒らすネズミ除けになり、蚕が当たると信じられていました。

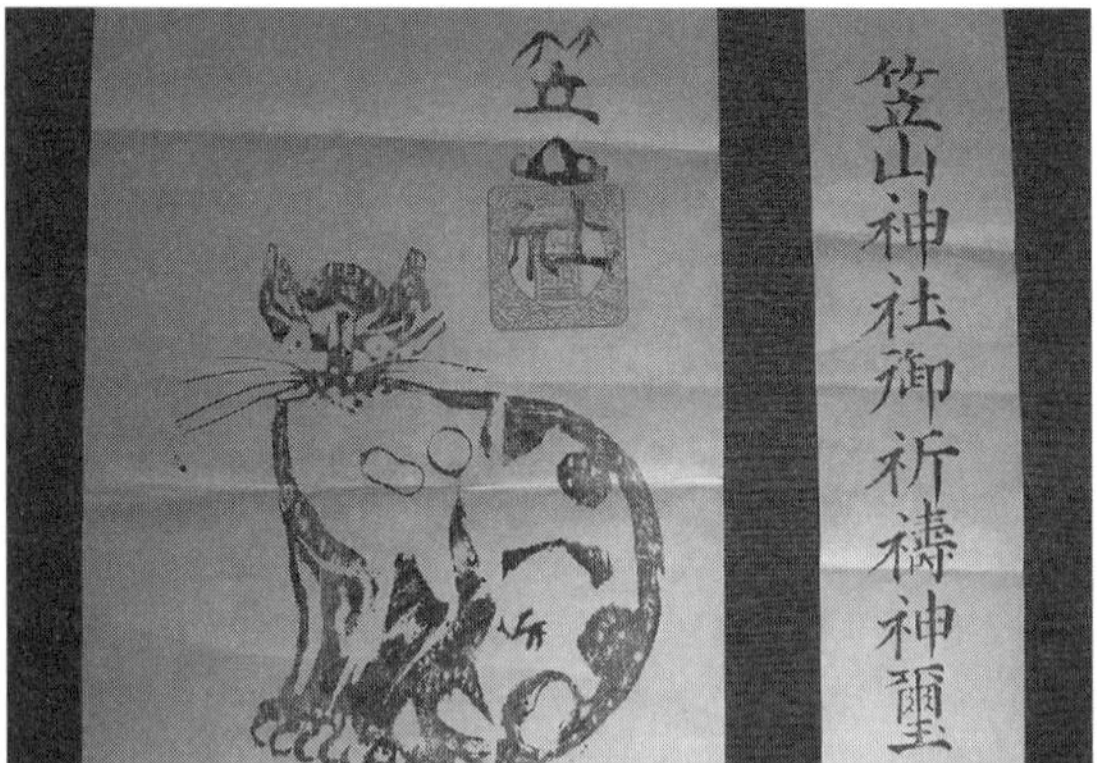

あとがき

前書『地図で歩く秩父路』（さきたま出版会）では、秩父郡市全域の紹介を目指しましたが、やむなく東秩父村を割愛しました。

出版後、東秩父村出身の埼玉大学名誉教授・堀口萬吉氏から当村の欠如を指摘され、その調査執筆を勧められていました。その後、野外調査研究所の「秩父山岳講座」で東秩父村を通る秩父往還を講演する機会を得たことが、拙書を出すきっかけになりました。

取材中は村民の皆様方の温かいご支援、ご協力をいただきました。出版に際しては東秩父村教育委員会・野村智氏の助言、戸谷翠氏からは古いスケッチのご提供など、大変お世話になりました。厚くお礼申し上げます。

二〇〇九年七月

飯野頼治

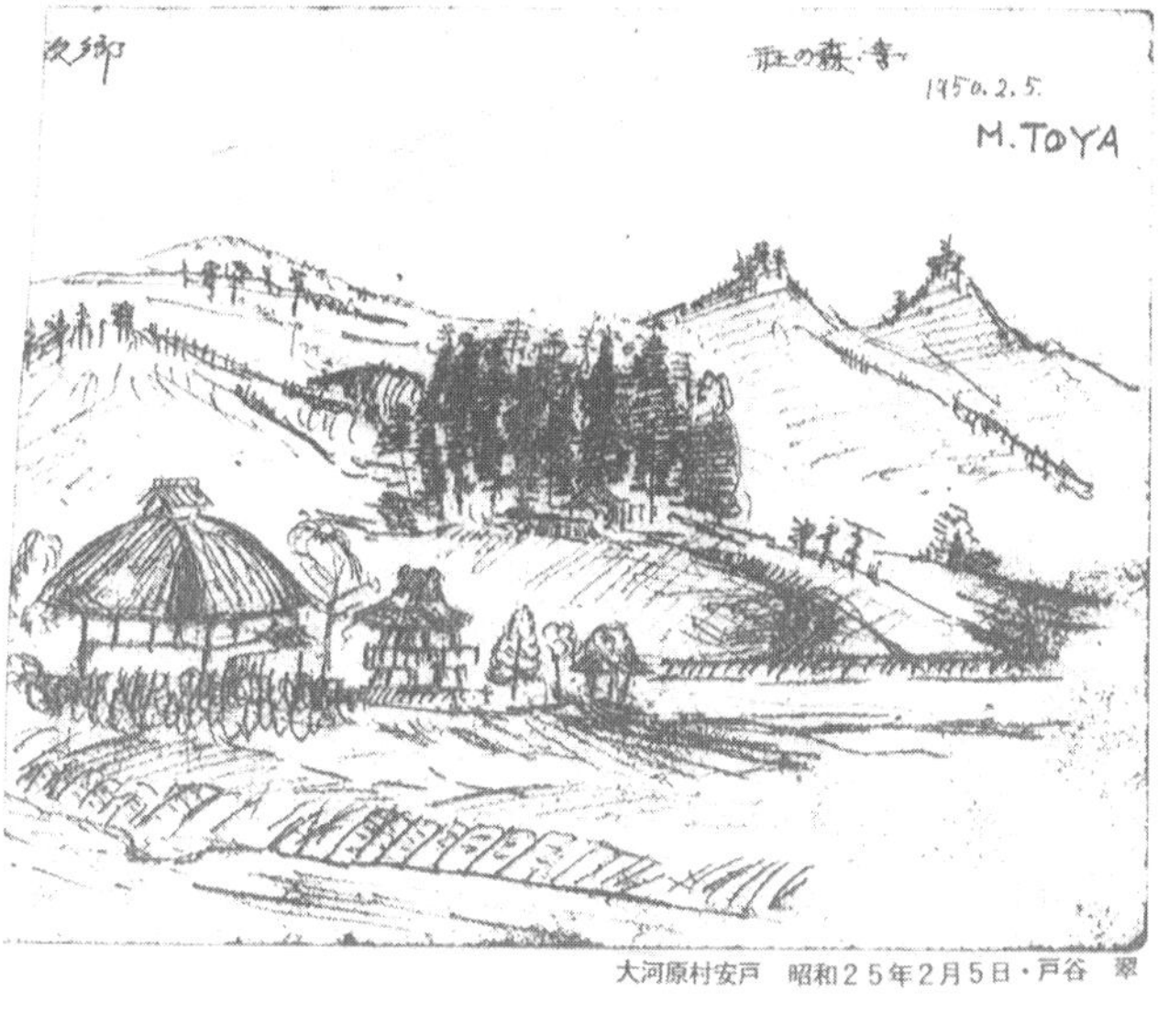

大河原村安戸　昭和２５年2月5日・戸谷　翠

東秩父村の文献・資料など

『大日本地誌大系　新編武蔵風土記稿』巻之二百四十九　秩父郡之四（雄山閣・昭和八年）
『東秩父村郷土史年表』（栗島繁三編・東秩父村・昭和四六年）
『埼玉県市町村誌　第11巻』「東秩父村」（埼玉県地域総合調査会編・埼玉県教育委員会・昭和五二年）
『東秩父の文化財』（東秩父村文化財保護委員会編・東秩父村教育委員会・昭和五七年）
『秩父の文化財』（秩父郡市文化財保護協会「秩父の文化財」編集委員会編・秩父郡市文化財保護協会・平成二年）
『細川紙手漉用具』（東秩父村教育委員会編・東秩父村教育委員会・昭和四五年）
『竹縄づくり』（小林徳男・昭和五三年）
『東秩父の竹縄づくり』（東秩父村教育委員会編・東秩父村教育委員会・平成三年）
『埼玉民俗　創刊号』「東秩父村の正月行事」鶴川次作（埼玉民俗の会・昭和四六年）
『埼玉民俗　第2号』「東秩父村、安戸・皆谷・朝日根の盆行事」鶴川次作、「東秩父旧槻川村の盆行事」田中正昭（埼玉民俗の会・昭和四七年）
『秩父民俗　第7号・第8号』「東秩父旧槻川村の民俗」田中正昭（昭和四六年、昭和四七年）
『外秩父の神送り』（大久根茂・昭和六三）県立民俗文化センター・研究紀要
『秩父の祭り』「東秩父村」　大久根茂（郷土出版社・平成一〇年）
『秩父地方の屋台笠鉾』「東秩父村の笠鉾」（作美陽一・平成五年）
『東秩父おちこち』「記念碑・鋳物・和紙・獅子舞・神送りなど」（伊豆野輝・昭和四八年）
『秩父民俗　第11号』「花火の東秩父」伊豆野輝（秩父民俗研究会・昭和五一年）
『栗和田風土記』「秩父往還川越通り・風物史跡など」伊豆野輝（東秩父村・昭和五二年）

『秩父民俗　第12号』「白石の神送り」伊豆野輝（秩父民俗研究会・昭和五二年）
『東秩父の石佛』（東秩父村教育委員会編・東秩父村教育委員会・昭和六一年）
『東秩父皆谷の民俗』（二松学舎大学附属高等学校社会科研究部編・二松学舎大学附属高等学校社会科研究部・昭和四二年）
『東秩父白石の民俗』（二松学舎大学附属高等学校社会科研究部編・二松学舎大学附属高等学校社会科研究部・昭和四三年）
『東秩父大内沢の民俗』（二松学舎大学附属高等学校社会科研究部編・二松学舎大学附属高等学校社会科研究部・昭和四四年）
『東秩父坂本の民俗』（二松学舎大学附属高等学校社会科研究部編・二松学舎大学附属高等学校社会科研究部・昭和四六年）
『秩父高原牧場のあゆみ』（埼玉県秩父高原牧場・昭和六〇年）
『さきたま文庫19　浄蓮寺』（梅沢太久夫／文・さきたま出版会・平成二年）
『歴史の道調査報告書　第15集　秩父巡礼道』「安戸〜粥新田峠」（埼玉県立歴史資料館編・埼玉県教育委員会・平成四）
『秩父山里訪歩紀行』「御堂・坂本・皆谷・白石」（山浦正昭・まつやま書房・平成一五年）
『東秩父村の歴史』「自然・歴史・村びとの暮らし・指定文化財など」（東秩父村・平成一七年）
『東秩父村史資料1　出征兵士へ送った慰問写真』（東秩父村・平成一八年）
『東秩父村史資料2　想い出の記録写真』「子供・教育・産業・祭行事」（東秩父村・平成一八年）・東秩父村資料二
『歩いて廻る「比企の中世・再発見」』「上田氏の本拠・大河原谷」
（埼玉県立嵐山史跡の博物館、比企地区各市町村教育委員会編・博物館周辺文化財の複合的活用事業実行委員会・平成二〇年）
『やさしいみんなの秩父学・自然編　ちちぶ学検定公式テキスト』「東秩父村の巨樹巡り」
（秩父市、秩父商工会議所編／埼玉県立自然の博物館監修・さきたま出版会・平成二一年）

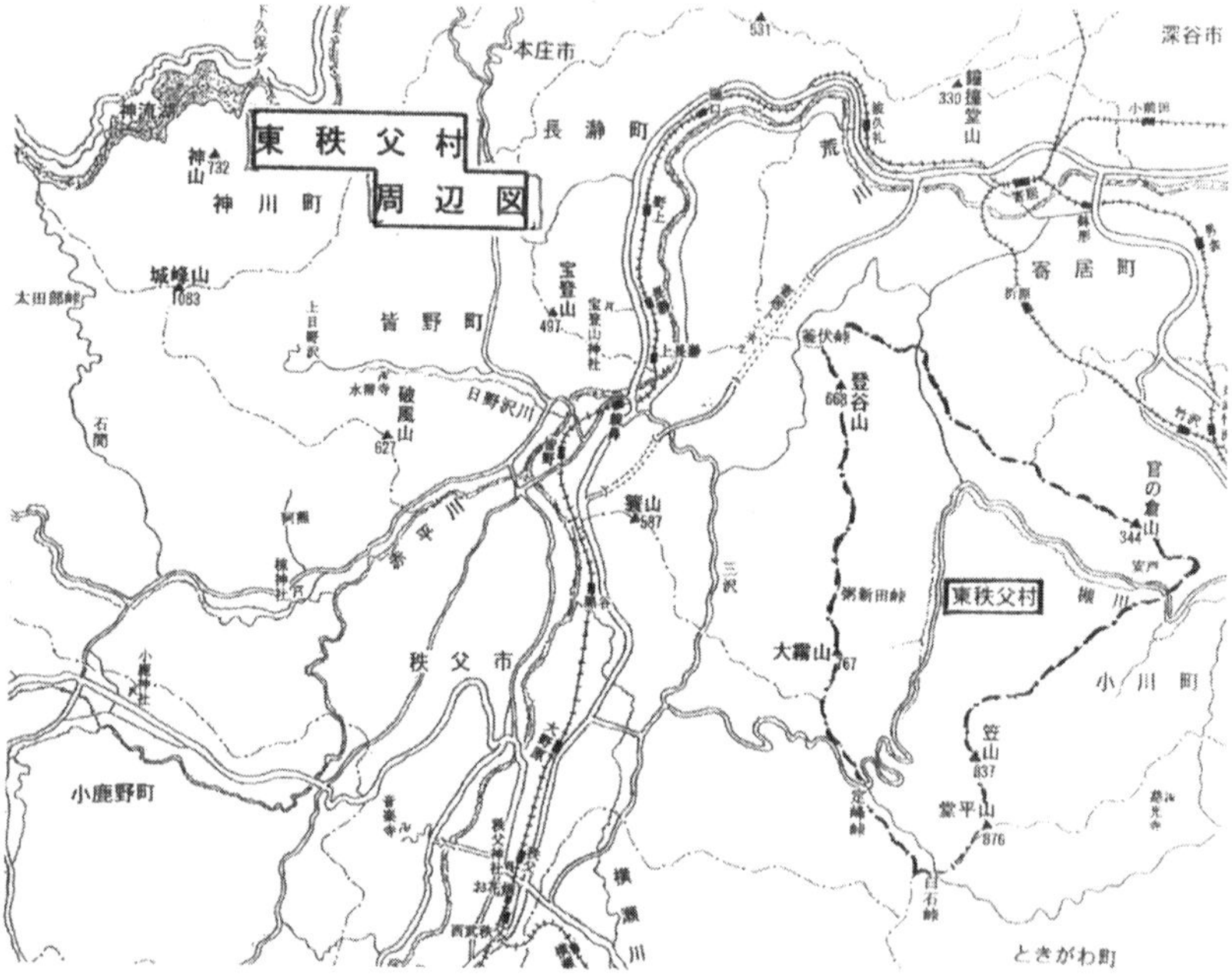
東秩父村
周辺図
本庄市
深谷市
長瀞町
神川町
神流湖
神山
732
城峰山
1083
太田部峠
皆野町
宝登山
497
宝登山神社
破風山
627
日野沢川
荒川
寄居町
鐘撞堂山
330
登谷山
668
釜伏峠
官の倉山
344
東秩父村
槻川
粥新田峠
大霧山
小川町
笠山
837
堂平山
876
定峰峠
白石峠
ときがわ町
秩父市
蓑山
587
赤平川
小鹿野町
横瀬川
三沢
531

［著者略歴］

飯野頼治（いいの　よりじ）

山岳地理研究家。日本山岳会、山村民俗の会、ＮＰＯ法人野外調査研究所、ＮＰＯ法人秩父まるごと博物館、山里探訪会に所属した。

経歴　一九三九年　東京都福生市生まれ。早稲田大学卒。小中学生より社会科地図帳（帝国書院）に親しむ。早大在学中から地図帳の著者で国境政治地理学者の岩田孝三博士に師事。二七歳のとき、明治百年にちなみ、三〇〇日をかけ日本全国の百山に登頂し、『百山紀行』を著す。秩父の高校に三三年間在職中、荒川総合調査、合角ダム・滝沢ダム水没地域の民俗調査に従事。その間おもに関東周辺の山岳、関東甲信越のすべての主要街道を歩く。定年退職後、徒歩での日本一周野宿旅。東海自然歩道、首都圏自然歩道、坂東札所など踏破。ウォーキングガイド、講演、旧道整備にも関わる。生涯に一二〇〇余山に登り八〇〇超の峠を越え、東京周辺の河川二〇〇余りを遊歩した。二〇一四年七月、逝去。

主著　『百山紀行』（産経新聞社　一九六九年）、『両神山』（実業之日本社　一九七五年）、

『秩父ふるさと風土図』（有峰書店新社　一九八二年）、『山村と峠道』（エンタプライズ社　一九九〇年）、『秩父往還いまむかし』（さきたま出版会　一九九九年）、『旅は歩いて』（八月舎　二〇〇四年）、『地図で歩く秩父路』（さきたま出版会　二〇〇六年）、『埼玉の川を歩く』（さきたま出版会　二〇一二年）、『東京の川を歩く』（さきたま出版会　二〇一五年）ほか

共著

シリーズ山と民俗『狩猟』『杣と木地屋』『峠路をゆく人々』『山の歳事暦』『山の怪奇百物語』（エンタプライズ社　一九八九年）、『埼玉県の歴史散歩』（山川出版社　一九九一年）、『新日本山岳誌』（日本山岳会　二〇〇五年）、『やさしいみんなの秩父学』（さきたま出版会　二〇〇七年）、『やさしいみんなの秩父学・自然編』（さきたま出版会　二〇〇九年）、『秩父甲州往還調査報告書』『荒川総合調査報告書』『合角ダム水没地域総合調査報告書』『滝沢ダム水没地域総合調査報告書』ほか

著者
（2013 年撮影）

飯野頼治《いいのよりじ》 著作集《ちょさくしゅう》2【歩《ある》く道《みち》・歩《ある》く旅《たび》1】
『奥武蔵風土記《おくむさしふどき》』・『東秩父村風土記《ひがしちちぶむらふどき》』

二〇二二年七月二日　初版第1刷発行

著者　飯野頼治
編者　『飯野頼治 著作集』編纂室
発行　『飯野頼治 著作集』編纂室
〒三六七－〇〇五三
埼玉県本庄市中央一－三－三
電話　〇四九五－五五－九二五二／〇九〇－二七六八－九九〇五
販売　まつやま書房
〒三五五－〇〇一七
埼玉県東松山市松葉町三－二－五
電話　〇四九三－二二－四一六二
郵便振替　〇〇一九〇－三－七〇三九四
印刷・製本　株式会社シナノ

ISBN978-4-89623-185-4 C0320